C. H. BECK KULTURWISSENSCHAFT

ARNOLD ESCH

Zeitalter und Menschenalter

Der Historiker und die Erfahrung
vergangener Gegenwart

VERLAG C. H. BECK MÜNCHEN

Die Deutsche Bibliothek – CIP-Einheitsaufnahme

Esch, Arnold:
Zeitalter und Menschenalter : der Historiker und
die Erfahrung vergangener Gegenwart / Arnold Esch. –
München : Beck, 1994
   (C. H. Beck Kulturwissenschaft)
   ISBN 3 406 38350 5

ISBN 3 406 38350 5

© C. H. Beck'sche Verlagsbuchhandlung (Oscar Beck), München 1994
Satz und Druck: C. H. Beck'sche Buchdruckerei, Nördlingen
Bindung: Conzella Verlagsbuchbinderei, Pfarrkirchen
Gedruckt auf säurefreiem,
aus chlorfrei gebleichtem Zellstoff hergestelltem Papier
Printed in Germany

Inhalt

Vorwort

Das Leben werde vorwärts gelebt und rückwärts verstanden, hat Kierkegaard gesagt. In diesem schönen Wort drückt sich auf das einfachste eine Einsicht aus, die für das Auffassen von Geschichte von großer Bedeutung ist – und die der Historiker bisweilen doch vergißt, wenn er aus den gelebten Menschenaltern der Geschichte die gedachten Zeitalter seiner Wissenschaft schneidet. Es ist die Einsicht, daß der Mensch seine jeweilige historische Gegenwart anders sieht als der Historiker später, der auf jene einstige Gegenwart zurückschaut aus der Perspektive dessen, der schon weiß, was dann daraus geworden, und wie es dann weitergegangen ist; und der dabei die damals noch gesehenen Wahlmöglichkeiten, nämlich den Entscheidungscharakter jeder Gegenwart, nicht mehr wahrnimmt oder nicht mehr wahrhaben will, so als habe Geschichte so und nicht anders ablaufen müssen nur, weil sie eben so abgelaufen ist. Denn auch für den Historiker gilt, daß er Leben, daß er Geschichte nur rückwärts, nur aus dem Nachhinein begreifen kann.

Diese Einsicht wirkt trivial und ist es doch nicht. Man wende sie doch einmal auf sich selber an. Die Erfahrung, daß auch wir heute die weitere Entwicklung nicht voraussehen können und von späteren Historikern dann leicht unserer Kurzsichtigkeit überführt werden, läßt uns, gerade in der gegenwärtigen politischen Situation, diesen Unterschied der Perspektiven drastisch vor Augen treten – und könnte uns darum auch bescheidener und früheren Generationen gerechter werden lassen. Nicht daß der Historiker auf die Distanz und den überhöhten Blickpunkt, den ihm seine privilegierte Position des Nachhinein verschafft, verzichten könnte oder verzichten dürfte. Aber er sollte die Menschen und ihr Handeln zunächst aus der Nähe zu verstehen suchen, bevor er sie aus der Ferne beurteilt, und aus dieser Spannung weitere Erkenntnis ziehen.

Diese einfache Einsicht, und die daraus von selbst folgende methodische Problematik, wie man bei der – oft dürftigen – mittelalterlichen Quellenlage gewöhnlichen Menschen und ihrer Gegenwartserfahrung überhaupt nahe kommen könne, sind mehr oder weniger explizit der gemeinsame Nenner der folgenden Beiträge. Es geht etwa darum, welche Chance der gewöhnliche Mensch überhaupt habe, der Nachwelt überliefert zu werden und sich so dem Historiker vernehmlich zu machen, und inwieweit nicht vielleicht schon jede Gegenwart (und nicht erst spätere Katastrophen und Unachtsamkeiten) ihre Überlieferung mutwillig so reduziere, daß der Historiker sich später ein maßstabsgerechtes Bild jener Gegenwart gar nicht mehr machen kann. Oder die Frage, wie Menschen einzeln oder innerhalb von Gruppen, in denen sie sich selbst wiedererkannt haben würden (der historischen Generation, der Familie, des landsmannschaftlichen Verbandes in der Fremde), ihre Gegenwart wahrnahmen und bewältigten. Etwa: wie sich spätmittelalterliche Papstgeschichte aus dem Blickwinkel eines damaligen Nepoten-Clans ausnimmt, dessen Machtergreifung die Politik dreier Päpste bestimmte. Oder: ob denn – aus der niedrigen Augenhöhe des Zeitgenossen – Menschen schon in ihrer Gegenwart den langfristigen Wandel wahrnahmen, den der Historiker dann später, dank seines Erkenntnisvorsprungs, im Rückblick diagnostizieren wird. Voraussetzung ist, daß man gewöhnliche Menschen zum Sprechen bringe, und so wird die Frage, wie das zu bewerkstelligen sei, selbst zum Thema: die Menschen eines römischen Stadtviertels zum Reden zu bewegen, das individuelle Erleben gewöhnlicher Reisender, die nie in ein Verfasserlexikon hineinfinden würden, in Erfahrung zu bringen, und so weiter. Und endlich: was uns der Unterschied der Perspektiven denn sage, wenn wir – die wir selbst gegenwärtig einen historischen Prozeß von unerhörter Beschleunigung erleben – diese Einsichten auf unsere eigene Gegenwart anwenden.

Es geht hier nicht um „Alltagsgeschichte" oder um „microhistory", die in ihrer modischen Verselbständigung oft leichtfertig den Teil für das Ganze nehmen und dann über dem Menschenalter das Zeitalter vergessen; sondern eben um die schlichte, elementare Frage, was wir über die Gegenwartserfahrung gewöhnlicher Menschen – und damit auch: über uns selbst in der Geschichte – denn überhaupt wissen können.

Die im folgenden vereinigten Beiträge, seit 1980 an verschiedenen Orten erschienen, sind im Text weitgehend unverändert; doch wurden fremdsprachige Zitate in der Regel übersetzt, Belegstellen und Literatur in einem Anhang zusammengefaßt. Ernst-Peter Wieckenberg danke ich für seine Anregung, die Aufsätze in dieser Form zu veröffentlichen.

Zeitalter und Menschenalter

Die Perspektiven historischer Periodisierung

Die folgenden Überlegungen gehen von der einfachen und geläufigen Einsicht aus, daß der Mensch in seiner Zeit und der Historiker in seiner rückschauenden Erkenntnis dasselbe Stück Geschichte – weil aus unterschiedlicher Augenhöhe – verschieden sehen. Für die Gegenwartsbestimmung des Zeitgenossen stehe der Begriff „Menschenalter", für die Periodisierungsarbeit des Historikers der Begriff „Zeitalter". Der Historiker weiß, daß Geschichte aus Menschenleben gemacht ist, aber er läßt diese Grund-Einsicht manchmal vergessen, hantiert mit Zeitaltern, denen Menschenalter kaum noch anzusehen ist. Im „Menschenalter" und seiner Perspektive äußert sich die Einsicht, daß dem Menschen nur ein bestimmter Ausschnitt an Geschichte zugemessen ist, den er als seine historische Gegenwart empfindet – ohne sich dessen zu versehen, was der Historiker einmal damit machen wird. Und eben davon soll anhand mittelalterlicher Quellen im folgenden die Rede sein: wo dieser Unterschied der Perspektiven und wo dieser Bezug zwischen gedachtem Zeitalter und gelebtem Menschenalter für den Zeitgenossen erfahrbar und für den Historiker sichtbar werde.

Was das miteinander zu tun habe, das Leben eines Menschen und seine historische Gegenwart, würde uns am handgreiflichsten vor Augen treten dort, wo dieses Verhältnis aus der Ordnung gekommen ist und der Mensch aus seiner Gegenwart heraustritt. Beispiele dafür zu erfinden, dazu wird der Historiker sich nicht vermessen (er ist dazu erzogen, mit historischen Identitäten nicht mutwillig zu spielen, den Menschen vielmehr in seiner Gegenwart zu lassen). Beispiele fallen ihm aber zu aus einem Bereich, wo menschliche Einsicht und Erfahrung im Umgang mit der Geschichte nicht weniger, nur anders, zutage tritt: dem Bereich des Mythos.

Unter den Märchen- und Sagen-Motiven gibt es nämlich eines, das diese Zuordnung des menschlichen Lebens zu einer historischen Gegenwart aufhebt, den Menschen aus seiner Gegenwart nimmt: die Erzählungen von Wiederkehrenden und Entrückten – Menschen entrückt aus ihrer Zeit durch mehrhundertjährigen Schlaf oder sonstigen Verlust des Zeitsinns.

Dieses Motiv – „Motiv Nr. 470" würde der Volkskundler sagen – ist weit verbreitet und vielfach untersucht worden, vor allem die visionäre

Seite. Auch das betrifft den Historiker, denn das Jenseits entspricht jeweils (ob nun analog oder kompensatorisch, doch jedenfalls:) einem historischen Diesseits, ist selbst historisch. Aber uns interessiere hier einmal nicht, was sie im Jenseits gemacht und gesehen haben, sondern was sie empfanden, als sie, erwachend, ihre Erde wiedersahen – und ihre Gegenwart nicht wiederfanden.

Seinen wohl schönsten Ausdruck fand dieses Motiv in der Legende von den Sieben Schläfern. In den Tagen des Kaisers Decius verbergen sich in einer Höhle bei Ephesus 7 junge Christen vor ihren Verfolgern. Nach dem Schlaf der Nacht macht sich einer von ihnen auf in die nahe Stadt, um mit der gebotenen Vorsicht Brot zu kaufen. Doch er findet sich zu seinem Befremden in der vertrauten Stadt schwer zurecht, begegnet keinem vertrauten Gesicht. Die Münzen, die er hingibt, erregen Neugier, ja Verdacht, denn sie sind längst verfallen. Unter der Beschuldigung, einen Schatzfund zu verheimlichen, führt man ihn, der nicht weiß wie ihm geschieht, vor die staatlichen Instanzen. Verzweifelt hält er nach Eltern und Geschwistern Ausschau, vergeblich sucht er seine Identität nachzuweisen. Erst als er angstvoll nach dem regierenden Kaiser Decius fragt, dessen Gepräge die vorgewiesenen Münzen zeigen, fällt es allen wie Schuppen von den Augen, kann er sich und seinen Gefährten die historische Identität zurückgeben („die Persönlichkeit bestätigen", wie es Goethe in seinem Siebenschläfer-Gedicht ausdrückt: „und ein Merkmal übers andre/ Dringt sich auf, Beweis vollendend"): die 7 Schläfer haben nicht die vermeintlich eine Nacht geschlafen, sondern Gott hat seine Bekenner während der Christenverfolgung des Kaisers Decius einschlafen lassen und in jener Höhle geborgen 200 Jahre lang bis auf diesen Tag.

In dieser Version (und das macht sie dem Historiker so zugänglich) ist der Zeitsprung aufs genaueste datiert: von Decius bis zu Theodosius II., von 250 bis 450 n. Chr., rund 200 Jahre hinweg über eine klare Epochengrenze, die die Erwachenden auch als solche erkennen, zumal sie für sie existentiell ist: das römische Reich vorher heidnisch, fortan christlich. Aber solche Verankerung in der historischen Zeit ist eher selten, in der Regel datiert die Erzählung nicht absolut, sondern nur relativ (Wiederkehr nach zwei Generationen, nach drei Jahrhunderten), wenngleich auch häufig mit bemühter Präzision: der Grafensohn kehrt zurück nach 346 Jahren, der Walliser Prior schläft 308 Jahre, „Des Epimenides Erwachen" erfolgt nach 57 Jahren.

Doch ist die präzise Datierung (die oft wie nachgereicht wirkt und wohl nur die Historizität des Erzählten glaubhaft machen will) im Grunde unerheblich, wo es uns bei diesem Motiv nur um die eine große Einsicht geht: daß der Mensch eine und nur eine historische Gegenwart habe und daß es nicht ohne Folgen bleiben könne, wenn er seine historische Identität verliere. Nicht alle Versionen dieses Motivs betreffen uns darum hier: nicht Dornröschen – da steht die Zeit ja still, und so nimmt niemand Schaden; nicht Barbarossa – der *wartet* ja auf eine neue Zeit, um in sie einzugreifen; nicht Chidher der Ewig Junge, der alle 500 Jahre den Bauplatz der Geschichte besichtigt gerade in der Absicht, die Veränderungen festzustellen. Nicht diese also, sondern der gewöhnliche Sterbliche, der der Zeit *ausgesetzt* ist, eben der Mensch: der Mönch von Heisterbach, der bei der Rückkehr ins Kloster seinen Platz besetzt findet; der portugiesische Gouverneur, der, schiffbrüchig aus dem Meer gezogen, in Lissabon sein Haus in neuen Händen sieht; die rheinische Braut, die am Hochzeitsmorgen in den Garten geht und erst nach 200 Jahren wiederkehrt (wobei es Frauen anscheinend seltener zustößt, aus ihrer Gegenwart zu fallen); oder der Bauer aus Tirol, den, als er in sein Dorf heimkehrte, nur noch einer vermißte, nur noch einer erkannte: der Tod.

Von keinem dieser Entrückten wird gesagt, daß er den Zeitsprung gewollt, daß er ihn frivol erlistet habe. Nicht daß der Gedanke allein sie schon entsetzt hätte. Anders als wir, die wir bei einem solch langfristigen Unternehmen inzwischen mit dem total Unausdenkbaren rechnen müssen, mit geschichtlichen Quantensprüngen fataler als in jeder Science fiction (die ja doch nur das gegenwärtig Vorhandene ins Monströse aufzupusten versteht, denn der Mensch kann immer nur geradeaus sehen, so wie Geschichte eben *nicht* läuft) – anders als wir wußten jene so ungefähr, wie es weiterging (diesseits des Weltgerichts, natürlich) und auf welches Ziel die Geschichte zulaufen werde. Gewollt aber haben sie den Zeitsprung nicht, allenfalls riskiert. Der Anlaß ist denn auch unterschiedlich: sei es menschlicher Zweifel an Gottes Vermögen, tausend Jahre sein zu lassen wie ein Tag; sei es Einladung durch höhere Mächte oder Bewahrung durch himmlische Gnade. Mag der Anlaß also verschieden sein, so ist der Ausgang fast immer der gleiche, und er ist nicht gut: es ist die entsetzliche Erkenntnis des Menschen, aus seiner Gegenwart gefallen zu sein.

Die Katastrophe tritt denn auch erst ein, wenn er sich schwindelnd des Zeitsprungs *bewußt* wird: solange der Mensch sich der Zeit nicht bewußt ist, hat sie keine Wirkung auf ihn. Kaum aber daß er den Abstand von seiner Gegenwart ermessen hat oder durch Nahrungsaufnahme wirklich mit seiner neuen Gegenwart handgreiflich wird, so trifft ihn diese schreckliche Einsicht mit der Gewalt eines Stromstoßes und läßt die bis dahin weise geschiedenen Zeit-Räume ineinanderhineinstürzen. Kaum einer vermag diese Einsicht, diese kosmische Katastrophe im kleinen menschlichen Schicksal, auch nur um einen Tag zu überleben. Mag sie in der erbaulichen Version der Legende durch die Zuversicht gemildert sein, auch im Zeitsprung nur die Hand Gottes zu erleben, so ist die Einsicht selbst doch unerträglich: das Menschenalter wird in Augenblikken auf die durchlebte Strecke Zeitalters gebracht, die Wiederkehrenden altern jählings und zerfallen an der neuen Gegenwart zu Staub und Asche. Das *Tempora mutantur – et nos mutamur in illis,* das hier zeitweilig auseinandergehebelt war, wird damit wieder eingerenkt, die gestörte Zuordnung wiederhergestellt: „Die Zeiten ändern sich, *und:* wir ändern uns in ihnen."

Fragen wir in einem weiteren Schritt (der uns dem Geschäft des Historikers schon näher treten läßt): woran erkennen denn all diese Wiederkehrenden, daß sie aus ihrer Gegenwart gefallen sind? Denn wenn sie uns sagen, was sie an der neuen Zeit befremdete, geben sie uns zugleich zu erkennen, woran sie ihre eigene Gegenwart orientierten, lassen sie uns wissen, was sie als Kriterien für ihre eigene historische Identität empfinden.

Indizien dafür, daß sich die historische Umwelt verändert habe, treten dem Wiederkehrenden zunehmend entgegen und umstellen ihn endlich ganz: bei der Rückkehr in vermeintlich vertrautes Gelände findet er Bäume und Sträucher anders gruppiert und zumal Bauten verändert; vielleicht versteht er schon die Sprache der Zeit nicht mehr (wie der britische König im Gespräch mit dem 200 Jahre jüngeren sächsischen Schafhirten erleben muß); andere (und nicht allein die Siebenschläfer) sehen ihre Münzen zurückgewiesen, da sie längst außer Kurs seien. In einigen Erzählungen werden Indizien genannt, die unverwechselbar „historisch" wirken: so wenn der wiederkehrende Ritter „die Wälder gerodet" sieht – dann kann er nur im Hochmittelalter aufgewacht sein und nicht im Spätmittelalter; oder wenn er die Burg in ein Kloster verwandelt findet, so kommt auch das dem Historiker bekannt vor und weist ihn in eine ganz bestimmte Epoche.

Aber lassen wir den Historiker hier noch aus dem Spiel; in einigen Fällen mag es auch nur nachträgliche Historisierung des bekannten Motivs sein. Und so erkennen bisweilen auch die Betroffenen selbst schon die historische, die epochale Wende: etwa jener Britenkönig Herla, von dem Walter Map im 12. Jahrhundert zu erzählen weiß, wie er (nach Jahrhunderten, die ihn nur Tage dünkten, von einer Einladung beim Pygmäenkönig zurückkehrend) seine Briten nicht mehr wiederfindet und erkennen muß, daß hier unterdes die sächsische Zeit angebrochen ist. Neuere literarische Verarbeitungen dieses Motivs (die eigentlich nicht mehr bloßen Zeitsprung, sondern nur noch historischen Epochensprung, „Zeitalter" denken können und dann womöglich zu zeitkritischen Bemerkungen nutzen) lasse ich beiseite und nenne nur die bekannteste: Washington Irvings „Rip van Winkle" (1819), der am Hudson als Untertan Seiner Britischen Majestät aufwächst, den Unabhängigkeitskrieg verschläft und, nach 20 Jahren unversehens als freier Bürger der Vereinigten Staaten aufwachend, sich sogleich mit der unverständlichen Frage konfrontiert sieht, ob er denn Föderalist oder Demokrat sei.

Aber um die Frage nach den Indizien wiederaufzunehmen: in all den Fassungen dieses Motivs, das den Ablauf der Zeit so ausdrücklich zum Gegenstand hat, wird „fortgeschrittene Zeit" nicht als Fortschreiten in eine neue geschichtliche Phase aufgefaßt, sondern als Wandel einer persönlichen Umwelt. Gewiß: das römische Reich inzwischen christlich geworden, die Burg inzwischen Kloster geworden, das mag für den geistlichen Erzähler einer Legende so etwas wie „Fortschritt" sein. Für die Feststellung des Zeitsprungs aber sind Einschätzungen solcher Art nicht notwendig. Nein, in Erzählungen, die so sehr Mensch und Menschenalter zum Maßstab haben, bedarf es markierter Zeitalter nicht, um dem Menschen seine Zeitlichkeit vor Augen zu führen. Und so erfährt der Wiederkehrende den Zeitsprung vor allem daran (und das ist viel wesentlicher als alle bisher genannten Indizien), daß er die ihm vertrauten Mit-Menschen nicht wiederfindet: nicht den Freund, nicht den Bruder, nicht den Nachbarn; auch nicht den Vorgesetzten, den Abt oder sonstige Amtsträger und Eponyme, deren Namen sich zuletzt immer noch als das beste Auskunftsmittel erweisen, wenn es dann – die schreckliche Einsicht nur noch bestätigend – daran geht, in Kirchenbüchern und Ämterlisten nach der historischen Identität des Wiederkehrenden zu fahnden. Denn nur noch die Schrift kann dann solche zeitlichen Distanzen überbrücken und den Nachweis vollenden.

Kein vertrautes Gesicht mehr zu finden, ein Fremdling in der Zeit zu sein, das also ist das entscheidende Kriterium, das den Verlust der eigenen Gegenwart erst wirklich begreifen läßt. Und sollte der Mensch dann immer noch nicht begriffen haben und bei dieser schmerzlichen Einsicht nur zu träumen glauben, so gibt ihm eine letzte existentielle Erfahrung buchstäblich den Rest: die Erfahrung nämlich, den Platz, der ihm einst zukam, von einem Anderen besetzt zu finden. Von diesem vermeintlich angestammten Platz – im Amt, im Chorgestühl, im Haus – starrt dem Wiederkehrenden nämlich nun ein Anderer entgegen, fremd und doch mit der Zuversicht des Berechtigten, vertritt ihm den Weg und weist ihn zurück in seine Generation.

Soweit die Kriterien, an denen in Märchen, Sage, Legende der Mensch *selbst* seine Gegenwart erkennt, seine historische Identität erfährt, die Einordnung seiner selbst in die Zeit vornimmt: daß er vertraute Mitmenschen um sich habe, die ihm antworten, und einen bestimmbaren Platz – das ist es, was ihn sagen läßt: dies ist meine Zeit, und jenes nicht.

Was aber, so fragen wir nun weiter, sind denn die Kriterien, nach denen der *Historiker* die Gegenwart eines Menschen bestimmt, eines Menschen Zeit in die Geschichte einpaßt, und die ihn sagen lassen: dies ist seine Zeit, dies ist sein Platz?

Solche Kriterien brauchen hier nicht im einzelnen zusammengestellt zu werden: historisches Denken vollzieht sich ja schließlich darin. Für unse-

re Zwecke – die wir auf einfache Einsichten zielen – mag es genügen, den
großen kennzeichnenden Zug hervorzuheben und vor allem die Abweichungen deutlich zu machen, den Abstand zwischen der Gegenwartsbestimmung des Menschen in seiner Zeit und der Periodisierungsarbeit des
Historikers, zwischen erfahrener Geschichte und gewußter Geschichte.

Wie groß dieser Abstand sei und wie tief sein eigener Blickpunkt, kann
dem Menschen in der Zeit schmerzlich bewußt werden. Er sieht, was
vor Augen ist. Wie der junge Fabrizio del Dongo in Stendhals „Char-
treuse de Parme", als er sein erstes Gefecht erlebt – falls es eines ist: denn
was er wahrnimmt, sind nicht geschlossene Linien, nur wüstes Hin- und
Herrennen, Baumgruppen, Vorbeireitende, Gebüsch. Und er fragt sich
immer wieder: ist das eine Schlacht? Indes der Leser, mit der Perspektive
des Historikers, von Anfang an weiß: ja, es *ist* eine, sogar die Schlacht
der Schlachten, die Schlacht von Waterloo! Solche Darstellungen wird
man viele finden und mehr erschütternde: der Krieg in Italien 1943/44
erlebt von einer einfachen Frau, Moravias *Cesira* mit ihrer tragischen
Verschätzung dessen, was zu tun sei, und der wir zurufen möchten: nein,
du läufst in die falsche Richtung, warte doch noch einen kleinen Augenblick! Denn diese Erzählform zielt geradezu auf die Spannung zwischen
erlebtem Geschehen und gewußter Geschichte: wir weiden uns daran,
und wir erschrecken.

Denn wir wissen ja, wie es weiterging, in diesen Episoden oder in
ganzen vergangenen Menschenaltern. Der Historiker, überhaupt der
später Lebende, weiß, wie es weiterging, er kennt den Fluchtpunkt (der
freilich auch wieder nur ein vorläufiger ist); erst auf seiner Netzhaut
fügen sich Punkte zu Linien und Mustern zusammen (um sich später
vielleicht abermals in andere größere Muster aufzulösen). Erst sein Auge
sieht Zeitalter.

Diese unterschiedliche Sicht der Dinge – ein natürlicher Vorgang, der
wenig Geheimnisvolles an sich hat – veranschaulichen wir uns am ein-
fachsten mit dem Begriffsbild der *Perspektive:* ein uns allen und zumal
dem Historiker vertrautes Bild, das den Vorzug hat, daß wir es ohne
weitere Übersetzung ganz wörtlich nehmen können und das ganze um-
liegende Wortfeld gleich hinzu. „Perspektive" läßt uns in Worte fassen,
daß der Abstand zum Ereignis unsere Sicht bestimme, wichtiger noch:
daß ein Standort vorgegeben sei, ja, daß ein Standpunkt einzunehmen sei
und daß der wohl auch den Fluchtpunkt des Gesehenen bestimme; daß es
auf die Höhe des Blickpunkts ankomme, daß auch der Blickwinkel verschieden sein könne und der überblickte Horizont enger oder weiter. Ja
sogar Eigentümliches wie die „Luftperspektive", die das Atmosphärische miteinbezieht, läßt sich unschwer übernehmen: denn auch für Erinnerung gilt, daß Entfernteres sich aufhelle. Und bei all dem hat diese
Metapher auch noch den Vorzug, daß sie den Gegenstand, die Geschich-

te, unangetastet läßt und nicht glauben macht, all diese Fluchtlinien, Horizonte, Hilfskonstruktionen seien der Geschichte selbst eingebrannt. Reinhart Koselleck hat gezeigt, daß das Bild vom perspektivischen Sehen nicht einfach eine Metapher unter anderen ist, wie sie gerade dem Historiker seit je in großer Vielfalt zu Gebote stehen, sondern daß die seit dem 18. Jahrhundert zunehmend ausgebildete Einsicht in die Standortgebundenheit und damit: die Perspektivik von Sicht und Urteilsbildung sowohl des Zeitgenossen wie des Historikers eine geradezu revolutionierende Wirkung auf die Geschichtswissenschaft gehabt hat. Uns geht es hier dabei nicht um die Relativität der Urteile und die Erkenntnisbedingungen der Wahrheit, sondern nur darum, unter dem Bild der Perspektive den Abstand der Blickpunkte anschaulich zu machen.

Und noch etwas anderes vermag uns diese optische Metapher vor Augen zu führen: daß nämlich Perspektive, als Raum-Sicht, räumliche Distanz *und* zeit-räumliche Distanz sichtbar und: vergleichbar, ja konvertibel macht – so wie man persönlich einen Zeitraum so empfinden mag, als sei man weit weg gewesen, oder umgekehrt in der räumlichen Entfernung Kräfte wirken sieht, „die man gewöhnlich der Zeit vorbehalten glaubt". Wie ja bisweilen auch die Fremdheit eines historischen Phänomens lieber in räumlicher als in zeitlicher Erstreckung auf Abstand gebracht wird: da fällt es dann leichter, etwa eine römische Ruine eher als exotisch, als sarazenisch zu bezeichnen denn als hiesig aber antik zu begreifen. Perspektivisches Sehen will denn ja auch erst gelernt sein, und das heißt in unserem Sinne: das Gefühl für Anachronismen, das im Mittelalter nicht eben stark entwickelt war, muß sich erst ausbilden. Man mußte erst lernen, den großen Caesar in zeitlicher Entfernung zu sehen: daß er nicht in gleicher, in natürlicher Größe neben uns steht und direkt ansprechbar, sondern fern von uns und vieles dazwischen.

Dabei kommt es auf die dazwischenliegende Masse Zeit nicht unbedingt an. Denn historische Perspektive ist Durch-blick, vermag jede Zeit-Masse zu durchdringen und uns zu eigen zu machen. So wie ja auch bei Fortsetzungsromanen die Résumés, die zu Beginn jeder neuen Folge den Inhalt der voraufgehenden zusammenfassen, erstaunlicherweise nicht etwa immer länger werden – so wird auch etwa eine Geschichte Italiens für den Historiker im Grunde immer gleich „richtig" sein, ob sie nun auf 20 oder 200 Seiten geschrieben ist. Wir können es an uns selbst erleben: Tagebücher werden immer länger, Rückblicke nicht. Denn der Rückblickende weiß, was (für ihn) Zukunft hatte, sieht perspektivisch, und vieles sinkt unter den Horizont; der Zeitgenosse hingegen sieht die Linien seiner Gegenwart noch gleich wichtig, parallel, nicht fluchtend.

Wie immer wir nun die Arbeit des Historikers auffassen, ob als perspektivisches Sehen oder als Begreifen eines Gewebes oder als Wandern am Ufer des Zeitenstroms – wie immer er also die Geschichte beobachtet

und gliedert: in seinen Periodisierungskonstruktionen liegen nun auch
die Kriterien aufgehoben, nach denen der Historiker (von dieser Frage
waren wir ausgegangen) den Menschen in seine historische Zeit einordnet, Menschenalter in Zeitalter einarbeitet und umarbeitet.

Bei dieser Umarbeitung kommt zwangsläufig einiges abhanden,
kommt Menschenalter abhanden. Denn häufig wird der Historiker kurzen Prozeß machen: er nimmt den Menschen und seine Lebensspanne
gewissermaßen zwischen Daumen und Zeigefinger und paßt ihn in Zeitalter ein (und so wird man uns wohl auch einmal nehmen); er dekretiert
eine Art Zeitgesicht, und obwohl er natürlich sehr wohl weiß, daß es
breite Abweichungen vom Zeitgesicht gibt, wird er doch unbewußt
dazu neigen, diese Abweichungen dann einer anderen Zeit zuzuschlagen.
So nötigen wir den Menschen häufig unter eine Perspektive, lassen seine
Gegenwart auf eine Zukunft fluchten, auf die er nicht zugelebt hat, und
gebärden uns dabei manchmal recht teleologisch. Da kommt denn auch
immer was kommen mußte: wir lassen einen Menschen sterben, *weil* er
sich vollendet oder weil er sich überlebt habe; wir zerren an seiner historischen Identität, die doch nur eine war, und haben für dieses prokrusti-
sche Verfahren eine ganze Menge Wörter: der habe sich überlebt, sei ein
Nach-geborener, gehöre als „erratischer Block" sichtbar nicht in diese
historische Landschaft; dieser sei schon ein „moderner" Mensch, 300
Jahre vor der Zeit, und jener immer noch ein mittelalterlicher – und in
was für absichtsvollen Anachronismen man sich sonst noch explizieren
mag.

Das alles sind meist treffende Einsichten, mit denen sich Historiker
untereinander sehr wohl verständigen können, da sie indirekt der Erkenntnis Rechnung tragen, daß historische Epochen sich eben doch nicht
normieren lassen und daß da immer etwas überhängt; daß in der Geschichte Phasenverschiebung nichts Ungewöhnliches ist und daß, wenn
man die verschiedenen Lebensbereiche einer Epoche wie verschiedene
Folien übereinanderkopieren würde, ein gleichgerichtetes Muster nicht
notwendig zu erwarten wäre – und ähnliche Beobachtungen, die man
mit „Ungleichzeitigkeit des Gleichzeitigen" umschrieben hat. Wir können ja die Möglichkeit nicht ausschließen, daß Luther, Faust und Hamlet
in Wittenberg im gleichen Hörsaal beisammen waren – und doch macht
uns der Gedanke schwindeln, da diese Namen in so verschiedene Richtungen zielen.

Meist aber leiden pointierende Einordnungen wie die genannten
(Friedrich II. als erster moderner Mensch) eben daran, daß sie den Menschen unter einem zu engen Blickwinkel und gegen einen ganz bestimmten Fluchtpunkt sehen – ein Sehfehler, den Hermann Heimpel als den der
„linearen Vorgeschichten" diagnostiziert hat: wenn man nämlich ein iso-
liertes Phänomen zurückverfolgt durch alle Zeiten und diesen Längs-

schnitt dann schon für Geschichte nimmt. „Was so entsteht, sind Vorgeschichten, ist nicht eigentlich Geschichte"; zur Geschichte aber gehört „der Zusammenhang des jeweils Gleichzeitigen", gehört „die Antwort der Welt", und das heißt im perspektivischen Bild: daß wir den Menschen auch in seiner Bild-Ebene sehen müssen und nicht einfach als Längsschnitt seiner Spezies. Dann käme „Menschenalter" vollends abhanden.

Wir denken eben doch sehr in „Zeitaltern" und sollten nicht verkennen, daß von unseren Periodisierungs-Konstruktionen (die nicht nur notwendig sind, sondern geradezu die Form unserer Erkenntnis) zwangsläufig eine gewisse Nötigung ausgeht. Befangen in unserem System von Periodisierungen würden wir uns nicht wundern, wenn am Ende eines Jahrhunderts oder gar am Ende der Antike, am Ende des Mittelalters, die Zeit „einen Augenblick anhalten oder wenigstens sonst ein winziges Zeichen geben [würde], daß hier etwas vollendet sei" – und müssen doch, eben wie Hans Castorp bei Betrachtung seiner Uhr, erkennen, daß dem nicht so ist und daß die Zeit nicht „am Schwanze zu halten" sei: erkennen, daß die Zeit – nicht nur die meßbare, unerbittlich gleichmäßige, abstrakte Uhr-Zeit, sondern auch die gelebte Zeit, wie sie (durch Phasenverschiebung der Jahrgänge in sich als Ganzes ungegliedert) sich in Lebenstagen, Menschenleben, Lebensaltern unförmig und ungemessen fortwälzt – unsere Periodisierungkriterien nicht schon in sich trägt: denn die Markierungen, die Periodisierungsstriche, die der Historiker anbringt, sind dem Geschehen nur „unterlegt" wie das Zifferblatt von Hans Castorps Uhr dem unerbittlichen Gang des Zeigers.

Eine triviale Einsicht, gewiß. Wir wissen ja, daß Periodisierungen nur Verabredungen sind, beruhigen uns über dieser Versicherung und übersehen dabei doch leicht die zeit-stauende, rückstauende Wirkung, die von unserer biberhaften Periodisierungsarbeit unbeabsichtigt ausgeht: die Becken ruhigeren Gewässers, die sich gleichsam dahinter bilden, und in denen wir die Menschen dann leichter greifen.

Das Menschenalter hat vor der Instanz des Zeitalters zuletzt nur noch wenig Möglichkeiten der Appellation, und so nehme der Historiker seine Verpflichtung ernst, die Menschen erst aus der Nähe zu verstehen, bevor er sie aus der Ferne beurteilt. Er muß sich dazu nicht „in frühere Zeiten zurückversetzen", wie gutgemeintes Lob ihm gern unterstellt – das überlasse man Gesellschaftsspielen; der Historiker bleibe in seiner Zeit, aber er bemühe sich, den Menschen gerecht zu werden, indem er ihre Perspektive in Erfahrung zu bringen und ihren Horizont zu rekonstruieren versucht. Wozu sollte Beschäftigung mit der Geschichte auch schon gut sein, wenn sie nicht die Perspektive des Menschen in seiner Zeit miteinbezieht, auf sie Rück-sicht nimmt? Es geht dabei hier nicht um die Einsicht allgemein, daß jede Zeit einen solchen Horizont ausbilde (das wäre so wahr wie die Feststellung, die Zukunft sei auch nicht mehr das, was sie mal war), sondern konkret um den Bezug auf eine jeweilige historische Gegenwart, ihre damals gegenwärtige Vergangenheit, ihre damals gegenwärtige Zukunft.

Und so fragen wir uns in einem dritten Schritt, wie denn nun der Mensch selbst seine Lebensspanne der Geschichte zuordne und seine historische Gegenwart erfahre – nun nicht mehr der Wiederkehrende der Sage, der uns diese Frage nur erst einmal in bildhafter Vereinfachung vor Augen führen sollte, sondern der leibhaftige Mensch in seiner Zeit: woran erkennt er sich und seinesgleichen, und wie gibt er uns zu erkennen, was er als „seine Zeit" empfinde?

Versuchen wir zunächst einmal die bloße Ausdehnung dieses Zeitraums zu bestimmen. „Menschenalter" im hier verstandenen Sinn meint ja nicht einfach Lebensalter, sondern den jeweiligen Zeitraum erfahrener Geschichte (in den durchaus auch Erfahrungen der Elterngeneration eingehen können), meint – in Hermann Heimpels schönem Wort – den „Menschen in seiner Gegenwart". Menschenalter ist der vertraute, dem Wiedergänger verschlossene, von Gegenwartsbewußtsein erfüllte Raum innerhalb der Reichweite mündlicher Tradition; Menschenalter ist empfundene Periodisierung.

Für das frühe und hohe Mittelalter wird sich die Horizontlinie individueller oder kollektiver Erfahrung und Erinnerung nur selten mit hinreichender Sicherheit bestimmen lassen. An den wenigen ergiebigen Zeugnissen haben verschiedene Historiker – zuletzt Guenée unter dem sprechenden Titel „temps de l'histoire et temps de la mémoire" – das historische Gedächtnis adeliger Familien etwa aus dem hochmittelalterlichen Nordfrankreich zu ermessen versucht. Dabei geht es nicht um die Länge genealogischer Namen-Reihungen (wenn in schlichten Amalfitaner Privaturkunden der Aussteller seinem Namen bis zu 12 Patronyme anhängt und mit solcher Vorfahren-Reihung vom 14. bis ins 10. Jahrhundert zurücklangt, so ist das zwar sozialgeschichtlich bemerkenswert, ergibt aber für unsere Fragestellung wenig); sondern es geht um die Reichweite lebendiger Erinnerung im Miteinander der Lebenden, die diesen Zusammenhalt auch darin zu erkennen geben, welche Generation von Verstorbenen sie noch in ihr Gedächtnis einschließen. Für den Grafen von Anjou Fulko IV. le Rechin, der, bemerkenswert frühes Beispiel eines geschichtsschreibenden Laien, 1096 eine kurze Chronik der Grafen von Anjou schreibt ohne Rückgriff auf schriftliche Überlieferung allein aus eigener Erinnerung und mündlicher Familientradition, weitet sich dieser Horizont durch die Erzählungen seines Onkels Geoffroi II. von Anjou *(sicut ille meus avunculus Gosfridus Martellus narravit mihi)* bis zurück auf das Jahr 1040 – was davor liegt, ist ihm nur noch eine Anhäufung von Ereignissen ohne erkennbare zeitliche Abfolge (Zahl der Schlachten,

Zahl der Jerusalem-Reisen), und von der Generation davor wiederum (*quia nobis in tantum de longinquo sunt,* „denn das ist schon so weit weg von uns") bleiben kaum mehr als die Namen: „La mémoire historique d'un comte d'Anjou à la fin du XIe siècle ne dépasse guère les cent années".

Ähnliches gilt für Lambert de Watterlos, Kanoniker von Cambrai und Verfasser der *Annales Cameracenses,* einen Geistlichen aus einfacher ritterlicher Familie, der unter seinem Geburtsjahr 1108 unversehens eine äußerst persönliche Genealogie seiner Familie in diese Annalen einfügt: die 73 Namen, die er in auslesender Erinnerung (mit kennzeichnenden Prioritäten) ausdrücklich aufgrund mündlicher Tradition aufführt, reichen gerade bis in die vierte Generation (in klarer Erinnerung freilich nur auf zwei Generationen) zurück wiederum auf etwa 100 Jahre vor dem Erinnernden. Beide Verfasser datieren ihre Lebensstationen in relativer Chronologie: „als ich 17 war", „8 Jahre lang", „seit 28 Jahren", sagt der Anjou (doch das Jahr seines Ritterschlages und seines ersten Nachfolge-Anspruchs fixiert er auch in Jahren nach Christi Geburt: 1060). Ebenso Lambert: mit 8 Jahren von zu Hause fort, 16 Jahre lang Diakon usw. Aber da er diese persönlichen Daten jeweils unter dem Jahr in seine Annales Cameracenses einpaßte, ist hier die absolute Chronologie der Jahre nach Christi Geburt auf das natürlichste der relativen Chronologie eines Menschenlebens unterlegt.

Während Duby aufgrund solcher Zeugnisse zu dem Ergebnis kam, daß die Reichweite des historischen Gedächtnisses hier jeweils vom Rang der Familie bestimmt werde (im späten 12. Jahrhundert reiche es bei den kleinen ritterlichen Familien zurück bis zur Mitte, in den Familien der Burgherren bis zum Anfang des 11. Jahrhunderts, bei den Grafenfamilien bis ins frühe 10. Jahrhundert) und sich darin zugleich „la transformation même des structures de parenté" abbilde, fand Guenée daran mindestens ebenso bemerkenswert, daß sich daraus für die Reichweite mündlicher Tradition doch eine gewisse Regelhaftigkeit gerade auch unabhängig vom Rang der Familien und von der Bedeutung der Ereignisse feststellen lasse: aus dem Bereich der letzten 50 Jahre (gewissermaßen der unmittelbare Erfahrungsbereich des Menschenalters) genau bestimmte Ereignisse, die auch datiert werden; davor, bis auf etwa 100 Jahre zurück, aus mündlicher Überlieferung noch einige wichtige Ereignisse, die zeitlich richtig einzuordnen dem Schreibenden jedoch kaum noch gelingt. Und damit endet es: „audelà, c'est la nuit."

Das also wäre die Horizontlinie, bis zu der zurück Geschichte allenfalls noch überschaut wird und die das historische Gedächtnis der Lebenden – der jeweils miteinander lebenden rund drei Generationen – begrenzt. Dieser Grenzsaum zwischen möglicher mündlicher und notwendiger schriftlicher Überlieferung wird damals noch sehr deutlich empfunden worden sein, zumal bevor der entscheidende Schritt *from memory to writ-*

ten record (Clanchy) getan wurde und so die schon in Platons Phaidros angesprochene Auslagerung des Gedächtnisses aus dem lebendigen Sinn in die tote Schrift begann. Ja, Mündlichkeit bzw. Schriftlichkeit der Überlieferung wurde einigen geradezu zum Kriterium für die Scheidung von *nostra tempora* und *antiqua tempora:* bis dahin gelesen, fortan erfahren – erfahren in des Wortes doppelter Bedeutung: aus eigener Erfahrung oder erfahren von anderen direkt oder über Dritte, von lebenden Augenzeugen oder überlebenden Ohrenzeugen. Bei Walter Map (um 1190) wird in dürrer Zahl gar der 100-Jahres-Radius selbst zur Definition von *tempora nostra,* von „zeitgenössisch": *nostra dico tempora modernitatem hanc* . . ., „mit ‚unseren Zeiten' meine ich das Neue, nämlich den Verlauf jener 100 Jahre, die bis jetzt reichen, und aus deren ganzem Zeitraum die wichtigsten Ereignisse frisch und deutlich genug in Erinnerung sind, weil immer noch einige Hundertjährige am Leben sind und weil zahllose Söhne aus den Berichten von Vätern und Großvätern völlig präsent haben, was sie selbst nicht gesehen haben". Man könnte den Raum des „Menschenalters" nicht treffender umschreiben, da hier nicht nur der bloße Umfang des Zeitraums, sondern auch seine Qualität, seine Verdichtung zum „Erfahrungsraum" angesprochen ist.

Die Weite des Zeitraums zu ermessen, den der Mensch als seine Zeit empfinden könnte, ist freilich nur ein erster, vorläufiger Aspekt unseres Themas, Voraussetzung für den zweiten, wichtigeren Schritt: die Frage nämlich, wo sich innerhalb dieser gleitenden persönlichen Zeitspannen ein Bezug zur Geschichte einstellt, eine Beziehung zu historischen Ereignissen empfunden und wahrnehmbar wird, oder anders: wenn wir in der „Generation" eine (nicht von außen aufgelegte Zeiteinheit, sondern:) „eine von innen abmessende Vorstellung" (Dilthey) des Menschenalters zugrunde legen – wie gibt der Mensch in seiner Zeit uns zu erkennen, was in seinen Augen konstitutiv sei für die Identität seiner Generation?

„Generation" steht hier fortan nicht im Sinne von natürlicher Geschlechterfolge mit ihrem Rhythmus von etwa 30 Jahren – so notwendig es für den Historiker auch ist, solch vorgegebene biologische Faktoren mitzubedenken, schon um im Gespräch mit anderen Wissenschaften zu Aufnahme, Anregung, Abgrenzung fähig zu sein: die vor allem in den 1920er Jahren von verschiedenen Seiten geführte Diskussion über das „Problem der Generation" (etwa François Mentré, Wilhelm Pinder, Karl Mannheim – auffallenderweise waren Historiker weniger beteiligt) hat die Chancen und Abwege eines solchen Gesprächs besonders deutlich gezeigt. Auch daß die durchschnittliche menschliche Lebensdauer eben einen bestimmten Erfahrungsvorrat zumesse und daß im Kontinuum der Generationen das Verhältnis von Lebensdauer und Generationenabstand zu einer bestimmten Ausgewogenheit zwischen Neuerungswillen und Beharrungsbedürfnis führe; und daß, dächte man sich Lebensdauer und

Generationenabstand einmal verändert (halb so lang oder doppelt so lang), Rhythmus und Tempo der Menschheitsgeschichte doch wohl andere wären – all das sind Grundeinsichten, aber sie verführten allzu leicht dazu, im Ablauf der Geschichte zyklische Regelhaftigkeit und meßbare Rhythmik erkennen zu wollen, und sie reichen nicht aus, die eigentlich historische Dynamik zu erklären. In der Differenzierung, wie sie Mannheim darum vorschlug, geht es uns vor allem um den „Generationszusammenhang" als Partizipation am gemeinsamen Schicksal und um die Formen, unter denen diese Gemeinsamkeiten bewußt werden. Daß wir dann auch mit solchen Zeit- und Ereigniszusammenhängen, mögen sie noch so offenbar scheinen, behutsam umgehen müssen, hat Wilhelm Pinder mit guten Einsichten formuliert (und gleich schon überzogen): „Ungleichzeitigkeit des Gleichzeitigen", Polyphonie einer historischen Gegenwart – „es ist Polyphonie; wir hörten nur bislang zu sehr akkordisch". Doch gerät Pinder, dem „Generationen Naturvorgänge der Geistesgeschichte" sind, in seinen Folgerungen alsbald in „geschichtsbiologische" Bereiche, in die wir ihm nicht folgen können.

Damit sollte jedoch nur an einen Höhepunkt der Generationen-Diskussion erinnert werden, die im übrigen dazu neigte, allzufrüh vom Boden abzuheben und zu ausgreifenden Deutungssystemen vorzustoßen. Wir halten uns diesseits und kehren zu unserem bescheideneren Vorhaben zurück, womöglich die Perspektive der Zeitgenossen auszumachen und nach historischen Generationen zu fragen, ohne Generations-Entelechien und ähnliche Dämmermächte zu bemühen. Von 30-Jahres-Rhythmen und ähnlichen Erwartungen wird man dabei absehen müssen. Zwar ist wohl auch das Individuum geneigt, das Bild der jüngsten Geschichte aus der Perspektive der Generationenfolge in der eigenen Familie zu sehen (und für einen jungen Menschen kann es lange dauern, bis er realisiert, daß Lehrer, Vorgesetzte usw. nicht notwendig denselben Geburtsjahrgängen angehören wie seine Eltern). Aber wir müssen uns stets vor Augen halten, daß die Abfolge natürlicher Generationen allenfalls die Geschichte einzelner Familien gliedern kann, nicht aber die Geschichte einer Gesellschaft: denn da sind die natürlichen Generationen jahrgangsmäßig immer gegeneinander verschoben und lassen sich insofern in ihrer Bündelung nicht sinnvoll querschneiden. Nicht darum also geht es, und auch nicht darum, „eine Generationsrhythmik mit ein für allemal fixierbaren zeitlichen Intervallen aufzuweisen", sondern um historische Generationen rings um ein konstituierendes geschichtliches Ereignis mit gemeinsamem Erfahrungsvorrat und kollektiver Erinnerung (was freilich meist nur als Gemeinsamkeiten einer Gruppe, einzelner Gruppen faßbar sein wird). Alles andere wäre ein zufälliger Querschnitt durch eine zufällige Gegenwart, so als zerschneide man Thunfischfleisch mit dem Messer, statt es sich in seine Ringe zerlegen zu lassen.

Wie also läßt sich in Erfahrung bringen, was für die Identität einer Generation konstitutiv gewesen sein mag? An welchen Ereignissen Menschen selbst ihre Gegenwart innerhalb der Geschichte orientieren und inwieweit sie mit Hilfe solch historischer Ereignisse auch ganz persönliche Erlebnisse datieren, das zu wissen ließe vielleicht Nahtstellen zwischen Menschenalter und Zeitalter erkennen und die Überlagerung der Perspektiven sichtbar werden: Menschenalter und seine Perspektive hier also nicht in jenem (sicherlich vorherrschenden) zyklischen, überzeitlichen Sinn, daß es nur in sich kreise, in Jahreszeiten, Festzeiten, Lebensaltern; sondern Menschenalter und seine Perspektive in dem Sinne, daß es historische Ereignisse wahrnehme und auf sich beziehe. Gemeint ist hier vor allem jenes unmittelbare Verhältnis zu historischen Ereignissen und Daten, das uns spontan sagen läßt „vor ’45“, „nach ’45“ – und jeder weiß, was gemeint ist; „vor ’68“, „nach ’68“ – und an der Universität weiß jeder, was gemeint ist. Historische Daten so verbindlich, daß jeder einzelne sie sogar für die Datierung ganz persönlicher Erlebnisse zu Hilfe nimmt. Und nichts könnte deutlicher zeigen, daß der Zeitgenosse die historische Identität seiner Generation in solchen Daten umschrieben sieht und daß diese Identität eben das sei, womit die Generation an der Geschichte haftet.

Ob der Historiker diese selbstempfundene Periodisierung dann übernehmen, als Zäsur anerkennen wird oder aber durch spätere, noch tiefere Zäsuren aufgehoben sein läßt, ist dann immer noch eine zweite Frage. Der Historiker erfährt die konstituierende, bündelnde Wirkung solcher zentralen Ereignisse und den Abstand der Perspektiven fasziniert gerade dort, wo er Menschen – jeden noch für sich – auf ein Ereignis zuleben sieht, das noch nicht stattgehabt hat, aber dereinst konstitutiv sein wird und sie alle erst zu einer historischen Generation bündeln wird: Am Ende des Trecento sind die großen Bildhauer der Frührenaissance alle schon geboren, aber sie sind noch keine Bildhauer; nicht ihr Geburtsdatum konstituiert diese Generation von Bildhauern, sondern daß sie in einem späteren Jahrzehnt Auftraggeber finden, die ihrer Begabung antworten (dazu gehören nämlich immer zwei!) – oder noch schärfer: es sind die Aufträge von 1410, die sie 1380 geboren sein lassen! Um 1480 sind die großen Entdecker alle schon geboren, aber sie sind noch keine Entdecker: sondern kleine Küstenschiffer, Handwerker, Offiziere, die nie das Meer sahen – jeder für sich zulebend auf ein welthistorisches Ereignis, das in Gang zu setzen die wenigsten von ihnen beitragen werden, das voranzutreiben sie aber alle erfüllen wird; und das dann sie selbst, wie uns, glauben machen wird, alles sei auf diesen Augenblick zugetrieben, als sei Pizarro an jedem Punkte seines Lebens bereits der, der das Inka-Reich dereinst zerstören wird.

Nicht daß Zeitgenossen einen Umbruch von weltbewegendem Ausmaß nicht schon als solchen empfinden könnten. Sie mutmaßen ja häufig darüber und ermessen bisweilen wohl auch die ganze Tiefe der Zäsur. Zwar nicht mit einem kühnen „Von hier und heute geht eine neue Epoche der Weltgeschichte aus ...", aber doch mit diffusen Ahnungen. Sollten etwa in der Spätantike die, die vor den Barbareneinfällen in die kompakten, ganz aufs Militärisch-Funktionale geschrumpften Festungsstädte neuen Typs umgesiedelt waren und dort nun in ihrem unkomfortablen Alltag zusammengepfercht hinter kolossalen, düsteren, aus demontierten Triumphbögen, Grabinschriften und Marmortorsi hastig und kunstlos aufeinandergeschichteten Mauern voll Heimweh zurückdachten an die hellen, weiten, lichten Plätze von Avenches, von Autun, von Périgueux und an den vertrauten Lebenszuschnitt ihrer früheren Tage in offenen Städten – sollten die nicht empfunden haben, daß hier etwas unwiderbringlich zu Ende gegangen sei? Und die, die in den Thermen das Wasser versiegen sahen und das Feuer erlöschen auf dem Leuchtturm von Ostia – sollten die wirklich geglaubt haben, das Wasser werde dereinst wieder über das hereingewehte Laub in die zerbrochenen Becken fließen, und das Feuer dort oben über der verlassenen Stadt werde eines Nachts wieder leuchten? Das waren für die, die es miterlebten, jedenfalls existentielle Erfahrungen, und darum sollten wir solche Momente, auch wenn sie nicht mit präzisen Daten zu bezeichnen, sondern nur atmosphärisch zu umschreiben sind, in unsere Periodisierungskriterien einbeziehen. Denn es geht hier nicht um das spektakuläre Ereignis, „dessen täuschender Rauch" – nach einem Wort Fernand Braudels – „das Bewußtsein der Zeitgenossen erfüllt, aber nicht lange vorhält, kaum daß man seine Flamme sieht", sondern um jene wenigen Ereignisse, die sich, durch das Gewicht ihrer elementaren Wirkung, in die tieferen „Schichten langsam verlaufender Geschichte" absenken und auf der „Ebene der unbewußten oder kaum bewußten Elemente" ablagern.

Die historische Identität einer Generation ist weitgehend bestimmt durch die Perspektive, unter der diese Generation ihre Zeit und die jüngste Vergangenheit sieht, von der Schwelle am Horizont an, von der eine Generation (in Heimpels Worten) ihre „jeweilige Gegenwart beginnen" läßt: „mit dem letzten konstitutiven, nämlich das ganze Dasein bestimmenden Ereignis", und das meint: „die letzte Katastrophe, die große Revolution und den Erlebnisbereich der Lebenden". Man wird solche Generationen zeitlich nicht immer deutlich voneinander abschichten können, zumal nicht in der Geschichte der letzten 200 Jahre, die in der beschleunigten Folge revolutionierender Ereignisse historische Generationen ineinander- und übereinandergeschoben hat: da wurde „das völlig Unvereinbare in den drei jetzt gleichzeitig lebenden Generationen vereinigt" (wie Friedrich Perthes über die Generationen von 1750, 1789 und

1815 sagte). Für die voraufgehenden Zeiten liegt die Problematik anders: da läßt sich der Wechsel historischer Generationen leichter voneinander abheben, aber insgesamt schwieriger verifizieren. Für das 11. Jahrhundert hat Schieffer einen solchen Wechsel des Blickpunkts rekonstruieren können, indem er nachwies, wie die Generation der großen Kirchenreformer die jüngste Vergangenheit umwertete: nur so konnte unter zwei aufeinanderfolgenden Herrschern (beidseits des Dynastiewechsels von 1024, der unsere Handbücher gliedert), obwohl sie im Grunde die gleiche Kirchenpolitik betrieben, der eine, nähere, zum Simonisten und der andere, fernere, zum Heiligen werden – „der Generationenwechsel von 1039 hat kirchenpolitisch eine ganz andere Bedeutung als der Dynastiewechsel von 1024".

Mit natürlichem Lebensalter und gemeinsamen Geburtsjahrgängen hat das nicht unbedingt zu tun, und auch die zeitliche „Nähe zum Ereignis", die dem Historiker so viel sagt, ist so maßgeblich nicht, wenn nur überhaupt Bezug hergestellt ist, Betroffenheit sich einstellt. Wenn man den Namen derer, die während des Großen Abendländischen Schismas für die päpstliche Kurie tätig waren, dann auf den Konzilien von Pisa und Konstanz wiederbegegnet, wie sie, in Zeugenverhören aussagend, über eben diese Zeit Rechenschaft geben, dann ist man anfangs leicht versucht, ihnen als den vermeintlich Vertrauten vorzurechnen, was sie eigentlich hätten wissen und aussagen müssen – kurz: Lebensalter und Funktion der Zeugen in Beziehung zu setzen zu jener (den Konstanzer Zeugenverhören zugrunde gelegten) gleitenden Skala differenzierender Erinnerungen, vom völlig unverbindlichen *audivit ab aliis* („er hat es von anderen gehört") über die *fama publica* („ das sagten doch alle, Namen tun nichts zur Sache") langsam sich verfärbend und verfestigend zum *manifestum,* zum *notorium,* zum *verum est* bis hin zum *scit quia interfuit* („weil er dabei war"), in allen Schattierungen also von der *fama* bis zur *experiencia.* In Pisa reicht bei dem ältesten qualifizierten Zeugen – Tommaso de Spina, geboren etwa 1338, schon unter Innozenz VI. (1352–62) und seither ununterbrochen im Dienst der Kurie – die eigene Erfahrung, das *interfuit,* zurück bis zu Artikel II, zu den ersten Kontakten zwischen Benedikt XIII. und Bonifaz IX.: für ihn mag die bislang an der Kurie herrschende Neapolitaner-Clique nichts anderes gewesen sein als die unvermeidlich neue Spielform der noch selbsterlebten Limousiner Clique. In Konstanz reicht beim jüngsten aussagenden Zeugen – Bernardus Buxi, geboren um 1388 – die eigene Erfahrung nur zurück bis 1413, bis zu Anklageartikel XXXVI; für ihn ist sogar schon die Flucht Johannes' XXIII. aus Rom nur noch abgekartetes Spiel: eine groteske Verkennung der für die Neapolitaner so bitteren Wirklichkeit. Das war anders gewesen als erfahren! Natürliche Lebensalter erzeugen eben nicht schon von selbst ein entsprechendes fixes Bild der durchlebten Zeit; denn wie schon die schweigende, so ist erst recht die aussagende Erinnerung selbst eine historische: Artikel und Aussagen in Konstanz sind nicht ein Abbild der Jahre 1378–1415, sondern ein Anliegen des Jahres 1415. Das Konzil konstituierte eben eine neue Generation, verrückte den Zeitgenossen (gleich welchen Alters) den Fluchtpunkt ihrer historischen Perspektive und ließ sie empfinden, aus erlebtem Geschehen sei bereits Geschichte geworden. Die Neapolitaner, in allen ihren Jahrgängen hingegen Schisma-Generation geblieben, verstanden die Welt nicht mehr, und die Welt – die sich und ihr Bewußtsein gewandelt hatte – wollte die Neapolitaner nicht mehr verstehen. Und so fanden die Neapolitaner, als sie von Konstanz zurückkehrten, ihre Plätze besetzt, als seien sie Wiedergänger.

Versuche, das zentrale und bestimmende Erlebnis einer Generation auszumachen und zu umschreiben, sind verschiedentlich gemacht worden, für die italienische Renaissance zuletzt von Peter Burke, der unterhalb der Gliederung Früh-, Hoch-, Spätrenaissance (die doch sehr abstrakt ist und über deren Abgrenzung Historiker und Kunsthistoriker untereinander vielleicht nicht einmal Einigkeit erzielen würden) eine Binnengliederung nach Menschenaltern, nach historischen Generationen angelegt hat. Da gibt es etwa die Generation des Friedens von Lodi (1454), der mit seinen vier Jahrzehnten labilen Gleichgewichts der italienischen Mächte die Zeitgenossen, mehr als in der Generation zuvor und danach, ihre persönlichen Wege gehen ließ und sie, schwankend zwischen politischer Gleichgültigkeit und politischer Verwegenheit, das Augenmaß für das politisch Notwendige und Mögliche verlieren ließ. Wer hingegen 1494 erlebte, den französischen Einmarsch, der das kunstvolle Gebilde der *Italia bilanciata* mit einem einzigen Stoß über den Haufen warf, und die weiteren Interventionen der europäischen Mächte, der konnte sich dem Eindruck dessen, was da über Italien kam, schlechterdings nicht mehr entziehen, verlor Gleichgültigkeit und Zuversicht zugleich. Gemeinsame Schicksale also und gemeinsame Versuchungen – und so mag das Weltgericht die Menschen generationsweise wiegen, um gerechterweise die Versuchungen in Abzug zu bringen, denen sie gemeinsam ausgesetzt waren.

Man mag sich darüber streiten, ob das zentrale Ereignis jeweils richtig bestimmt ist. Aber unstreitig ist, daß das Vorgehen selbst zum Besten gehört, was ein Historiker tun kann, denn nirgends sind die Perspektiven von Zeitalter und Menschenalter natürlicher aufeinander bezogen.

Der Perspektive des Menschenalters ihr Recht zukommen zu lassen, ist freilich immer auch eine Quellenfrage. Man kann zwar zentrale Ereignisse postulieren und sagen, dies oder jenes sei ein Ereignis, an dem die Menschen der Zeit unmöglich hätten vorbeisehen können, und das also ihrer aller Blicke auf sich gezogen habe. Das ist rasch gesagt und leicht unterstellt, obwohl der Historiker da meist das Richtige treffen wird: die

Eroberung Englands von 1066 gliedert nicht nur Handbücher heute, sondern dürfte schon den Menschen damals ein Stichjahr gewesen sein. Wie aber läßt sich in Erfahrung bringen, welche Daten diesen Menschen selbst, in breiter Übereinstimmung, zu Bezugspunkten ihres Lebens wurden? Nur darum, nicht um das kollektive Gedächtnis als solches, geht es bei unserer begrenzten Fragestellung.

Die Frage nach solch beziehungsvollen Daten, die natürlich von Region zu Region verschieden sein werden, läßt sich mit historiographischen Quellen allein nicht beantworten. Es geht hier nicht um das Geschichtsbild einer Chronistik, die ihren Blickpunkt vorsätzlich hoch legt, um uns absichtsvoll ihre historische Sicht der Dinge zu vermitteln, und in der das Geschichtsverständnis einer Zeit gewissermaßen schon gerahmt ist und gefaßt in den festen Fluchtlinien von historischem Wissen, literarischer Bildung, eschatologischer Erwartung. Wir brauchen vielmehr – soweit es sie gibt – Quellen unterhalb der Geschichtsschreibung, Quellen, die die Menschen unter *sich* reden lassen und nicht an uns gewendet.

Wie unmittelbar und persönlich sich Menschen über ihre Gegenwart und die jüngste Vergangenheit äußern können, zeigen etwa die sogenannten *Ricordi* Florentiner Kaufleute: persönliche, meist nur für den Kreis der Familie gedachte Aufzeichnungen, eine reizvolle und spezifische Mischung von tagebuchartigen Eintragungen, Bilanzen, Kindstaufen, Grundstücksgeschäften und (wo es das letzte persönliche Erleben dann gerade nahelegt) versetzt mit Beobachtungen zum Lauf der Welt im allgemeinen und zum Lauf der eigenen Zeit im besonderen. Von solchen Ricordi gibt es eine ganze Menge – wie wir überhaupt aus dem Florenz dieser Zeit Stimmen genug haben, die dezidiert und präzise die Geschichte der eigenen Zeit in Phasen gliedern und beurteilen, etwa: von 1418 bis 1423 ging es am besten, von 1423 bis 1453 viel Krieg und Ausgaben, von 1453 bis heute Frieden; und was es an solch persönlichen Periodisierungen der Zeitgeschichte und an ausdrücklich vorgebrachten Kriterien sonst noch geben mag.

Wenn wir nun in solchen Aufzeichnungen gegen 1460 niedergeschrieben und ausdrücklich als Auffassung auch der Mitmenschen bezeichnet finden, „daß unsere Zeit, von 1400 an, zufriedener sein kann als jede andere Zeit seit der Gründung von Florenz"; und wenn wir dieses Hochgefühl bei den Zeitgenossen – auch bei Poggio Bracciolini und Flavio Biondo – in ähnlichen Wendungen umschrieben finden; dann sagt das sehr viel über diese Florentiner Generation aus und über das, was sie, neben anderem, ganz unmittelbar verband: ihr „Lebensgefühl", hätte man früher gesagt, und warum nicht auch jetzt noch, zur Identität einer Generation gehört es jedenfalls dazu. „Lebensgefühl" nicht abgelesen aus dem Mienenspiel zeitgenössischer Portraits (das hat zwischen Kunsthistorikern und Historikern selten zu Übereinstimmung geführt), sondern vernommen aus dem Munde derer, die zu sich und ihresgleichen sprechen.

Ein weiteres Indiz für persönliche Gegenwartsbestimmung wäre: weiß man von einer „guten alten Zeit", und wohin datiert man sie? Wie weit rückt man sie von der eigenen Gegenwart ab? Dantes Vorstellung vom *buon tempo antico* kennen wir einigermaßen genau, und diese vielzitierten Äußerungen sagen mindestens so viel aus über das Bild, das er sich von seiner Gegenwart, wie über das, was er sich von der Vergangenheit machte. Denn solche Vorstellungen erwachsen ja aus dem Bedürfnis, sich gegenüber der Gegenpartei und: gegenüber der nächstfolgenden Generation abzugrenzen (wie diese sich ihrerseits, mit anderen Bezugnahmen, von der voraufgehenden Generation abgrenzen wird). Und so lassen manche ihre Gegenwart ausdrücklich schon vor dem eigenen Tode enden mit der schmerzlichen Einsicht des alten Attinghausen in Schillers Tell: „Es lebt ein anders denkendes Geschlecht! / Was tu ich hier? Sie sind begraben alle / Mit denen ich gewaltet und gelebt. / Unter der Erde schon liegt meine Zeit; / Wohl dem, der mit der neuen nicht mehr braucht zu leben!"

Nun wird man einwenden können, den perspektivischen Blick einer Zeit zu erkunden sei nicht gerade ein Kunststück mit Dante, mit Florentiner Kaufleuten und zumal Humanisten, die (oft auch noch in den Kanzleien der Mächtigen tätig) mit ihrem Zeitbewußtsein und Selbstbewußtsein geradezu eine neue Zeit herbeigeschrieen, das Mittelalter zu Ende geschrieen haben.

Schwieriger wird es denn auch, wenn wir Übereinstimmung auf tieferer Stufe suchen, beim gemeinen Mann, bei all jenen, die nicht die Zuversicht zur Schau tragen können, zum Hochgefühl ihrer Gegenwart auch selbst beigetragen zu haben.

Hier wird die Fragestellung vollends zu einem Quellen-Problem. Denn entsprechende Äußerungen spontan aus dem Munde gewöhnlicher Zeitgenossen zu vernehmen ist dem Historiker in aller Regel nicht möglich. Sie sind unterprivilegiert auch darin, daß sie sich der Nachwelt nicht unmittelbar vernehmlich machen können, weil sie eine geringe Chance haben, in eine historische Quelle zu kommen, in einer historischen Quelle als Individuum zu überdauern. Sie reden nicht ungefragt, sie reden von sich nur wo sie müssen: wo der Verhaftete im Verhör, wo der Verbrecher vor Gericht, wo der Glücklose in der Petition genötigt ist, sein schlichtes Leben auszubreiten und in zeitliche Reihenfolge zu bringen, allenfalls da haben wir Aussicht, an (freilich extrem zweckbestimmte) Kurzbiographien einfacher Leute zu gelangen, und sie sollten uns kostbar genug sein. Überlieferungs-Chance ist eben auch sozial bedingt. Die „oral history" mag das ändern können, aber dem Mediävisten dient sie nicht, nicht einmal dem Neuhistoriker, allenfalls dem Zeithistoriker, und ihre methodischen Probleme hat sie auch da.

Und so bleibt für den Mediävisten eine der so seltenen Möglichkeiten, gewöhnlichen Menschen nahe zu kommen und sie sprechen zu hören, eben vor allem die Quellengruppe der Vernehmungen und Zeugenaussagen. Denn die Zeugenvernehmung bringt Menschen zum Sprechen, die sich uns sonst nie vernehmlich gemacht hätten: viele Menschen gleichzeitig, auch hundert und mehr, und oft aus der gleichen Schicht oder aus der gleichen Gruppe – das liegt in der Natur der Sache und kann uns nur willkommen sein, weil es den Erfordernissen der prosopographischen Methode und der kollektiven Biographie entgegenkommt. Etwa die Bewohner des südfranzösischen Dorfes Montaillou, die in einem Inquisitionsverfahren um das Jahr 1320 äußerst lebensnah über ihre Vorstellungen von Gott und (mindestens ebenso:) der Welt aussagen – daß das Buch von LeRoy Ladurie über Montaillou geradezu ein Bestseller geworden ist, sagt besser als alle Beteuerungen des Mediävisten, was solche Vernehmungen hergeben. Oder die Florentiner, die im Krieg der Otto Santi 1378 in Rom verhaftet und verhört werden. Oder die Kurialen, die auf dem Konstanzer Konzil gegen Papst Johannes XXIII. und seine neapolitanische Clique aussagen. Oder die mehr als hundert Frauen aus der gehobenen römischen Mittelschicht, die gegen 1450 über ihr Leben mit der Hl. Francesca, einer der Ihren, berichten; und so weiter.

Zwar gilt auch hier, daß diese Menschen nur reden, wenn (und was) sie gefragt werden; aber meist antworten sie mehr und anders, als die dürre Frage erwarten ließe – einfach weil sie vieles sagen müssen, um sagen zu können, was sie sagen wollen. Sie sprechen von sich (darum sind sie ja schließlich aufgeboten worden), gegebenenfalls auch direkt von sich in einleitenden „Angaben zur Person", die uns zugleich die Vorstellung einer Zeit von „Identität" zu erkennen geben.

Wo sie dann, in solchen Personalangaben und bei Fragen zu einzelnen Vorkommnissen, ausdrücklich aufgefordert sind, Erinnerung zu präzisieren, datieren Zeugen selten nach Jahren der christlichen Zeitrechnung, sondern weit überwiegend durch Angabe der Zeitspanne: vor 4 Jahren, vor 5 Jahren in der Fastenzeit, usw. Was jenseits des verflossenen Jahrzehnts liegt, wird meist nur noch in abgerundeten Jahresangaben erinnert: vor 20, 25, 30, 40 Jahren. Das ist in mittelalterlichen Zeugenverhören die Regel und gilt schon für die frühesten überlieferten Fälle: *certe scio et bene memoro hodie per annos . . .*, „ich weiß gewiß und erinnere mich gut, heute vor (25 oder 35 oder 40) Jahren . . .". Mit solch gerundeten Angaben verständigt man sich auch vor Gericht über seine Rechtstitel (das Landstück in Besitz seit 150, seit 200 Jahren; gepachtet seit 70 nein seit 40 Jahren, Patronatsrecht seit 50 nein seit 25 Jahren, die Mühle steht seit 100 nein 30 Jahren): gerundet auch dort, wo das genaue Datum ohne weiteres verfügbar war (*iam sunt anni LX et plus,* „es sind schon 60 Jahre und mehr", sagt einer 1195, der dann die entsprechende Urkunde von 1131 vorlegen kann) – es sei denn, die Notwendigkeit präziser Datierung war einsichtig, etwa: Abgabe nur nach dem Hohlmaß, das bis vor 33 Jahren galt und dann größer gemacht wurde. Aber kehren wir zurück auf die Datierung persönlicher Erinnerung, mit weiteren Beispielen aus dem Lucca des 12. Jahrhunderts: auch da ist die gerundete Angabe die Regel (vor 40 Jahren *et plus* hörte ich von meinem Vater . . .), doch mit bemerkenswerten Ausnahmen: „im kommenden Februar werden es 16 Jahre sein, daß ich heiratete . . ."; *iam sunt anni XXXVI, iam possunt esse anni XXIII* (oder einer weiß keine Datierung *quia non sum ibi antiquus,* „weil ich dort nicht alt bin"). Recht präzise weiß sich dann ja auch eine Béatrice de Planissoles, die Geliebte des Pfarrers von Montaillou, im Inquisitionsverfahren von 1320 zu erinnern: vor rund 12, 15, 19, 20, 24 Jahren, vor rund 21 Jahren um Weihnachten, vor 25 Jahren im Juli, vor 26 Jahren im August; so genau datiert sie alles Mögliche: einen ersten lästerlichen Ausspruch, eine erste Beichte nach langer Zeit, einen Annäherungsversuch des Verwalters, Gespräche, Besuche. Und sie gibt an einigen Stellen auch beiläufig zu erkennen, wie persönlich das Datengerüst ihres Gedächtnisses gefügt ist: vor rund 24 Jahren, als ich Berengar heiratete; vor rund 21 Jahren, ein Jahr nach dem Tod meines Mannes; vor etwa 19 Jahren, als ich Otho heiratete; kurz nach meiner Niederkunft; usw.

Was den üblichen Angaben wie „vor 20, vor 35 Jahren" in der Erinnerung von Zeugen jeweils an Anhaltspunkten zugrunde lag, ist sonst schwer in Erfahrung zu bringen, wird manchmal aber greifbar, etwa wo die Zeugen ausdrücklich aufgefordert werden, die zeitlichen Anhaltspunkte ihrer Erinnerung auch darzulegen. So in einem Verfahren 1397 angestrengt von dem jungen Jean II. d'Estouteville zu dem Zweck, sein Geburtsdatum offiziell feststellen zu lassen, um durch pünktliche Beendigung der Minderjährigkeit endlich die kostspielige königliche Vormundschaft loszuwerden. *Requis comme il le scet,* antwortet ein 40jähriger Ritter: „weil ich im folgenden Jahr heiratete, und das war '77"; ein anderer Ritter datiert anhand eines Gefechtes gegen die Engländer: *comme il aloit a l'escarmuche de Harefleu qui fu faitte par les Engloiz en ce temps.* Die übrigen 22 Zeugen bestimmen die erforderlichen 21 Jahre, um die es hier geht, ganz ohne Zuhilfenahme äußerer Daten, und jeder auf seine Weise: für den 70jährigen Müller ist es die 3-Jahres-Folge seiner Mühlen-Pachtverträge, anhand deren er nun zurückrechnet – *et par les termes d'icelle ferme scet bien qu'il a le dit aage.* Andere zählen die Jahre seit ihrem Dienstantritt oder vergleichen mit dem Lebensalter der eigenen Kinder (starb 11jährig vor 10 Jahren; starb im September vor 4 Jahren mit 17 und war ein halbes Jahr älter, usw.). Ähnlich die Beispiele datierender Erinnerung in englischen Zeugenverhören: da ist es der Amtsbeginn (3 Jahre vor seiner Ernennung zum Abt, und das sei er seit 18 Jahren) oder der ganz persönliche Vorfall (weil er damals vom Pferd fiel und sein rechtes Bein brach, und das war vor 15 Jahren; weil ihm am gleichen Tag eine Scheune verkauft wurde, und darüber hat er eine Urkunde); die Pilgerfahrt, aber bisweilen auch das historische Ereignis (als Edward II. gekrönt wurde; als ich aus der Schlacht von Stryvelyn kam).

Was dem Müller aus der Normandie die Fälligkeit seiner Mühlenpacht, ist dem Wanderschäfer aus Montaillou die Abfolge der Verträge, mit denen er sich jeweils bei Herdenbesitzern verdingte: die gliedern ihm sein Leben und seine Erinnerung. Die Dauer dieser Verträge, die Namen der Padroni, der Wechsel von Sommer- und Winterweide beiderseits der Pyrenäen (darunter die Weiden um San Mateo, die dann in Francesco Datinis Woll-Geschäften eine so große Rolle spielen werden) – all das ist diesem Pierre Maury vom Jahrgang 1282 oder 1283 noch lückenlos erinnerlich und wird der Inquisition damals und LeRoy Ladurie heute erlauben, die ganzen 23 Jahre seiner ketzerischen Vergangenheit vom Jahre 1301 an Jahr um Jahr zu rekonstruieren. Innerhalb dieses wohlgegliederten Erinnerungsraumes bewegt er sich bei der vom Verhör aufgenötigten Anamnese entsprechend leicht und sicher: vor 23 Jahren also erster Kontakt mit den Ketzern, vor rund 19, vor rund 13 Jahren . . .; das glaubte ich rund 17 Jahre lang, in diesem Glauben blieb ich 8 Jahre lang; 2 Jahre später, nach 3 Monaten, usw. Auch er datiert nicht in Jahren nach Christi Geburt – das wäre ihm wie überflüssige Numerierung erschienen, wo doch auch so alles zeitlich klar war. Weltgeschichte, französische Geschichte, spanische Geschichte kommen auch bei diesem Wanderschäfer mit seinem bemerkenswerten Radius von rund 350 km. nicht vor (allenfalls einmal eine lokale Fehde, wo sie die Herde bedrohte), der Zeitraum der Erinnerung (*a toto tempore sue memorie, quod potest esse XL annorum,* „seit er sich erinnert, und das dürften 40 Jahre sein", präzisiert hier einmal ein 6ojähriger) ließ sich ja auch in Schritten relativer Chronologie abschreiten. Ein Horizont kollektiver Erinnerung war den Bewohnern von Montaillou allenfalls die Massenverhaftung des gesamten Dorfes durch die Inquisition im Jahre 1308 (*illo tempore quo fuerunt capti homines de Monte Alionis,* „damals als die Leute von Montaillou verhaftet wurden"); auf historische Ereignisse vor 1300 oder allenfalls 1290 kommen sie ohnehin nicht zu sprechen.

In vielen Zeugenvernehmungen werden die Aussagenden, wo sie zu datierender Erinnerung aufgefordert sind, überhaupt ohne jede Bezugnahme auf Ereignisse von allgemeiner oder auch nur lokaler Bedeutung auskommen: die jüngste Naturkatastrophe, der letzte Durchritt des Königs und ähnliche Vorkommnisse, die wir aus der Kloster-Annalistik doch als nächstliegende Erinnerungsmarken erwarten, kommen da gar nicht vor (wobei man natürlich nie ganz ausschließen kann, daß der protokollierende Notar die persönlich gefärbte Datierung hier und da der Einfachheit halber in dürre Zahlen überführt hat).

Und doch kommt es immer auch wieder vor, daß Zeugen zum Zwekke der Datierung gelegentlich historische Ereignisse zu Hilfe nehmen, deren Verbindlichkeit sie unter ihresgleichen voraussetzen dürfen: Ereignisse der jüngeren Vergangenheit, die ihnen ohne weiteres „präsent" sind, „gegenwärtige Vergangenheit", augenfällige Zeitmarken innerhalb des gemeinsamen, zwei oder drei Generationen umfassenden Erfahrungsraumes. Und allein dieses Detail (das nur ein kleiner Ausschnitt dessen ist, was die Zeugen an gemeinsamer Sicht der Dinge aussagen) soll uns hier beschäftigen. Es geht dabei nicht um den Zeitbegriff, wie ihn Jacques LeGoff so quellennah analysiert hat: daß etwa die Zeit der Kirche verschieden sei vom Zeitbegriff des Kaufmanns, dem Zeit schon Geld ist; sondern es geht hier nur darum, wie einfache Menschen – Hausfrauen, Gastwirte, Handwerker, Söldner, Arbeiter – in Übereinstimmung untereinander historische Ereignisse als Bezugspunkte benennen, um an ihnen persönliche Erlebnisse festzumachen, und so ihr Leben in Beziehung setzen zu dem, was wir Geschichte nennen.

In der 2. Hälfte des 14. Jahrhunderts zieht sich durch Zeugenaussagen ein Datierungs-Horizont dunkel und breit: der Schwarze Tod. Auf die Große Pest, vor allem die erste Pestwelle von 1348, nehmen Aussagende verschiedentlich Bezug, und wie könnte es anders sein. Nicht nur, wenn vom Pesttod der Eltern die Rede ist, denn da ist die Bezugnahme unvermeidlich – seine Verbindlichkeit erweist das schreckliche Datum erst dort, wo es nicht nur Tod, sondern auch Leben datiert: einer ist „im Großen Sterben von '48" geboren, ein anderer ist drei Jahre vor der Großen Pest von zu Hause weg. In einem Verhör von Salinenarbeitern, das 1385 die Besitzverhältnisse in den Salinen an der Tibermündung feststellen sollte, datiert ein Zeuge seine früheste einschlägige Erinnerung, 43 Jahre zuvor, gleichfalls mit Hilfe der Pest (und auch der protokollierende Schreiber, der eher zur absoluten Datierung neigen wird als die Aussagenden, beläßt es bei dieser Umschreibung): *ante primam mortalitatem bene sex annos ante*, „vor dem ersten Sterben gut sechs Jahre davor" – die Pest datiert Besitzverhältnisse auch von unsterblichen Institutionen.

Welch schreckliche Bedeutung die Große Pest und die nachfolgenden Pestwellen für die damalige Menschheit hatten, ist dem Historiker ohne weiteres präsent; aber er wird (soweit er nicht von bevölkerungsgeschichtlichen oder wirtschaftsgeschichtlichen Fragestellungen ausgeht) darin meist dennoch keine epochenbildende Zäsur sehen und sollte sich vielleicht doch mehr fragen, welche Narben im Gemüt der Überlebenden dieses Ereignis hinterlassen habe. Jedenfalls war es im Ansatz richtig, wenn Millard Meiss eben diese Frage in den Mittelpunkt seiner Arbeit über die „Malerei von Florenz und Siena nach dem Schwarzen Tod" stellte und dabei nicht nur Totentänze zählte, sondern in der Abkehr von Giotto und der Rückwendung zum Übernatürlichen, Mystischen, Hieratischen die erschreckte Antwort einer Generation sehen wollte, deren Lebensgefühl durch tiefgreifende Erfahrungen wie die Pest tangiert worden sei.

Suchen wir nach weiteren Ereignissen, die sich in der kollektiven Erinnerung gewöhnlicher Menschen durch übereinstimmende Aussagen als solch ein Horizont erweisen, so ist das in Rom, für Einheimische wie für Zugewandte, die Rückkehr des Papsttums aus Avignon, und zwar nicht notwendig die endgültige Rückkehr unter Gregor XI. 1377, sondern schon die erste, provisorische Rückkehr Urbans V. im Jahre 1367. Tatsächlich wird im Prozeß gegen die 1377/78 in Rom verhafteten Florentiner bei den eingehenden Verhören – deren Aussagen übrigens in den Zeitangaben (Lebensalter, seit wann von zu Hause fort, seit wann einander bekannt, seit wann in Rom, welche Zwischenstationen usw.) eine ungewöhnliche Präzision aufweisen oder doch vorgeben – dieses zentrale Ereignis der päpstlichen Rückkehr von Florentinern und Römern zum Zwecke genauerer Datierung reichlich zu Hilfe genommen. Pest und Papst gliedern da ganze Lebensläufe wie etwa bei dem kleinen Wirt mit seiner gemieteten Taverne beim Monte Giordano (*bona et sollempnis* sei sie gewesen, sagt der Nachbar, ein römischer Maler): geboren ist er vor 30 Jahren, im Jahr der großen Pest; seinen bescheidenen Besitz zu Hause verkauft er „nach dem kleinen Sterben von '63", *post mortem modicam anni LXIII;* man kennt ihn in Rom seit Papst Urban nach Rom kam, *a tempore quo dominus noster papa Urbanus venit ad partes Ytalie sive ad urbem;* und zurück nach Florenz geht er, als der Papst Italien wieder verläßt. Ähnlich die Lebensgliederung aus dem Munde eines ärmlichen Kellners: geboren ist er vor 40 Jahren, in der Pest von 1348 sterben binnen 8 Tagen, *infra VIII° dies,* sämtliche Angehörige, für deren Schulden er 18 Monate, 12 Tage und 2 Stunden (!) in Schuldhaft sitzt; vor 25 Jahren nach Avignon, 3 Jahre dort und 9½ in Arles – immer als *bayletus tabernariorum,* als Kellner –, dann nach Rom, als Urban V. nach Rom geht.

Aber verschärfen wir auch hier die Anforderungen und engen ein: wo die Aussagenden mit dem Kommen des Papstes auch ihr eigenes Kommen motivieren, weil sie sich von der Rückkehr des Papsttums nach Rom dort eine Verbesserung ihrer Chancen versprachen, da ist die Bezugnahme auf dieses Ereignis nichts Besonderes, sondern unvermeidlich. Aber sie datieren, ein Jahrzehnt später, auch andere persönliche Schicksale nach diesem Stichjahr, und erst da erweist dieses Datum seine Sogkraft auf die Erinnerung: ich kam nach Rom ein Jahr vor Urbans Rückkehr, oder: mein Vater starb im zweiten Jahr nach Urbans Rückkehr. Ja noch 73 Jahre später, in einem Zeugenverhör des Jahres 1440, wird eine greise Römerin bei der einleitenden Frage zur Person angeben, sie habe sich verlobt *quando Urbanus papa quintus venit Romam,* „als Papst Urban V. nach Rom kam". Man sage nicht: sie bezog sich auf dieses Ereignis, weil es eben einfach das zeitlich genau passende war. Das wäre, wie wenn heute jemand sagen würde: ich verlobte mich während der ersten Marokkokrise. Der protokollierende Schreiber damals wunderte sich schon, weil der Bezug auf Urban V. mit der Altersangabe „70jährig und mehr" unmöglich zusammenging; aber da er (wie der Mediävist) so seine Erfahrungen mit Altersangaben haben mochte, notierte er – mit einem distanzierten *quoniam asserit,* „weil sie es behauptet" – die vorgebrachte Bezugnahme auf Urbans Ankunft.

Denn in der kollektiven Erinnerung der Römer war eben dies das Epochenjahr: daß sich das Papsttum *überhaupt* wieder nach Rom in Bewegung gesetzt hatte, und sei es auch nur vorläufig. Der Historiker periodisiert, unter seiner Perspektive, da etwas anders: die endgültige Rückkehr des Papsttums zehn Jahre später unter Gregor XI. muß ihm wichtiger scheinen und mehr noch der Ausbruch des Großen Abendländischen Schismas 1378 – für den Historiker ein Epochenjahr, von dem er wohl unterstellen würde, auch die Römer hätten es so empfunden. Aber die dachten anders, denn schließlich hatte man auch während des Schismas einen Papst in Rom, und der mochte von beiden Päpsten gewiß der richtige sein. Denn was sollte Rom wohl sein ohne Papst! Cola di Rienzo hatte auf diese rhetorische Frage eine alternative Antwort zu geben versucht, aber den Römern war soviel weltgeschichtliche Euphorie, wie er ihrer Mentalität damit zumutete, auf die Dauer zu anstrengend. Nein: daß der Papst zurückkehrte und wieder bei ihnen war, *das* war ihnen Epoche.

Nehmen wir für unsere Frage, wie gewöhnliche Menschen ihr Leben rechnen und wie sie dabei aus der relativen Chronologie ihres Lebens in die absolute Chronologie der Geschichte finden, noch eine weitere geeignete Quelle hinzu: den Florentiner *Catasto* von 1427. Es handelt sich dabei um rund 60000 detaillierte Steuererklärungen, die in die Lebensverhältnisse von rund 265000 Menschen in Stadt und Land Einblick geben – ein synchroner Querschnitt durch die Verhältnisse von über einer Viertelmillion Menschen in einem Territorium! Diese unvergleichliche Quelle, deren kompakte Masse inzwischen durch David Herlihy und Christiane Klapisch auch nach der quantifizierenden Methode ausgewertet worden ist, erlaubt bei vollständiger Erfassung der Altersangaben Aufschluß auch darüber, wie Menschen ihr Leben rechnen, ihr Alter zählen.

Auch das wollte zunächst gelernt sein, jedenfalls auf dem Lande. Der Catasto verlangte präzise Altersangabe und gab diesem Verlangen auch einen gewissen Nachdruck: fehlende Altersangabe konnte den Verlust des Steuerfreibetrags nach sich ziehen. Wo bisher subjektive Kriterien wie Augenschein oder Befindlichkeit oft genügt haben mochten (etwa für die Feststellung von Wählbarkeit oder Kriegsdienstpflicht), unterzog man sich jetzt der Anstrengung der Erinnerung, denn am Schluß, so wollten es die Behörden, mußte halt eine Zahl stehen. Zwar kam es auch weiterhin nicht aufs Jahr genau an: hier wie überall rundete man gern auf Fünfer und Zehner und vermied womöglich die ungeraden Zahlen (danach hätte es damals in der Toskana nur 259 Personen mit 39 Jahren, 253 mit 41, aber 11 200 Personen mit 40 Jahren gegeben!); doch werden auch diese Rundungen zunehmend krummen, also präziseren Zahlen Platz machen. Was damit jedenfalls anerzogen und unter dem sanften Druck des Steueramts gleichsam bis in die Kapillaren des Zeitgefühls gepreßt wurde, war für viele eine erste genauere Auffassung davon, daß neben dem gelebten Alter ein gezähltes Alter stehe.

Auch dann blieben abenteuerliche Unstimmigkeiten, wie nachprüfbare Fälle zeigen. Interessanter als solche Curiosa (die immerhin den Lernprozeß illustrieren) ist jedoch das Regelhafte, das in den Unstimmigkeiten zutage tritt und Aufschluß gibt über den Umgang des Menschen mit Alter und Zeit, oder um es sehr einfach zu sagen: Männer erinnern ihr Alter besser als Frauen, Junge besser als Alte, Städter besser als Bauern, Reiche besser als Arme. Männer altern am raschesten auf die 30 zu (das hat auch fiskalische und politische Gründe); dann geht es einigermaßen mit rechten Dingen zu; sind sie aber erst einmal 60, dann ist kein Halten mehr, dann kommt es ihnen auf einige Jahre nicht mehr an, dann legen sie ihrem (soeben noch einigermaßen korrekt angegebenen) Alter ruhig vier, fünf Jahre zu.

Allein es geht bei unserer Fragestellung nicht um Lebensalter, sondern um „Menschenalter" und den Bezug zur Geschichte. Kommen wir noch einmal zurück auf den „Lernprozeß", der da offensichtlich erst in Gang gesetzt werden mußte, jedenfalls auf dem Lande. Während 1371 bei der ersten Erhebung, die Altersangabe verlangte, noch fast die Hälfte der ländlichen Bevölkerung dazu nicht in der Lage war, nahm dieser Anteil fortan stetig ab. Dem entspricht in auffallender Parallelität, daß die Zahl der mehr als 100jährigen gleichfalls binnen weniger Jahrzehnte stetig fiel. Das ist nun keineswegs ein rapider Rückgang der Lebenserwartung, sondern Zuwachs an Präzision: nicht daß die Menschen (wie man dieses Ergebnis fehlinterpretieren könnte) jetzt die 100 nicht mehr erreicht hätten – sie wissen jetzt nur genauer zu sagen, daß sie die 100 nie erreicht haben! Wenn 1372 noch ein Bauer auf die Frage, was er zu versteuern habe, geantwortet hatte: „nur meine 130 Jahre", *nichil habet nisi CXXX annos,* so wurde dieses Augenzwinkern auf die Dauer nicht mehr hingenommen. Man wollte es genauer wissen.

Wie aber mag er von seinen 130 Jahren heruntergefunden haben zu glaubhafteren Angaben? Es ist reizvoll, sich den Vorgang einmal leibhaftig vorzustellen: wie da in einem Dorf vielleicht einige alte Bauern zusammensaßen und für das Steuerformular gemeinsam in ihrer Erinnerung kramten. Vor ihre Lebenszeit zurück werden sie ohnehin kaum gedacht haben, so wenig wie die Bauern von Montaillou. Aber auch den ganzen Raum des Menschenalters linear abzuschreiten mochte ihnen, deren Zeitverständnis eher zyklisch war und in Jahreszeiten kreiste, schon nicht leicht fallen. Es wird immer schwer, wenn nicht unmöglich sein, sich ein Bild davon zu machen, wie (und ob überhaupt) die ländliche Welt damals einen Bezug zur linear fortschreitenden Zeit gefunden und Ereignisgeschichte in den Blick bekommen oder gar in ihr kollektives Gedächtnis genommen habe – zumal eine abgeschiedene ländliche Welt, wie sie Carlo Levi noch in den 1930er Jahren in Unteritalien erlebt und in „Cristo si è fermato a Eboli" beschrieben hat, beschrieben in ihrer Geschichtlichkeit, „wenn es möglich ist, eine Geschichte von etwas zu schreiben, das sich nicht in der Zeit abspielt". Regionen nämlich „abseits von Geschichte und Staat", weil Christus (und das steht hier für „die Zeit, die individuelle Seele, die Hoffnung oder das Band zwischen Ursache und Wirkung, die Vernunft und die Geschichte") eben nur „bis Eboli" und nicht weiter gekommen ist, nur bis an die Grenze zwischen diesen beiden Italien, von denen ein jedes Zeit und Geschichte anders rechnet: „der ethische Staat der Hegelianer in Neapel" in den uns geläufigen Kategorien; das Lukanien der Madonna von Viggiano hingegen in der ewigen Wiederkehr der gleichen elementaren Verrichtungen: die jährliche Ankunft des Ferkelverschneiders, das Erscheinen der Komödiantentruppe, das erste Dröhnen der Ölmühle, die Weihnachtsmesse. Von Vergangenem, das nicht wiederkehrte (leider nicht wiederkehrte), haftete im kollektiven Gedächtnis nur weniges: Konradin von Hohenstaufen, die Briganten – hervorgezogen vor allem zu polemischem, abwehrendem Gebrauch. Ansonsten aber galt: *le cose sono sempre andate cosi,* „so ist es immer gewesen".

Bei solchem Zeitverständnis wird es schwer fallen, die lineare Erstreckung auch nur des eigenen Lebens zu messen, und darin mag auch für unsere toskanischen Bauern das Problem gelegen haben, als sie nun aus Florenz die Weisung erhielten, ihr Lebensalter zu deklarieren. Da waren sie wohl genötigt, gemeinsam Ereignisse außerhalb der Wiederkehr des Gleichen zurückzurechnen und so in die absolute Chronologie zu finden. Daß sie sich der Anstrengung tatsächlich unterzogen, zeigt eben die Zunahme der Altersangaben überhaupt und der rapide Schwund der Hundertjährigen. Aber wie sie es taten, das können wir nur mutmaßen, denn wir bekommen von dieser Anstrengung der Erinnerung immer nur das Ergebnis zu sehen, die Zahl. Daß dabei Pachtverträge und ihre Fälligkeiten eine Rolle gespielt haben, wird man im Lande der *mezzadria,* der

Halbpacht, wohl annehmen dürfen: Pachtverträge oder Dienstverhältnisse plus Generationen. Aber ganz ohne Bezugnahme auf historische Ereignisse und absolute Chronologie wird es wohl nicht gegangen sein. Was aber mochten sie, denen Familien-Aufzeichnungen nicht und Taufregister noch nicht zur Verfügung standen, denn wohl an datierbaren Anhaltspunkten wählen, um daran die relative Chronologie ihres Lebens anzubinden? Sicherlich wieder die Pest und andere Katastrophen; vielleicht auch Amtsperioden und Amtspersonen (den eigenen Pfarrer; in dieser Region mit ihrer engeren Bindung des Landes an die Stadt aber wohl auch städtische Amtsträger und Ereignisse); und vermutlich auch die Erinnerung an militärisches Aufgebot: daß sie miterlebte Schlachten zurückrechneten und so in die absolute Chronologie gerieten. Denn so etwas wie mitgemachte Gefechte, die sich ja datieren ließen, so etwas wußte man: sieben Schlachten, sagt uns ein Florentiner Jerusalem-Pilger in seinem Reisebericht beiläufig, habe er schon mitgemacht; und über einen französischen Ritter erfahren wir, daß er an insgesamt 36 Treffen teilgenommen hatte – zuviel, um sie noch alle chronologisch hintereinanderzubringen; aber genug, um (und sei es mit Hilfe Dritter) wenigstens für das eine oder andere Gefecht die Jahreszahl zu ermitteln. Oder der kleine venezianische Matrose, der, 75jährig und halb erblindet, in seinem Pensionsantrag in chronologischer Reihenfolge *da LX anni in qua* Feldzüge Schlachten Admiräle Wunden Niederlagen erinnert, alles datierbar und ihm „durch viele und bemerkbare Wunden", *per molte e notabele feride sula mia persona* eingebrannt, die Wunden am Kopf als tiefere Zäsuren seines Lebens eigens hervorgehoben: das ist die relative Chronologie eines bescheidenen Lebens gelegt auf die absolute Chronologie venezianischer Geschichte.

Ich komme zum Schluß. Was jener Matrose aus seiner Perspektive – Augenhöhe einige Zentimeter über dem Schanzkleid der Galeere – als Folge von Rudern, Schießen, Entern wahrnahm, sind für den Historiker 60 entscheidende Jahre venezianischer Seegeschichte bis zum endlichen Triumph über die Rivalin Genua im Jahre 1380. Was jener toskanische Bauer, dem man seine 130 Jahre nicht mehr abnahm, an italienischer Geschichte lebte, war das sogenannte „Zeitalter der Signorien" – davon wird er kaum etwas wahrgenommen haben, so wenig wie vom „Zeitalter Giottos". Thomas Platters Großvater lebt einen Ausschnitt von 126 Jahren Geschichte, lebt buchstäblich „Vom Schisma bis zur Reformation", wie der Historiker diesen Ausschnitt überschreiben würde – wie aber mag dieser Walliser Bergbauer selbst datiert und gewichtet haben im Gespräch mit seinem zeitbewußten Enkel?

Oder der römische Kaufmann beim Pantheon, von dem sein Grabstein zu berichten weiß, er habe 110 Jahre gelebt *in bona convalescentia*, „in guter Gesundheit". Als Kaufmann versehen mit dem Blick für Konjunkturen und somit für Abläufe in der Zeit, zeitweilig aktiv in der Lokalpolitik, nach allem ein idealer Informant jeder „oral history": wie hätte wohl er, wachen Geistes wie er offensichtlich noch war, zuletzt die bewegte Geschichte seiner Zeit gesehen, die ihm mehr als einmal den Blickpunkt verändert haben mochte? Auch da ist der Historiker leicht versucht, ihm vorzurechnen, was er wissen und wie er's sehen müßte, da er doch ein ganzes Zeitalter erlebt hatte: Er wuchs auf im glanzlosen, papstlosen Rom des Trecento. Cola di Rienzo machte sich zum Tribunen und wurde erschlagen. Unterdessen kamen die Päpste aus Avignon zurück, und das Große Schisma brach aus und ging vorüber. Und die Pilger kamen zu den Heiligen Jahren, und die Barone der Campagna schlugen aufeinander. Und das Konzil setzte drei Päpste ab und schickte einen neuen. Und als der starb, da endlich starb auch dieser Römer und wurde das Kapitol hinauf nach S. Maria in Aracoeli zu Grabe getragen: ein Jahrhundert römischer Geschichte vom Mittelalter zur Renaissance gesehen aus einem Ladenfenster am Pantheon.

Aber es bedarf der Hundertjährigen nicht, um den Menschen und seine Lebensspanne auch im Maßstab der Epochen noch wahrnehmbar sein zu lassen und ihn erkennen zu machen, daß er handelnd und leidend an der Geschichte teilhabe. Schon 40 Jahre – so die Erkenntnis eines Mark Aurel –, schon 40 Jahre Leben genügen, um alles erlebt zu haben, was man in dieser Welt erleben könne; der 40jährige habe, bei allem politischen Wechsel, doch alles Vergangene und alles Zukünftige bereits erfahren, dann sei der Ereignisvorrat der Geschichte gewissermaßen schon erschöpft: eine Auffassung, hinter der natürlich ein zyklisches Geschichtsbild steht und die Vorstellung von der Wiederkehr des Gleichen. Der Historiker – der es ja selten zum stoischen Philosophen bringt – argumentiert gern anders (etwa wenn es darum geht, das Fach Geschichte in Universität und Schule zu verteidigen): daß nämlich, gerade umgekehrt, die Geschichte Erfahrung vermittle in einer Fülle und Vielfalt, wie sie die Kürze des Menschenlebens nicht zulasse, und daß eben darin die Beschäftigung mit der Geschichte ihren Sinn habe – *car notre vie est si briève, qu'elle ne suffit à avoir de tant de choses expérience* (Philippe de Commynes).

Beides: daß nämlich dem Menschen ein bestimmter Ausschnitt Geschichte zugemessen sei, auch wenn er ihn als beliebig empfinde; und daß eines Menschen Zeit ganze Epochen begleite, auch wenn er sich davon nicht unmittelbar berührt fühle – all das und noch mehr findet seinen schönen und schlichten Ausdruck in einer Erzählung, die uns abschließend noch einmal am Motiv des Zeitsprungs, aber anders und noch eindringlicher, die einfachen Bilder vertieft, die uns dieses Motiv schon eingangs vor Augen geführt hatte.

Die Erzählung ist bekannt unter dem Titel „Das Bergwerk zu Falun" oder als „Unverhofftes Wiedersehen" bei Johann Peter Hebel, der das aus dem Schweden des frühen 18. Jahrhunderts überlieferte Ereignis um 100 Jahre verlegte in seine eigene Gegenwart (wie es ohne Schaden in jedes Zeitalter verlegt werden könnte). Es ist die ergreifende Geschichte vom jungen Bergmann, der wenige Tage vor seiner Hochzeit nicht wiederkehrt aus dem Berg, und dessen Leiche nach Jahrzehnten zufällig wiedergefunden wird, durchtränkt von Kupfervitriol und darum gänzlich unverändert, ein junger Unbekannter, bis ihn endlich eine alte Frau erkennt als den, mit dem sie einst ein Menschenalter hatte leben wollen: als ihren Bräutigam. Die Zeit hat nicht ihn, nur sie berührt, und so begegnen sie einander unverhofft – als sei nicht der Tod, sondern als sei die Zeit zwischen sie getreten.

Nirgends finden sich menschliche Lebensspanne und geschichtliches Geschehen so dicht gegeneinander gedrängt wie in der Darstellung Hebels, der den Zeitsprung auch ermißt und nicht nur konstatiert wie Sage und Märchen. Denn während sonst das Zeitalter gefräßig Menschenalter rafft und Individualitäten auflöst, ist es hier einmal umgekehrt: Weltgeschichte muß gerafft werden, um der Spanne eines Menschenlebens, das angehalten worden ist, gleichgezogen werden zu können – und gerade in dieser Umkehrung liegt ein gut Teil der Wirkung, die von dieser Geschichte ausgeht: der große Friedrich geht und Hänschen bleibt. Da ruhte er nun im Berg, tot zwar aber wie lebend, und die Weltgeschichte zieht vorüber und hat ihm nichts an – oder mit den unvergleichlichen Sätzen Hebels: „Er kam nimmer aus dem Bergwerk zurück" ... und sie „weinte um ihn und vergaß ihn nie. Unterdessen wurde die Stadt Lissabon in Portugal durch ein Erdbeben zerstört, und der Siebenjährige Krieg ging vorüber, und Kaiser Franz der Erste starb, und der Jesuitenorden wurde aufgehoben und Polen geteilt, und die Kaiserin Maria Theresia starb, und der Struensee wurde hingerichtet, Amerika wurde frei, und die vereinigte französische und spanische Macht konnte Gibraltar nicht erobern ... Und die Französische Revolution und der lange Krieg fing an, und der Kaiser Leopold der Zweite ging auch ins Grab. Napoleon eroberte Preußen, und die Engländer bombardierten Kopenhagen, und die Ackerleute säeten und schnitten. Der Müller mahlte, und die Schmiede hämmerten, und die Bergleute gruben nach den Metalladern in ihrer unterirdischen Werkstatt ..."

Und damit scheint die lineare, die fortschreitende Zeit (7jähriger Krieg, Napoleon) sich zuletzt in sich einzurollen, rollt sich auf zur zyklischen Bewegung („und die Ackerleute säeten und schnitten"): rollt sich zurück auf jene Auffassung von Zeit und Geschichte, wie sie den meisten Menschen die eigentlich vertraute war, und die sie dennoch, auf eigene Weise und undeutlich, erfahren ließ, daß ihre Gegenwart eine historische sei – auch wenn sie in ihrem Menschenalter das Zeitalter nicht erkennen, das sich einmal über ihnen wölben wird.

Überlieferungs-Chance und Überlieferungs-Zufall als methodisches Problem des Historikers

In den folgenden Überlegungen sei versucht, ein methodisches Problem vor Augen zu führen, ein spezifisches Erkenntnisproblem des Historikers, das freilich nicht so zutage liegt wie die vielreflektierte Frage nach „Subjektivität" und „Objektivität" historiographischer Quellen. Es geht um das Problem von Überlieferungs-Chance und Überlieferungs-Zufall: ein Problem, hinter dem sich die Frage nach der Maßstäblichkeit der historischen Erkenntnis auftut.

Überlieferung ist das, was der Historiker in Händen hält: was ihm über frühere Zeiten, was ihm aus früheren Zeiten überliefert ist. Der Historiker weiß, daß sein Wissen Stückwerk ist – aber *welche* Stücke er in Händen hält, das wird ihm nicht ebenso deutlich, und so erliegt er nicht selten dem natürlichen Gefühl seiner Hände, das, was er hat, für schwerer, für gewichtiger zu halten als das, was er nicht in Händen hat. Und so fragen wir in einem ersten Schritt: was wird eigentlich überliefert, was mag alles nicht überliefert sein, und warum nicht?

Wovon wollen wir denn, daß es überliefert sei? Beginnen wir mit der idealen, mit einer scheinbar idealen Überlieferungslage aus dem Bereich der Denkmäler, der nicht-schriftlichen Quellen: Pompeji, 24. August des Jahres 79 n. Chr. Da wissen wir sozusagen alles: wir wissen sogar, was gerade in den Töpfen einer Küche kochte, und in welchem Winkel zur Wand die Fensterläden eines Hauses gerade offen standen; was Virgula über ihren Tertius dachte, wann einer seiner Henne Eier unterlegte (denn auch das steht an der Wand), und welche Zahlen sich der Bankier Lucius Caecilius Iucundus auf seine Wachstäfelchen notiert hatte. Wir wissen also sozusagen alles. Und doch wird niemand meinen, dieses Leben genommen und wie in Zement gegossen, dieses Leben überrascht von Vulkan-Asche sei die ideale Überlieferungslage, dieses Präparat, diese gigantische Momentaufnahme bilde Geschichte ab.

Halten wir also den Film der Geschichte nicht weiter an, lassen wir auch auf diese Stadt versuchsweise einmal den historischen Prozeß los und damit den Prozeß der Auslese: Iucundus hätte noch am gleichen Abend seine Zahlen gelöscht, überlebt hätten ihn nur seine Grundbesitz-Urkunden. Die letzten literarischen Handschriften wären wohl zugrunde gegangen, als sich hier später die Ostgoten unter Teja kämpfend auf den Vesuv zurückzogen. In dem Laren-Heiligtum am Forum würde sich vielleicht eine Marien-Kirche einrichten, in den verfallenden Gewölben des Amphitheaters die Kapelle eines lokalen Märtyrers, zukünftige

Pfarrkirche eines Vorstadtviertels. Von den Säulen des Jupitertempels, sonst spurlos vergangen, mag sich ein Kapitell, ausgehöhlt zum Taufbecken, in die Hauptkirche gerettet haben. Die letzte antike Statue würde wohl um 1600 verschwunden sein, zu Kalk gebrannt oder umgearbeitet zu einer Figur des Hl. Sebastian. Kurz: ein unbeachtetes Landstädtchen, das, nach seinen antiken Gewölben, heute vielleicht den Namen Santa Maria delle Grotte trüge.

Dies wäre gewissermaßen der „normale" historische Verlauf: ein Bestand wird reduziert, hier: abnehmende Antike – eine Vorstellung, wie sie jedem von uns geläufig ist, daß nämlich Überlieferung (und damit das, was wir über eine Zeit wissen) sich einigermaßen gleichmäßig verdünne mit dem Maße ihrer Entfernung von heute. Oder in der Figurenfolge alter Weltgeschichten: von Napoleon wissen wir mehr als von Karl dem Großen, von Karl dem Großen mehr als von Julius Caesar (das stimmt schon nicht), von Caesar mehr als von Ramses II. – daß Überlieferung sich verdünne also gewissermaßen wie die Résumés eines Fortsetzungs-Romans, die zu Beginn einer neuen Folge jeweils den Inhalt der voraufgehenden Folgen zusammenfassen, ohne dabei doch länger zu werden (nach der zehnten Folge verschwindet bereits eine ganze Episode, eine ganze Figur aus dem Résumé und damit aus unseren Augen). Oder andersherum: die Nachrufe auf lebende Politiker, wie sie von eigenen Redakteuren etwa der „New York Times" vorsorglich verfaßt und stets auf dem neuesten Stand gehalten werden, damit sie gegebenenfalls sofort zur Verfügung stehen, werden deswegen doch nicht immer länger: nicht der Umfang dieser Nachrufe zu Lebzeiten ändert sich, sondern ihre Perspektive – mit wachsender Entfernung sinkt vieles unter den Horizont.

Natürlich ist einiges richtig an der Vorstellung, daß auch die Auslese der Überlieferung eine perspektivische sei oder doch wenigstens eine historische, daß sie also in irgendeiner Relation zur Zeit stehe – daß nämlich die Zeit Überlieferung nicht nur erzeuge, sondern auch fresse. Aber gerade die Abweichungen von diesem idealen Prozeß sollen uns hier beschäftigen, weil sie, in kaum wahrnehmbarer Weise, die Erkenntnis des Historikers beeinträchtigen.

Denn Überlieferung ist zunächst einmal ungleichmäßig. Auch das ist eine triviale Einsicht – über dieses wissen wir wenig, über jenes viel, ja bisweilen mehr als wir wissen wollen: wir wissen sogar, wie viele Ziegelsteine der Arzt Iacopo Bonavia um 1390 in sein Haus in Lucca verbaute (es waren genau 53913) und bis auf wieviel Zentimeter unter dem Rand die Weinfässer im Hospiz auf dem Großen St. Bernhard am 24. Februar 1447 gefüllt waren; ja neuerdings wissen wir sogar von dem großen Florentiner Architekten Filippo Brunelleschi die Blutgruppe! Sicherlich ist das irrelevant; aber es ist eben so, als stülpe sich die Materie dem

Historiker an einigen Stellen entgegen und weiche an anderen zurück. Beispiele für das, was wir nicht wissen und doch gerne wüßten, müssen nicht eigens genannt werden, denn die Bezeichnung „dunkle Jahrhunderte", *dark ages* für das frühe Mittelalter, nimmt dessen Quellenarmut geradezu als Charakteristikum: „dunkel" meint hier nämlich nicht die Unerleuchtetheit (wie beim Wort vom „finsteren" Mittelalter), sondern die Unbeleuchtetheit des Zeitalters, eben seinen Quellenmangel.

Aber es geht hier nicht einfach um die Ungleichmäßigkeit von Überlieferung, sondern um die Frage, ob sich darüber mehr aussagen lasse als nur, daß Überlieferung eben ungleichmäßig sei. Wodurch *wird* sie denn ungleichmäßig? Nur durch Willkür und Zufall (so scheint es, und das ist fatal); oder gibt es womöglich auch eine Ungleichmäßigkeit der *Chance*, überliefert zu werden?

Doch damit soll es der Vorüberlegungen und Problemstellungen endlich genug sein. Ich werde vielmehr versuchen, das Überlieferungs-Problem in einem möglichst dichten, konsistenten Material anzuschneiden: dem Urkunden-Bestand der toskanischen Stadt Lucca.

Die Archive von Lucca verwahren heute allein für das 12. Jahrhundert rund 3700 Urkunden. Mehr als dreieinhalbtausend Originalurkunden für eine einzige Stadt in einem einzigen Jahrhundert des hohen Mittelalters: das ist ein Bestand, wie er selbst in Italien seinesgleichen wohl nicht hat. Also geradezu ein Pompeji der Urkundenüberlieferung, sollte man meinen – müßte man nicht annehmen, daß die Geschichte hindurchgefahren sei.

Dreieinhalbtausend Urkunden aus dieser Zeit sind viel (andere Archive wären stolz, wenn sie deren hundert vorweisen könnten). Und doch kann es nur ein Bruchteil des ursprünglichen Bestandes sein. Von diesem ursprünglichen Bestand können wir uns nämlich eine gewisse Vorstellung machen, weil wir einerseits aus den überlieferten Originalurkunden die Zahl, die Mindestzahl der in einer Stadt gleichzeitig tätigen Notare ersehen können; und weil uns andererseits die Unterlagen, in denen die Notare fortlaufend die von ihnen auszufertigenden Urkunden notierten (das sind die sogenannten Notars-Imbreviaturen, deren früheste aus dem Genua des 12. Jahrhunderts erhalten sind), ein grobes Bild von der Jahresproduktion solcher Notare vermitteln: ein vollbeschäftigter Notar konnte danach im Jahresdurchschnitt auf mehrere hundert, ja auf tausend und mehr Urkunden kommen. Um es kurz zu machen: bei vorsichtiger Schätzung wird man doch sagen dürfen, daß Städte vergleichbarer Bedeutung wie Genua, Lucca, Pisa, Florenz im späten 12. oder im 13. Jahrhundert jedes Jahr an die 20-30-40000 Notars-Urkunden produziert haben.

Zehntausende im Jahr – und wir bestaunten schon die dreieinhalbtausend im Jahrhundert! Was mag da verloren sein? Daß die Verluste groß sind und daß sie ungleichmäßig sind, ist dem Historiker bewußt und wird ihn nicht schon zu falschen Schlüssen verführen: wenn Lucca aus dem Jahre 1067 2 Urkunden und aus dem Jahre 1068 40 Urkunden verwahrt, dann sagt das nicht schon etwas über diese Jahre aus. So wenig wie der Befund, daß Farfa oder St. Gallen viel überliefern, Bobbio oder die Reichenau hingegen wenig, schon in irgendeine Beziehung zu ihrer vormaligen Bedeutung gesetzt werden darf (ja in Zentren wie Cluny muß die Überlieferung schon früh geradezu übergeflossen sein, so daß ihr Schwall bereits von den Zeitgenossen gar nicht mehr gefaßt werden konnte). Daß da vielmehr Überlegungen vorausgehen müssen, die sorgfältig auch nach der Art, der Zeit, dem Anlaß der mutmaßlichen Verluste fragen, ist dem Mediävisten eine Selbstverständlichkeit. Aber verfolgen wir diese Frage doch einmal in die Überlieferungs-Massen italienischer Kommunen, da die Großprojektion uns deutlicher zu sehen erlaubt, und bleiben beim Beispiel Lucca. Was also mag da verloren sein – nicht nur wieviel, sondern was, denn es geht hier um die Maßstäbe unserer historischen Erkenntnis und ihre mögliche Beeinträchtigung. Versuchen wir darum, wenigstens einmal einzukreisen, welche Stücke von Wirklichkeit uns abhanden gekommen sein könnten.

Sehen wir darum zunächst einmal die Zusammensetzung des erhaltenen Materials, sehen wir uns diese Überlieferung auf ihre Konsistenz an. Rund 3500 Urkunden, das könnten also (sagen wir:) 35mal Nachrichten über 100 verschiedene Arten menschlicher Tätigkeit sein (= 3500), oder doch wenigstens 350mal Nachrichten über 10 verschiedene Arten von Betätigung (wie etwa Landwirtschaft, Gewerbe, Fernhandel, öffentliche Verwaltung; Testamente und fromme Stiftungen usw.). Doch leider ist es ganz anders, die Relation enttäuschender: Diese beispiellose Urkunden-Masse enthält Tausende von Nachrichten über immer dieselben drei oder vier Geschäfte: Verkauf von Land, Verpachtung von Land, Verkauf von Pachtzins und Renten – seltsamer Eindruck von einer Stadt, die in ihrem politischen Rang Florenz damals nicht nachstand; seltsame Umverteilung der Wirklichkeit durch die Überlieferung!

Was aber gibt uns das Recht (oder: den archimedischen Punkt) zu behaupten, das Lucca des 12. Jahrhunderts sei *nicht* die Stadt gewesen, die diese dreieinhalbtausend überlieferten Urkunden abbilden? Zunächst einmal wird man sich betroffen fragen: war diese Stadt so bedeutend, weil sich ihre Bewohner gegenseitig Grundstücke verkauften? Und wo kamen wohl die Kapitalien her, die da in Land und Renten angelegt wurden?

Daß Lucca eine bedeutende Stadt war und daß ihr Rang auf Handel und Gewerbe beruhte (darunter der damals beginnenden lucchesischen Seidenindustrie), das wissen wir durch außer-lucchesische Quellen, über die wir in diesem Fall auch noch verfügen. Aber dieses Modell Lucca soll

uns zunächst, isoliert, zu Einsichten darüber verhelfen, was reine Urkunden-Überlieferung abbildet und was nicht. Und Luccas Quellen-
Überlieferung eignet sich dazu um so mehr, als die urkundliche Überlieferung beispiellos dicht ist, die erzählende Überlieferung, die Chronistik
des 12. Jahrhunderts, aber beispiellos dürftig.

In der lucchesischen Urkunden-Überlieferung dieser Zeit kommen
Handel und Gewerbe also praktisch nicht vor. Und doch muß der grös-
sere Teil der (vorhin erschlossenen) Tausende von kleinen Notars-Urkunden jährlich gerade diesen Bereichen gegolten haben. Warum gingen
gerade sie verloren? Größere Kriegsverluste sind bei den lucchesischen
Archivalien nicht anzunehmen, und es wäre im übrigen auch seltsam
genug, wenn Krieg und Brand in solcher Ausschließlichkeit einzig die
Nachrichten über Handel und Gewebe dahingerafft und die Nachrichten
über Grundbesitz verschont haben sollten.

Dieses Überlieferungs-Schicksal, diese einseitige Auslese, kann mehrere Gründe haben, darunter aber sicherlich einen: diese Urkunden gingen verloren, weil sie nicht verwahrt wurden, weil sie weggeworfen
wurden. Und sie wurden weggeworfen, weil sie kurzfristige Alltagsge-
schäfte betrafen, Termingeschäfte, von denen jene Notars-Imbreviaturen (mit ihren Eintragungen *sämtlicher* ausgefertigter Urkunden) denn
auch voll sind. Vergegenwärtigen wir uns auch die Schriftlichkeit, die
hier bereits einen Grad erreicht hatte, der jenseits der Alpen noch unvorstellbar war: sogar das den Eltern gegebene Versprechen, ein Jahr lang
aufs Kartenspiel zu verzichten, wird schriftlich vor dem Notar niedergelegt – und verfällt doch schon nach einem Jahr: warum sollte man das
verwahren? Nun ist das vielleicht ein extremes Beispiel, aber befristet ist
auch der Lehrlingsvertrag, der Liefervertrag über zwei Ballen Rohseide,
das Darlehen, kurz: fast der gesamte geschäftliche Alltag einer Gewerbestadt. Solche Urkunden verloren nach Ablauf ihren Wert, wurden weggeworfen oder doch nicht mit gleichbleibender Sorgfalt aufbewahrt, ihr
Pergament wurde womöglich wiederverwendet.

Ganz anders bei Grundbesitz, bei Grundstücksgeschäften. Hier legte
man auf Urkunden großen Wert, das heißt man kaufte mit dem Grundstück immer auch sämtliche zugehörigen Urkunden und verwahrte sie
sorgfältig, um sich notfalls gegen Ansprüche Dritter ausweisen zu können. So kennen wir aus der Urkundenüberlieferung (die eben einer *Gegenwart* diente) die Geschichte einzelner Grundstücke über Jahrhunderte
– und erfahren doch nichts über das, was die Bedeutung dieser Stadt
eigentlich ausmachte. Ähnliche Beobachtungen lassen sich auch für andere Orte machen. Aus dem Amalfi des 11. Jahrhunderts, damals noch
eine Fernhandelsstadt von Rang, sind uns durchschnittlich 3 Urkunden
pro Jahr überliefert. Daß der Überlieferungsbestand so gering ist, er-
staunt uns so wenig wie die Tatsache, daß all diese Urkunden, obwohl

überwiegend von Laien für Laien geschrieben, in kirchlichen Archiven überliefert sind. Überraschender ist auch hier vielmehr die Zusammensetzung des überlieferten Materials: Darlehen, geschäftliche Vereinbarungen, Gesellschaftsverträge, all das kommt in der Handelsstadt Amalfi sozusagen gar nicht vor. Die Überlieferung kennt fast nur Grundstücksgeschäfte (ein Grundstück gibt es, für das haben wir gleich 41 Urkunden vor 1050!), hebt die Stadt im Umland auf und verzerrt die Stadtgeschichte zur Agrargeschichte.

Denn die reine Urkunden-Überlieferung begünstigt den Grundbesitz und benachteiligt Handel und Gewerbe; sie gibt – auch in relativ entwickelten Gewerbegebieten wie hier – dem Grundbesitz ein höheres spezifisches Gewicht, oder in den Begriffen unseres Themas: Grundbesitz hat die größere Chance, überliefert zu werden. Reine Urkunden-Überlieferung bildet also nicht proportional, nicht maßstäblich ab (was dann allenfalls die Registerüberlieferung tun wird), oder um es als Nutzanwendung, als Korrektiv unserer Erkenntnis zu formulieren: urkundliche Überlieferung macht das Mittelalter noch agrarischer, als es ohnehin schon ist.

Diese erste Einsicht, was Überlieferungs-Chance ist und was sie anrichten kann, war also gewonnen aus der Natur des Geschäftes (ob Liefervertrag für zwei Monate oder ob Landkauf für immer). Eine zweite Einsicht, und vielleicht noch wichtiger, ergibt sich aus der Natur der Überlieferung, oder anders: wenn nun etwas überliefert werden *soll,* wie *wird* es dann überliefert?

Gehen wir auch hier zunächst von unserem Beispiel Lucca aus. Lucca hat drei Archive, nämlich zwei geistliche (Archivio Arcivescovile und Archivio Capitolare) und das Staatsarchiv, dessen früh- und hochmittelalterliche Bestände jedoch (wie man von vornherein unterstellen wird) zum überwiegenden Teil aus säkularisierten geistlichen Archiven übernommen wurden: von jenen dreieinhalbtausend Urkunden des 12. Jahrhunderts (das sind die Fonds aller drei Archive zusammengenommen, eben die gesamte lucchesische Urkundenüberlieferung), von diesen dreieinhalbtausend Urkunden stammen nicht weniger als gut 95% aus den Archivfonds geistlicher Institutionen.

Die Überlieferung geht also auch hier über die geistlichen Archive: man wird es nicht anders erwarten, denn dies ist bei früh- und hochmittelalterlicher Überlieferung die Regel. Tun wir darum gleich den nächsten Schritt und fragen uns wieder: Sollte das nicht auch wieder Folgen haben können für unsere Erkenntnis? Wäre es nicht denkbar, ja eigentlich zu erwarten, daß sich auf diesem Überlieferungs-Weg, daß sich unterwegs Proportionen verschoben haben dürften, daß also die Maßstäblichkeit unseres historischen Urteils dadurch beeinträchtigt werden könnte?

Suchen wir auch hier nach Indizien, wo sich Disproportionierung zu erkennen geben könnte. So fällt etwa auf, daß in den uns überlieferten Gerichtsurkunden meistens der Bischof gewinnt, das Domkapitel, kurz: die geistliche Seite. Diese auffallende Überlegenheit darf nicht zu der (zugegebenermaßen naheliegenden) Folgerung führen, der Bischof, der Klerus, habe eben das Gewicht gehabt und die Wege gewußt, sich vor Gericht durchzusetzen. Zwar wäre es bei näherem Zusehen schon nicht ganz verständlich, warum die junge Kommune, die sich damals doch gerade vom Bischof als Stadtherrn gelöst hatte, diesem großen Widersacher nun im städtischen Gericht alles zugegeben haben sollte. Aber die Überlieferung will es eben so wahrhaben, und viele werden diesem Eindruck um so leichter Glauben schenken, als er ihrer undifferenzierten Vorstellung von mittelalterlichen Herrschaftsverhältnissen so wunderbar entspricht.

Aber es liegt wohl doch etwas anders. Denn versuchen wir einmal, uns den Überlieferungsweg vorzustellen. Nehmen wir einen denkbaren Fall: der Bischof, das Kloster, gewinnt vor Gericht; die Urkunde darüber, der gewonnene Rechtstitel, wird von Anfang an in ein geistliches Archiv geraten und somit eine relativ große Chance haben, uns zu erreichen. Oder aber, umgekehrt: der Bischof, das Kloster verliert vor Gericht: da gibt es für die geistliche Seite nichts zu überliefern; in diesem Fall ist es nämlich, als siegreiche Prozeßpartei, der Laie, der den Rechtstitel, die Urkunde, endlich in Händen hält, zu Hause irgendwo ablegt – und damit ist sie für uns bereits verloren. In Laienhand ist die Urkunde bald verloren, es sei denn, diese Urkunde gerate später in ein geistliches Archiv (etwa weil das umstrittene Grundstück dann an eine Kirche geschenkt oder verkauft wurde) – und so gewinnen denn auch einmal Laien vor Gericht, läßt die Überlieferung auch einmal Laien vor Gericht gewinnen.

Daß geistliche Archive einzelne Urkunden oder gar ganze Urkundenbestände aus Laienhand aufgesogen und uns damit überhaupt erst erhalten haben, ist recht häufig: Von den dreieinhalbtausend lucchesischen Urkunden des 12. Jahrhunderts, die zu gut 95% über geistliche Archive überliefert sind, betreffen doch immerhin 25,5% oder fast genau ein Viertel Geschäfte ausschließlich zwischen Laien; mindestens diese Urkunden können darum zunächst auch nur im Besitz von Laien gewesen und erst später in einem geistlichen Archiv geendet sein. Das ist ein relativ hoher Prozentsatz, und doch läßt uns diese Relation immer noch ahnen, wie sehr auch hier der Bezugsrahmen verzerrt ist, in den wir unsere Urteile einpassen. Daß die Kirche so viel erwirbt und so wenig verliert (geistliche Überlieferung zeigt weltlichen Grundbesitz eigentlich immer nur in Auflösung) und daß sie so oft gewinnt und so selten unterliegt, ist eben immer auch eine Frage der Überlieferungs-Chance.

Also (wenn man so will): nicht Klassen-Justiz, sondern Klassen-Überlieferung. Also, zweite Einsicht: Urkunden-Überlieferung macht das Mittelalter noch kirchlicher, als es ohnehin schon ist.

Nicht daß es hier vor Gericht darum immer mit rechten Dingen zugegangen oder daß es den Pächtern gut gegangen wäre: wenn man es darauf absah, dann brauchte man auch bei striktester Anwendung des Rechts nicht lange darauf zu warten, daß der Pächter ins Unrecht geriet; ein oder zwei Mißernten, und die Nichtzahlung des Pachtzinses (weil damals noch überwiegend in fixen Raten und nicht in Anteilen an der Ernte ausgedrückt) setzte ihn ins Unrecht. Also vielleicht doch Klassen-Justiz: nur daß man, wenn man sie schon nachweisen will, nicht mit der statistischen Häufigkeit von gewonnenen Gerichtsverfahren argumentieren darf, denn der von einem Laien gewonnene Prozeß hat eine viel geringere Chance, uns bekannt zu werden, die Siege der Kirche werden durch die Überlieferung unverhältnismäßig vermehrt.

In den bisher genannten Fällen ging es absichtlich um reine Urkundenüberlieferung, weil sie das freie Spiel der Überlieferung (das für unsere Fragestellung die meisten Einsichten erbringt) am deutlichsten abbildet und Versuchsanordnungen erlaubt, die geradezu in die Nähe des naturwissenschaftlichen Experiments geraten: etwa bei korrespondierenden Stücken, die nachweislich aus demselben Rechtsgeschäft hervorgegangen sind und dann ihre (wie von Anfang an vorgesehen) getrennten Überlieferungswege gehen, das eine Stück womöglich in weltliche, das andere in geistliche Hand geratend. Da macht Gegenüberstellung der Überlieferungswege geradezu abmeßbar, was geistlich erhalten und weltlich verloren ist. Denn in einer Zeit, die den Nachweis von Recht und Besitz dem Eigentümer überließ und nicht mehr der öffentlichen Aktenführung von Behörden, mußten die Überlieferungswege stark auseinandertreten. Man vergleiche die auseinanderstrebenden Wege solcher zusammengehöriger Stücke (am handgreiflichsten in der Form des Chirographs, des entzweigeschnittenen Pergaments) mit der Überlieferung ägyptischer Orakelanfragen: als Fragenpaar in alternativer Formulierung (soll ich, soll ich nicht?) bisweilen auf demselben Blatt eingereicht, wurde die eine Fragefassung als Antwort dem Fragesteller zurückgereicht, während die andere beim Orakel verblieb, dementsprechend einen anderen Überlieferungsweg nahm – und endlich in einer anderen Papyrussammlung endete.

Es bedarf keiner näheren Ausführung, daß der Historiker in der Regel der Willkür reiner Urkundenüberlieferung nicht ganz hilflos ausgeliefert ist, sich bei der rechten Einordnung des unerforschlich Fragmentarischen vielmehr von anderen Überlieferungsformen leiten lassen kann: ein Urbar will vollständig sein, ein Register will (mehr oder weniger) vollständig sein; „Formularsammlungen ... ergänzen die Quellen vor allem durch die Fülle jener Urkundentypen, die keinen Wert für kirchliche Rechts- und Besitznachweise besaßen und darum archivalisch nie oder fast nie überliefert sind" (Classen). Solche Überlieferungsformen und Quellengattungen bewahren auch aus dem frühen Mittelalter schon immer mal den ganzen Bestand von Wirklichkeit bis an seine ursprünglichen Ränder, die sonst im Laufe der Zeit weggeschliffen wären.

Und so ist es eben die Kombination der Überlieferungsformen – von Urkunde und Register, von Notariatsinstrument und Imbreviatur usw. –, die dem Historiker eine gewisse Kontrolle ermöglicht und ihm die Grundvorstellung von der Verhältnismäßigkeit der Überlieferung eingibt. Ein Beispiel: in das Register Gregors VII. sind bei weitem nicht alle ausgegangenen Briefe eingetragen worden, sondern offensichtlich nur die, die man, damals, für wichtig hielt. Das haben wir uns ja auch gedacht. Wenn wir dann aber diese gleichen Briefe in der Empfänger-Überlieferung verfolgen, dann sehen wir, wie Chance und Zufall sich darüber hermachen. Während in den ersten beiden Pontifikatsjahren auf 15 registrierte Briefe nur ein Brief in Empfänger-Überlieferung kommt, sind auf dem Höhepunkt des Investiturstreits für den Jahrgang 1076/77 von nur noch 28 registrierten Briefen nicht weniger als 12 auch über Empfänger-Überlieferung erhalten: meist programmatische Briefe von politischer Aktualität, die in Chroniken und Briefsammlungen (den sichersten Vehikeln der Überlieferung) gleich mehrfach überliefert sind, und zwar vor allem in dem vom Investiturstreit besonders getroffenen Deutschland. Hier und in manch anderen Fällen ist die Überlieferungs-Chance also groß und auch deutbar, und das gibt der historischen Methodik die Zuversicht, derer sie bedarf. Aber davon ausgehen dürfen wir nicht, schon gar nicht wenn, wie wir noch sehen werden, der Zufall hinzutritt.

Die Chancen-Ungleichheit der Überlieferung prämiert also, sahen wir, den Grundbesitz und diskriminiert Handel und Gewerbe; sie begünstigt die Kirche und benachteiligt die Laien. Und sie tut noch etwas anderes: sie begünstigt das Unerhörte, das Ungewöhnliche, das Fatale, und benachteiligt den Alltag, das Übliche, das Normale. Das Schiff, das heil nach Hause zurückkommt, werden wir möglicherweise gar nicht wahrnehmen, es segelt unterhalb unserer Wahrnehmungsschwelle: es würde allenfalls in einem Zollregister vermerkt werden, soweit solche überhaupt geführt wurden – und was ist uns davon schon erhalten. Geht das Schiff aber unter, dann findet es vielleicht Eingang in eine Chronik, in einen Brief, wird womöglich zum Versicherungsfall, zum Fall vor Gericht mit all den Akten, die dazugehören. Kurz: das untergehende Schiff erzeugt viele Quellen und erhöht damit die Chance, daß wir 500 Jahre später von diesem (und vielleicht nur von diesem) Schiff noch hören. Nicht zufällig trägt eine von den Übersee-Historikern vielbenutzte portugiesische Sammlung den sprechenden Titel *História trágico-marítima:* tragische Seegeschichte, maritime Geschichte als Geschichte untergehender Schiffe.

Doch ist es zu Lande nicht anders: Der gute Wechselbrief hat eine viel geringere Chance, auf uns zu kommen, als der schlechte, der sich vor Gericht und damit doppelt und dreifach in Erinnerung bringt. Alles ging schief, sagen wir uns erschrocken – und wissen davon vielleicht überhaupt nur, *weil* es schief ging. Denn die größere Überlieferungs-Chance hat alles, was zusätzlich Quellen erzeugt: der Streit vor Gericht (um wieviel weniger wüßten wir von Gutenberg ohne seine Prozesse, von Columbus ohne die *Pleitos Colombinos,* die gegen seine Erben geführten Verfahren!); die Mehrausgabe (die bewilligt und gerechtfertigt sein will und darum vielleicht zusätzlich Eingang in weitere Registerserien findet – überhaupt hat eine Chance alles, was etwas kostet und abgerechnet werden muß); die Repression („toute révolte qui échappe à la répression échappe à l'histoire", meint Furet – und so ist eine wachsende Zahl von Bauernunruhen nicht notwendig Indiz für zunehmende Aufsässigkeit, sondern vielleicht nur für den zunehmenden Ausbau wachsamer Behörden).

Und eben das Fatale hat die größere Überlieferungs-Chance, ja bisweilen scheint es geradezu die einzige Chance: der Kaufmann, der gesund aus Indonesien zurückkehrt, hat für uns nie gelebt, der Indonesien-Handel des hohen Mittelalters für uns nie existiert; stirbt der Kaufmann aber dort, dann ergeben sich Nachlaßprobleme, das erzeugt Quellen und hebt einen Fernhandel vor unsere Augen, dessen Existenz wir sonst verkannt, ja dessen Existenz wir, mit dem *argumentum e silentio,* vielleicht sogar geleugnet hätten. Bei Wissenschaften, für die bisweilen einmal ‚keinmal', zweimal aber schon ‚immer' heißt, ist das *argumentum e silentio* ein sehr delikates *argumentum.* Zwar ist es für den Historiker glücklicherweise nicht die Regel, daß er auf dem Grat zwischen einmal und zweimal balancieren müßte; aber es gibt – wie in dem genannten Beispiel – Überlieferungslagen, in denen nur noch der Tod oder die Katastrophe dieses Schweigen bricht.

Überlieferungs-Chance kann aber noch ganz anders bedingt sein, ja sogar durch natürliche Faktoren wie die klimatischen Verhältnisse Ägyptens, wo der Wüstensand das Fayum zahllose Papyri konserviert hat: Briefe vom Typ „Liebste Mutter, ich bin gut angekommen", die den Filter historischer Auslese niemals passiert hätten, Verträge mit Ammen, Tänzerinnen, Homer-Rezitatoren, Mäusefängern, Stenographie-Lehrern, die für den Tag geschrieben waren und gar nicht überliefert sein *wollten,* „Überreste" (in Droysens Schema) in einem ganz wörtlichen Sinne. Ja, da und dort sehen wir den Prozeß der Auslese gerade begonnen: denn die Makulatur für die Mumien-Konservierung besteht, zur

Freude der Althistoriker und Philologen, eben aus damals willentlich weggeworfenen Briefen, damals ausdrücklich ausgeschiedenen Rechnungen, ja sogar aus Fragmenten von Literatur, die (aus welchen Gründen auch immer) den antiken oder mittelalterlichen Ausleseprozeß nicht überstehen sollte.

War es hier das Wüstenklima, das den Vorgang der Selektion einmal aussetzte und Schriftliches ohne Ansehen der Bedeutung überdauern ließ, so hat im gleichen Ägypten noch ein anderer ungewöhnlicher Überlieferungsweg Ähnliches bewirkt und Alltägliches vor der unerbittlichen Frage nach der Überlieferungswürdigkeit bewahrt. Die Scheu, Schriftstücke zu vernichten, die beiläufig den Namen Gottes enthielten oder auch nur durch die hebräische Schrift geheiligt waren, ließ nämlich strenggläubige Juden ihre Briefe und Verträge zu ritueller Bestattung in einem eigenen Depotraum (Geniza) der Synagoge niederlegen. Glückliche Umstände, darunter wiederum das dortige Klima, haben den Inhalt einer solchen Geniza erhalten. Das sind die berühmten Bestände der Geniza von Alt-Kairo, seit 1890 in zahllose Sammlungen zerstreut und doch aus demselben, in tausend Jahren nie geleerten Raum stammend: Geschäftsbriefe von Marokko bis Indien, Privatbriefe, Zahlungsanweisungen, Frachtlisten, die Autobiographie eines normannischen Proselyten und ein mittelhochdeutsches Epos in hebräischer Schrift, Verträge jeder Art, vom Heiratsvertrag aus dem Jahre 871 bis zum Scheidungsakt von 1879 aus Bombay, und vorzugsweise Stücke aus dem 11. und 12. Jahrhundert in totalem, immer wieder durchwühlten Durcheinander. Ein weiterer Fall außerordentlicher Überlieferung also, der nicht auf die Nachwelt zielt (und insofern dem konservierenden Wüstensand näher ist als dem bewahrenden Archiv); ein Bestand, der nicht von der Geschichte ausgelesen wurde und nun, wie die Papyri auf den Alltag des antiken Ägypten, einen scharfgebündelten Lichtstrahl auf den Alltag einer Gruppe auch des mittelalterlichen Ägypten wirft – und ringsum jene Dunkelheit, an die das Auge des Mediävisten gewöhnt ist.

Auch bei diesem Bestand ist die Zusammensetzung freilich höchst ungleich und muß – von außen – als solche erkannt werden, bevor man die Proportionen der Überlieferung für Proportionen vergangener Wirklichkeit nimmt. Daß im 11. Jahrhundert Tunesien und Sizilien so häufig genannt werden (mindestens 80% der Betreffe) und Spanien und Irak so wenig, bildet nicht etwa maßstäblich die damaligen Handelsbeziehungen Ägyptens ab, sondern erklärt sich, wie Goitein darlegt, wohl daraus, daß die spanischen und irakischen Juden in Alt-Kairo eine andere Synagoge besuchten – und damit auch eine andere Geniza füllten, deren Bestände verloren sind. Und wenn seit dem 12. Jahrhundert, dem Geniza-Material zufolge, der Handel seinen weiten Radius verliert und provinziell wird, so dürfte dieses (doch wohl täuschende) Bild dadurch entstanden sein, daß die meisten Kaufleute inzwischen nach Neu-Kairo übersiedelten und somit in den Einzugsbereich einer anderen Geniza.

Überlieferungsverluste, wie wir sie bisher zu ermessen versuchten, sind das, wovon der Historiker mit mehr oder weniger Grund annimmt, daß sie ihm fehlten, oder genauer: daß sie verloren gegangen sind, aber doch einmal existiert haben. Doch hat das Problem der Überlieferungs-Chance auch noch eine andere Dimension: Es gibt ganze Bereiche, die in Quellen nie hineingefunden haben. Das bekannte, meist karikierend verwendete Argument, wonach, was in Quellen nicht vorkomme, auch nicht existiert habe *(quod non est in actis, non est in mundo)*, meint unter den beiden Möglichkeiten (nie in die Akten gekommen, oder: mit den Akten verloren) gerade diesen ersten Aspekt, und da er für unsere Fragestellung gleich wichtig ist, sei er wenigstens für einen Bereich vor Augen geführt.

So ist die Chance, in eine Quelle zu kommen und überliefert zu werden, auch *sozial* bedingt. Nicht nur der Mediävist, auch der Neuhistoriker weiß, daß historische Überlieferung von der Masse der Namenlosen wenig Individuelles, wenig Spezifisches zu berichten weiß, es sei denn wiederum Fatales: Nur das Inquisitionsverfahren gegen die Bewohner des Dorfes Montaillou hat uns Lebensschicksale einzelner Bauern und Schäfer aus dem Languedoc des frühen 14. Jahrhunderts überliefert – Selbstaussagen so eindringlich und so persönlich, als öffne sich dem Historiker ein neuer Raum. Und nur der tödliche Inquisitionsprozeß wird dem kleinen Müller aus Friaul die Chance geben, seine eigenwillige Kosmogonie vom Käse und den Würmern Mitwelt und Nachwelt bekanntzumachen (und das war ihm diesen Preis anscheinend auch wert). Überhaupt schaffen Gerichtsakten da eine Gerechtigkeit besonderer Art: vom kleinen Paoletto kennen wir viele seiner Lebensstationen – aus den Florentiner Gerichtsakten, weil er zum Mörder wurde; vom Stoffel Weber kennen wir Taten und Lebensumstände – weil der Nürnberger Scharfrichter Meister Franz bei seinen Delinquenten darüber Buch führte: Hunderte von abnormen Kurzporträts, arme Teufel, denen ihre Gegenwart vollauf genügte und die mit der Nachwelt nichts im Sinn hatten. Seinen Namen auch einer Nachwelt zu überliefern, dafür ersann sich, wie er vor Gericht bekannte, nur jener Herostratos eigens eine monströse Überlieferungs-Chance (mit Erfolg, wie man sieht) – indem er eines der sieben Weltwunder, den Diana-Tempel in Ephesus, anzündete. Bis zur Überlieferung der knappsten Personalien bringen es selbst die Ärmsten bisweilen auch dort, wo alle Menschen gleich sind: im Tod – etwa in den Florentiner Totenlisten (zumal die konzessionierten Bestattungsunternehmen ihre karitativen Pflichten gegenüber der Öffentlichkeit weniger mit dem reichen Mann als mit dem armen Lazarus ausweisen mußten): Name, letzte Tätigkeit *(forensis qui volebat ire Romam,*

„Fremder auf dem Weg nach Rom"), Todesursache (*di bombarda; affoghó in Arno*, „ertrank im Arno"), Bestattungsort.
Da greifen wir kümmerliche Einzelschicksale, immerhin, wenn auch keine Individualitäten. Gewöhnlichen Menschen ein Gesicht zu geben, ihre Individualität aufzunehmen, dazu bestand kein Anlaß, es sei denn, man wollte sie identifizierbar, steckbrieflich greifbar halten: „Giovanni aus Perugia: schwarze Augen, Kahlstellen im Bart", notiert eine Söldnerliste aus Rieti 1396, oder: „Battista aus Gonessa: jung, schlank, mit ausgeschlagenem Vorderzahn", und weitere Physiognomien wie von Kriegsknechten unter dem Kreuz Christi – aber jedenfalls Individualitäten. Doch zu uns *sprechen* können sie nicht. Wirklich zu Wort kommen gewöhnliche Menschen eben eigentlich nur im Verhör: wenn sie über ein Verbrechen aussagen müssen, wenn sie über ein Wunder aussagen dürfen und dabei zwangsläufig auch auf die eigene Person zu sprechen kommen (und so spricht aus den 180 Zeugen und Zeuginnen im Heiligsprechungsverfahren für Santa Francesca Romana endlich einmal ein anderes Rom zu uns als das beredte Rom der päpstlichen Kurie und der Humanisten). Oder in Petitionen: so wenn in Florenz bei der Steuererklärung der einfache Bürger gelegentlich aus seinem Leben erzählt, weil es glücklos war und zu Steuernachlaß Hoffnung gibt (wobei die Zweckbestimmtheit der Aussage und der lamentierende Ton – *per avere anche ogni anno una criatura e la donna non à latte,* „weil jedes Jahr ein Kind kommt und die Frau kann nicht stillen" – uns den sozialen Abstand noch unmerklich vergrößert); oder wenn in Venedig zur Begründung ihres Pensionsantrages schlichte Matrosen, Schiffszimmerleute, Kalfaterer, Sandträger die Stationen ihres bescheidenen Lebens im Dienste des Staates erinnern.
Gerichtsakten, Zeugenvernehmungen, Petitionen: solche Quellen allenfalls geben Antwort auf Brechts „Fragen eines lesenden Arbeiters". Die Masse der Namenlosen ist eben auch die Masse der Sprachlosen. Selbstzeugnisse aus dem sogenannten „niederen Volk" gibt es fast nicht, sie fallen in die Kategorie der nie geschriebenen Quellen, und wo sie überhaupt einmal niedergeschrieben sind, da haben solche Arbeiter-Memoiren, in der Schuhschachtel zu Hause für eine oder zwei Generationen verwahrt, eine weit geringere Überlieferungs-Chance als die publizierten Memoiren eines Diplomaten. Warum auch sollte ein Flickschuster oder ein Hausierer oder ein Dienstmädchen sein beschränktes Leben niederschreiben? Solche Überlieferung bedarf besonders förderlicher Umstände, etwa des pietistischen Bedürfnisses nach Rechenschaftslegung oder des korrigierenden Eingriffs von oben, des Eingriffs aus der höheren Sphäre der Namhaften und Sprachfähigen in diese Sphäre der Namenlosen und Sprachlosen: Goethe schreibt den Memoiren eines Bediensteten das Vorwort und bringt sie zur Publikation (*Der deutsche Gil-*

Blas); der sozialdemokratische Pfarrer Goehre ermuntert einen Hilfsarbeiter zur Niederschrift und schreibt ihm ein Vorwort (Karl Fischers *Denkwürdigkeiten*); ein der Helvetischen Gesellschaft nahestehender Pfarrer ermutigt den Kleinbauern und Garnhausierer Ulrich Bräker zur Veröffentlichung seiner *Lebensgeschichte*. Das Wenige, was uns überliefert ist (und kein besseres Beispiel als eben dieser Arme Mann im Toggenburg), läßt uns ahnen, was wir entbehren müssen.

Wenn Bertolt Brechts „Lesender Arbeiter" fragt: „Der junge Alexander eroberte Indien. Er allein? Caesar schlug die Gallier. Hatte er nicht wenigstens einen Koch bei sich? Philipp von Spanien weinte, als seine Flotte untergegangen war. Weinte sonst niemand?" – wenn er so fragt, dann meint er, daß nach Caesars Koch oder nach Philipps Soldaten nicht gefragt werde (und damit hat er, oder hatte er, sicherlich auch recht). Aber *daß* Brechts lesender Arbeiter auf seine treffenden Fragen nicht so leicht eine Antwort findet, liegt nicht allein an der Bosheit der herrschenden Klasse, die diese Fragen nicht stelle, die diese historische Fragestellung nicht zulasse, sondern ist wiederum zugleich ein Problem der Überlieferung (und das heißt allerdings wieder: daß nie einer danach gefragt *hat*). Caesars Koch hat keine sehr große Chance, in eine historische Quelle zu kommen – es sei denn, er täte das Unerhörte und vergifte Caesar.

Immerhin ist diese Überlieferungslücke – die sozial bedingte – so augenfällig, daß der Historiker sie als solche wahrnimmt, als weißen Fleck sieht, und daß er, wenn er will, diese weiße Fläche in einigermaßen angemessenen Proportionen freihalten oder in sie hineinfragen kann, während er Disproportionalität an anderen Stellen nicht immer wahrzunehmen vermag. Im allgemeinen aber gelten die genannten Probleme gerade für die Sozialgeschichte, da sich deren Fragestellung wenig von der Quellenüberlieferung leiten lassen kann und die Auslese der Überlieferung darum um so empfindlicher erfährt. Da überkommen den Historiker manchmal die bitteren Gefühle eines Robinson Crusoe, als er aus der Katastrophe zwar mehrere Faß Pulver, aber keinen Topf rettete. Die ungleichgewichtige Überlieferung der Quellengattungen ist eine seltsame Sache, und es ist schon viel, wenn der Historiker sie wenigstens als solche erkennt: erkennt, daß er bisweilen alle möglichen Überlieferungstrümmer hat, aber nicht einmal einen Topf, um die wichtigste Fragestellung zu fassen.

Um den Sonderfall von sozial bedingter Überlieferungs-Chance aufzuheben in unser größeres Thema: wir sahen, daß Überlieferung ungleichgewichtet ist einmal durch die ungleiche Chance (von Personen, Vorgängen, Quellengattungen), überliefert zu werden. Doch gibt es noch einen weiteren Faktor, der bestimmt, ob etwas überliefert wird oder nicht, und das ist: der Zufall – ein Faktor, der nicht historisch ableitbar ist und schon gar nicht berechenbar. Wenn Überlieferungs-Chance immer noch irgendwie die (Überlieferungs-)Absichten einer Zeit widerspiegelt, so ist der Überlieferungs-Zufall von jeder Absicht frei, souverän über alle unsere Fragen und Erwartungen, und für unsere Erkenntnis darum womöglich noch tückischer.

Überlieferung ist eben nie, was man so leichthin von ihr sagt: sie ist nie „dezimiert" in dem eigentlichen Sinn, daß (wie bei der meuternden römischen Truppe, bei der jeder zehnte Mann ausgelesen und getötet wurde, daher der Begriff „Dezimierung") in mechanischer Auslese jedes zehnte Stück fortgefallen sei. Natürlich nicht. Wäre es so, dann würde die Maßstäblichkeit des Einblicks gewahrt bleiben wie bei einem Lattenzaun, bei dem in schöner Regelmäßigkeit jede dritte oder zehnte Latte fehlt und dem Vorübergehenden gleichmäßig Einblick gewährt. Aber der Überlieferungs-Zufall tut uns diesen Gefallen nicht: Der Landsknecht, der bei der Plünderung Roms verwüstend in die Amtsstuben auf dem Kapitol eindringt, wird nicht jeden zehnten Band der Gemeinde-Register aus dem Regal nehmen und sie aus dem Fenster werfen, sondern alles, was seine wüsten Arme zu fassen kriegen – was er uns übrig läßt, ist wahrhaftig vom Zufall bestimmt, und doch wird diese zufällige Auslese unsere Vorstellung vom Rom der Renaissance irgendwie beeinflussen. Oder: Der über die Ufer tretende Fluß, der verwüstend in das Klostergebäude eindringt, wird nicht jede zehnte Urkunde des Klosterarchivs vernichten, sondern die ganze untere Regalreihe und damit womöglich einen ganzen Fonds, sagen wir: die gesamten Unterlagen über Besitz außerhalb der Diözese, während der nächstgelegene Grundbesitz, mit Mühlenrechten und Rentengeschäften, im Fach darüber verschont bleibt. Noch ein Regentag mehr, und unser Bild von diesem Kloster wird sich abermals ändern: Das Wasser steigt um einen weiteren Meter und verkürzt unsere Sicht der Dinge um eine weitere Kategorie, übriggeblieben sind nur noch die Schuldverschreibungen auf dem obersten Fach. Es geht auch andersherum, der Vorgang läßt sich auch karikierend umkehren: Kommt das Wasser von oben, als Regen durchs schadhafte Dach, so verkürzt es uns die Perspektive in umgekehrter Reihenfolge: Zuerst tilgt es die Schulden oben ... usw. – das Kloster ist für uns wiederum ein anderes geworden. In der Regel wird es nicht ganz so schlimm sein, weil gerade die eigenwillige, wenig systematische Ordnung eines mittelalterlichen Klosterarchivs am besten gegen zufällige Auslese schützt. Wo das Fatale aber in systematische Ordnung einbricht, da gibt es freilich kein Halten mehr, da werden dann alle Proportionen über den Haufen geworfen.

Das Beispiel vom Kloster übertreibt, gewiß. Aber es ist nun einmal so: nehmen wir etwa aus einem spätmittelalterlichen Pontifikat die eine Registerserie weg und behalten nur die andere übrig, dann ist der Pontifikat ein anderer. Und der Zufall vernichtet gerne gattungsweise (wo er kann, wo eine systematische Ordnung ihn läßt – und ein relativ wohlgeordnetes Archiv wie das päpstliche läßt ihn): nicht einzelne Bände, sondern Hunderte von Kisten (und das heißt eben: ganze Fonds) gingen bei der Rückführung des Vatikanischen Archivs von Paris nach Rom verloren. Und so etwas hat Folgen, Folgen für die Perspektive des Historikers. Ein Beispiel: Papst Bonifaz IX. (1389–1404) verdoppelt gegen Ende seines schwierigen Pontifikats seine Zahlungs-Anmahnungen. Es wurde ihm also immer weniger gezahlt, hat man daraus gefolgert, es ging ihm also immer schlechter. Aber nein, es ging ihm im Gegenteil immer besser: er forderte immer lauter und dringender, weil er jetzt mit Aussicht auf Erfolg fordern konnte. Der umgekehrte Eindruck entsteht nur deshalb, weil die gesamten Finanzregister verlorengegangen sind und damit die gelassene Folge von Einnahmen und Ausgaben, die Quittungen, der Alltag der Apostolischen Kammer; erhalten ist die politische Korrespondenz der Vatikan-Register, und das heißt: nicht die Routine, sondern die Initiative; Briefe, in denen der Papst nicht spricht, sondern schreit, in denen er nachdrücklich fordert, in denen er ausdrücklich verzichtet.

Was wir in diesem Fall noch zu erkennen und zu entzerren vermögen, das bleibt uns an anderen Stellen, wo Überlieferung noch drastischer verkürzt worden ist, womöglich verborgen. Der Historiker kann sich diese Einsicht aber jederzeit selbst verschaffen und geradezu experimentell herstellen: Er nehme aus dem ihm vertrautesten Forschungsthema doch nur einmal versuchsweise den wichtigsten überlieferten Quellenfonds weg und spiele durch, wie dieser fiktive Verlust seine Sicht der Dinge verändern würde. Das gilt, wie gezeigt, für einzelne Quellengattungen (und ist da besonders fatal); das gilt für ganze Überlieferungsbestände und hat auch da Folgen. Denn täuschen wir uns nicht: das Vorhandene *hat* bei uns größere Rechte, *les absents ont tort*. Wenn die *altera pars* gar nicht oder nur undeutlich gehört werden kann, dann ist es dem Historiker schwer, etwa gegen den Wortschwall der Florentiner Archivalien anzuargumentieren – ein ungewöhnlich gut erhaltener Überlieferungsbestand (plus florentinische Beredsamkeit!), das überschreit sogar die andere Weltmacht der Überlieferung, die päpstliche. Über das, was sich dokumentiert und verständlich macht, wird aber auch mehr gearbeitet werden, und das läßt den Abstand zwischen dem von der Überlieferung Prämiierten und dem von der Überlieferung Diskriminierten stellenweise noch größer werden: wer da hat, dem wird auch in unserer Wissenschaft gegeben.

Die Frage, wieviel und vor allem: was verloren gegangen sein mag und inwieweit es unserem Bild der Dinge empfindlich abgehe, stellt sich nicht nur dem Historiker: es ist ein Problem aller historischen Disziplinen, seien sie nun auf Monumente oder auf Literaturen gerichtet. Vom ursprünglichen Bestand weiß man auch da in aller Regel nichts (es sei denn, die Polizei habe für uns einmal die Feststellung übernommen, wie in jenem Razzia-Protokoll aus der nordafrikanischen Stadt Cirta/Constantine, das zum Stichjahr 303, während der diokletianischen Christenverfolgung, dort den – beschlagnahmten – Bestand von 34 biblischen lateinischen Handschriften aufnahm). Vermutungen über das Ausmaß der Verluste sind denn auch verwegen und werden selbst im Bereich des unbestreitbar Zählbaren selten gewagt, da sie in ihrem Berechnungsverfahren sehr an die Schätzungen des Kammerjägers erinnern, der aufgrund von Erfahrungswerten aus einer bei Nacht gesichteten Ratte auf deren zehn schließt und, wo sich eine Ratte gar bei Tage zu zeigen wagt, dahinter hundert Ratten vermutet.

Das Verfahren ist, wie jede Hochrechnung, leicht zu karikieren. Und doch kann die Schätzung solcher Dunkelziffern hilfreich sein, um die Dimensionen des ursprünglichen Bestandes und die Proportionen der Überlieferung in Umrissen sichtbar zu machen. Zwei einfache Beispiele aus dem Bereich der Denkmäler. Um die Bedeutung des Mithraskultes zu veranschaulichen, hat man die Zahl seiner Kultstätten zu schätzen versucht. Für das kaiserzeitliche Rom schloß Vermaseren von 45 ergrabenen auf 100 zu vermutende Mithräen, Coarelli hingegen (in Analogie zu der in Ostia festgestellten Dichte von 1 Mithräum auf je 2 ha) schloß sogar auf deren 2000 – und das wäre wirklich ein anderes Rom! Die Berechnung eines ursprünglichen Denkmälerbestandes in Gegenüberstellung mit dem überlieferten Bestand läßt sich zuverlässiger am Beispiel der römischen Meilensteine vornehmen. Rechnet man für den gallisch-germanischen Raum mit ursprünglich rund 30000 Meilensteinen, von denen heute nur noch 472 erhalten sind, so wäre von diesem Denkmälerbestand nur etwa ein Sechzigstel auf uns gekommen; und davon wiederum rettete sich mehr als die Hälfte dadurch, daß nachantike Zeiten diese Stücke wiederverwendeten. Dieses Zahlenverhältnis ist interessant auch insofern, als es gewissermaßen historische und antiquarische Überlieferung auseinandertreten läßt: über der Erde hat eine Chance zunächst nur das, was Lebende sich aneignen; die Masse dessen, was dann die Museen füllt, ist erst später mit antiquarischer Absicht ergraben oder geborgen worden – ein nachträgliches Rückgängigmachen des historischen Prozesses sozusagen, und das hat mit unserer Fragestellung nichts mehr zu tun.

Auch im Bereich der Literatur wird der Bestand historisch reduziert, wobei der Prozeß der Selektion da wiederum nach anderen Regeln verlaufen wird als bei der Überlieferung von Denkmälern oder Urkunden. Also auch hier: wieviel, und was, mag verloren sein? Am entschiedensten hat sich dazu Walter Muschg in seiner „Tragischen Literaturgeschichte" geäußert: „Die Werke der früheren Kunst und Kultur sind nur in zufälligen Trümmern erhalten geblieben. Das griechische und römische Altertum, auch seine Literatur, ist ein Ruinenfeld, das von unersetzlichen Verlusten spricht ... Nicht nur die Werke gingen unter, sondern auch die Namen einst hochgeliebter Dichter, dafür wurde von fleißigen Schulmeistern und müßigen Schreibern viel unnützer Wust gerettet"; und endlich: „Auf ein Werk, das noch da ist, kommen tausend verlorene".

Eine erschreckende Vorstellung (selbst wenn sie nicht bei der Zahl genommen sein will): der größere Teil und da gerade manches Große sei verloren, die römische Literatur „ein Ruinenfeld, das von unersetzlichen Verlusten spricht". Das Ruinenfeld läßt sich des näheren inspizieren, die klassische Philologie hat nicht nur das vollständig Überlieferte, sondern auch die verstreuten Fragmente inventarisiert. Dieses Inventar weist rund 780 Namen lateinischer Autoren auf, von denen uns in ihren Werken etwa 40 leidlich vollständig und weitere 100 unvollständig überliefert sind. Welche Umstände uns gerade diese Auslese zugeteilt haben, ist eine alte Frage an den klassischen Philologen (und an den Mediävisten: denn dies ist ein Nachlaß, der durch den Zoll des Mittelalters mußte). Wir wissen nur gerade wieder, daß diese Auslese eine historische ist – aber über die bestimmenden Faktoren können wir nur mutmaßen. Inwieweit bestimmt der literarische Rang die Chance der Überlieferung? Hat das Mittelmaß die geringere Chance? Was ist durch die kanonische Auswahl der Schulen schon früh ausgeschieden worden, und was erst spät durch das Christentum? Haben die verschiedenen literarischen Gattungen unterschiedliche Chancen (da doch ganze Gattungen untergegangen sind)? „Warum ist Ciceros *Hortensius* untergegangen und nicht sein *Cato maior*, ... warum Gallus und nicht Tibull?" (Bardon). Inwieweit ist die Auslese bestimmt durch Geschmack und Maßstäbe der Lebenden – und inwieweit durch die der Toten (da man doch gern aus antiken Autoren deren Urteile über ihresgleichen übernahm)?

Was die Spätantike überlebte, ist in aller Regel dann nicht mehr verloren gegangen. Aber die Arche Noah, auf der sich die antike Literatur ins Mittelalter und zu uns rettete, war klein, und wer da am Einlaß stand und den Zutritt gestattete, hatte seine eigenen Maßstäbe (ließ freilich auch den *Goldenen Esel* hinein). Wo entschied den Weg der Überlieferung das tätige Interesse großer Einzelner? Und wo war es der bloße Zeitpunkt erster Übertragung von Papyrus auf Pergament, der den Text rettete, oder der Übertragung von der Rolle in die Buchform (oder durch was für „Flaschenhälse der Überlieferung" die Texte sonst noch getrieben wurden)? Hat Fachliteratur eine besonders große Überlieferungs-Chance? Und wie wirkt sich das Exzerpt auf die Überlieferung aus: wird es den Autor mit Gewißheit in die Kategorie der 780 Namen bringen und ihn ebenso sicher aus der Kategorie der 40 Namen ausschließen, da sich das Werk als Exzerpt des Exzerpts endlich verflüchtigt? Und wieviel ist uns überliefert, gerade weil es ausgemerzt werden sollte! Des Kelsos' Schrift gegen den Christenglauben ist überliefert nur durch die Gegenschrift des Origenes, also gewissermaßen im Negativabdruck (und wie viele Häresien sind nur auf diesem Wege polemischer Überlieferung bekannt geblieben); das Verzeichnis zu vermeidender Vulgarismen, die sogenannte *Appendix Probi,* wollte der eigenen Zeit die korrekte Wortform einschärfen *(clamis non clamus, tabula non tabla)* und übermittelt uns dabei ungewollt die unkorrekte, aber übliche Form, die sprachgeschichtlich weit interessanter ist.

Wie viele Überlieferungsschicksale sind überhaupt deutbar und wie viele einzig und allein dem Zufall zuzuschreiben, der immerhin, blind wie er ist, für mehr Streuung sorgt und so unsere Maßstäbe weniger determiniert. Wo sich die ursprünglich verwahrende Ordnung rekonstruieren läßt, da werden bisweilen sogar Verluste, die der Zufall schlug, berechenbar: Euripides geht in Fünfer-Packs verloren, nämlich topfweise – was Codex L überliefert, ist Teil einer antiken Euripides-Gesamtausgabe, die die Dramen nach den Anfangsbuchstaben ihrer Titel alphabetisch zu je fünf in einen Buchtopf ordnete, wobei der Topf zwischen „Herakliden" und „Kyklops" in frühbyzantinischer Zeit bereits abhanden gekommen war. Der Verlust aus alphabetischer Ordnung ist wenigstens nicht auslesend, sondern eben – wie es dem Zufall ansteht – blind und so mechanisch, daß man diese Art von Zensus gar für künftige absichtliche (freilich nichtliterarische) Überlieferungsreduktion erwogen hat.

Auch für andere Literaturen hat man sich ein Bild zu machen versucht von der Relation zwischen Erhaltenem und nachweislich oder mutmaßlich Verlorenem. Gegen Muschgs elegisch übersteigerte Verlustrate hat, für seinen Bereich, der Altgermanist Gerhard Eis zu besserer Feststellung „literarhistorischer Proportionen" eine näher begründete Kalkulation setzen wollen. Makulaturforschung, Handschriftenzahlen, Auflagenhöhen erlauben nämlich exaktere „Schlüsse auf die Menge und den Rang der verlorenen Denkmäler". Und tatsächlich wird man sagen dürfen, daß Makulatur (also ausgeschiedene Stücke mittelalterlicher Handschriften, die zu Bucheinbänden verarbeitet wurden) bis zu einem gewissen Grade geeignet ist, in der Berechnung ursprünglichen Bestandes als Gegenprobe zu dienen: denn Makulatur ist ja gerade das willentlich Ausgeschiedene, ist Nicht-Überlieferung, und insofern der positiven Auslese durch Bedürfnisse und Geschmack lebender Generationen diametral entgegengesetzt. Eis kam zu dem Ergebnis, daß Makulaturfunde und erhaltene Handschriften, unwillkürliche und willkürliche Überlieferung, einander in ihren zahlenmäßigen Proportionen weitgehend entsprechen, daß also die Zahl der gänzlich verschollenen Werke so groß nicht sein

kann. Ob man aber so weit gehen darf, zwischen heute erhaltenen und
einmal vorhandenen mittelhochdeutschen Handschriften allgemein ein
Verhältnis von 1:150 ermitteln zu wollen und daraus dann 57000
Schwabenspiegel und 13000 Parzivals herauszumultiplizieren, muß be-
zweifelt werden, weil das unserer Einsicht in die Ungleichmäßigkeit von
Überlieferung widerspricht. Immerhin vermag gerade die Inkunabelfor-
schung zu solchen Fragen beizutragen, da sie in einigen Fällen (etwa für
Pannartz und Sweynheym in Rom) Verlagsprogramm und Auflagenhö-
he feststellen und mit dem heutigen Bestand vergleichen kann – mit den
bekannten tröstlichen Ergebnissen (die man freilich auf die voraufgehenden Überlieferungsverhältnisse nicht einfach übertragen sollte). Wenn
sich dabei erweist, daß oft gerade die an ein breiteres Publikum gerichte-
ten Titel die geringere Überlieferungs-Chance haben, so entspricht das
dem höheren Grad an Gefährdung – eine Einsicht, die sich, zu methodi-
scher Nutzanwendung, doch wohl auch umkehren läßt: daß nämlich die
spärliche Überlieferung bestimmter Titel nicht ein Indiz für mangelndes
Interesse der Zeitgenossen sein muß, sondern bisweilen geradezu ein
Indiz dafür sein kann, daß diese Bücher in ihrer Zeit von breiteren Kreisen gekauft und gelesen worden sind und eben dadurch zugrunde gingen. Wer aber wird schon Großformatig-Gelehrsames zerlesen?

Die bisherigen Überlegungen galten dem Verlust literarischer Werke,
von deren früherer Existenz wir immerhin wissen (Gallus gibt es nicht
mehr, aber es gab ihn; Varius gibt es nicht mehr, aber es gab ihn), und
über die sich darum auch schreiben läßt: la littérature latine *inconnue,* The
lost literature of medieval England. Daß sich jenseits dieses wahrnehm-
baren Horizontes noch weite dunkle Räume von literarischer oder historischer Wirklichkeit auftun könnten, die Überlieferungs-Chance oder
Überlieferungs-Zufall indes auf immer verschlossen haben, scheint ein
müßiger Gedanke, über den wir uns aber doch einen Augenblick lang
beunruhigen sollten. Denn daß die Nachwelt sich das wirklich Wesentliche nicht entgehen lasse, ist eine nicht beweisbare Vermutung. Auch der
Gegenbeweis ist nicht zu führen, aber man kommt ihm doch nahe, wenn
man sich jene Grenzfälle vor Augen führt, bei denen die Überlieferung
sogar von wahrhaft grundlegenden Texten am seidenen Faden einer einzigen Handschrift hing, und deren Nachleben darum wie eine Auferstehung von den Toten wirkt: Catull etwa, Petrons *Satyricon* oder große
Teile des Tacitus – und schon diese Namen lassen uns ermessen, daß,
wären sie verloren, in unserem Bild der Antike nicht einfach ein Strich,
sondern eine Schattierung fehlen würde. Oder ein nichtliterarisches Beispiel, das Überlieferungsschicksal von Justinians Digestenwerk, das sich
selbst bereits als Auslese aus fast 1400 Jahren römischer Rechtsgeschichte
verstand, ausdrücklich als Reduktion von gesichteten 3 Millionen Zeilen
auf deren 150000. Doch selbst diese Auslese auf etwa ein Zwanzigstel,

die leidlich gesicherte Überlieferung versprach, drohte gänzlich verloren zu gehen, bis auf vermutlich nur eine oder zwei Handschriften, von denen dann im späten 11. Jahrhundert das Studium des vollständigen *Corpus iuris* seinen Ausgang nehmen konnte – mit Folgen, die die Welt veränderten.

Wir sollten über solchen Überlieferungsschicksalen nicht elegisch werden und dürfen uns getrost eingestehen, daß das so oder so nicht *die* Antike ist, sondern *unsere* Antike, deren Bild sich denn auch schwerlich durch einen neuen Fund, sondern periodisch durch eine neue Sicht der Dinge wandelt. Vergleicht er mit dem Quellenbestand der dann folgenden Jahrhunderte (gemeint ist immer die Zusammensetzung, weniger die Quantität), dann mag sich der Historiker zufrieden geben, ja manchmal mag ihm scheinen, als liege das Exemplarische der Antike auch in der glücklichen Proportionierung ihrer Überlieferung, in vielen Bereichen (sieht man einmal von der Musik ab: was davon erhalten ist, paßt auf eine einzige Schallplatte), bis hin zu den Realien. Da haben wir eine Straßenkarte der ganzen antiken Welt; wir haben einen Reiseführer, und gerade durch Griechenland; wir haben, in der *Forma Urbis,* ausgerechnet den Stadtplan des antiken Rom; wir haben ein Staatshandbuch mit den Dienststellen des spätrömischen Reiches, einen ganzen Preistarif usw. usf. – und obendrein noch eine vollständige Stadt in ihrem Alltag erstarrt und konserviert, daß sie uns als Musterprobe diene.

Der Sinn dieser Ausführungen ist denn ja auch nicht, Verlorenes zu beklagen, sondern zu fragen, ob und inwieweit Überlieferungsverluste bei einer gewissen Zusammensetzung die Maßstäblichkeit unseres Urteils in kaum wahrnehmbarer Weise beeinträchtigen: beeinträchtigen dadurch, daß wir Unvollständigkeit nicht immer erkennen oder gar nicht wahrhaben wollen; daß wir Verlorenes unbewußt kompensieren, statt es in klarem Bewußtsein über das Gefälle unserer Argumentation (von dem, was wir haben, zu dem, was wir brauchen) zu erschließen; daß wir Fehlendes durch lineare Verlängerung von Vorhandenem beiläufig auffüllen (weil uns im Zweifelsfall nichts Besseres einfällt als die Annahme, es müsse wohl geradeaus weitergegangen sein: die Städte immer größer, die Bibliotheken immer reicher, usw.); daß wir Mittelwerte rekonstruieren, wo Extremsituationen im Spiel gewesen sein könnten. Für den Bereich der antiken Literatur, deren Überlieferungsschicksale im Voraufgehenden kurz einbezogen wurden, hat Wolf-Hartmut Friedrich in seinem Aufsatz „Philologen als Teleologen" (ausgehend von dem bekannten Streit, wie vollständig, wie geschlossen die überlieferte Ilias sei) treffend dargelegt, worin die Gefahr besteht. Es ist die Versuchung, „die Vollständigkeit des Unvollständigen zu behaupten", „eine fragmentarische Existenz in eine erfüllte umzudeuten" (die erhaltene Ilias gerade richtig lang, der 35jährige Mozart gerade rechtzeitig gestorben usw.); es ist „die Fähigkeit, sich mit dem Gegebenen einzurichten". Eine solche Interpretation „kommt niemals in Verlegenheit. Man mag den Befund noch so sehr verändern, sie wird immer über Argumente verfügen, warum er sich gerade so und nicht anders darbieten müsse. Man darf ein Bauglied nach dem anderen entfernen, es bleibt immer ein Parthenon übrig". Und wahrhaftig: nicht allein die Philologen, irgendwo sind wir alle Teleologen, die wir mit Geschichte und mit (von der Geschichte zensierter) Überlieferung zu tun haben; Teleologen sowohl in der Darstellung historischer Entwicklung (als habe es keine Alternativen gegeben) wie in der Bewertung des Überlieferten (als könnten uns nicht ganze Stücke von Wirklichkeit abhanden gekommen sein).

Doch um auf die Beispiele des Historikers zurückzulenken: sahen wir die Überlieferungs-Chance bereits ihre verzerrende Wirkung tun und aus einer Handels- und Gewerbestadt just Handel und Gewerbe fortnehmen, so wollen wir uns, nach Würdigung auch des Zufalls und einem Seitenblick auf das Überlieferungsproblem in benachbarten Disziplinen, noch einmal und nun begründeter die Frage vorlegen: hat diese von Chance und Zufall gewollte Auslese der Überlieferung Folgen für unsere Erkenntnis?

Sie *hat* Folgen, wie könnte es anders sein. Auf dem Bild, das uns die Überlieferung von einer Zeit gibt, bildet sie uns – Chance und Zufall wollen es so – gewissermaßen dieses im Maßstab 1:5000, jenes im Maßstab 1:50000 ab, wieder anderes gar nicht, und es bleibt uns (und unserer Fragestellung) überlassen, wie wir das auf unser Bild von dieser Zeit übertragen wollen. Und das heißt auch: abzuschätzen, welche Flächen wir weiß lassen müssen – Flächen, die wir nicht füllen können und die wir doch als solche erkennen sollten, womöglich in ihren richtigen Proportionen erkennen sollten. Denn wenn wir uns darüber nicht ausdrücklich Rechenschaft geben, könnten wir der natürlichen Versuchung erliegen, ein Vollständiges zu postulieren und den fragmentarischen Charakter (zwar nicht der Überlieferung, aber des von ihr vermittelten Bildes) zu verkennen und diese Flächen unbewußt in irgendeiner Weise zu füllen, statt sie als Aussparung zu erkennen und zu belassen.

Die Maßstäblichkeit dessen zu erkennen, was die Überlieferung uns abbildet, uns anbietet, und das heißt: die auslesende Überlieferung zu entzerren, ist schwer, schwerer jedenfalls, als es das (für die Arbeit des Historikers gewöhnlich verwendete, hier möglichst vermiedene) Bild vom Mosaik und seinen fehlenden Steinen zu erkennen gibt. Zwar nimmt der Mensch auch seine Gegenwart nicht anders als auslesend wahr: eine Auslese vermittelt uns natürlich auch die Tageszeitung heute, eine extreme Auslese sogar. Man hat errechnet, daß eine große Presse-Agentur von den rund 500000 Wörtern, die täglich bei ihr eingehen (und ihrerseits bereits eine Auswahl auf rund 10% durch die Zulieferer darstellen), nur wiederum etwa 10% an die Zeitungen weitergibt – und die übernehmen davon wiederum nur so viel, wie in ihre Zeitung hineinpaßt. Kurz: „die Wahrheit der Presse kann . . . ihrem Wesen wie ihrer Technik nach gar nichts anderes sein als eine ‚Wahrheit nach Maß‘“ Was aber mag dann das Maß dieser Wahrheit sein?

Aber belassen wir es bei einfachen Grundeinsichten. Solange es die von Christian Morgenstern erdachten Zeitungen nicht gibt, „die immer gerade das mitteilen und betonen, was augenblicklich *nicht* ist; zum Beispiel: keine Cholera! Kein Krieg! Keine Revolution! Keine schlechte Ernte! Keine neue Steuer!“ – solange wird uns die Zeitung grundsätzlich mehr das Ungewöhnliche, das Berichtenswerte mitteilen, so wie jede bewußte Überlieferung und Mitteilung mehr dem Außergewöhnlichen als dem Alltäglichen gilt, auch im privaten Bereich: „Wie viele Fotos gibt es von Sonntagen, und wie viele von . . . Montagen“! Eine Sonntag/ Montag-Grenze eigener Art, die wir für unsere eigene Gegenwart leicht, für frühere Zeiten schwer ziehen können. Und so, wie die Nachrichten dann auf die Seiten der Zeitung sortiert sind, würde es für das Bild, das sich eine spätere Zeit von der unsrigen machen wird, einen großen Unterschied bedeuten, ob ihr von einer Tageszeitung zufällig die Weihnachts-Beilage oder aber die 14. Seite eines Dienstags im Februar überliefert wäre. Für die Überlieferung und ihre Bewertung hat der Informations-Verbund, den die Presse unter der Menschheit herstellt, im übrigen noch tiefgreifende Folgen: Eines der aufregendsten Erlebnisse der jüngeren Menschheitsgeschichte, die erste Mondlandung, wird in den Abertausenden von Postkarten, die an jenem Juli-Sonntag geschrieben worden sind, vermutlich gar nicht erwähnt worden sein, einfach weil jedermann diese Information bei jedermann voraussetzen durfte – ein *silentium,* aus dem der Historiker kein *argumentum* mehr machen wird.

Noch einmal: auch uns heute also werden von unseren Zeitungen gewissermaßen nur die Spitzen des Geschehens oberhalb einer gewissen Wahrnehmungsschwelle übermittelt, eben das Berichtenswerte, die abgestürzten Flugzeuge und nicht die heil gelandeten, die Abweichungen nach oben und nach unten, die Rekorde und nicht die Durchschnittsleistung. Aber da wir in diesem Alltag *leben,* ist es uns möglich, diese Nachrichten zu re-dimensionieren, sie immer sogleich auf die Proportionen zurückzuführen, die sie im Alltag haben. Denn für unsere Zeit haben wir diesen Bezugsrahmen, der uns (wie beim Puzzle, wenn man den Rahmen erst einmal beisammen hat) abzuschätzen erlaubt, was auf den fehlenden Stücken abgebildet sein mag – oder in einem anderen, dem Geographen vertrauten Bild: weil wir gewissermaßen das „Verzerrungsgitter" zeichnen können, das uns zu erkennen erlaubt, wo es die Darstellung an Maßstabstreue fehlen läßt. Für frühere Zeiten hingegen haben wir diesen Bezugsrahmen nicht, und so sind wir, wenn wir Nachrichten gewichten wollen, oft wehrlos den Proportionen ausgeliefert, die uns die Überlieferung zu vermitteln beliebt.

Es gibt natürlich Disproportionalität, die in die Augen springt: 100 Barbiere überliefert und nur 1 Bäcker – da werden wir uns gleich sagen, daß das wohl nicht gut möglich ist. Oder wenn bei nachweislich vollständiger Überlieferung im Imbreviaturbuch eines Notars in einer großen Hafenstadt wie Genua dennoch das Meer praktisch nicht vorkommt, so werden wir leicht durchschauen, daß hier eben nur der spezifische Kundenkreis eines Notars und nicht das Wirtschaftsleben dieser Stadt abgebildet sei, daß hier also Untypisches überbelichtet werde. Aber wo die Unverhältnismäßigkeit weniger zutage tritt, wird es kritisch, wird es kontrovers. Wenn man etwa aus den Eidlisten italienischer Kommunen (lange Namenslisten derer, die für ihre Stadt einen Vertrag beschworen) die Sozial- und Berufsstruktur einer Stadt rekonstruieren will, dann muß man sich erst einmal darüber klar werden, wie vollständig diese Listen sind. Nennen sie alle Bürger der Stadt? (fast nie); nennen sie den Beruf wirklich zu jedem Namen? (nie); oder nennen sie den Beruf womöglich nur dort, wo ein Johannes von einem anderen Johannes unterschieden werden soll? (so ist es oft). Von diesen unsicheren Relationen schließt man dann womöglich wieder auf die Einwohnerzahl. Da lesen wir über das kleine Ulubrae in den Pontinischen Sümpfen, in der Antike habe es nachweislich 10 Bäcker gehabt, und Leipzig habe 1 Bäcker auf 500 Einwohner ... Nun, Rom hat heute 1 Friseur auf 1200 Einwohner, Bern hat heute 297 Friseure, also müßte Bern 350000 Einwohner haben (die es nicht hat).

Fehlrechnungen solcher Art sind für die Gegenwart leicht zu karikieren, aber für die Vergangenheit schwer zu erkennen. Soweit sich eine Gesellschaft nicht schon so vollständig registriert wie das Florenz des Katasters von 1427 oder die avignonesische Kurie im 14. Jahrhundert, müssen wir uns darüber klar sein, daß uns der feste Bezugsrahmen fehlt und durch nichts zu ersetzen ist. Es gibt zwar Quellen, die Vollständigkeit wenigstens näherungsweise zu bieten scheinen. Eine detaillierte Totenliste mag in fatalen Fällen sogar mehr als die Hälfte einer Stadt umfassen – und doch muß man sich bewußt bleiben, daß diese Überlieferung ein *sondage pesteux,* eine von der Pest ausgelesene Mustersammlung ist, deren Tücken wir nicht durchschauen, wenn wir sie zu einer Berufsstatistik verwenden wollten. In dieser Problematik, zu richtiger Bewertung quantifizierten Materials erst einmal ein Ganzes vor Augen zu haben, liegt im übrigen auch der spezifische Wert von normativen Quellen, die in der Wertschätzung der Historiker gegenwärtig etwas zurückgefallen sind (früher war es umgekehrt). Daß man Quellen dieser Art – etwa Verordnungen, Zunftstatuten – nicht für ein photographisches Abbild historischer Wirklichkeit halten sollte, ist evident, da sie Wirklichkeit oft wohl mehr postulieren als wiedergeben (man kann Historiker geradezu danach einteilen, ob sie die wiederholte Einschärfung einer Norm als mehrmaligen Nachweis bestehender Verhältnisse interpretieren oder aber gerade umgekehrt als Beweis dafür, daß die Wirklichkeit dem nicht entsprach und die Norm eben darum immer wieder eingeschärft werden mußte). Aber solche normativen Texte geben uns doch einen gewissen Anhalt. Allzu anhaltslose Quantifizierung hat denn auch bei einigen Historikern die quantifizierende Methode an sich in Mißkredit gebracht – zu Unrecht, da Quantifizierung, mit der gebotenen Behutsamkeit dort angewendet, wo es möglich ist, auch dem Mediävisten wichtige neue Einsichten, ja bisweilen auch gerade Proportionen zu geben vermag, ohne die er seine Eindrücke nicht gewichten könnte: „quantification is an antidote to impressionism". Freilich müssen auch diese Ergebnisse dann erst noch interpretiert werden, die Zahlen nicht nur gezählt, sondern auch gewogen werden. Denn andernfalls käme man zu Einsichten, die so wenig hilfreich wären wie die Erkenntnis: Bern hat 18 Kinos, aber nur 1 Universität.

Aber lassen wir die Zahlenspiele, die das Problem nur besonders augenfällig machen sollten. Wenn nun aber schon auf dieser Ebene Zahlenverhältnisse nie ein rein quantitatives, sondern immer zugleich schon ein qualitatives Problem sind, um wieviel fataler ist es bei Relationen auf einer höheren Ebene unserer Fragestellung: dem Verhältnis von überlieferten Nachrichten zu Kirche und Laien, Grundbesitz und Handel, Handel und Produktion usw. Was unterschiedlich dichte Überlieferung da anrichten kann, läßt sich gerade auch im Bereich der Wirtschaftsgeschichte anhand der verschiedenen wirtschaftlichen Sektoren sehen: wie sie von der Überlieferung bedacht – und dann vom Historiker beachtet werden. Wenn oben über die Chancen-Verteilung bei rein urkundlicher Überlieferung festgestellt wurde, daß sie den Handel benachteilige und den Grundbesitz begünstige, so kann sich dieses Verhältnis in anderen Überlieferungslagen auch ganz anders darstellen. In erzählenden Quellen (wo es sie gibt, im frühen Lucca gibt es sie nicht) kann der Fernhandel durchaus gegenwärtig, ja überrepräsentiert sein. Man denke an die Nachrichten über den Orienthandel bei Gregor von Tours, aus denen Henri Pirenne so weitgehende Schlüsse gezogen hat. Und zweitens kann im späten Mittelalter (mit wachsender Schriftlichkeit, abnehmender Bedeutung geistlicher Archive, zunehmender Bedeutung von Familien- und Geschäftsarchiven: 125 000 originale Geschäftsbriefe allein aus dem Archivio Datini!) auch im Bereich der Akten der Sektor des Handels ein großes Gewicht bekommen, das dann durch das entgegenkommende Interesse des Historikers womöglich noch verdoppelt wird: der Handel, zumal der spektakuläre, nun gut dokumentierte Fernhandel, erregt seine besondere Erwartung, da wiegt ihm ein Gramm Pfeffer mehr als eine Tonne Salz.

Und so gehen auch hier Problemlagen der Überlieferung einerseits und der Bewertung andrerseits bisweilen bruchlos und kaum wahrnehmbar ineinander über. Nicht alles, was überliefert ist, wird vom Historiker auch entsprechend zur Kenntnis genommen; was er nicht zur Kenntnis nimmt, ist so gut wie nicht überliefert. Man vertraue bis zu einem gewissen Grade auf die Abfolge der Historikergenerationen und ihren wechselnden Appetit, ihre unterschiedlichen Fragestellungen, die ganze Bereiche von Überlieferung aufleben oder dahindämmern lassen, und daß so der massenhafte, doch unansehnliche Nahhandel auch einmal sein Recht bekomme gegenüber dem spektakulären, mehr Überlieferung produzierenden Fernhandel. Aber solche Fehlproportionierungen – bedingt durch Überlieferung, durch Fragestellung oder ununterscheidbar durch beides – haben ihre Wirkung auch schon an großen Gegenständen erwiesen. Wie bei der Diskussion um die These Pirennes, so hat auch bei der Diskussion über den krisenhaften Charakter des Spätmittelalters in Italien die Übergewichtung des Fernhandels (da besser überliefert, besser erforscht, als spannender empfunden) die Bedeutung des agrarischen Sektors allzu sehr in den Hintergrund treten lassen und zeitweilig zu einem allzu düsteren Gesamtbild geführt.

Aber kehren wir auf den Ausgangspunkt zurück. Überlieferungsprobleme, wie sie im Mittelpunkt dieser Überlegungen stehen, betreffen vor allem den Mediävisten, und da besonders den Historiker des frühen und hohen Mittelalters. Denn mit dem Beginn des Akten-Zeitalters werden die Probleme andere. Das beginnt (ohne daß hier auf die Kausalzusammenhänge eingegangen sei) mit dem geradezu unvorstellbaren Anwachsen der Schriftlichkeit, wie es sich bereits im 12. Jahrhundert ankündigt: in Italien zumal (davon war schon die Rede), aber etwa auch in England, wo sich der Ausstoß der königlichen Kanzlei nun alle zwei bis drei Jahrzehnte verdoppelte; wo die Privaturkunden schon im 13. Jahrhundert in die Millionen gegangen sein müssen; wo die 2000 Urkunden, die aus angelsächsischer Zeit insgesamt überliefert sind, im späten 13. Jahrhundert dann jeweils schon binnen 4–5 Wochen in einer einzigen Sitzungsperiode der königlichen Reiserichter in jeder normalen Grafschaft produziert wurden. Solche Quantensprünge der Schriftlichkeit ändern nicht einfach den Quellenbestand, ändern nicht nur unsere Kenntnis von der Geschichte, nein: die Geschichte selbst wird eine andere. Ein nächster Schub in diesem Sinn wird dann die Erfindung des Buchdrucks sein – daß dadurch auch die Überlieferungs-Chance gemehrt wurde, ist da nur noch ein beiläufiger Nebeneffekt, der aber schon den Zeitgenossen bewußt war, wenn sie an der neuen Erfindung nämlich ausdrücklich auch rühmten, daß künftig kein klassischer Autor mehr verloren gehen könne, ja: wäre der Buchdruck früher erfunden worden, so wären Plinius oder Livius nicht so unvollständig überliefert.

Daß der zunehmende Grad von Schriftlichkeit, der Übergang vom Urkunden- zum Aktenzeitalter, das neue Reproduktionsverfahren des Buchdrucks usw. unsere Fragestellung direkt berühren, liegt auf der Hand. Für den Neuhistoriker sind die Probleme eben andere (wenngleich in der Frühneuzeit gegenüber dem Spätmittelalter zunächst nur graduell) – und abermals andere sind sie natürlich für den Zeithistoriker. Doch auch für ihn ist es ein Problem der Proportionen, freilich nicht der von einer fragmentarischen Überlieferung übermittelten Proportionen, sondern der Proportionen, die er seinem Material abgewinnt, die er der Materialmasse einzieht; und so muß er andere Tugenden entwickeln als der Historiker des frühen und hohen Mittelalters. Rühmt der wohlwollende Rezensent beim Mediävisten vorzugsweise den „kombinatorischen Scharfsinn", so beim Zeithistoriker eher den „sicheren Zugriff" – und wahrhaftig, den braucht es angesichts der Materialfülle. Man denke nur an die Aktenproduktion der modernen Verwaltung auf allen ihren Ebenen: nach fünfeinhalb Jahren Regierungszeit hat die Nixon-Administration 42 Millionen Seiten Dokumente hinterlassen. Dabei ist noch sehr die Frage, ob wichtige Entscheidungen nicht per Telephon gefallen sind und in dieser Papiermasse vielleicht gar nicht mehr überliefert werden: in immer mehr Akten steht immer weniger drin. Oder ein anderes, näherliegendes Beispiel: in modernen Staatsarchiven von der Größenordnung des Staatsarchivs Bern wachsen die Aktenbestände inzwischen womöglich schon alle zehn Jahre um einen Kilometer Stellfläche! Daß sich der Archivar, daß sich die Gegenwart solcher Überlieferungs-Massen erwehren muß, liegt auf der Hand. Aber wie sich erwehren?

Diese Frage läßt uns, ganz praktisch, unser Thema noch einmal von einer anderen Seite sehen. Wir begannen mit der Frage, was wir denn gern überliefert bekämen, und sehen uns nun zum Schluß der Frage gegenüber, was wir denn unsererseits überliefern wollen. Denn mit dem (unter Archivaren so genannten) „Aussonderungs- und Wertungsverfahren" bestimmen wir, bestimmt der Archivar, was endlich der Überlieferung für wert zu halten sei – er vereinigt gewissermaßen Chance und Zufall in seiner Person: wahrhaftig eine fast göttliche Macht, freilich mit durchaus menschlichen Zügen, mit (manchmal sehr persönlichen) Auswahlkriterien, die dann noch von Generation zu Generation wechseln. Einer der nützlichsten Fonds des Berner Staatsarchivs trägt die bemerkenswerte Signatur „Unnütze Papiere" – eben darum, weil diese Papiere im 18. Jahrhundert der Überlieferung nicht für wert befunden wurden, während sie heute sehr willkommen sind. Unter der Aufschrift „Unnütze Handelssachen" lagen die Akten der Großen Ravensburger Handelsgesellschaft vergessen in Salem, bis Aloys Schulte darin einen Schatz erkannte und aus dieser größten spätmittelalterlichen Handelsgesellschaft nördlich der Alpen zugleich auch die bestdokumentierte machte.

Ein eigenes *bureau de triage* gab im Frankreich der Revolution eine Fülle von Archivalien als überholte Feudalsachen zur Vernichtung frei, darunter die Gagen-Listen des burgundischen Hofes, deren handlich-einheitliche Pergamentstreifen sich vorzüglich für die Verarbeitung zu Patronenhülsen und Kartuschen eigneten (die 5–10%, die von der halben Million dieser täglichen *escroes des gaiges* übrigblieben, sind eine ganz und gar zufällige Auslese). Der größte Teil dieser und anderer „erledigter Feudaltitel" wurde – in drastischer Verkehrung ihrer ursprünglichen Funktion – seit 1793 von der französischen Armee unter die reaktionären Gegner der Revolution geschossen. Oder: Prozeßakten des Hl. Offiziums dienten 1817 in grotesker Zweckentfremdung als Einwickelpapier in Pariser Feinkostläden, da der zuständige päpstliche Kommissar längst nicht alle verschleppten vatikanischen Akten der Rückführung nach Rom für wert hielt – und was es an spektakulären (und vielleicht schlimmer noch: unauffällig-alltäglichen) Beispielen vermeidbarer Überlieferungsverluste in jüngerer Zeit sonst noch geben mag.

Der Historiker wird darüber nicht die Fassung verlieren, zumal er sich solches Aussondern ganzer Fonds wiederum historisch erklären kann. Was aber, wenn er selbst der Auslesende ist? Gerade die Umkehrung, die Frage nicht mehr nach früherem, von uns nicht zu verantwortendem Überlieferungsverlust, sondern nach künftiger verantwortlicher Überlieferungs*bildung*, sollte uns zutiefst beunruhigen. Wie würden wir denn moderne Gesellschaft repräsentativ abbilden, wenn wir nur 10 oder 5 oder 1% der anfallenden Akten auslesen dürften? Und wie wird man einmal über unser Ausleseverfahren, über unsere Vorstellung von Archivwürdigkeit urteilen? Die kompetenten und verantwortungsvollen Überlegungen, die von seiten der Archivare zu diesem Thema angestellt worden sind, können hier nicht in der ihnen zukommenden Ausführlichkeit behandelt werden; doch sei wenigstens darauf hingewiesen, daß neben der weiterhin unverzichtbaren Auslese besonderer, wichtiger Stücke (deren Überlieferungs-Chance dann womöglich durch Sicherheitsverfilmung noch zusätzlich vermehrt wird) auch die Aufbewahrung massenhafter einförmiger Akten in irgendeiner Auswahl für notwendig gehalten wird. Die Frage ist nur, nach welchen Kriterien: ob in Form von „Specimina", „typischen" Akten, „repräsentativen" Serien, oder aber in ganz mechanischer Auswahl, etwa: aus den massenhaften Akten einer Stadtverwaltung z. B. bei den (alphabetisch nach Familiennamen geordneten) Registraturen der Sozialverwaltung nur die Akten des Anfangsbuchstabens H aufzubewahren. Solch mechanischer Zensus würde die künftige Forschung am wenigsten determinieren, ist gewissermaßen künstlich herbeigeführter Überlieferungszufall. Aber wäre da wirklich maßstäbliche Abbildung gewährleistet? Die Frage, wie verhältnismäßig Überlieferung sein müßte, läßt sich hier gewissermaßen experimentell durchspielen. Aber tun wir es lieber nicht, es könnte uns um den Verstand bringen.

Ich komme zum Schluß. Was Überlieferung uns gibt und was nicht, wie Überlieferung uns leitet und wie sie uns verleitet, ist ein Problem, das dem Mediävisten vielleicht besonders augenfällig ist, das sich aber, wie schon hervorgehoben, mehr oder minder in allen Disziplinen stellt, die mit historischen Prozessen zu tun haben. Der Vor- und Frühhistoriker, dem sich das Problem eher in einer Gemengelage von Überlieferungs-Chance und Fund-Chance darbietet, wird sich angesichts einer Fundkarte von Gräberfeldern immer fragen, ob ein weit ragender Streifen von Gräbern gleichen Typs nun wirklich einen (sagen wir:) alemannischen Siedlungskorridor abbilde, oder ob er nicht einzig der Tatsache verdankt wird, daß der Bau einer Autobahnlinie hier, und vorerst nur hier, Gräber zutage förderte – ob der kartierte Streifen also Völkerwanderung abbilde oder nur den massierten Zufall von Fundumständen. Er wird sich auch fragen, inwieweit beigabenlose Gräber (und noch fataler: Gräber aus beigabenloser Zeit!) nicht prinzipiell unterdokumentiert sind einfach deshalb, weil sie bei Aufdeckung die geringere Chance haben, erkannt, gemeldet und damit von der Wissenschaft registriert zu werden. Auch: ob die Kartierung von neuen Funden römischer Villen unter mittelalterlichen Dorfkirchen römische Siedlungsverhältnisse abbilde oder nicht eher Kirchgemeinden, die die Mittel hatten, sich jüngst eine Fußbodenheizung zuzulegen, deren Einbau dann zur Aufdeckung alter Fundamente führte. Hier suchte man nicht und fand. Oft aber sucht der Bodenforscher und findet nicht. Denn die Kontinuität, die nachzuweisen ihn der Historiker bittet, muß er gerade dort suchen, wo sie am wenigsten zu finden ist: in lebendigen, sich wandelnden Städten auf längst durchwühltem Boden. Die Überlieferungs-Chance ist da gering, die Fundchance hingegen gerade in städtischen Neubauzonen umso größer, und so versammeln sich die christlichen Funde für das merowingische Bayern in irreführender Massierung gerade im Raume München.

Der Archäologe wird sich fragen müssen, was denn wohl – aus den Statuenwäldern des antiken Rom – jenes Dutzend Statuen ausgelesen und über der Erde gehalten habe, das dann am Ende des Mittelalters Künstlern und Humanisten die einzige Anschauung von antiker Vollplastik vermittelte. Angesichts der dann später ergrabenen Menge von Statuen machen wir uns nicht klar genug, daß das vielleicht eine besondere Antike sein könnte, denn was das Mittelalter von all dem über der Erde gelassen hatte, war eine extrem kleine und dann vor allem eine extrem eigenwillige Auslese (über deren mutmaßliche Auslesekriterien, wie etwa *interpretatio christiana,* Archäologen und Mediävisten einander viel zu sagen haben würden). Oder: Der Kunsthistoriker weiß, daß eine Botticelli-Madonna eine relativ große Chance hat, die rettende Kirche, das rettende Museum zu erreichen, während die billige Devotionalie, der kolorierte Holzschnitt für den Rompilger, die seriengefertigte Pappmaché-Madonna eine geringe Überlieferungs-Chance haben. Doch kann sich das Verhältnis genau umkehren, wenn es uns durch Quellen der Zeit überliefert wird. Die römischen Zollregister der Frührenaissance nennen uns die importierten Madonnenbildchen gleich bündelweise, die Heiligenfigürchen und anderen Pilgerbedarf gleich kistenweise – von Botticelli-Madonnen wissen sie nichts, weil deren Käufer, Papst und Kardinäle und andere hohe Berechtigte, zoll*frei* importieren durften. So überliefert uns diese Quelle (ausnahmsweise, aber die Ausnahme nun verkehrend) Kunst nur unterhalb einer gewissen Schwelle: wir müssen das nur erkennen! Der Verlust des einen oder des anderen würde nicht einfach die Menge unserer Erkenntnis reduzieren, sondern wiederum die Proportionen verfälschen und somit das Bild verzerren. Erst beides zusammen läßt die ganze Wirklichkeit der römischen Frührenaissance begreifen, und die hieß eben: oben kaufte man (unverzollte) florentinische Renaissance, unten kaufte man (verzollte) deutsche Spätgotik.

Diese Beispiele mögen zugleich noch einmal zeigen, worum es bei diesen Überlegungen ging: nicht um das, von dem wir ausdrücklich wissen, daß es verloren ist (der *Ungläubige Thomas* von Paolo Uccello ist verloren, die päpstlichen Finanzregister der Schismazeit sind verloren, aber wir wissen doch, daß sie existiert haben). Es ist vielmehr die beunruhigende Frage nach den ganzen Stücken von Wirklichkeit, die unter den Horizont unserer Wahrnehmung gesunken sind, weil uns die Überlieferung, in ihrer Eigenwilligkeit, dieses gibt und jenes versagt.

Was kann der Historiker also tun? Wahrscheinlich nicht viel mehr, als sich dieses Problem wenigstens ins Bewußtsein zu heben und der Versuchung zu widerstehen, sich ganz von seinen Quellen leiten zu lassen, sich selbst und den Gutachtern als „casestudy", als „exemplarisch" auszugeben, was doch nur einfach *übrig* geblieben ist: das erinnert an Kinder, die um den Zufallstreffer herum nachträglich die Zielscheibe malen. Wir sollten uns bei überlieferten Beständen deutlicher fragen: Was könnte verlorengegangen sein, was muß dagewesen sein, und dabei noch mehr auf Indizien achten, die die Verzerrung, die Umverteilung von Wirklichkeit durch die Überlieferung anzeigen, und Kriterien entwickeln, die zur Entzerrung beitragen könnten. Wir sollten versuchen, dem allzuoft angerufenen Zufall einiges zu entreißen und Überlieferungsschicksale statt dessen nach all unseren Möglichkeiten aus unterschiedlicher *Chance* zu erklären. All das diene der Aufgabe, ein maßstabsgerechtes Bild zu gewinnen. Freilich: die Maßstäbe unserer Erkenntnis liegen dann nicht allein im Material, sondern auch in uns selbst, in unserer Fragestellung, in unserem Bild vom Menschen – ob wir im mittelalterlichen Menschen den Fremden erkennen oder den Vertrauten suchen.

Der Historiker widerstehe darum der Versuchung, sich seine Erkenntnisse von der Überlieferung zuteilen zu lassen, oder: in jenen unbeleuchteten Zeitaltern nur dort finden zu wollen, wo es hell ist. Er gliche dem Manne, der Verlorenes nachts unter der Laterne sucht, weil man nur dort etwas sehe. Lassen wir uns nicht entmutigen, in das Dunkel hineinzufragen – fragen auch dort, wo wir auf eine Antwort nicht hoffen dürfen.

Anschauung und Begriff

Die Bewältigung fremder Wirklichkeit durch den Vergleich in Reiseberichten des späten Mittelalters

Im Spätherbst des Jahres 1384 zogen drei Florentiner Pilger von Ägypten hinauf nach Jerusalem. Die fremde Welt des Vorderen Orients, die sie mit allen Sinnen aufnahmen und mit lebhaften Worten beschrieben, gab dabei allen dreien auf Schritt und Tritt Vergleiche mit heimatlichen Verhältnissen ein, wie wir das in solcher Dichte bei neueren Reisebriefen nicht erwarten. Alexandrien schien ihnen ebenso groß wie Florenz, und Damiette doppelt so groß. In Kairo leben mehr Menschen als in der ganzen Toskana, und der Platz dort beim Sultansschloß entspreche als Zentrum des Geschäftslebens dem Rialto in Venedig oder dem Mercato Nuovo in Florenz. Das Katharinenkloster auf dem Sinai ist ummauert wie das Gefängnis, die *Stinche,* von Florenz, der Gouverneurspalast in Gaza hat riesige vergitterte Fenster wie die Münze in Florenz. Zwischen Gaza und Hebron sieht die Gegend aus „so wie unsere Toskana", um Beirut „wie das Mugello". Der Ölberg blickt auf Jerusalem so wie der Hügel S. Sepolcro auf Florenz, Stufen in der Grabeskirche sind wie in S. Maria Novella die Stufen zur Strozzi-Kapelle. Und so fort: es gibt nichts, wofür sich nicht eine heimatliche Entsprechung finden ließe – und so zogen unsere Reisenden eine breite Spur toskanischer Vergleiche quer durch den Vorderen Orient.

Nicht daß diese Berichte ohne solche Vergleiche unpersönlich oder unpräzise geraten wären. Aber die Reisenden meinten doch, sich und ihren Lesern die fremde Welt des Orients mit Vertrautem vergleichen, in Vertrauteres übertragen zu sollen, um diese fremde Wirklichkeit im eigentlichen Sinne *nahe* zu bringen, sie *vor Augen* zu führen.

Und eben davon soll im folgenden die Rede sein. Wie gelingt es solchen Menschen des späten Mittelalters, fremde Wirklichkeit aus der Anschauung zu begreifen und begreiflich zu machen, ohne daß ihnen die ausgebildete Begrifflichkeit (der modernen Völkerkunde, der Geographie, der Kunstgeschichte), mit der wir uns auch außerhalb unserer näheren Fachkenntnisse einigermaßen rasch verständigen, schon zur Verfügung gestanden hätte? Oder andersherum gefragt: woher rührt das ausgeprägte Bedürfnis dieser Menschen, fremde Wirklichkeit in eigene Wirklichkeit zu übertragen, wenn sie eine Vorstellung von fernen Ländern, fremden Städten, nie gesehener Architektur geben wollen?

Es geht im folgenden also nicht um Traktatliteratur und ähnlich anspruchsvolle, reflektierende Texte, in denen Fachleute sich innerhalb von Wissenschaftssystemen mittels einer Fachterminologie untereinander verständigen, sondern um gewöhnliche Reiseberichte gewöhnlicher Menschen, die auf ihre Weise mit der Fülle fremder Erscheinungen zurecht zu kommen suchen, und denen sich in solcher Situation die Frage nicht stellte, ob *curiositas,* ob Neugier, erlaubt und welche Hierarchie des Wissenswerten vorgegeben sei; nicht um Gleichnisse, Metaphern, Allegorien, sondern, viel niedriger ansetzend, um den schlichten Vergleich. Und es gehe hier nicht um eine Theorie mittelalterlichen Perzeptionsvermögens, sondern – auf kleinere, elementare Einsichten zielend – ganz einfach darum, erst einmal festzustellen, was und wie sie denn überhaupt gesehen haben könnten. Und dazu diene uns, sozusagen als Versuchsanordnung, eben der Vergleich, mit Hilfe dessen Menschen zu besserer Verständigung Fremdes und Vertrautes miteinander in Beziehung setzen. Das Ergebnis kann nur ein begrenztes sein. Denn auch wo schierer Augenschein vorzuliegen scheint, muß mythisches Denken nicht schon von Empirie überwunden worden sein. Es sei auch keineswegs behauptet, der mittelalterliche Reisebericht sei von Vergleichen vollständig durchwuchert, oder der Vergleich sei ein spezifisch mittelalterlicher Verständigungsbehelf. Schließlich ist doch auch uns der Vergleich ein geläufiges Mittel der Verständigung (wenn auch in geringerem Maße und in anderer Weise) – und so werden auch unsere Vergleiche, wird auch unser Bezugssystem dereinst dem Historiker Wichtiges über uns aussagen. Unterschiede werden sich ergeben, aber wir haben es darauf nicht abgesehen: dem Historiker sind die anthropologischen Konstanten so nah wie die historischen Variablen.

Beginnen wir mit einfachen Fällen. Da sind zunächst die schlichten Gleichungen, die den unmittelbaren Eindruck einfangen und wiedergeben: der Nil so breit wie der Rhein, breiter als der Rhein; so trüb wie der Tiber, viel trüber als der Tiber; der Jordan so schlammig wie der Po; der Don so breit wie die Seine; usw. Solche und ähnliche Aussagen sind oft bloße Assoziationen ohne belehrende Absicht. „Auseinandersetzung" mit fremder Wirklichkeit wird man so etwas nicht schon nennen wollen.

Noch häufiger (und für unsere Fragestellung schon ergiebiger) ist in solchen Reiseberichten der Vergleich von Städten zur Kennzeichnung ihrer Größenordnung. Zwar war man damals durchaus schon in der Lage, zu steuerlichen oder militärischen Zwecken die Einwohnerzahl einer Stadt recht genau festzustellen (Florenz 1427, Basel 1444, Nürnberg 1449): doch dem reisenden Fremden waren solche Zahlen, wo es sie überhaupt gab, kaum zugänglich, und so genau wollte er es wohl auch gar nicht wissen. Heute ersehen wir die Größenordnung von Städten in absoluten Zahlen leicht aus jedem Reiseführer, aus jedem Lexikon, und sind auf Mnemotechnik weniger angewiesen; wir wissen Maße und Zahlen außer uns verwahrt, und so bezieht sich unser Städtevergleich, von Daten entlastet, eher auf die Lage, auf die Silhouette, auf das Atmosphärische einer Stadt. Im übrigen haben wir auch die Größenordnungen auf den Begriff gebracht (Mittelstadt, Großstadt, Millionenstadt). Damals aber ließ sich nichts dergleichen voraussetzen, waren solche Daten nicht einfach abrufbar, und so lag es nahe, die Frage nach der Größe einer Stadt über den Vergleich zu beantworten.

Und auch dieser Vergleich mit Vertrautem muß, da ein vertrautes Allgemeines, ein allgemein Vertrautes nicht zu denken ist, sehr disparat ausfallen. Lassen wir einen Franzosen, einen Nürnberger, einen Schweizer ins Heilige Land reisen, in jedem Fall sehen wir jeden seinen eigenen Maßstab bei sich tragen. Der Luzerner Hans Schürpf erlebt 1497 Ragusa/ Dubrovnik so groß wie Solothurn, Candia und Jerusalem so groß wie Basel, Ramla so groß wie Zürich, und Jaffa war früher einmal (!) so groß wie Luzern. Der Pariser sieht 1480 Venedig halb so groß wie Paris; für seinen Reisebegleiter aus der Normandie ist Padua größer als Rouen, ist Ragusa (und damit verflüchtigt sich der Maßstab schon ins heimatlich Kleinteilige) „um mindestens ein Drittel kleiner als Vernon oder Gisors", ist der Stadtmauerring von Candia nicht größer als Vernon oder Gisors. Die Nürnberger Hans Tucher und Sebald Rieter, denen 1479 eine Angabe in absoluten Zahlen zu Kairo (2,4 Millionen) über jede Vorstellung geht, fallen darum, hier und andernorts, lieber auf den vertrauten Vergleich zurück: das Sultansschloß in Kairo halb so groß wie Nürnberg, Alexandrien eineinhalbmal so groß wie Nürnberg, und das Areal des Katharinenklosters auf dem Sinai so groß wie der Heilsbronner Hof in Nürnberg.

Wenn wir es hier auf Maße und Zahlen abgesehen hätten, wenn wir diese Textstellen also als Quelle zur Bevölkerungsgeschichte interpretieren würden, wären wir jetzt so klug wie zuvor. Denn da zeigt sich schon hier, was auch im weiteren deutlich werden wird: daß solch ein Vergleich für uns oft eine Gleichung mit zwei Unbekannten bleibt! Und selbst wenn wir eine der beiden Variablen kennen, wird es nicht unbedingt besser: Jerusalem ist dem einen so groß wie Basel, dem anderen so groß wie Pistoia, einem anderen wiederum so groß wie Augsburg – aber nach allem, was wir über die Einwohnerzahlen von Basel (ca. 9000), Pistoia (6000–8000) oder Augsburg (ca. 30000) im Spätmittelalter wissen, sind die Vergleichsgrößen nicht miteinander kompatibel. Wie persönlich gefärbt und wie wenig übertragbar solche Vergleiche sind, würde grotesk hervortreten, wenn wir das Verglichene miteinander gleichsetzen würden, eben Basel = Pistoia = Augsburg; oder Nürnberg : Florenz : Ulm = $1 : 1\frac{1}{2} : 2$.

Was uns die auffallende Häufigkeit des Größenvergleichs in Reiseberichten zunächst einmal zu erkennen gibt, ist seine Vorrangigkeit, oder anders: die Frage nach der Größe ist die erste erwartete Frage (und ist es ja vielfach auch heute noch). Im übrigen ist die von den Reisenden erlebte Größe einer Stadt offensichtlich ein aus Fläche und Einwohnerzahl zusammengezogener pauschaler Eindruck. Daß zwischen Stadtfläche und Einwohnerzahl ausdrücklich unterschieden wird, ist selten und drängt sich bei Städten wie Kairo auf (von den Pilgern als größte gesehene Stadt, ja als „größte Stadt der Welt" erlebt): Kairo sei mindestens doppelt so groß und viermal so bevölkert wie Paris, differenziert ein irischer Reisender des 14. Jahrhunderts. Und gleichfalls auf die Bebauungsdichte scheinen die bereits zitierten Bemerkungen der drei Florentiner anzuspielen, wonach in Kairo mehr Menschen leben als in der ganzen Toskana, in einzelnen Straßen mehr Menschen als in ganz Florenz. Wir kennen die Zahlen einigermaßen, und die reimen sich wiederum schlecht zu den 3 Millionen Einwohnern, die sich diese Florentiner zu Kairo in absoluten Zahlen notierten! Wir dürfen solche Impressionen eben nicht beim Wort nehmen. Oder was ist davon zu halten, wenn bei Besichtigung des Arsenals von Venedig im Jahre 1519 durch zwei Innerschweizer der eine das Arsenal so groß sein läßt wie die Großseite von Luzern, der andere so groß wie die Kleinseite von Luzern: dabei waren sie, beide mit Luzern vertraut, am selben Tag gemeinsam durch das Arsenal geführt worden!

Nein: solche Texte können nicht Quelle sein für Maße, Zahlen, Größenordnungen, sondern nur für die *Sicht* in Maßen, Zahlen, Größenordnungen – und das um so mehr, als in diese Größenvergleiche bisweilen wohl auch, mehr oder weniger bewußt, versteckte Wertungen eingingen von der Art, wie wir sie im mittelalterlichen Städtelob samt seinen statistischen Angaben, seiner „contabilità encomiastica" (M. Corti), bisweilen zu fassen kriegen. Wollten wir es bei dieser Quellengattung tatsächlich auf Zahl und Maß absehen, dann müßten wir ihre Angaben vielfach als absurd beiseite schieben. Aber der Historiker wird sich solches Material nicht entgehen lassen, gerade weil es nicht Metrologisches, sondern Anthropologisches aussagt! Denn solche subjektiven Vergleiche lassen uns in die individuelle und kollektive Vorstellungs- und Erfahrungswelt dieser Menschen eindringen und erlauben uns, ihre Optik, ihre Perspektive gleichsam von innen auszumessen.

Was wir aus solchen Vergleichen an Erkenntnis ziehen können, liegt nicht so sehr in der beabsichtigten Aussage, gilt nicht der verglichenen Realität (ob der Nil so breit ist wie der Rhein, ist unerheblich; daß Candia so groß ist wie Gisors, läßt sich nicht verifizieren und stimmt vermutlich nicht einmal). Es geht vielmehr um den Vergleich als solchen, insoweit er etwas über die Sehweise der damaligen Menschen aussagt. Wenn wir wissen möchten, wie die Menschen damals eigentlich gesehen haben, so genügt die einfache Aussage nicht: es bedarf eines Bezugspunktes, der uns dreidimensional zu sehen erlaubt.

Dazu könnte die bildliche Darstellung oder die Kopie dienen (wie wird etwa die Grabeskirche dargestellt oder nachgebaut, was gilt als wesentliches Element ihrer Gestalt, so daß sie als Grabeskirche allgemein wiedererkannt wird?). Doch ist das Sache des Kunsthistorikers. Was der Historiker zu diesem Thema beitragen kann, ist eben der in Worte gefaßte Vergleich, wie ihn die Schriftquellen darbieten.

Der Vergleich macht jeweils zwei wesentliche Aussagen. Erstens gibt der Vergleich zu erkennen, was der Betrachter bei dem Gesehenen eigentlich erfassen und weitergeben wollte: er nennt das *tertium comparationis* (sei es explizit, etwa die Größe: Jerusalem so groß wie Pistoia; sei es unausgesprochen, der bloße Eindruck: die Grabeskirche wirkt so wie die Kirche XY), denn die verglichenen Realitäten werden ja „nicht aufeinander, sondern jede für sich nur auf ein Drittes bezogen" (Hegel, Wissenschaft der Logik). Insofern stellt der Vergleich die Blende des Auges kleiner, präzisiert uns, was eigentlich in den Blick genommen wurde, kurz: was der Betrachter sehen wollte.

Zweitens gibt der Vergleich zu erkennen, wie der Betrachter das Gesehene auffaßte und weitergab: er nennt Vertrautes als diesseitigen Bezugspunkt, und das ist wie ein Brückenpfeiler, der die ganze Konstruktion des Vergleichs mit fremder Wirklichkeit zu tragen hat und darum entsprechend tief in der eigenen Wirklichkeit fundiert ist. Insofern läßt uns der Betrachter wissen, worin er sich mit seinen Zeitgenossen (oder doch mit einem begrenzten Adressatenkreis) im Einverständnis glaubte, und wie groß seine Wirklichkeit portioniert war. Zwar wird das in der Regel eine höchst subjektive Auffassung sein von der Art, wie wir sie uns bei unseren eigenen Zeitgenossen womöglich verbitten würden, weil sie bisweilen mehr über den Betrachter als über das Betrachtete aussagt. Für frühere Epochen aber kann das dem Historiker gerade willkommen sein, nicht Unsicheres über die Dinge, sondern Sicheres über die Sicht der Dinge zu erfahren. Kurz: so wie die Verwertung von Parallelberichten (Berichte von Pilgern, die auf gemeinsamer Reise dasselbe unter denselben Bedingungen sahen) eine Versuchsanordnung ist, die Individualität freisetzt, weil die Gegenüberstellung bei absolut gleichen äußeren Voraussetzungen die individuellen oder standesbedingten Unterschiede von Autoren gegeneinandertreibt und ihnen dadurch Relief gibt – so ist die Verwertung von Vergleichen in Reiseberichten eine Versuchsanordnung, die zu erkennen gibt, worüber sich Menschen verständigen wollten, und worauf sie sich verständigen konnten.

Die Vergleiche fallen so verschieden aus, weil sie in unterschiedlicher Wirklichkeit verankert sind, wobei die Maßstäbe, wie sie ein Florentiner

Kaufmann, ein französischer Geistlicher, ein deutscher Adeliger anlegt, natürlich nicht nur nach der regionalen Herkunft, sondern auch nach Stand und Mentalität verschieden sein werden. Pilger von nördlich der Alpen sehen anders, weil ihr Auge anders erzogen, ihre Umgebung anders geprägt, ihr Interesse anders gerichtet ist. Um es mit absichtlich bescheidenen Beispielen zu sagen: daß die Mosaiksteine in der Geburtskirche zu Bethlehem „so groß wie Bohnen" sind, würde einem Florentiner schwerlich in den Sinn kommen. Er brauchte ja nur in seinem Baptisterium an die Decke zu schauen (und „Bohne" war für ihn sowieso keine Kategorie). Oder: daß die Geißelsäule „so dick wie ein ordentlicher Birnbaum" ist, wie ein Breslauer 1496 seinen Breslauern mitteilt, ist auch nicht gerade das, was einem Italiener einfällt, der in seinem Leben vermutlich mehr Säulen als Birnbäume sah. Er wird stattdessen vielleicht Farbe und Konsistenz des Steins an einer Bruchstelle der Geißelsäule wahrnehmen. Es ist ja eben nicht so, daß der eine mit dem Pfirsich vergleicht, wo der andere den Apfel vor Augen hat (das wäre als Ergebnis trivial). Vielmehr sind oft auch die Kategorien, die Grundformen verschiedene, vergleicht der Italiener die Gestalt der Pyramiden mit dem Diamanten, wo der deutsche Pilger, mangels adäquater Begriffe, Türme mit ihrem spitzen Dach sieht. Bei Vergleichen, die sich auf die Gestalt beziehen, tritt das besonders deutlich hervor; aber bleiben wir zunächst noch bei einfacheren Dingen.

Halten wir darum vorläufig nur fest: Der Vergleich orientiert sich zwangsläufig an Vertrautem, nicht an einem gedachten Absoluten. Dieses Vertraute ist durchaus kleinräumig und kaum übertragbar. Der Schaffhauser vergleicht mit Schaffhausen für Schaffhauser. Der Luzerner vergleicht mit Luzern für Luzerner, sieht in Jerusalem die Via dolorosa „so lang wie die Hofbrücke in Luzern", den Ecce Homo-Bogen dort als „Schwibbogen wie in Luzern am Roßmarkt einer ist"; er erlebt die Geburtskirche in Bethlehem als so groß wie die Barfüßerkirche daheim, und deren Chor wird ihm fortan das Größenmaß für den Ort des Abendmahls abgeben.

Dem Florentiner dient sein S. Maria Novella dazu, die Größe der Geburtskirche in Bethlehem, einer Moschee in Kairo, oder von S. Maria Maggiore in Rom zu bestimmen, dient der Prato d'Ognissanti dazu, etwa die Fläche der Diokletiansthermen in Rom oder den Platz vor dem Sultansschloß in Kairo zu ermessen. Ein Pilger aus Capua, den auf seiner Jerusalemfahrt 1395 Seesturm und Piraten nach Athen verschlagen und so zu unfreiwilligem Besuch der Akropolis verhelfen (denn welcher Pilger wird freiwillig so etwas sehen wollen?), bemißt die Säulen des Parthenon in ihrer Höhe nach den Leitern für die Weinlese – und das versteht schon nur der, der weiß, daß in Campanien der Wein hoch zwischen Ulmen-Stämmen rankend gezogen wird (im übrigen sagt uns dieser Vergleich heute schon mehr über die vergänglichen Leitern und Weinbausysteme als über die dauernden Säulen!). All das zeigt im übrigen auch, wie begrenzt der gedachte Adressatenkreis solcher Reiseberichte war: begrenzter vermutlich, als die literaturgeschichtliche Rezeptionsforschung bisweilen annimmt (auch wenn die Breitenwirkung dieser Literaturgattung später, nach Erfindung des Buchdrucks, beträchtlich sein konnte: unter den Büchern, die sich im abgelegenen Graubünden des späten 16. Jahrhunderts der Bauernmaler und Wanderlehrer Hans Ardüser als gelesen notierte, sind nicht weniger als 18 „reisbücher zum h. grab gen Jerusalem").

In diesem Zusammenhang – Vergleichsmaßstäbe bezogen auf den Adressaten – sei ein Text von Rang herangezogen, der uns zu neuen Fragen weiterführen wird: Wilhelm von Rubruks Reise zu den Mongolen, in dem dieser Franziskaner aus Flandern über die schwierige Mission berichtet, bei der er 1253–1255 auf Wunsch des französischen Königs Ludwigs des Heiligen die Möglichkeiten einer Kontaktnahme sondierte. Gegenstand ist also das ferne Asien, und das heißt: da muß Nie Gesehenes, Unerhörtes vermittelt werden; Adressat ist der französische König, und das heißt: da muß (nicht mit dem heimatlichen Flandern, sondern) mit St-Denis, mit der Seine bei Paris, mit Distanzen in der Ile-de-France verglichen werden. Und so ist der Don an der Übersetzstelle so breit wie die Seine in Paris, im Wolga-Delta ein Flußarm fast doppelt so groß wie (dem König in frischer, leidvoller Erinnerung:) der Nil-Arm von Damiette. Der endlose Ritt durch die Weiten Asiens, anderthalb Monate im Spätherbst, scheint ihm „fast täglich die Distanz Paris–Orléans", *quolibet fere die quantum est a Parisius usque Aurelianum, secundum quod possum estimare* (eine Schätzung subjektiv überdehnt; aber gerade das interessiert hier). Die Stadt Karakorum ist nicht so ansehnlich *(bona)* wie der Bourg-St-Denis, und das Kloster St-Denis „ist zehnmal mehr wert", *in decuplo valet plus,* als der Palast des Großkhans dort, der „wie eine Kirche ein Mittelschiff und zwei Seitenschiffe" hat, das Ganze von einer großen Ziegelmauer umschlossen „wie bei uns die Mönchs-Priorate". Oder ein anderer Größenvergleich, ansprechend durch seine Angemessenheit: ein Buddha-Bild bei Karakorum so groß „wie man bei uns den Hl. Christophorus malt", *ita magnum sicut pingitur beatus Christoforus.* Vergleiche dienen bei Rubruk aber keineswegs nur der Größenangabe. Da sind Priester gekleidet „wie ein Diakon, wenn er in der Fastenzeit die Kasel trägt"; da schmeckt Reisbier wie „der beste Wein von Auxerre", Rotwein wie Wein von La Rochelle. Und der Baatü-Khan an der Wolga ist von Aussehen wie der verstorbene Sire de Beaumont, Admiral von Ludwigs Kreuzzugsflotte, und auch ganz rotfleckig im Gesicht.

Über diesen Autor, der an scholastischer Methode und damit an moderner wissenschaftlicher Fragetechnik geschult war und doch fremde

Welt mitsamt der kruden Realität des Alltags eindringlich und mit allen Sinnen aufnahm, wäre noch viel zu sagen. Doch muß hier die Feststellung genügen, daß manches von dem, was uns an diesem und späteren Reiseberichten ungewöhnlich, ja „modern" anmutet (die kritische, Autoritäten nicht blind folgende Neugier, die selbst hinsieht und die eigene, subjektive Perspektive auch gar nicht verleugnet, und die dabei auch die Fülle der diesseitigen Erscheinungen wach ins Auge faßt) – daß diese modern anmutende Haltung also keineswegs nur der Wirkung des Humanismus zuzuschreiben sein wird.

Noch einmal: mit all dem sei nicht behauptet, der Vergleich (und hier zunächst: der Größenvergleich) sei uns, sei neueren Zeiten fremd. Keineswegs: um eine Vorstellung von der Größe Pompejis zu geben, vergleicht Goethe, in einer Buchbesprechung für eine Wiener Zeitschrift zwei Jahre vor seinem Tode, die Ausgrabungsfläche von Pompeji mit Stadtvierteln in Wien (genauer: er hält die Flächenvergleiche dieses in Wien erschienenen Pompeji-Buches für wichtig genug, sie seinen Lesern weiterzugeben): „Der Teil der Vorstadt zwischen der Alsergasse und der Kaiserstraße hält 162855 Wiener Quadratklafter, ist also um 8259 Quadratklafter kleiner als Pompeji ... Ebenso ist der Raum zwischen der Donau, der Augartenstraße und der Taborstraße ..." usw. Aber der Vergleich hat hier längst einen anderen Stellenwert, tritt neben das Zahlenmaß und nicht an seine Stelle, wird subsidiär, wird aus einem notwendigen Akt der Vermessung zu einem bewußten Akt der Veranschaulichung.

Und noch über etwas anderes kann uns dieses Bedürfnis, von der Dimension des Fremden zu erfahren und zu erzählen, eine konkrete Aussage machen: über Erwartungen, über Vorstellungen, die durch Gehörtes evoziert wurden. Wir ersehen das am deutlichsten dort, wo Vorstellungen, deren allgemeine Verbreitung der Autor offensichtlich annimmt, ausdrücklich korrigiert werden. Denn diese Korrekturen lassen uns gewissermaßen ermessen, welche Dimension ein Name, ein Begriff, eine Vorstellung im Kopfe von Menschen jener Zeit annehmen konnte:

Die Residenz des Großkhans in der Mongolei ist weit weniger ansehnlich als das Kloster St-Denis bei Paris, betont Wilhelm von Rubruk – nämlich bei weitem nicht so gewaltig, wie man sich die Befehlszentrale des mongolischen Weltreiches vorstellen würde, das eben noch das Abendland in tödlichen Schrecken versetzt hatte. Der Rubikon ist doch sehr schmal, konstatiert auf seiner Italienreise um 1195 enttäuscht Konrad von Querfurt: *minimus non fluvius sed rivulus,* ein winziger (nicht Fluß, sondern) Bach – nämlich nicht so breit, wie Caesars großer Entscheidungsschritt erwarten ließe (so wie auch uns noch Troja etwas klein erscheint für einen ganzen Trojanischen Krieg).

Also größer als gedacht, kleiner als gedacht, aber eben: überhaupt
einmal gedacht, überhaupt einmal vorgestellt! Oder: der Platz unter dem
Kreuz ist in Wirklichkeit viel kleiner verglichen mit unseren Kreuzi-
gungsdarstellungen, Maria und Johannes paßten da unmöglich noch hin,
„uff dem berg sind sy nit gestanden, als man die figur malet, under dem
crütz", belehrt uns der Luzerner Pilger Hans Schürpf 1497.

Oder Rom: wie viele hat es enttäuscht! Über die Rom-Idee in jenem
höheren (historischen, antiquarischen, literarischen, religiösen) Sinn ist
viel Kluges geschrieben worden. Welche Bilder aber mag Rom leibhaftig
im Kopf eines gewöhnlichen Menschen ausgelöst haben, der von Obelis-
ken, Pyramiden, Amphitheatern, Basiliken und ähnlichen Requisiten
unseres Rom-Bildes weder Anschauung noch Begriff hatte? Wir wissen
es nicht, allein wir können es ahnen, wenn wir von dem grotesken
Mißverständnis hören, Wikinger hätten 860 bei der Eroberung der kleinen Stadt Luni bei Pisa gemeint, Rom erobert zu haben! *Ratus cepisse
Romam caput mundi,* „er glaubte Rom, das Haupt der Welt, erobert zu
haben", heißt es von ihrem Häuptling. Was mag es – an Monu-
mentalem, an Atmosphärischem – wohl gewesen sein, was sich mit der
Rom-Erwartung deckte, die er in sich trug, und ihm nun zur Gewißheit
machte: dies muß Rom sein?

Das Anliegen, eine Vorstellung von fremder Wirklichkeit über den
Vergleich mit vertrauter Wirklichkeit zu geben, wurde bisweilen auch
auf Bereiche ausgedehnt, die später vorzugsweise durch Illustration und
Plan erläutert werden: topographische Gegebenheiten in Stadt und Gelände.

Der Ulmer Dominikaner aus Zürcher Familie Felix Fabri, ausgezogen
mit dem Vorsatz des volksnahen Seelsorgers, die Heilsgeschichte danach
noch eindringlicher predigen zu können und sprühend vor Anschaulichkeit, zieht die Hügel von Basel heran, um das bewegte Relief der Stadt
Jerusalem vor Augen zu führen: man denke sich den Leonhardshügel in
Basel als Berg Zion in Jerusalem; den Petershügel hier statt des Berges
Golgatha dort, und den Martinshügel als Tempelberg Moria. Das vermittelt nicht nur den Anblick einer hügeligen Stadt (*quamvis sit longa
dissimilitudo in figura et situatione,* „auch wenn nach Gestalt und Lage sehr
unähnlich"), sondern veranschaulicht sogar die Zuordnung der Hügel
zueinander.

Ein Vergleich zwischen der Grabeskirche in Jerusalem und St. Sebald
in Nürnberg, den Hans Tucher auf seiner Pilgerreise 1479 anstellt, wirkt
auf den ersten Blick wie auf die Baukörper bezogen (und darin darf man,
wie noch zu zeigen sein wird, immer auf einiges gefaßt sein). Doch
erweist sich das Vorhaben dann als sehr viel handfester, sozusagen als
topographie religieuse en miniature. Tucher will, ohne erkennbares Interesse für die architektonische Form, seinen Nürnbergern in einem

„gleichnuß" die Anordnung der wichtigsten Stätten innerhalb der Grabeskirche unter Beibehaltung der Orientierung auf den Grundriß der vertrauten Stadtkirche übertragen, den obligaten Prozessionsweg durch die Grabeskirche sozusagen didaktisch gestalten, „darumb daß die heyligen Stätte im Tempel einem desto baß eyngedenck sindt zu mercken".

So wird Heilsgeschichte zu Hause abschreitbar: ein Verlangen nach Anfaßbarkeit, nach Be-greifen, das sich ja in vielen nachgebauten „Heiligen Gräbern" niederschlug, die auf Korrektheit in Maßen und Zuordnung großen Wert legten. Tucher macht es einfacher. Man beginne am Dreikönigsportal. Wenn man in St. Sebald dann geradeaus gehend dahin kommt, wo das Gestühl aufhört („da ungefehrlich die Stuele ein Ende haben"), wäre das die Stelle, wo Christus nach der Kreuzabnahme lag. Geht man von dort in St. Sebald zum Katharinen-Chor (also nach Westen), so schlösse sich dort die Grabrotunde an, die man sich wie die nachgebaute Grabeskirche in Eichstätt vorstellen wolle. Dann geht es durch das nördliche Seitenschiff zum Ostchor. Um Jesu Rock gewürfelt worden wäre in St. Sebald beim Sakramentshäuschen; die Dornenkrone aufgesetzt worden wäre ihm in St. Sebald zwischen Peters-Altar und Stefans-Altar, und gekreuzigt worden wäre er beim Dreikönigsportal mit Blickrichtung Schule. Und so weiter.

Bei all dem weiß Tucher sehr wohl, daß die Sebaldskirche der Grabeskirche „nicht gantz gleich" ist, „dann sie ist länger unnd mag auch ein wenig breyter sein" (was wiederum nur auf die Größe und nicht auf die Gestalt geht). Im Unterschied zu Tuchers konkreter Veranschaulichung wird es sein Reisebegleiter und Landsmann Sebald Rieter bei einer Liste genauester Maße bewenden lassen. Die eminente Bedeutung von Maß und Zahl bei der Beschreibung der Heiligen Stätten ist bei ihm noch deutlicher als in Pilgerberichten ohnehin schon: Architektur völlig aufgelöst in Einzelmaße, sozusagen ein Heilig Grab-Bausatz, um die Szenerie der Heilsgeschichte zu Hause nachzubauen, und doch kein Ganzes.

Wie weit dieses Bedürfnis nach Anschauung und Aneignung gehen und welche persönliche Färbung es annehmen konnte, das zeigt, seltsam und anziehend zugleich, das Vorgehen des Florentiners Giorgio Gucci, als er 1384 die Stätten der Heilsgeschichte inspizierte. Dieser Florentiner (ein Mann von einem gewissen politischen Rang: 1379 ist er einer der Prioren, 1383 Gesandter nach Rom) vergleicht jeweils ganze Gelände-Szenarien und bezieht dabei, immer im Maßstab 1:1, Oberflächenrelief und Hangneigung ausdrücklich ein: Beim Berg der Versuchung denke man sich den Hang „so steil wie den von Fiesole", und die Stelle in Bethlehem, wo der Engel dem Joseph erschien, wirkt „fast wie wenn man den Hang von S. Miniato a Monte heruntergeht". Man könnte St. Georg den Drachen töten lassen oben auf dem Hügel von S. Sepolcro, der Turm mit der gefangenen Jungfrau käme dann bei der Porta

S. Friano zu stehen. Oder noch besser: die Stelle auf der Via dolorosa, wo der kreuztragende Christus seiner Mutter begegnet, denke man sich so, als ginge Christus in Florenz die Straße von S. Felice in Piazza, und Maria käme den Hang beim Toscanelli-Brunnen herunter. Eine andere Örtlichkeit wird verglichen mit dem Gelände „bei S. Pietro Gattolini hinter den Öfen, wo man die Erde gräbt" – womit wir abermals (nicht einfach in Florenz, sondern:) in einem begrenzten Stadtbereich oltr'Arno wären.

Heilsgeschichtliche Topographie und florentinische Topographie sind hier also wie zwei Folien übereinander kopiert, ja die Analogien werden auf ein vertrautes Viertel begrenzt – so als übertrüge ein Göttinger das Geländerelief der Heilsgeschichte auf Hainberg, Rohns und Schillerwiese. Auf eine solche Idee würden wir heute schwerlich verfallen, weil uns wissenschaftliche Landeskunde und Wissenschaft gewordene Geschichte einerseits eine begrifflich gefaßte Vorstellung von der Unterschiedlichkeit der Erscheinungen gegeben und damit eine andere Erwartungshaltung anerzogen haben; und weil uns andererseits die Erscheinungen in ihrer Vielfalt, durch Photographien und Medien, *neben*einander anschaulich sind, ja uns täglich neu vor Augen geführt werden. Anders der damalige Pilger: nicht durch ein Begriffssystem wird er fremde Wirklichkeit bei der Beschreibung von Landschaften, Bauwerken usw. erfassen, sondern in höchst persönlicher Typologie durch den Bezug auf Vertrautes einfangen und dingfest machen – darum Vorderer Orient „wie das Mugello", „wie bei Poggibonsi".

Neben der Feststellung von Größen, topographischer Beschaffenheit, Qualitätsstandards usw. dient der Vergleich in solchen Reiseberichten bisweilen auch dem anspruchsvollen Versuch, das Wesen fremder Realität zu kennzeichnen und auf eine vertraute Formel zu bringen. Der Vergleich enthält dann einen höheren Grad an Reflexion, erhebt sich über die Ebene des bloßen Augenscheins und versucht zu vergleichenden Wertungen zu finden, zu Äquivalenzen im eigentlichen Sinn.

Um zur Verdeutlichung ein eher saloppes Beispiel an den Anfang zu stellen: das Gesellschaftsspiel MONOPOLY geht in seinem Spielplan von einer heutigen imaginären Stadt aus, in der die einzelnen Straßen unterschiedliche Wohnqualität haben. Nun wird niemand erwarten, daß bei diesem – international verbreiteten – Spiel die Straßennamen, die die unterschiedliche Wohnlage anzeigen, in jeder Sprache einfach die Übersetzung eines Stereotyps wären. Um bei Deutsch und Italienisch zu bleiben: die billige Turmstraße heißt im italienischen Monopoly nicht Via delle Torri, sondern Vicolo stretto; die gute Wiener Straße heißt Corso Raffaello; die teure Schloßallee schließlich heißt Parco della Vittoria.

Es geht hier eben nicht um Übersetzungen, sondern um sinngemäße Übertragungen, um Entsprechungen, in denen Analogien sozialer, politischer, urbanistischer, ästhetischer Natur sich auf höchst subjektive Weise verbinden und in ihrem Zusammenspiel auch das Atmosphärische kennzeichnen. Und so begreifen wir durchaus, was ein Florentiner Pilger im Syrien des späten 14. Jahrhunderts erfaßt, wenn er uns sagt: *tanto è a dire di là Domasco, quanto a dire a noi di qua Parigi*, „wenn man dort ‚Damaskus' sagt, dann klingt das dort, wie wenn wir hier ‚Paris' sagen"! Dieser Vergleich sagt dem Leser damals, und uns heute, nun wirklich etwas über die Ausstrahlungskraft einer Stadt. Oder: für die ist der Kalif, was für uns der Papst ist – eine Kurzformel, die einen ganzen kirchenpolitischen Exkurs erspart. Oder über die innenpolitische Situation einer Stadt am Rande des Bürgerkriegs, Neapel 1387 mit seiner halbrevolutionären Bewegung der Selbsthilfe erlebt von einem Florentiner, dem das vorkommen wollte wie die Ciompi-Unruhen kurz zuvor in Florenz: eine Situation *al modo de Cionpi* – ein dem Historiker vielleicht nicht ganz einsichtiger, aber für die zeitgenössische Perspektive doch recht aussagekräftiger Vergleich, auch wenn das (hier und in anderen zitierten Fällen) eher den Charakter einer spontanen Assoziation ohne belehrende Absicht hat und (ähnlich dem „Das ist ja die reinste Räte-Republik!") wieder mehr über die Urteilsweise einer Zeit aussagt als über die faktische Situation.

Ein Vergleich muß nicht notwendig auf eine Gleichsetzung hinauslaufen, und der wertende Vergleich schon gar nicht. Wenn der Mailänder Domherr Pietro Casola, ein Greis von grimmiger Urteilslust, durch die Lande reist wie auf seiner Jerusalemfahrt 1494, so hinterläßt er eine dichte Spur von wertenden Vergleichen: in Brescia schöne Bürgerhäuser sozusagen wie Mailand *(ita che me pariva veder quasi Milano)*, doch die Kathedrale, *a comparatione de la citade*, hält diesen Rang nicht. In Verona die Kirchen, auch die der Bettelorden, üppiger *(più sumptuose)* ausgestattet als in Mailand, die Stadt gut versorgt *(abundante)*, aber nicht so wie Brescia. Vicenza recht schön, aber nicht so wie Verona. Padua irgendwie nicht so ansehnlich wie die vorigen Städte, die Architektur nicht so wie man es beim Namen Padua erwartet hätte (daß Namen Vorstellungen evozieren, hier wird es ausdrücklich gesagt). Venedig unvergleichlich, so etwas wie den Dogenpalast gibt es nirgends, auch in Rom nicht, dazu die Unmenge großer Paläste zu 100000 duc., 50000 duc., 30000 duc. (man beachte die Klassifikation!), noch die entlegenste Pfarrkirche ist hier besser ausgestattet *(ornata)* als die herausgeputzteste *(forbita)* in Mailand; bei gesellschaftlichen Anlässen wird in Mailand der Magen bedient, hier in Venedig das Auge, usw. usf. – sozusagen die impressionistische Länderkunde eines kompetenten Beobachters, mit Vergleichen nicht zur „Bewältigung fremder Wirklichkeit" (das hatte er nicht nötig), sondern aus dem zwanghaften Bedürfnis, zu allem und jedem sein persönliches Urteil abzugeben, durch das Mittel des Kontrastes zuzuspitzen und die

Dinge in eine Rangordnung zu bringen. Doch ist das weit entfernt von dem unterscheidenden Vergleich der Art, wie ihn Plinius bei der Beschreibung von Kunstwerken gebraucht: die Statue des X wird noch übertroffen von der Statue des Y – der Vergleich gewissermaßen eine agonale Gegenüberstellung innerhalb eines zeit- und raumübergreifenden Wertungssystems, wie es das Mittelalter für solche Bereiche nicht kannte. Und was mag Casola vor Augen gehabt haben, als er bei seiner Besichtigung von Rhodos „ein Stück Rom" zu sehen glaubte *(me pariva vedere un pezo de Roma)*, und zwar in lobender Absicht, was für das Rom des Quattrocento noch durchaus nicht selbstverständlich war.

In den vorgenannten Fällen ist meist klar gesagt oder doch erkennbar, was durch den Vergleich veranschaulicht werden soll: die Größe, die Ausdehnung, die topographische Zuordnung, die Bedeutung, der Wert usw. In anderen Fällen ist das nicht ebenso deutlich ausgesprochen, sondern wird – mit einem bloßen „so: wie" – in der Schwebe gelassen, so daß wir das *tertium comparationis* (über das sich der Autor mit dem Leser damals offensichtlich im Einverständnis glaubte) unsererseits erschließen müssen.

Wenn ein Ludolf von Sudheim auf seiner Orientreise um 1340 den Libanon, „sehr lang und an manchen Stellen sehr hoch", dem heimatlichen Teutoburger Wald „in allem ähnlich" findet und den Berg Tabor, „isoliert in einer Ebene und sehr hoch", dem Desenberg bei Paderborn „in allem sehr ähnlich", dann wird er am ehesten die Gestalt gemeint haben. Worin aber mag er „große Ähnlichkeit" gesehen haben, als er das Innere der Grabeskirche in Jerusalem mit dem Inneren des Doms von Münster in Westfalen verglich, *intus est multum similis et specialiter in choro*? Ob er auch die Grabeskirche (Anastasis-Rotunde im Westen plus Kapellenumgangschor im Osten) als einen doppelchörigen Bau empfand? Oder sollte einfach ein diffuser Gesamteindruck gemeint sein?

Andere sind, wo sie beim Vergleich nicht die Größe meinen, schon expliziter: der Parthenon in Athen ist so groß wie die Kathedrale von Capua, die Propyläen sind nicht so groß, aber so schön wie das Brückentor von Capua was Material und Verarbeitung angeht, urteilt Niccolò Martoni bei seinem Athen-Aufenthalt 1395: *de lapidibus marmoreis pulcris laboribus fabricatus sic pulcer sicut est introytus turrium civitatis Capue*, „aus Marmorsteinen in schöner Arbeit errichtet und so schön wie das Brückentor von Capua". Und schon das ist anrührend: Friedrichs II. Brückentor nicht hochstilisiert in kaiserlicher Hofrhetorik, sondern Maßstab, Wertmaßstab für einen kleinen campanischen Notar! Allein schon die ansehnlichen, weißen, gut geschnittenen Quadern werden ihn zu diesem Vergleich angestiftet haben, sehen wir doch auch sonst in mittelalterlichen Schriftquellen, daß *lapis marmoreus* oder *lapis quadratus* vorzugsweise das bewunderte antike Quaderwerk bezeichnete, womög-

lich auch die Spolie, und geradezu in anklagendem Kontrast zur Mauer-
werkstechnik der eigenen Zeit: *murus in quadris lapidibus, modernorum
parcitatem accusans*, wie es die Chronik der Grafen von Anjou im 12. Jahrhundert ausdrückt: „Quadermauer, die die Kleinlichkeit der Heutigen
denunziert".

Ob bei der Beschreibung von Bauwerken der Vergleich nur die Größe
meint oder auch die Gestalt einbezieht, ist oft nicht ersichtlich und darum der eigentlich kritische Punkt unseres Themas. Wenn es im 11. Jahrhundert vom Dom von Bremen heißt, er sei zunächst *ad formam* oder *ad
instar* des Kölner Doms begonnen und dann *ad exemplum* des Beneventa-
ner Doms weitergebaut worden, dann wird sich das zweifellos nicht
allein auf die Größe bezogen haben und würde uns von den Bauleuten
vermutlich kompetent erläutert worden sein (auch wenn wir den Vergleich vielleicht nicht hätten nachvollziehen können); denn selbstverständlich war man, wie speziellere Beschreibungen zeigen, grundsätzlich
in der Lage, im Vergleich zweier Bauwerke Übereinstimmungen und
Unterschiede zu artikulieren. Aber nicht um die Verständigung zwischen Fachleuten geht es hier, sondern um Reiseberichte, die es meist bei
einem vagen Gesamteindruck belassen, und bei denen es für den Vergleich bisweilen genügt zu haben scheint, daß auch diese Kirche zwei
Türme und denselben Heiligen hatte.

Um so willkommener, wenn dieser Gesamteindruck dann einmal in
seine Bestandteile zerlegt und ausdrücklich Bezug nicht nur auf die Grös-
se genommen wird: „L'eglise du Sainct Sepulchre de Nostre Saulveur
Jesuchrist est grande come l'eglise Sainct Germain des Prés lés Paris au
plus; mais elle est moult differente en façon et situation aux eglises d'Occident", schreibt ein französischer Pilgerreisender 1480: die Grabeskirche
ist ungefähr so groß wie St-Germain-des-Prés, sieht aber ganz anders aus
als abendländische Kirchen. Und sein Landsmann und Begleiter Pierre
Barbatre: „L'église du Sainct Sepulchre est plus grande que Sainct Hilde-
vert de Gournay, voire que Sainct Germain des Pres a Paris, mais est
d'autre fasson". Auf die „fasson", auf die Gestalt, nimmt Barbatre auch
sonst Bezug: S. Marco in Venedig wird als Zentralbau beschrieben und
überhaupt „point de la fasson de celles de France", auf Kreta sieht er eine
Kirche „en la fasson de sainct Marc de Venize". Das Einbeziehen der
Gestalt war naheliegend für einen Reisenden, der so viel kennerischen
Blick für alles Architektonische beweist. Wo andere von Kirchen nur
gerade zu sagen wissen, sie seien sehr groß oder sehr schön, begreift und
beschreibt Barbatre das eigentümliche Detail: wie die Apsis eingewölbt
ist, wie hell die Chorpartie wirkt, ob die Stützen Pfeiler sind oder Säulen, ob die Ausmalung der Erwähnung wert ist.

Wir kommen damit endlich zu einer Kategorie, von der wir in besonderer Weise erwarten, daß sie an fremder Wirklichkeit wahrgenommen

und „vor Augen geführt" werde: eben die Gestalt – und rühren dabei an einen Punkt, der für mittelalterliche Aussagen ganz besonders kennzeichnend ist, und in dem sie sich, bei der Beschreibung von Sakralbauten, von unserer Sicht der Dinge grundlegend unterscheiden. Wie auch die aufgeführten Beispiele gezeigt haben, ist in solchen Beschreibungen und Vergleichen vor allem von der Größe und vom Material die Rede, aber kaum je von Grundriß und Aufriß; von den liturgischen Funktionen, von der Abfolge der Altäre, aber kaum je von der Gestalt der Kirche. Anders als wir sind diese Autoren – zumal als Pilger an heiliger Stätte – weder willens noch fähig, von der Funktion des Bauwerks und der Bedeutung seiner Teile abzusehen: was sie als Gestalt wahrnehmen, löst sich ihnen in Gehalt auf und weist über die bloße Form hinaus. Da ihr Zugang ein anderer ist, bleibt für uns oft einfach unerfindlich, was denn da überhaupt verglichen werden soll. „Die einzige Schlußfolgerung, die sich aus dieser Beobachtung ergibt, ist offenbar die, daß die Vorstellungen des Mittelalters über das, was ein Bauwerk einem anderen vergleichbar macht, sich von unseren heutigen unterscheiden. Man hatte im Mittelalter offenbar Tertia comparationis, die mit den heute uns vertrauten gänzlich unvereinbar sind".

Diese Thematik ist von Richard Krautheimer in einem frühen Aufsatz „Introduction to an ‚Iconography of Mediaeval Architecture'" eindringlich untersucht worden, gewissermaßen mit Hilfe einer anderen, spezifisch kunsthistorischen, noch genauer messenden Versuchsanordnung: durch den Vergleich der zahlreichen architektonischen Kopien der Grabeskirche untereinander und mit dem Prototyp in Jerusalem. Ein solcher Vergleich läßt, da die Abweichungen vom Vorbild und untereinander für unsere Augen erheblich sind, besonders deutlich zutage treten, was offensichtlich als (im eigentlichen Sinne) wesentlich galt und was als unwesentlich; wie selektiv die Gestalt wahrgenommen wurde, und was alles anders gestaltet und weggelassen werden konnte, ohne daß die empfundene Ähnlichkeit anscheinend schon abhanden gekommen wäre: „Offenbar wurde eine architektonische Form nicht so sehr um ihrer selbst willen als vielmehr wegen ihres Bedeutungszusammenhangs nachgeahmt; ... erwartete der mittelalterliche Betrachter, in einer Kopie lediglich Teile des Vorbilds vorzufinden, jedoch keineswegs alle".

Da genügte beim Grundriß, daß er nicht rechteckig war; bei den Stützen, daß eine Zahl stimmte (acht *oder* zwölf: das Vorbild hatte 8 Pfeiler *und* 12 Säulen!). Hingegen scheinen Elemente, die wir als konstituierend mitsähen (Umgang, Empore, Kapellenzahl, Stützenwechsel) notfalls entbehrlich: „Das Vorbild bietet ein Repertorium identifizierender Elemente dar, aus denen nur wenige ausgewählt werden mußten; bei anderen stand es frei, sie zu verwenden". Das Ganze wurde gewissermaßen in seine einzelnen Elemente zerlegt, ja in einzelne Maße (die Länge des

Grabes, der Radius des Säulenkranzes u. ä.), und in solcher Stückelung transferiert. In neuer Zusammensetzung mußte das dann wiederum ein anderes Ganzes ergeben, und war dennoch ein „Heiliges Grab". Diese Einstellung gegenüber dem Bauwerk wird sich im Spätmittelalter wandeln, ohne sich doch schon der modernen Auffassung zu nähern, die „mit all ihrer Präzision und ihrer Tendenz zu absolut getreuer Wiedergabe genau das Element [vernachlässigen wird], das im Mittelalter Relevanz besaß: die inhaltliche Aussage und Bedeutung eines Bauwerks". Zugleich wird das Unvermögen deutlich, geometrische Körper angemessen zu beschreiben und dabei Begriff und Anschauung zur Deckung zu bringen. Und was da nicht alles als „rund" bezeichnet wird: rund und polygonal wird ohnehin kaum unterschieden, ja „man könnte fast sagen, daß für mittelalterliche Augen alles, was mehr als vier Seiten hatte, annähernd ein Kreis war".

Und so erinnert den Florentiner alles, was nicht gerade von rechteckigem Grundriß ist, an sein Florentiner Baptisterium. Römern genügt der Hinweis auf das Pantheon, um sich untereinander sogleich verständlich zu machen: *ad modum Sancte Marie Rotunde de Urbe*, „nach Art des Pantheon", sei der Tempel oben in Palestrina gestaltet, sagen bereits die Colonna-Kardinäle in ihrer Klageschrift gegen Bonifaz VIII., und der Palast dort sei halbrund, weil von Caesar „in Form seines Anfangsbuchstabens" erbaut, *ad modum unius C propter primam litteram nominis sui!* Daß dann aber bereits im 15. Jahrhundert Beobachter genauer hinzusehen und angemessen zu beschreiben verstanden, wird noch zu zeigen sein.

Freilich ist, wenn uns Beschreibung oder Vergleich befremden, nicht einfach alles der anderen Sehweise früherer Zeiten zuzuschreiben. Sieht man einmal von der spezifischen Befähigung des jeweiligen Beobachters ab (auch heute gibt es ja Menschen, die zwar sämtliche Organe sonst, aber offensichtlich keine Augen haben), so trägt schon das Verfahren des Vergleichs selbst eine eigene Problematik in sich. Wo Unvergleichliches vergleichbar gemacht werden muß, liegt die Schwierigkeit vor allem darin, daß nicht ein Ganzes verglichen werden kann, sondern nur Teile, die dann aber zusammengestückt nicht wieder ein Ganzes ergeben. Man versuche doch einmal, jemandem, der ein solches Tier noch nie gesehen hat, mit Hilfe des Vergleichs einen Elefanten zu beschreiben! Da muß dann nicht nur das Wort, da muß gewissermaßen auch die Sache „übersetzt" werden. Da der Elefant als Ganzes unvergleichlich ist, könnte man sagen: vorn wie eine Schlange (der Rüssel), in der Mitte wie ein Ochse (der Leib), hinten wie ein Schwein (der Schwanz). Doch wenn man das addiert, kommt noch lange kein Elefant heraus, allenfalls eine Chimäre (und da wird einem flugs nachgewiesen werden, aus welchem klassischem Autor man das abgeschrieben hat). Und so versteht man die Verzweiflung mittelalterlicher Reisender, die aus dem Fernen Osten zurückkamen und nun erfahren mußten, daß man ihnen (etwa einem Marco Polo, dem Illustratoren Fabelwesen in seinen Bericht malen werden, von denen er selbst gar nichts geschrieben hatte!) das Unerhörte nicht abnehmen wollte: „die Wirklichkeit, nicht das Phantastisch-Monströse übersteigt das Fassungsvermögen"! (J. Fried).

Wenn wir unsere drei Florentiner in Kairo nebeneinander vor derselben Giraffe stehen sehen, wird es auch nicht besser. Auf den einen wirkt sie wie ein Kamel, auf den andern wie ein Vogel Strauß ohne Federn; der eine sieht den Schwanz wie den einer Ziege, der andere eher wie einen Pferdeschwanz; Hörner hat die Giraffe für den einen wie ein junges Reh, für den andern wie ein Hammel. Eine Autopsie von erfrischender Subjektivität abseits aller Autoritätsgläubigkeit. Aber das Ergebnis ist entsprechend disparat. Auf Autoritäten kann man sich verständigen, auf persönliche Eindrücke nicht. Dieselbe Vergleichsmethode ermöglicht eben treffende Kennzeichnungen (der Elefant hat eine Unterlippe wie ein Stör, Ohren wie Fledermausflügel und groß wie Setzschilde, eine Rüsselspitze wie die Mundöffnungen von Neunaugen) und führt doch, wenn von verschiedenen Beobachtern angewendet, zu verblüffend subjektiven Unterschieden. Das wäre wohl auch heute nicht viel anders. Die spezifisch mittelalterliche Problematik ist nicht so sehr, den angemessenen Vergleich zu finden, sondern: auf den Vergleich angewiesen zu sein.

Da man bei Bauwerken das Ganze (den Baukörper, die Gestalt, die Silhouette) nicht durch Begriff („Kreuzkuppelkirche", „Staffelbasilika") oder Vergleich spezifisch zu beschreiben verstand, mußte man sich damit begnügen, einen vagen Gesamteindruck zu vermitteln, der gar nichts anderes sein kann als ein Eindruck von der Dimension, vom Volumen, von der Baumasse. Unsere Reisenden mußten ja nicht nur ohne eine allgemein verbindliche Fachsprache auskommen (die ja, wenn spezieller, auch heute vom durchschnittlichen Beobachter nicht beherrscht wird), sondern auch ohne die Hilfe der Illustration von photographischer Glaubwürdigkeit. „Ich könnte Euch das nicht anders als durch eine Abbildung recht anschaulich machen", schreibt resigniert Wilhelm von Rubruk; und so wird er, faute de mieux und doch zu unserem Glück, eben zu verbaler Darstellung greifen müssen, die seiner Sprachbeherrschung auch gelingt. Der Pilger Konrad von Grünemberg hingegen wird unterwegs immer wieder zu seinem Skizzenbuch greifen: „Wie das gegenwärtig aussieht, habe ich auch abgezeichnet" – und dieser Verweis auf die beigefügten Illustrationen enthebt ihn umständlicher Beschreibung. Illustrationen von Pilgerreiseberichten können damals bereits von beachtlicher Wiedergabetreue sein. Doch im allgemeinen erweist sich mittelalterliche Abbildung von einzelnen Bauwerken oder ganzen Städten bekanntlich als ebenso eigenwillig und selektiv wie Architekturkopie und Architekturbeschreibung, und gewinnt erst im Laufe des 15. Jahrhunderts an getreuer Wiedergabe des Ganzen.

Aber lassen wir noch einmal Pilger von einem gewissen Anspruch vor die Grabeskirche treten und uns mit dem Verfahren des Vergleichs mitteilen, was sie sehen. Es sind drei Italiener aus der zweiten Hälfte des 15. Jahrhunderts: der Paduaner Gabriele Capodilista (1458) und die beiden Mailänder Santo Brasca (1480) und Pietro Casola (1494).

Sie können nicht einfach mit heutiger Fachsprache sagen (und ein Nicht-Kunsthistoriker würde das ja heute auch nicht unbedingt tun): „Anastasis-Rotunde: außen polygonaler, innen kreisrunder Zentralbau, Kranz von 20 Stützen, davon 8 Pfeiler in den Hauptachsen, je 3 Säulen in den Diagonalachsen; flach gedeckter Umgang mit 3 Absidiolen in den Außenmauern . . .“ usw. Stattdessen werden sie sich wieder mit dem Vergleich behelfen und ein vertrautes Bauwerk heranziehen, dabei aber nun auch genauer angeben, was denn das *tertium comparationis* sei.

Capodilista erläutert den Adressaten seines Berichts, den Nonnen von S. Bernardino in Padua, die Grabeskirche anhand des heimatlichen *Santo,* der gewaltigen Antonius-Basilika, und anderes blieb ihm da wohl auch gar nicht übrig: *. . . et simiglasse molto a la chesia de Santo Antonio nostro de Padoa.* Inwiefern? „Der Chor hat einen Umgang mit Kapellenkranz wie S. Antonio in Padua und S. Francesco in Bologna“, *el choro à uno andito intorno ch'el circunda cum alchune capelle come è in la predicta chesia di Santo Antonio da Padoa et a Santo Francesco in Bologna.* Das ist zwar entfernt korrekt, als Vergleichsmoment aber etwas dürftig. Daneben mag, unausgesprochen, schon die Kuppel, ja die Vielzahl von Kuppeln, die in der Illustration seiner Handschrift denn auch alle kräftig hervortreten, den Paduaner an seinen *Santo* erinnert haben: „Das Dach besteht fast ganz aus Kuppeln, und über dem Hl. Grab ist eine besonders große“. Und dann wieder der Vergleich als Mittel bloßer Lokalisierung: „Das Grab des Herrn liegt vor [nämlich westlich] dem Chor inmitten der Kirche, wie wenn es in S. Antonio vor dem Kruzifix läge, das über dem Zugang zum Chor ist“. Gerade wenn die Beziehung zwischen Autor und gedachtem Leser eine sehr persönliche ist wie in diesem Fall, geht in solche lokalen Vergleiche natürlich auch Atmosphärisches ein, das wir nicht nachvollziehen können: so wenn Capodilista eine Stelle in der Grabeskirche mit einer ähnlich gestalteten Stelle in S. Giustina in Padua vergleicht; oder wenn sich ein anderer bei der Geburtsgrotte in Bethlehem an die Krypta unter dem Hauptaltar von S. Dionigio in Mailand erinnert fühlt.

Oder der junge Mailänder Santo Brasca 1480, wenn er für einen hohen Beamten daheim (der wegen beruflicher Unabkömmlichkeit die Pilgerfahrt selbst nicht machen konnte) die Grabeskirche beschreibt. Das ist ohne Vergleich einfach nicht zu bewältigen, in diesem Fall – jedem sein

heimatlicher Kuppelvergleich – ist S. Lorenzo Maggiore in Mailand zur
Hand. Einem heutigen Kunsthistoriker wird vermutlich nicht ins Auge
springen, daß die Grabeskirche „unserer Kirche S. Lorenzo in Mailand
sehr ähnelt", *simigliasse molto a la nostra chiesia di S. Lorenzo a Milano*,
denn hier wird Einfaches mit Komplexem verglichen: der schlichte run-
de Zentralbau der Anastasisrotunde verglichen mit einer „Doppelscha-
lenkonstruktion, deren Kern die Form des Außenbaus mit seinen vier
kreissegmentförmigen Exedren wiederholt" (Brenk),eben ein kompli-
ziertes Raumgebilde mit ausbuchtenden Wänden und kurvig ausschwin-
genden Stützenreihen.

Was mag denn dann für unsern Pilger der eigentliche Bezugspunkt
sein? Er sagt es uns expliziter und beredter als andere. Erstens ist der Bau
„rund", *è fatto in tondo como San Lorenzo*. Zweitens hat der Bau „Umgän-
ge ringsum unten und oben", *porteci intorno de sotto et di sopra*, nämlich
Säulenstellungen übereinander, *con le columne di sotto et sopra como a San
Lorenzo*. Endlich habe auch die Grabeskirche „einige Kapellen hinter
dem Chor", *alcune capelle drieto al choro* (darin würden wir schwerlich ein
Vergleichsmoment mit S. Lorenzo sehen), sowie eine weitere, die Ma-
rienkapelle (nördlich an die Anastasis-Rotunde anschließend) „in der
Tiefe der Kirche", *in cavo de la chiesia como quela de Sancto Aquilino*, also
wie der oktogonale Annexbau S. Aquilino, womit – sehr kennzeichnend
– wohl nur die Lage zum Hauptbau und die Zugänglichkeit von dort
verglichen werden soll. Die Kuppel bedecke, anders als bei S. Lorenzo,
nicht das Ganze, sondern „nur den Teil vor dem Chor", *solamente la parte
che è denante al choro*, also die Anastasis-Rotunde; eine riesige Öffnung
oben in der Kuppel *como a Sancta Maria Rotonda a Roma* gebe dem rings
von den Häusern der Moslems eingeschlossenen Bau das einzige Licht.
Zur Lokalisierung des Grabes inmitten der Rotunde, „vor dem Chor,
. . . direkt unter dem Loch in der Kuppel", wird es wieder ganz mailän-
disch: dort, wo nach ambrosianischem Ritus vor der Messe zum Patro-
natsfest des Märtyrers „in S. Lorenzo die Wergflocke verbrannt wird",
dort liege das Grab.

Auch einem anderen Mailänder, dem betagten Domherrn Pietro Casola (1494), kommt beim Betreten der Grabrotunde dieser Vergleich. Die
Kuppel gleiche auf den ersten Blick der des Pantheon in Rom, weil eher
flach *(alquanto abassa)* und gegliedert *(lavorata)* und mit der Öffnung in
der Mitte. Bei näherem Zusehen *(prima facie – più considerando)* aber sei
sie doch wie die von S. Lorenzo Maggiore in Mailand, denn es gebe
einen Umgang unten und darüber noch einen weiteren. An zwei Pila-
stern unten seien noch Spuren früherer Marmorinkrustation zu erkennen
– und so geht es weiter mit genauesten Beobachtungen. Casola gibt
Vergleiche zur Veranschaulichung, ist für seine Person aber sichtlich
nicht darauf angewiesen, so präzise beschreibt er Grundriß (in den Ach-

sen zwei Pfeilerpaare, dazwischen je drei Säulen) und Aufriß (Empore mit einfachem Stützenwechsel). Auch sonst zeigt er kennerischen Blick für alles Architektonische, vergleicht etwa die Euphrasius-Basilika in Parenzo/Poreč mit S. Ambrogio in Mailand und römischen Basiliken ausdrücklich unter Hinweis auf das vorgelagerte Atrium. Zur Grabeskirche macht dieser Mailänder im übrigen die maliziöse Bemerkung, er habe erst einmal abgewartet, bis sich das Gerenne der Pilger von nördlich der Alpen gelegt habe *(vedendo che l'era calata la furia de li ultramontani)*. Tatsächlich wird man in deutschen Pilgerreiseberichten solche Beobachtungen zur Architektur der Grabeskirche schwerlich finden: da ist alles ungeteilte Andacht und zählbarer Ablaß.

Was diese schlichten Architekturbeschreibungen (Casola ist untypisch) schwierig und zugleich anziehend macht, ist die Tatsache, daß die gewöhnlichen Reisenden dazu in der Regel nicht über den Blick und über die Sprache verfügen (was natürlich auch für viele Reisende unserer Zeit gilt; aber es geht hier darum, auf welche zeitspezifische Weise das Unvermögen gemeistert wird). Nicht über die Sprache, und schon gar nicht über eine genormte fachliche Begriffssprache; sie haben auch keinen Dehio zur Hand, keinen Pevsner und keine Pelican History of Art, und sie bleiben weit unter der Beobachtungshöhe eines Leon Battista Alberti oder Lorenzo Ghiberti, die ja schließlich ihre Zeitgenossen waren und durch Ausbildung von Kategorien und durch wachsendes Bewußtsein historischer Entwicklung erste Grundlagen der Kunstgeschichtsschreibung legten.

Unsere Reisenden beschreiben ohne fachlichen Begriffsapparat einfach das, was vor Augen ist – und geben uns so die Chance, zu erkennen, *was* ihnen denn vor Augen ist; was ihnen, die auf Bedeutungen aus sind, für „wesentlich" gilt; und was ihre Beobachtungsmuster sind. Sie reduzieren das Gesehene nicht systematisch auf Fachbegriffe, sondern selektiv auf elementare Beobachtungen innerhalb eines sehr begrenzten Formen-Reservoirs. Daß auch dieses Vorgehen seine eigene Sprache haben kann, ist nicht zu verkennen. Aber es ist keine Fachsprache.

Was das bedeutet, und wie sehr die Optik des naiven Betrachters einerseits und des begrifflich hochgerüsteten Gelehrten andrerseits in Ansätzen damals schon auseinandertreten kann, sei in einem letzten Schritt an einem Kontrastbeispiel vor Augen geführt. Lassen wir, im Sinne unserer Versuchsanordnung, zwei verschieden ausgerüstete Beobachter derselben Zeit vor dasselbe Bauwerk treten: vor ein römisches Amphitheater.

Der eine ist ein Mann von südlich der Alpen, Humanist, der Veroneser Notar Pietro Avogaro, der um das Jahr 1493 das Amphitheater beschreibt, mit dem er sozusagen aufgewachsen war; der andere ein Mann von nördlich der Alpen, ohne antiquarische Bildung, der Luzerner Ratsherr Hans Schürpf, der 1497 auf seiner Jerusalemfahrt das Amphitheater von Pula sieht. Ein solcher Anblick war ihm noch nicht zugestoßen, und bei bestem Willen (schließlich war Schürpf zeitweilig Stadtbaumeister) wollte es ihm nur unter Aufbietung allen Wortvorrats gelingen, diesen befremdlichen Eindruck mit Hilfe des Vergleichs für sich erinnerlich und für andere begreiflich zu machen.

Wir können heute davon ausgehen, daß beim bloßen Begriff „Amphitheater" unserem Gesprächspartner sogleich folgendes vor Augen ist: Bauwerk mit elliptischem Grundriß, außen mehrere Bogenstellungen übereinander, im Innern ringsum Sitzstufen, die sich zur Mitte hin absenken. Und auch jener Veroneser Humanist durfte (nur bei seinem humanistischen Leserkreis natürlich) bereits ein solches antiquarisches Grundwissen voraussetzen und gleich zum Eigentümlichen übergehen, weil er das Genus bereits durch den Begriff veranschaulicht wußte.

Anders der Schweizer Ratsherr. Bei ihm und seinen Lesern ist nichts dergleichen vorauszusetzen, er muß beim Nullpunkt beginnen – und so wird er sich in unbeholfenen, aber eigenen Worten an die schwierige Aufgabe machen, Anschauung in Sprache umzusetzen. Um so besser für uns: wie formuliert sein (mit archäologischer Fachsprache noch unvertrauter) Mund, was sein (antiquarisch noch ungeschultes) Auge wahrnimmt?

Während der Humanist, aus intimer Kenntnis der Fachschriftsteller Vitruv und Plinius, mit Fachbegriffen (*cavea, cryptoporticus* usw.) nur so um sich wirft und sich so über architektonische Details leicht mit seinesgleichen verständigt, muß der Luzerner umständlicher vorgehen. Zunächst wird er uns mitteilen, daß dieser „Palast Karls des Großen" ganz rund ist – dem Humanisten genügt für die Kennzeichnung der Grundgestalt erst einmal das bloße Stichwort „Amphitheater". Nun der Aufriß: wie beschreibt man Arkaden in mehreren Geschossen übereinander? Schürpf macht es ganz additiv: es stehe unten ganz auf Rundbögen, „statt under gantz uff schwibogen, sind vast hoch und stark; und uff denselben schwibogen aber vast starck schwibogen ze ringumb; und daruff aber groß und starck und hoch schwibogen, so das es dryer gmachen hoch ist von schwibogen, wol als hoch alß kein huß in Lucern". Also maß-los, wenn man es, wie dieser Luzerner, an bürgerlicher Wohnarchitektur mißt und nicht an höfischer Palastarchitektur: die Vergleichsmaßstäbe nördlich und südlich der Alpen sind damals eben noch durchaus verschieden!

Nun die Größe. Der Humanist nimmt, neben der Angabe in absoluten Zahlen, bereits eine Norm zu Hilfe, mit der wir uns auch heute am leichtesten über die Größe von Amphitheatern verständigen: das Fassungsvermögen (15 000, 20 000, 25 000 Zuschauer, hier freilich mit grotesker Fehlschätzung). Der Luzerner Pilger hingegen übersetzt lieber in

Größenordnungen der Innerschweizer Wirklichkeit: das Bauwerk sei so weit, daß ein Mäher das wohl nicht in einem Tag abmähen könnte, wenn es inwendig voll Gras stünde. Dann die Funktion. Der Humanist muß darüber keine Worte verlieren, sie liegt bereits im Begriff „Amphitheater" beschlossen. Für den Luzerner, dem all solche Begriffe und Kenntnisse abgehen, war das ein Turnierplatz im Hof eines großen Palastgebäudes, und folgerichtig dachte er sich das Innere ursprünglich besetzt mit hölzernen Tribünen, wie er sie bei Turnierplätzen nördlich der Alpen gesehen haben mochte.

Während für den Humanisten die Frage nach der Datierung des Bauwerks eine wichtige Rolle spielt (wenn auch aus lokalpatriotischen Gründen und mit falschem Ergebnis), ist diese Frage für den Luzerner unerheblich. Die Nennung Karls des Großen meint natürlich keine Datierung „2. Hälfte 8. Jahrhundert", sondern bringt, der Lokaltradition folgend, einfach einen der großen Stifterheroen ins Spiel, mit deren Namen man sich so manches befremdlich Monumentale erklären konnte, ohne auch nur Geschichte und Mythos voneinander scheiden zu müssen. Es hätte auch Caesar sein dürfen. Aber nach dem Namen des Architekten zu fragen wäre, anders als dem Humanisten, dem Luzerner bei einem solch seltsamen Bauwerk nicht in den Sinn gekommen. Bezeichnend ist für diesen Beobachter – wie für viele seinesgleichen – ganz allgemein, daß das, was nicht begriffen wird, nun nicht etwa offen gehalten wird (für das Bekenntnis des Nichtwissens oder für spätere Erkundung), sondern sogleich aufgefüllt mit Mythischem, mit *interpretatio christiana* usw., auf daß wieder ein Ganzes daraus werde. Mirabilien auf Dauer niederzuhalten erfordert viel und gelingt im 15. Jahrhundert noch nicht immer.

Natürlich ist uns der Humanist der Vertrautere: in seiner Auffassung, in seiner Gedankenfolge erkennen wir uns wieder. Aber tun wir darüber dem anderen nicht Unrecht mit seiner Tugend des naiven Hinsehens, der undressierten Neugier, des schlichten Beschreibens! Verkennen wir nicht, daß Anschaulichkeit aus persönlicher Erfahrung, daß prägnantes Erfassen diesseitiger Dinge aus ungeniert subjektiver Perspektive (wie sie uns in Reiseberichten aus dem Kreis der Bettelorden mit ihrer Weltnähe und Sprachbeherrschung entgegentritt) ihre eigene Würde haben und einen unerhörten, geradezu modern anmutenden Realitätsbezug. Auch diese Sehweise führt in die Zukunft. Wie farblos und bequem wirken dagegen oft Beschreibungen aus der Feder von Humanisten (und zumal solchen vom Mittelmaß eines Avogaro), denen ihre Gelehrsamkeit und die Abbreviaturen einer Fachsprache bisweilen das Selber-Hinsehen ersetzen. Unser Humanist weiß viel, aber er sieht wenig – und das hat er mit so manchen Humanisten gemein, deren Zugang auch zu den antiken Monumenten nicht über die eigenen Augen, sondern über die antiken Autoren geht. Auch unser Humanist schreibt, neuen Autoritäten anheimfallend, stellenweise einfach wörtlich aus Plinius ab, auch Unpassendes; und das hat ja wissenschaftliche Literatur manchmal auch heute noch so an sich.

Ausgebildete Begrifflichkeit kann eben auch Verarmung bewirken. Für die weitere Durchdringung der Welt, für die weitere Entwicklung wissenschaftlicher Erkenntnis gehört beides komplementär zusammen: gelehrtes Wissen und unbefangenes, staunendes Sehen; Begriff und Anschauung; jener Humanist und jener ungelehrte, aber wache Beobachter. Die großen Gelehrten der Zeit wußten längst, daß es mit dem unkritischen Ausschreiben von Autoritäten nicht getan war. Wenn unser naiver Reisender ohne Kenntnis von Autoritäten einfach seine Empfänglichkeit aussprach, so war das eine Not, die auch ihre Tugend hatte.

Die Anfänge der Universität im Mittelalter

Der Historiker, den Sie zum Rektor des akademischen Jahres 1985/86 gewählt haben, wird die Institution Universität, der wir alle verpflichtet sind, auf seine Weise zu begreifen versuchen: aus ihrer historischen Entwicklung. In der folgenden Darstellung früher Universitätsgeschichte wird Ihnen manches bekannt vorkommen, auch wo Ähnlichkeit nicht beabsichtigt ist. Denn wo Menschen forschend und lehrend tätig sind, werden sie einander über die Zeiten hinweg wiedererkennen.

Versuchen wir zunächst, in die Fremdheit der Anfänge einen raschen Einstieg zu finden: wir sollten erst einmal den Lehrstoff, die Bildungsverhältnisse des Frühmittelalters vor Augen haben, bevor wir eine neue Zeit darauf loslassen. Was also konnte man (sagen wir: um das Jahr 1000) wissen, was konnte man wissen wollen?

Das Wißbare oder Wissenswerte war zusammengefaßt im Kanon der sogenannten 7 *artes liberales,* wörtlich: 7 „freie Künste", besser: 7 allgemeinbildende Fächer, denn gemeint sind Fächer ohne direkten Bezug zu unerläßlichem Broterwerb oder zu handwerklicher Tätigkeit, eben Fächer, wie sie sich der freie Mann leisten sollte. Sieben, nämlich drei plus vier: zunächst die Grundausbildung in der Dreiheit (*Trivium*) Grammatik, Rhetorik, Dialektik (das heißt: lateinische Sprachkenntnis; Redekunst beziehungsweise Briefstillehre; Logik als formale Denkschulung); sodann die Vierheit (*Quadrivium*) der exakten Wissenschaften Arithmetik, Geometrie, Musik, Astronomie. Den Sinn dieses Kanons, im ganzen mehr Denkschulung als Fachwissen, hat niemand anders als Dorothy Sayers in einem klugen Essay über das Artes-System deutlich gemacht.

In diesem Schema – elementare („triviale") Grundfächer als Vorstufe für exakte Sachfächer – haben wir gewissermaßen schon den Grundriß unserer beiden philosophischen Fakultäten, der (darum früher so genannten) Artisten-Fakultät. Die Rechtswissenschaft wird sich anfangs noch notdürftig im Trivium unterbringen lassen, die Theologie beansprucht sowieso alle Fächer als Trittstufen zu höherer Erkenntnis Gottes. Bleibt nur die Medizin außerhalb dieses Kanons: sie ist zwar *ars*/Kunst, aber nicht *liberalis*/frei, denn sie steht im Verdacht, in erster Linie zum Zwecke des Erwerbs erlernt und ausgeübt zu werden (womit sie sich in guter Gesellschaft befand, denn lange Zeit wird auch die bildende Kunst als Handwerk gelten). Dieser Kanon der 7 *artes liberales* also ist seit der Spätantike das Grundgerüst von Wissenschaft und Unterricht. Das wird lange so bleiben. Doch ließ sich unter diesen alten Etiketten durchaus viel Neues wissen, und Altes auf neue Weise.

Und eben dies wird das Bedürfnis einer neuen Zeit. Etwa seit der Mitte des 11. Jahrhunderts gerät alles in Bewegung. Nach Jahrhunderten der Kontraktion tritt das Abendland in eine expansive Phase ein, treibt die Kreuzzüge aus sich heraus, ändert sein inneres Gefüge. Das bisher so geschlossen wirkende Bild der Gesellschaft faltet sich auseinander, im sozialen Auf und Ab, im regionalen Hin und Her öffnen sich neue Bewegungsrichtungen, die Wirtschaft wächst in neue Dimensionen: eine unerhörte Dynamik erfaßt schlechthin alles und wird uns im Zusammenhang der Erscheinungen auch die Entstehung der Universität begreifen lassen.

Sichtbares Zeichen dafür, daß sich da einiges regt, ist eine rapide Bevölkerungsvermehrung, die zwischen 1000 und 1300 die Bevölkerung Europas auf das Doppelte oder Dreifache treibt. Das scheint uns nicht eben viel, ist aber viel in einer Gesellschaft, die auf 1 ausgesätes Korn (nicht 20, 30, 40 Körner wie heute, sondern:) nur 2 oder 3 oder 4 Körner erntet, die Enge ihres Spielraums also drastisch zu spüren bekommt. Umstritten bleibt, ob diese Bevölkerungsvermehrung nur Symptom oder gar auslösender Faktor dieser neuen Dynamik ist, oder anders: was war Ursache, was Wirkung? Oder sollte sich das vielleicht gar nicht auseinanderdividieren lassen?

Eine rapide Bevölkerungsvermehrung jedenfalls mit all ihren sozialen, rechtlichen, wirtschaftlichen Implikationen. Die Menschheit richtet sich neu in ihren Ressourcen ein. Alte Großgrundherrschaften lösen sich auf und setzen Menschen frei, angesaugt von den wachsenden Städten mit ihren neuen Chancen sozialen Aufstiegs. Alte Städte füllen sich, neue Städte bilden sich: da gibt es nun Hände genug, um neuen Produktionsweisen immer weitere Arbeitsteilung zu ermöglichen und sie immer fernere Märkte finden zu lassen; Köpfe genug, um in der städtischen Gesellschaft ein neues politisches Bewußtsein keimen zu lassen, das sich gegen den Stadtherrn kehrt: in der kommunalen Bewegung gelingt es damals vielen Städten, die Herrschaft des Bischofs abzuwerfen und sich eine autonome Verfassung zu geben.

In vielen Bereichen beginnt Weltliches und Geistliches sich voneinander abzuschichten. Die Kirche emanzipiert sich im Reformpapsttum aus Schutz und Bevormundung des Kaisertums – und sieht sich, nun selbst an die Spitze tretend, an ihrer Basis darum bald ihrerseits in Frage gestellt durch erste ketzerische Bewegungen. Neue Orden bilden sich, wie die Zisterzienser, deren Strenge und stromlinienhafte Geschlossenheit gerade die Jungen anzieht und ihnen ein alternatives Leben anbietet. Es ist, als hätten diese neuen Impulse, diese neuen Lösungen untergründig miteinander zu tun, auch wenn sie in so verschiedene Richtungen zielen.

Was hier für die unterschiedlichsten Bereiche skizziert wurde, ergibt zusammengenommen das Bild einer neuen Dynamik: ein (ab etwa 1050 faßbarer) äußerst komplexer Prozeß, bei dem vieles ineinandergreift, ohne daß wir den Zusammenhang der Erscheinungen kausal immer begreifen könnten. Wie der Treibsatz dieser unerhörten Dynamik zusammengesetzt war, das zu analysieren müssen wir uns hier versagen. Genug: alles Indizien für eine Gesellschaft im Aufbruch, in der – ob nun Sog oder Schub oder beides – neue geistige, politische, soziale, wirtschaftliche Kräfte einander vorantreiben.

Versuchen wir nun, in diesem Gesamtbild mit seiner ganzen gärenden Unruhe die Linien wiederzufinden, die wir bei unserer Fragestellung verfolgen wollen. Eine in Bewegung geratene Gesellschaft, die im geistigen wie im materiellen Bereich ihre Bedürfnisse, Erwartungen, Möglichkeiten vervielfältigt und nun vielem nebeneinander Raum gibt, stellt naturgemäß neue Anforderungen, ist zunehmend auf geschulte, qualifizierte Leute angewiesen, die in begrenzten Aufgabenbereichen auch kompliziertere Sachverhalte beschreiben, begutachten, richten, übersetzen, auslegen können. Die Intensivierung von Handel und Produktion, die neuen Formen sozialen und politischen Zusammenlebens (nicht archaische Abhängigkeitsverhältnisse auf immer, sondern modernere Vertragsbindungen auf Zeit), all das verlangt einfach nach Notaren, die Verträge aufsetzen, nach Richtern, die (nicht einfach unter der nächsten Linde Recht sprechen, sondern:) auch verwickelte Materien entscheiden können; nach Schreibern, die das dann protokollieren, und so fort. Und das erfaßt so nicht nur die Spitze, das dringt tief in die städtische Substanz, weil eben die Gesellschaft wachsenden Bedarf hat nicht einfach an Notaren, Richtern, Schriftlichkeit, sondern an viel Notaren, viel Richtern, viel Schriftlichkeit. Von deutschen Kaisern des 12. Jahrhunderts sind uns um die 40 Urkunden pro Jahr überliefert, von italienischen Notaren bis zu 4 Urkunden pro Tag! (Sogar das den Eltern gegebene Versprechen, vorläufig aufs Kartenspiel zu verzichten, wird vor dem Notar niedergelegt.)

Der Bedarf an ausgebildeten Kräften ist also groß. Sind diese qualifizierten Leute aber erst einmal da, dann werden sie diesen Prozeß auch rasch in diese Richtung weitertreiben – wo sie nicht, in unentwirrbarer Gemengelage von Ursache und Wirkung, von Anfang an diese Nachfrage auch geschaffen haben. Denn dies ist ein dialektisch aufeinander bezogener, sich selbst verstärkender, wechselwirkender Prozeß. Und sie werden dabei vieles auf ihrem Wege mitreißen, Bedarf nicht nur befriedigen, sondern auch gestalten, neue Auffassungen bis in die Kapillaren der Gesellschaft dringen lassen.

Eine Gesellschaft also, die mehr wissen muß, die auch mehr wissen will, und die bereit ist, diese Art von Verlangen und Betätigung mit

Ansehen, Geld, Karriere zu honorieren. Wissensdrang ist schon gut fürs Lebensgefühl, aber damit auch noch sozialen Aufstieg machen und den Mangel niederen Standes aufwiegen zu können, macht den Sog unwiderstehlich. Die Erwartung ging aber – und das zeigt die neue Färbung einer ganzen Zeit – über den Nützlichkeitsaspekt spürbar hinaus, das ganze Klima wird bildungsfreundlicher und erfaßt eben darum sogar die, die es gar nicht nötig gehabt hätten: der Höfling wird geistreich, der König wird gebildet, der Papst gelehrt. Daß ein König, der nicht lesen und nicht schreiben kann, im Grunde ein „gekrönter Esel" sei, fällt eben erst jetzt auf – und der Hof läßt es sich sagen, der Fürst empfindet in Bildung und Ausbildung sowohl die persönliche Herausforderung als auch den staatlichen Nutzen: die neue Chance, durch Organisation von Herrschaft, durch Planung von Staatsfinanz, durch Vereinheitlichung der Rechtsprechung das disparate Herrschaftsgebilde mit all seinen feudalen Autonomien besser in den Griff zu bekommen.

Aus dem bisher Gesagten geht mindestens eines schon mit Deutlichkeit hervor: wenn wir Vorgeschichte und Anfänge der Universität fassen wollen, dann nur in der Stadt. Aus einem Benediktinerkloster (mag es eine noch so ehrwürdige Tradition haben wie Monte Cassino, noch so viele Bücher haben wie Umberto Ecos Abtei, noch so viele Schüler haben wie zeitweilig Sankt Gallen) wird noch keine Universität. Das erreichte irgendwie nicht die kritische Masse, die dazu erforderlich ist. Stadt und Universität (man könnte sagen: die beiden originellsten Leistungen des Mittelalters) haben miteinander zu tun – wer im Mittelalter nur die Geschichte von Kaisern, Päpsten und Mönchen sieht, der ist es selber schuld.

Von was für Bildungsmöglichkeiten und Lehreinrichtungen in den Städten aber konnte die weitere Entwicklung ihren Ausgang nehmen? Erwarten wir da nicht zu viel. Bildungsvermittlung von einigem Niveau findet sich vor allem in den Kathedralschulen, dient der theologischen und liturgischen Ausbildung, führt aber (etwa in Chartres, Reims, Laon) oft weit über Mittelmaß und erklärten Zweck hinaus. Dieser höhere Unterricht, zwar immer noch Monopol der Kirche und Laien nur begrenzt zugänglich, ist aber inzwischen aus der Hand der Ordensgeistlichen in die Hand der Weltgeistlichen übergegangen, ist aus den frühmittelalterlichen Klöstern in die hochmittelalterlichen Städte hineingewachsen.

Wäre allein der wissenschaftliche Rang schon hinreichende Voraussetzung gewesen, dann hätte es hohe Schulen früh schon in Chartres, Reims, Lüttich oder Köln geben müssen. Vielmehr mußte weiteres hinzutreten: neue Bedürfnisse, weitere Öffnung, andere soziale Bedingungen. Wir werden das am konkreten Beispiel der beiden frühesten Universitäten zu beobachten versuchen: an Paris und an Bologna.

In Paris war um 1100 geistiges und schulisches Zentrum durchaus noch die Kathedralschule von Notre-Dame, wo die Domherren unter Bischof und Kanzler vor wachsenden Hörerzahlen den herkömmlichen Lehrstoff vermittelten. Doch wanderte der Lehrbetrieb nun bald auch über die Seine-Brücken (auf denen dann kleine Unterrichtsräume nisteten wie die Läden auf dem Ponte Vecchio in Florenz) hinüber auf die *rive gauche* in die Räumlichkeiten von Klöstern (genauer: Regularkanoniker-Stiften) wie Saint-Victor und den Hügel hinauf nach Sainte-Geneviève. Anlaß für diese Verlagerung war nicht allein, daß die Seine-Insel die Masse der Hörer nicht mehr fassen konnte; Grund war vielmehr auch, daß man sich so der Lehraufsicht des Kanzlers von Notre-Dame zu entziehen versuchte. Dort drüben auf der *rive gauche,* damals noch locker besiedelt und von Weinbergen durchsetzt, ließ sichs luftiger wohnen und freier denken als im Schatten der Kathedrale, deren Lehrkontrolle desto dumpfer empfunden wurde, je kühner man sich von den traditionellen Lehrgegenständen und Lehrmethoden entfernte.

Beides aber hatte miteinander zu tun, der unerhörte Zulauf von Studenten und die unerhörte Neuheit der Lehre, und für beides stehe ein Name: Abaelard, der große Pierre Abaelard (1079–1142), mit dessen beispiellosen Lehrerfolgen Paris, das bis dahin an den Ruf von Chartres oder Reims noch nicht heranreichte, seine Anziehungskraft erst begründete. Ein akademischer Lehrer hinreißend in Vortrag und Diskussion – aber ein unangenehmer Kollege, arrogant, polemisch, schneidend, so etwas wie der erste Intellektuelle (mit all den schrillen Obertönen, die in diesem Begriff mitschwingen, und entsprechenden Reaktionen unter den Kollegen). Ein Mann, dessen Lehrmethode uns gut bekannt, ja dessen Individualität so ausgeprägt ist, daß man sich nicht wundern würde, wenn von ihm das früheste Porträt des Mittelalters überliefert wäre (auch er selbst hätte sich nicht darüber gewundert).

Bekannter ist Abaelards Name heute (und bekannt war er schon damals) durch sein Verhältnis zu seiner Schülerin Heloise. Daß diesem Mädchen, wenngleich natürlich in Form von Privatunterricht, Unterricht von solchem Niveau erteilt wurde, sagt an sich schon viel über die Zeit aus. Heloise ist eine jener großartigen Frauen, wie es sie unter Studentinnen immer gab und gibt, auf die das Wort zutrifft, daß, wenn sie mit einem Mann beisammen sind, nach neun Monaten er, der Mann, ein Buch zur Welt bringe. Aus der Begegnung wird Leidenschaft. Das erste, was darunter leidet, sind natürlich die Vorlesungen, und die Studenten merken es. Ein Kind kommt zur Welt. Dennoch rät Heloise ihrem Abaelard tapfer von der Ehe ab: „zwischen Kindergeschrei und schmutzigen Windeln" könne man nicht Vorlesungen schreiben – das werden junge Magister (heute sagt man: der habilitierte Mittelbau) noch oft empfinden, denn rein vom Lebensalter her, wer wüßte es nicht, fallen erste Vorlesungen und erste Kinder eben oft zusammen. Aber lassen wir das und halten nur fest, daß auch Heloise in die Vorgeschichte der Universität gehört und zum Problem „Wissenschaft und Ehe" weit Lebensvolleres zu sagen hatte als die dazu meist zitierten Autoritäten Seneca, Paulus, Hieronymus mit all ihrem nicht nachvollziehbaren Entweder-Oder.

Warum dieser Lehrerfolg in Paris? Was Abaelards Ruhm und seine Leistung ausmacht, ist der Ausbau einer neuen Lehrmethode, die man Scholastik nennen wird: heute ein befremdliches Wort, aber damals ein überwältigend neuer Ansatz mit dem Ziel, Glauben und Wissen in ein System zusammenzufügen und damit „schul"mäßig (*schola,* Scholastik) lehrbar zu machen; Glauben und Erkennen (nicht: gegeneinander auszuspielen, aber:) miteinander in Einklang zu setzen und die – als solche unantastbar bleibenden – Glaubenswahrheiten so dem denkenden Menschen näher zu bringen. Die Dialektik oder Logik, die sich im Trivium als Modefach bereits an Grammatik und Rhetorik vorbei an die erste Stelle geschoben hatte, dringt nun in die Theologie ein.

Zwar wollte man damit, anders als dann die Aufklärung, die christliche Glaubenslehre nicht zersetzen, sondern strukturieren, die Autoritäten nicht überprüfen, sondern beglaubigen. Aber es war doch nicht abzusehen, wohin das führen werde, wenn man Aristoteles auf das Dogma losließ; wenn man mit wissenschaftlicher Methodik Widersprüche zwischen den Grundtexten wie Bibel, Kirchenväter, Konzilsbeschlüsse zwar auflösen wollte, aber dadurch recht eigentlich erst auf sie aufmerksam machte! All das konnte, wie immer wenn der Geist sich auf Abenteuer begibt, zu Grenzüberschreitungen von unerhörter Kühnheit führen. Wie der Massenandrang der Studenten zeigte, war das etwas verwegen Aktuelles, und die Kirche wird alles daran setzen, aus diesem Sprengstoff Baustoff zu machen und damit alles in einem riesigen System einzuwölben.

Denn natürlich erkannte die Kirche die Brisanz all dieser Regungen: dem Intellekt auch in diesem Bezirk einen legitimen Platz zuzugestehen („dieser Mann sieht nichts ,nur rätselhaft und wie in einem Spiegel', sondern alles gleich ,von Angesicht zu Angesicht'", urteilte abgestoßen Bernhard von Clairvaux über Abaelards Rationalität); mittels geistlicher Ausbildung weltliche Karriere zu machen; heidnische Autoren nun auch um ihrer selbst willen zu lesen statt allein zu besserem sprachlichen Verständnis der christlichen Autoren! All das konnte nicht im Sinne der Kirche sein. Aber noch verbrennt die Kirche nur Bücher und nicht auch die Autoren dazu; noch steht das alles, was da hervorbricht, frisch und offen neben- und gegeneinander.

Denn gerade dieses 12. Jahrhundert läßt empfinden, wie aufregend Wissenschaft sein kann, und für wie viele aufregend – auch wenn ein unmittelbarer Nutzen nicht vor Augen stand: mit der Wiedergewinnung griechischer Texte, die im Westen verloren gegangen waren und nun über arabische Vermittlung ins Abendland zurückkehrten, öffneten sich neue Welten, in die man mit Staunen eintrat. Und so wächst in diesem ungewöhnlichen Jahrhundert auf das natürlichste eine Vorstellung vom Eigenwert der Wissenschaft und läßt die Auffassung von Wissenschaft als bloßem Mittel zum Zweck besserer Erkenntnis Gottes oft hinter sich einfach dadurch, daß man sich diese Frage nicht immer ausdrücklich stellte. Es ist bei vielen die unbefangene Zuversicht, das, was man da tue, sei irgendwie wichtig vor Gott und den Menschen; es ist bei einzelnen bereits ein sachtes Abheben, mit dem sie den Boden der Realität zeitweilig aus dem Auge verlieren, sich aber auch nicht wundern würden, wenn der Boden ihrem Denken nachkäme (manchmal tut er es ja auch, versetzt Grundlagenforschung Berge). Wir maßen uns hier nicht an, einzelne Faktoren zu isolieren und ihnen bei dem nun einsetzenden Prozeß Priorität zuzuerkennen. Der bloße Erkenntnisdrang allein war es nicht, mag er das Jahrhundert auch prägen und ihm seine Frische geben; allein der praktische Bedarf einer expandierenden Gesellschaft war es auch nicht, mag er das Jahrhundert auch bestimmen und ihm seine Dynamik geben. Von Anfang an ist beides da, die Lust der Erkenntnis und das Verlangen nach praktischer Ausbildung, und ergibt in untrennbarer Verbindung früh schon die Substanz, aus der Universität immer gemacht sein wird.

Noch einmal: bemerkenswert an dem allen ist, noch bevor wir von „Universität" sprechen können, die Breitenwirkung. Der höhere Schulbetrieb ist gerade in den Anfängen ein Massenphänomen. Da hören wir früh schon von 300 Studenten in einem Hörsaal, und im 13. Jahrhundert dürfte Paris dann bereits so viele Studenten gehabt haben wie unsere Universität Bern um das Jahr 1970: 5000 Studenten, das waren vielleicht 10% der damaligen Pariser Bevölkerung! Und dementsprechend bunt ist auch die Zusammensetzung der Studentenschaft, sowohl in nationaler wie in sozialer Hinsicht. Was da im 12. Jahrhundert in Paris zusammenströmt, an Studenten wie an Dozenten, kommt aus fast allen Gegenden Europas; schon die spätmittelalterliche Universität wird darin provinzieller sein als die hochmittelalterlichen Anfänge.

Erstaunlicher noch ist, soweit wir sehen können, die soziale Zusammensetzung der Studentenschaft, die die Standesschranken der umgebenden mittelalterlichen Wirklichkeit kaum kannte. Da kommen Bürgersöhne, auch Handwerker- und Bauernsöhne, viele in Hoffnung auf sozialen Aufstieg, oft ohne Aussicht oder auch nur Absicht auf einen Studienabschluß; ja da kommt sogar der deutsche Aristokratensohn, obwohl seine adelige Geburt doch schon Leistungsausweis genug war – aber nun wollen auch die, die gar nicht müssen; wollen auch die, die gar nicht dürften; geraten sie alle in denselben Sog. Getrieben von neuen

Bildungsgelüsten, von neuen Karriereerwartungen, kommen sie nach Paris, und gerade nach Paris, denn hier wurde – eine unwiderstehliche Verbindung – viel Wissenschaft und viel Welt zugleich geboten, Reihenfolge nach Wahl: da gab es einen richtigen König, da gab es Mädchen genug, Mitstudenten genug (und bald auch ein eigenes „akademisches Viertel", das *Quartier Latin*), Landsleute genug, großstädtische Atmosphäre und immerhin auch noch brillante Professoren.

Der Lehrbetrieb trägt denn auch schon alle nachmals vertrauten Züge, wie wir aus frühen Studienberichten (etwa des Engländers Johannes von Salisbury, ca. 1115–1180) anschaulich erfahren. Da hören wir von Modefächern, aus deren Leerlauf (wie jener Beobachter sich ausdrückt:) „akademische Greise" hervorgehen, die sich über die sinnvolle Anwendung ihres Faches keine Rechenschaft mehr ablegen. Da hören wir, umgekehrt, von anderen, die ganz pragmatisch nur die rasche Karriere vor Augen haben und das altmodische Bildungszeug im Schnellverfahren hinter sich bringen (*repentini philosophi* nennt sie unser Gewährsmann, wörtlich „schleunige Gelehrte", Expreßgelehrte). Und vieles andere mehr: viel Jugendbewegtes bei den Studenten („Von überall schallt es einem entgegen: ,Was will der alte Esel, *vetus hic quo tendit asellus . . . A nobis sapimus,* wir haben unser Wissen aus uns selbst; unsere Jugend belehrt sich selber!'"), viel Eitles bei den Professoren, und das gibt, mit den peinlichen Zügen versöhnend, viel Atmosphärisches wieder: die Frische einer Aufbruchsstimmung, die Zuversicht, den Problemen der Zeit auch beikommen und gedankliche Lösungen finden zu können. All das gehört zu den klimatischen Voraussetzungen, ohne die die Universität nicht entstanden wäre.

Machen wir uns, für den weiteren Gang der Dinge, nur noch einmal klar: was Abaelard und seinesgleichen da bieten, ist universitätsgleicher Unterricht, ist aber nicht schon „Universität"! Der institutionelle Rahmen ist noch sehr schwach, vielmehr gilt: wo Abaelard ist, da ist wissenschaftlicher Lehrbetrieb – ob in Melun, in Paris, in Saint-Denis –, da sind Studentenmassen, da gewinnt der Lehrbetrieb Gestalt auch ohne Immatrikulationsbüro, ohne Rektorat, ohne Dies academicus. Um so mehr werden wir uns fragen müssen, was denn da eigentlich noch fehle.

Führen wir aber zunächst auch in der anderen künftigen Universitätslandschaft, in Oberitalien, die Entwicklung bis an diese Schwelle, bis an diese Frage. Zunächst die Voraussetzungen. Während in der Ile-de-France die Entwicklung ihren Ausgang von Kathedralschulen und jedenfalls ganz aus dem geistlichen Bereich nahm, scheint es in oberitalienischen Städten – und nur hier – immer auch nichtgeistliche Schulen gegeben zu haben. Das waren kleine Artes-Schulen, die im allgemeinen Rahmen des Trivium, aber doch zu vorwiegend praktischen Zwecken (etwa für die Ausbildung von Notaren und Richtern) notwendige Grundkenntnisse beibrachten, wie sie auch für die alltägliche Rechtspraxis erforderlich waren: ein dürftiges Latein, einige unentbehrliche Urkundenformeln, ein wenig Argumentation, so etwas ließ sich auch in den Fächern Grammatik, Rhetorik, Dialektik vermitteln, da doch eigentliche Rechtsschulen mit juristischer Fachausbildung selbst in Italien längst nicht mehr bestanden. Von solchen kleinen, meist privaten Artes-Schulen gab es einige auch in Bologna, an ihnen lehrten die ersten mit Namen bekannten Rechtslehrer wie Pepo (um 1075) und Irnerius (etwa 1060–1130), aus ihnen erwuchsen eigentliche Rechtsschulen, die dann im 12. Jahrhundert Bolognas Ruhm und endlich den Kern seiner Universität ausmachen werden. Denn wie in Paris die Theologie, so wird in Bologna das Recht im Mittelpunkt des Lehrbetriebs stehen.

Doch zuvor mußte sich der Rechtsunterricht aus dem Trivium herauslösen und zur Jurisprudenz verselbständigen, zu einer Fachausbildung werden, die den neuen Anforderungen der Zeit besser entsprach als die traditionelle Rechtsfindung. Und dieser entscheidende Schritt wird, wie so vieles Große in der abendländischen Geschichte, mit Hilfe der Antike getan: nicht die Antike zu kopieren, sondern mit ihrer Hilfe zu eigenen Lösungen zu finden, ist kennzeichnend gerade für produktive Epochen und der eigentliche Sinn ihrer Antikennähe. Und so auch in diesem 12. Jahrhundert, das eines der erstaunlichsten Jahrhunderte der Weltgeschichte ist: was damals für die Kunst der Rückgriff auf die antike Skulptur, was für die Philosophie (und damit auch die Theologie) die Erschließung des ganzen, originalen Aristoteles war – das wird für die Rechtslehre die Neuentdeckung und Ergründung des römischen Rechts.

Um die Wende vom 11. zum 12. Jahrhundert begann in Bologna jener Irnerius, von seiner Ausbildung her nicht Jurist sondern *magister artium*, mit dem Studium des römischen Rechts in der von Kaiser Justinian abschließend kodifizierten Form, dem (später so genannten) *Corpus iuris civilis*. Vor allem einer der vier Bestandteile des Corpus fand zunehmendes Interesse: die sogenannten Digesten, eine Sammlung von Rechtsgutachten und -entscheidungen römischer Juristen, die seit einem halben Jahrtausend verschollen war und erst jetzt wieder bekannt wurde, ausgehend von vermutlich einer einzigen unteritalienischen Handschrift – die Überlieferung dieser fundamentalen Texte, die die Welt verändern werden und ohne die auch die Neuzeit nicht wäre was sie wurde, hing lange Zeit am seidenen Faden einer einzigen Handschrift!

Was Irnerius dazu bewogen hat, sich aus eigener Initiative ohne Auftrag (*cepit per se studere*, wußte man von ihm: aus sich heraus, ganz einfach so) mit diesem scheinbar toten Rechtsstoff in seiner Ganzheit zu befassen und was ihn damit in seiner Zeit ein solches Echo finden ließ – all das ist auf den ersten Blick schwer zu begreifen, denn das fällt unter die Grundfrage, die die Universitätsgeschichte von ihren Anfängen bis heute begleitet: ob sich der menschliche Geist nur in Aussicht auf unmittelbar erkennbaren Nutzen in Bewegung setze, oder ob ihn etwa auch die bloße Faszination eines Problems nicht ruhen lasse.

Denn von einer unmittelbaren Anwendung römischen Rechts, seit vielen Jahrhunderten außer Geltung, konnte in diesen Anfängen natürlich nicht die Rede sein, ja dem stand einiges ausdrücklich entgegen: die Tatsache etwa, daß das im Grunde kaiserliches Recht war, in der gegenwärtigen Auseinandersetzung zwischen Kommunen und Kaiser also eher der Gegenseite dienlich sein würde („Kommune" kam darin nie vor, immer nur „Kaiser", und für die anderen aufsteigenden Mächte, für Papsttum und nationales Königtum, galt dasselbe). Was dieses Recht in einer gänzlich veränderten historischen Umwelt dann doch wieder lebendig werden ließ, war die eigentümliche Faszination, die von seinem Studium ausging: seine Systematik wies den Weg zu einer Verwissenschaftlichung des Rechts, zu einer systematischen Durchdringung und Weiterentwicklung auch des geltenden Rechts – und darin liegt, wenngleich auf einer höheren Ebene und nicht vom ersten Augenblick an intendiert, denn doch ein einsichtiger Praxisbezug. Nicht lange, und das römische Recht wird sich auch im politischen Tageskampf einsetzen lassen (auf Rom wird sich noch jeder gegen jeden berufen!); werden die Fürsten auch die Möglichkeit direkterer Anwendung erkennen; wird man der Welt so, wie man sie haben will, ein neues juristisch abgesichertes Gefüge geben. Das Recht wird Sache der Studierten.

Aber so weit sind wir hier noch nicht. Generationen bedeutender Rechtslehrer werden im Bologna des 12. Jahrhunderts diese Texte kritisch verarbeiten, kommentieren („glossieren"), Unstimmigkeiten erkennen und (ähnlich der Scholastik) methodisch auflösen. Glossen wucherten zu Glossen-Apparaten, diese streckten sich zu Summen, bis sich endlich (wie in der gleichzeitigen Theologie) alles zu einem gewaltigen, einheitlichen, widerspruchsfreien System auftürmen wird. Diese kritische Verarbeitung wirkt vorbildlich, disziplinierend, rationalisierend und damit modernisierend – ein Vorgang von unerhörter Tragweite für die europäische Geschichte. Wie in Paris, so fanden auch in Bologna neue Fragestellungen und neue Methoden breites Echo und großen Zulauf, weil sie auf den Systemhunger einer Zeit antworteten, die sich neu zu organisieren begann.

Auch auf kirchlicher Seite empfand man seit einiger Zeit schon (und zumal jetzt, den neuen Erfordernissen der Universalkirche unter päpstlichem Primat entsprechend) das Bedürfnis, den in Jahrhunderten gewachsenen kirchlichen Rechtsstoff zu ordnen, und war dazu im Grunde auch besser gerüstet. Und so wird, gleichfalls in Bologna und nur eine Generation nach Irnerius, der Mönch Gratian in seiner *Concordantia discordantium canonum* (etwa: „Harmonisierung widersprüchlicher Vorschriften", um 1140) es unternehmen, die unübersichtliche Fülle des kirchlichen Rechtsstoffes zu sichten und ordnend zusammenzustellen, diese unförmige aber durchaus lebendige Überlieferungsmasse aus älteren Rechtssammlungen, Konzilsbeschlüssen, echten und falschen Papsterlassen mit Hilfe der scholastischen Methode zu durchdringen und die Widersprüche des disparaten Materials aufzulösen. Diese Konkordanzmethode war eben einfach das Modernste, und so ergriff sie alle erreichbaren Fächer fast gleichzeitig: Theologie, Zivilrecht, Kirchenrecht. Gratians Werk wird als *Decretum Gratiani* Grundstock des Corpus iuris canonici, das bis in unser Jahrhundert das geltende Recht der katholischen Kirche zusammenfassen wird.

Mit Gratians Arbeit war erst einmal Ordnung geschaffen worden bis etwa 1140. Aber nun ging es erst richtig los. Denn der Geist einer Zeit, die das Bedürfnis gehabt hatte, den Rechtsstoff zu ordnen und damit die neue päpstliche Weltmonarchie abzustützen, baute daran natürlich auch weiter, mit eigenem Material, mit neuen Erlassen. Bald wird die junge Wissenschaft vom Kirchenrecht auch das Papsttum ergreifen, werden große Juristenpäpste mit massenhaft erlassenen Dekretalen die Kirche zu einer Rechtsanstalt durchbilden, ihre Hierarchisierung und Bürokratisierung vorantreiben – und damit grenzenlosen Bedarf an weiterer juristischer Fachausbildung schaffen.

Wir sind auf der Hälfte unserer Ausführungen angelangt, ohne daß eine Universität gegründet wäre. Eben darin liegt eine wichtige Einsicht: die ersten Universitäten sind nicht gegründet, sie sind entstanden. Wie aber sind sie entstanden? Überblicken wir – um nun den entscheidenen Schritt nach vorn tun zu können – noch einmal, was alles wir jetzt in Paris und Bologna haben, und fragen uns dann, was noch fehlt.

Was wir haben, sind akademische Lehrer, „Doktoren", die wir ruhig schon Professoren nennen können (und denen auch schon veritable Professoren-Anekdoten angehängt werden); sind Schüler, die wir ruhig schon als Studenten bezeichnen können; ist ein Lehrbetrieb, der an Rang und Dimension durchaus schon universitätsgleich ist. Was hingegen fehlt, ist zunächst einmal eben das Wort (und damit ja vielleicht auch die Sache): *universitas* oder *studium generale* oder ähnliche Begriffe kommen noch nicht vor, auch ein Rektor nicht. Wozu das alles gut sei, da es bislang doch Jahrzehnte hindurch auch ohne das ging, das eben ist die eigentliche Frage, ist die Gelenkstelle unseres Themas. Warum denn Institution, wo sie dem ausgebildeten Lehrbetrieb des 12. Jahrhunderts doch erst folgte? Also noch einmal: warum konnte das nicht einfach so weiterlaufen?

Es gab offensichtlich Probleme, derentwegen sich dann Institutionen ausbildeten wie eine Hornhaut dort, wo es scheuert. Um es vorwegzunehmen: die Universität als Institution wächst aus dem Konflikt, an den

Konflikten bilden sich die Institutionen aus, die zur verfaßten Universität führen. Was aber waren denn die Konfliktstoffe?

Da war zunächst einmal die ungeklärte Frage des Rechtsstatus. Soweit sie Geistliche waren oder Bürger von Paris und Bologna, war das kein Problem. Aber diese Studenten und Dozenten, die sich da so zahlreich in Paris und Bologna zusammenfanden, waren oft weder Geistliche (zumal nicht in Bologna) noch waren sie Bürger dort, sondern meist ortsfremd, oft landfremd, aus Deutschland, aus England usw. Sie hatten damit ihre angestammten Rechtskreise verlassen, sie waren (wie es in Kaiser Friedrich Barbarossas Erlaß *Habita,* dem ersten Privileg für Scholaren, pathetisch aber treffend heißt) gewissermaßen „aus Liebe zur Wissenschaft ins Exil gegangen", *amore scientiae facti exules.*

Diese weitgehende Ungebundenheit entsprach zwar dem brodelnden Selbstbekenntnis dieser Scholaren, doch war das freie Schweben auf die Dauer alles andere als kommod: unter wessen Schutz standen sie denn, nach welchem Recht lebten sie denn? Der Basler Student in Bologna konnte für die Schulden seiner Landsleute dort haftbar gemacht werden – da hatte er sein Recht! Wenn Pariser Studenten draußen vor der Stadt auf den Wiesen gegen Saint-Germain (damals wirklich noch *des Prés,* „auf den Wiesen") ihren Auslauf suchten, kam es immer wieder zu Zusammenstößen mit Bürgern, schlug die königliche Polizei rasch zu, so daß sich in drastischen Fällen die Professoren mit den Studenten solidarisierten – wie aber kamen die im Alltag zu ihrem Recht?

Als einfachste Formel bot sich an, dem Studierenden den Status des Klerikers zu geben und ihn so (statt der lokalen weltlichen) der geistlichen Gerichtsbarkeit zu unterstellen. Wir hören in diese (von der Kirche angebotene, vom König hingenommene, von den Studenten begrüßte) Formel mehr Klerikales hinein, als der Zeitgenosse heraushörte. Für den hieß Klerikerprivileg vor allem: Befreiung vom weltlichen Gericht, Unverletzlichkeit, Steuerfreiheit, Versorgungsanspruch und ähnlich schöne Dinge, und das noch ohne besondere geistliche Gegenleistung, solange man die höheren Weihen nicht folgen ließ. Daß man für solche rechtliche und materielle Absicherung gewisse Abhängigkeiten in Kauf nahm, konnte jedoch auf die Dauer nicht ohne Folgen bleiben.

Die Universität als Institution also wächst aus dem Konflikt, verfestigt sich aus der Versteifung auf eigene Rechte, in Reaktion auf typische Konfliktsfälle:

In Paris ging der Konflikt weniger um die Frage des Rechtsstatus (denn Dozenten und Studenten waren hier meist Kleriker), sondern vor allem um den anderen großen Problemkreis: den äußeren Eingriff in den Lehrbetrieb. Die Kirche bot zwar Schutz, beanspruchte aber auch Kontrolle und gedachte nicht, ihren Anspruch auf das Lehrmonopol aufzugeben. Und das hieß hier konkret: daß der Bischof beziehungsweise der

Kanzler des Kathedralkapitels die Erteilung der Lehrbefugnis, der *licentia docendi,* und die Gerichtshoheit nachdrücklich als alleiniges Recht behauptete, um so den hochschießenden Lehrbetrieb, der in den herkömmlichen Formen kaum noch gefaßt werden konnte und seine eigene Dynamik entwickelte, in den Griff zu bekommen und allzu selbständige Regungen niederzuhalten.

Diese Eingrenzung wurde von den Lehrenden zunehmend als unzumutbar empfunden. Der Widerstand gegen Bischof und Kanzler ließ sie zusammenrücken. Die Einsicht, *in corpore* besser widerstehen zu können, veranlaßte sie, neue Solidaritäten zu bilden, um in solchem Zusammenschluß mehr zu sein als nur die Summe der Teile. Sie schlossen sich zu einer Einung zusammen, antworteten also mit einer Formel, die im 12. Jahrhundert zu einer Bauformel städtischer Gesellschaft geworden war: in vielen Bereichen, auf vielen Ebenen organisierte Gesellschaft sich regional, beruflich, landsmannschaftlich nach solchem Modell, von der städtischen Kommune bis zur Eidgenossenschaft, von der Bruderschaft bis zur Zunft. Das waren (und inmitten hierarchischer Gliederung mit ihren vertikalen Schraffuren mußte das ins Auge fallen) genossenschaftliche Verbände von Gleichberechtigten, die ihre Geschicke in die eigenen Hände nahmen und ihre Mitglieder durch Eid auf eine gemeinsame Linie verpflichten: frei eingegangen, mit frei vereinbarten Statuten, als Körperschaften handelnd und anerkannt. Diese Formel lag damals also in der Luft und bot ein Organisationsmodell nun auch für die junge Hochschule, war in diesem Fall aber doch ein kühner Akt der Selbstbehauptung gegenüber der eifersüchtigen Machtwahrung seitens etablierter Autoritäten.

Noch fehlte dem Zusammenschluß der Pariser Magister denn auch das Letzte: die Anerkennung und Privilegierung als Korporation durch eine öffentliche Gewalt – und das war vor Ort, unter einem gleichgültigen König und gegen einen feindseligen Bischof, auch schwer zu erreichen. Doch kam ihnen unverhofft Hilfe von außen: das Papsttum (und zumal ein Papst vom Weitblick eines Innozenz III., der die Pariser Verhältnisse zudem von seinem Studium her kannte) war einsichtig und geschickt genug, die Erfordernisse zu erkennen und den Professoren beizustehen. Zwar war, was dieser Papst aus Paris über die moderne Theologie zu hören bekam (und solche Post wird er wohl häufiger erhalten haben), eher bedenklich: „Die unteilbare Dreieinigkeit wird im Trivium zerlegt und auseinanderdividiert, so daß es jetzt schon genau so viel Irrtümer gibt wie Professoren, pro Hörsaal eine Irrlehre . . ." Und dann die Artes-Fakultät! *Liberales* heißen sie und sind doch nicht mehr frei, sondern so knechtisch, daß langhaarige Halbwüchsige sich Lehrstühle anmaßen! . . . Und die, die noch nicht mal wissen, wie man Student ist, die wollen schon Professor genannt werden." Natürlich war die Hilfestellung des

Papstes nicht uneigennützig. Sein Kalkül war, auf einem gewissen Niveau – das ohne zugestandenen Freiraum nicht zu erreichen war und ohne das die hohen Schulen dem Papsttum nicht dienlich sein würden – die Entwicklung in geordnete Bahnen finden zu lassen, diese Schulen direkt an das Papsttum zu binden und (etwa in der Ausbildung des Kirchenrechts und der Bekämpfung von Häresien) für die Papstkirche und ihre weitere Durchformung einzusetzen, kurz: diese wie andere neue Regungen der Zeit auf die Mühlen der Kirche zu leiten, statt sich davon ersäufen zu lassen.

Der ferne Papst half gegen den nahen Bischof, indem er die Korporationen der Pariser Magister erst stillschweigend (1208/09), dann ausdrücklich anerkannte (1215) und ihr so den nötigen Rückhalt gab, gegen den jahrzehntelangen erbitterten Widerstand von Bischof und Kanzler schrittweise ihre Rechte auszubauen und ihre Organe zu entwickeln: gewählte Vertreter für die Ordnung nach innen und die Vertretung nach außen, Verpflichtung der Mitglieder auf eigene Statuten, Regelung des Vorlesungsbetriebs, eigenes Siegel; vor allem aber: das Recht auf Selbstergänzung, wie es doch auch jede Handwerkerzunft in Anspruch nahm. Nicht mehr der Kanzler allein sollte bestimmen dürfen, wer in den Kreis der Lehrenden aufzunehmen war; vielmehr hatte er ohne Auflagen die Lehrbefugnis nun auch denen zu erteilen, die von den Professoren nach ordentlichem Verfahren dazu vorgeschlagen wurden. Mit all diesen Errungenschaften wurde aus den Lehrenden eine Körperschaft, im eigentlichen Sinne ein Lehr„körper".

Und damit steht die „Universität" schon leibhaftig vor uns. Denn *universitas* ist nichts anderes als der damals weithin übliche Begriff für Körperschaft. Im Unterschied zum späteren Wortverständnis, wonach „Universität", als universitas *litterarum,* die Gesamtheit der *Wissenschaften* meine, ist Universität im ursprünglichen Sinn eben dies: die organisierte Gesamtheit der Lehrenden oder der Lernenden, dann beider: die *universitas magistrorum et scolarium* oder bald einfach *universitas,* weil man inzwischen eben wußte, daß damit nicht mehr irgendeine, sondern die akademische Zunft gemeint sei. Der korporative Zusammenschluß zur *universitas* also ist der entscheidende Schritt, und daß er es war, wird denn auch am deutlichsten von der Gegenseite erkannt und formuliert werden: „Früher", wird ein Kanzler von Notre-Dame resigniert feststellen, „früher, als jeder Magister noch für sich lehrte und der Begriff *universitas* noch nicht existierte, da . . . wurde noch eifrig studiert. Aber jetzt, wo Ihr Euch zu einer *universitas* zusammengeschlossen habt, . . . sind Vorlesungen und Disputationen selten geworden; die Zeit, die man den Vorlesungen entzieht, wird in Sitzungen und Diskussionen vergeudet . . .". Das war also schon immer der Preis von akademischer Selbstverwaltung!

Versuchen wir auch für Bologna die gleiche entscheidende Durchgangsphase zu erfassen und mit der Pariser Entwicklung zu vergleichen. Die Konfliktsituation war ähnlich, doch die Frontstellung anders. Hier waren es weniger die (großenteils einheimischen) Professoren, die sich in fremder Umwelt hätten durchsetzen und einrichten müssen; hier waren es vielmehr die (großenteils auswärtigen) Studenten, die das Ungesicherte ihres Status empfanden und das Mißtrauen ihrer Umgebung zu spüren bekamen. Denn ein Lehrbetrieb von solchen Dimensionen bot unvermeidlich Anlässe, die Einwohner dagegen aufzubringen, und es mußte im Interesse von Stadt und Obrigkeit liegen, dieses akademische Getümmel irgendwie in den Griff zu bekommen, zumal in dieser spannungsreichen Zeit, da die (zunächst noch kaiserfreundlichen) Rechtsschulen und die (zunehmend selbstbewußte und somit kaiserfeindliche) Kommune zusehends auseinanderdrifteten: was mochte da mit den Studenten so an Ghibellinen und sonst noch an fünften Kolonnen in die Stadt kommen?

Andrerseits aber hatte die Kommune Bologna – die junge Kommune gewissermaßen mit der jungen Hochschule gemeinsam aufwachsend – durchaus ein Interesse daran, die angesehene Rechtsschule hier festzuhalten und pfleglich zu behandeln, zumal sich nun auch in benachbarten Städten Ansätze zu höherem Rechtsunterricht zeigten. Bis dahin waren die Professoren einzig ihren Studenten verpflichtet („denen ich zugleich vorgesetzt und untergeordnet bin", *quibus praesum et subsum,* wie ein Bologneser Professor darum einmal dieses Verhältnis zu seinen Studenten umschreibt). Auf der Basis befristeter, freier Vereinbarungen standen sie ihren Studenten gegenüber, die ihrerseits unter sich sozusagen lauter einzelne Hörer-Konsortien bildeten (wir haben Briefe, in denen Studenten einen Professor zu einer Vorlesung einladen und ihm dabei für ein Jahr eine Mindesthörerzahl, und das heißt: ausreichende Bezahlung garantieren). Das sollte so locker gefügt nicht bleiben. Seit etwa 1180 beginnt Bologna allen nichteinheimischen Professoren einen Eid abzunehmen, daß sie Vorlesungen nur in Bologna halten würden. Mit solch einem Bleibe-Eid aber wurden sie von der Stadt einzeln in die Pflicht genommen, wurde ihre Freizügigkeit eingeschränkt und ihnen die Möglichkeit entzogen, durch Wechsel in eine andere Stadt ihre Position zu behaupten oder zu verbessern. Sie standen ihren Studenten einzeln gegenüber, nun stehen sie auch der Stadt einzeln gegenüber: keine gute Aussicht für Wahrung oder Ausbau von Rechten.

In Bologna waren es denn auch nicht die Professoren, die sich zu solidarischem Handeln zusammenschlossen: die einheimischen Dozenten sahen keinen Anlaß, die auswärtigen keine Möglichkeit. Es waren vielmehr die Studenten, die das Bedürfnis nach Absicherung stärker empfanden und im Konflikt mit der Kommune härter widerstanden: vom Kaiser hatten sie nichts mehr zu erwarten. Und so schlossen sich irgendwann zwischen 1190 und 1200 die auswärtigen Rechtsstudenten zu zwei großen Verbänden zusammen, die landsmannschaftlich gegliedert waren: zum Verband der *Ultramontani,* der Studenten von nördlich der Alpen (im 13. Jahrhundert dann übrigens auch schon aus Bern), und dem Verband der *Citramontani,* der italienischen Studenten, beide mit je einem gewählten Rektor an der Spitze und all den üblichen Zügen einer damaligen Körperschaft. Und eben diese beiden *universitates* (die sich später in „Nationen" gliedern werden) sind es, die in Bologna den ersten Kern der verfaßten Universität bilden werden; ihre beiden studentischen Rektoren werden die ersten Universitätsrektoren sein. Damit war die Entwicklung zur verfaßten Universität anders gelaufen, als sie in Barbarossas Privileg *Habita* vorgezeichnet schien, hatten die Studenten aus ursprünglich schlechterer Ausgangsposition die Professoren gewissermaßen überholt.

Wir wollen diese Entwicklung zur verfaßten Universität – die für Paris in den Statuten des Legaten Robert de Courçon 1215, für Bologna nur in verstreuten Nachrichten des 13. Jahrhunderts erste greifbare Gestalt findet – nicht im einzelnen verfolgen, und könnten es mangels historischer Quellen auch gar nicht. Irgendwann zwischen 1180 und 1210 ist dieser Prozeß in Gang gekommen und so weit gediehen, daß er nicht mehr zu bremsen war. Sicher ist, daß der Anstoß dazu aus dem eigenen Innern der hohen Schulen kam, die in einer an solchen Initiativen reichen Zeit sehr wohl selbst empfanden, daß sie „des Schutzes nach außen und der Ordnung nach innen" bedurften (Classen) und ihr neues Bewußtsein anders nicht würden behaupten können. Es war eben nicht so, daß die beiden universalen Gewalten, die sich am Lehrstoff so interessiert zeigten, daß also Papst oder Kaiser diesem Lehrbetrieb eine Institution übergestülpt und somit die Universität gegründet hätten. Sie haben (und das gilt auch für den französischen König) die Entwicklung mit Sympathie begleitet und hin und wieder fördernd eingegriffen, der eigentlichen Konstituierung der Universität ihre Hilfe aber nur nachgereicht. Zwar haben die frühesten Verfassungsurkunden der europäischen Universität die Form königlicher oder päpstlicher Privilegien, doch geben sie dem Historiker noch zu erkennen, daß nicht sie die Institution schaffen, sondern vorangegangene Entwicklungen nur bestätigen, die im Innern der Schulen in Gang gekommen waren. In solchen Urkunden werden also immer nur die Ergebnisse dieser Auseinandersetzungen sichtbar, gewissermaßen nur noch die Resultante und nicht mehr die Vektoren im Parallelogramm der historisch wirkenden Kräfte.

Das ist die Generation der spontan entstandenen, aus vorherigen Schulen allmählich herauswachsenden Universitäten, die einen Rahmen erst noch finden, Spontaneität in Institutionen fassen mußten und endlich einfach da sind, ohne daß man ein festes Datum nennen könnte (für

Jubiläen übrigens recht hinderlich!). Zu dieser ersten Generation der „universités spontanées" gehören neben Paris und Bologna in zweiter Linie Oxford und wohl auch Montpellier: zwei Hochschulen, die den Lehrstoff (von dem bei unserem Thema wenig die Rede sein konnte) in spezieller Ausprägung vermittelten. Im frühen Montpellier steht im Mittelpunkt die Medizin, ausgehend von den antiken medizinischen Texten eines Hippokrates, eines Galen, die auf dem Umweg über arabisch-jüdische Vermittlung nun im Abendland nutzbar wurden, gerade weil dabei auch Erfahrungen der praxisorientierten arabischen Medizin mit angeeignet worden waren (aus Salerno, als medizinische Schule noch älter, noch berühmter, wird eine Universität damals nicht werden). In Oxford hingegen wächst aus den traditionellen Fächern des Quadrivium in ersten Ansätzen die moderne Naturwissenschaft, wird früh die Bedeutung des Experiments und der Beobachtung erkannt (die Beine der Fliege sich nicht mehr von Aristoteles vorzählen zu lassen, sondern selber hinzuschauen; die Natur des Lichts nicht mit Bibelzitaten zu beschreiben, sondern mit optischen Experimenten zu begreifen) und die praktische Anwendung wissenschaftlicher Erkenntnisse postuliert.

Mit diesen eigenen Akzentsetzungen wurde die (im buchstäblichen Sinn:) Entfaltung der Wissenschaften früh vorangetrieben. Daß man sich bald aneinander maß, war menschlich: der Streit über die Relevanz und damit den Rang der Fächer oder Fakultäten ist ein Streit so alt und ausgelaugt, daß man sich als Historiker geniert, dazu überhaupt Stellung zu nehmen (und heute erwartet es ja auch niemand). Bemerkenswerter ist ja doch das Umgekehrte, ist die Beobachtung, wie da so verschiedene Fächer, so verschiedene Veranlagungen zusammenfanden, zusammenwuchsen und als Fakultäten beieinanderblieben bis heute. Dieses Einverständnis der Fakultäten war nichts Selbstverständliches und sollte uns immer kostbar sein.

Für diese spontan entstehenden Universitäten war freilich auch um 1220 das institutionelle Gehäuse noch nicht fertig gezimmert, war die Gefährdung durch typische Konflikte noch nicht gebannt. Die schärfste Waffe, über die diese akademischen Verbände dabei verfügten – genauer also: die Pariser Professoren, die Bologneser Studenten (nicht die Bologneser Professoren) – war der Auszug aus der Stadt, die zeitweilige Aufhebung der Universität, der Exodus. Auf ein derart drastisches Mittel konnte man nur verfallen, solange die Universität allein aus Personen bestand und nicht auch aus Gebäuden, Apparaten, Bibliotheken (eigentliche Universitätsgebäude wird es erst im Spätmittelalter geben). Wie sollte man heute wohl das Physikalische Institut kurzfristig nach auswärts, das Anatomische Institut nach Aarau verlegen?

Aber Anlaß hatten die Pariser. Als ein Krawall 1229 wieder einmal mehrere Studenten das Leben kostete (als Student lebte sichs damals eben gefährlicher) und an Recht nicht zu kommen war, solidarisierten sich die Professoren mit den Studenten, erklärten den Lehrbetrieb für eingestellt – und machten Ernst, zogen ab nach Orléans, nach Toulouse, nach England, und draußen riß man sich um sie. Sie nahmen damit ein bemerkenswertes Recht in Anspruch, das ihnen der Papst dann sogar ausdrücklich zuerkennen wird: das Streikrecht. Vorlesungsstreik nicht in dem Sinn, wie es in der jüngsten Universitätsgeschichte bisweilen verstanden wurde (denn daß Vorlesungen von Studenten „bestreikt" werden, ist ja eher dem Hungerstreik zu vergleichen), sondern echter Streik, Arbeitsniederlegung, Vorlesungsstreik der Professoren!

Die Rückführung der Universität nach Paris drei Jahre nach ihrer Auflösung erbrachte denn auch die Bestätigung und Präzisierung ihrer Rechte in der großen päpstlichen Bulle *Parens scientiarum* von 1231. Man hat sie als die „Magna Charta der europäischen Universität" bezeichnet, da sie die Fragen von Lehrbetrieb, Lehrbefugnis, Lehrstoff, ja auch Kleiderordnung und Mietpreiskontrolle bis ins Detail regelte. Doch ist darauf hier nicht einzugehen.

Damit steht die Universität voll ausgebildet da, ist die Entwicklung vorläufig abgeschlossen – und nur bis zu diesem zeitlichen Horizont wollte ich Sie führen. Denn damit endet die Phase der gewachsenen Universitäten, beginnt die Phase der gegründeten Universitäten; beginnt auch die Konsolidierung der frühen Universitätsverfassungen mit ihren unterschiedlichen Strukturierungen (in Paris vor allem nach Fakultäten, in Bologna nach Nationen).

Wie dieses neue Gebilde mit dem zeitgenössischen Begriff *universitas* von seiner Verfassung her definiert wurde, so mit der anderen offiziellen Bezeichnung, *studium generale,* von seiner Geltung her. Während wir unter *studium generale* heute ein gesamthaftes Verständnis für die Fülle der Wissenschaften verstehen, bezeichnete der Begriff nach damaligem Wortverständnis die überregionale Geltung einer Lehreinrichtung, die im Unterschied zum *studium particulare* nicht nur den Nachwuchs einer Diözese oder einer Stadt oder eines Ordens ausbildete, sondern in weiter Öffnung Studierende gleich welcher Herkunft aufnahm und die *licentia ubique docendi* erteilte, die Befugnis, überall in der akademischen Welt zu lehren. Der Begriff war also, ebenso wie *universitas,* personen- und nicht sachbezogen: *generale* meint nicht das generelle Angebot aller Fächer (das hat es an der frühen Universität gar nicht gegeben), sondern die generelle Öffnung für alle Studierenden. Und eben darum braucht es das Gründungsprivileg von einer der beiden universalen Gewalten, die allein für die ganze Christenheit urkunden können: von Papst oder Kaiser.

Entsprechend der unterschiedlichen Initiative bei der Ausbildung der Körperschaft (in Paris zuerst die Professoren, in Bologna zuerst die Studenten) und der daraus resultierenden Gewichtsverteilung, bezeichnet man die beiden fortan verfügbaren Universitäts-Modelle kurz als das Pariser Modell der Professoren-Universität und das Bologneser Modell der Studenten-Universität. Freilich darf man sich unter „Studenten-Universität" nichts Falsches vorstellen. Der Bologneser Rechtsstudent war nicht ein Student im Gymnasiastenalter wie die Mehrzahl der Studenten an der Pariser Universität mit ihrer alles erdrückenden Artisten-Fakultät. Das Artes-Studium, das im Grunde ja Vorstufe für die anderen Fakultäten war, hatte der Rechtsstudent schon hinter sich, ja er stellte zu Hause oft schon etwas dar und wußte entsprechend aufzutreten. Was seine Position stark machte, war neben dieser Seriosität auch die Tatsache, daß er den Professoren als Arbeitgeber gegenübertrat: schließlich lebten die Bologneser Professoren, weil meist Laien, nicht wie die Pariser Professoren von Pfründen, sondern – gewissermaßen freiberuflich – von Hörergeldern.

Die Professoren bekamen die daraus folgende Abhängigkeit drastisch zu spüren: der Lehrbetrieb in Bologna war auf das strengste reglementiert. Wer unter den Professoren mit dem Stoff nicht durchkam, mußte Hörergeld zurückzahlen; wer seine Vorlesung nicht schon während des Läutens begann, hatte mit Gehaltsabzug zu rechnen (zu besserer Disziplinierung mußte er darum bei Beginn des Studienjahres einen Teil seines Gehaltes als Kaution hinterlegen). In jeder Vorlesung saßen vier heimlich gewählte Denunziatoren, die über jede Unregelmäßigkeit Bericht erstatten und die Rektoren zum Eingreifen veranlassen konnten. Diese lähmende Zucht lockerte sich erst, seit die Professoren nicht mehr allein von den Hörergeldern lebten, sondern von der Stadt besoldet wurden.

Um aber kein falsches Bild von der sozialen und wirtschaftlichen Situation der Studenten aufkommen zu lassen, sei hier hinzugefügt, daß die Masse der Studenten auch in Bologna durchaus die finanziellen Probleme kannte, denen Studenten immer und überall ausgesetzt sind. Wir erfahren davon sehr anschaulich aus einer historischen Quelle besonderer Art: aus frühen Sammlungen von Musterbriefen für alle Lebenslagen (wie es sie ja auch heute noch gibt: über die Mentalität eines Volkes erfährt man aus solchen Briefstellern mehr als aus vielen Büchern!). Da ist an alles gedacht, also auch: wie schreibe ich als Student, wenn ich Geld brauche? Vorschlag der Bologneser Briefmuster-Sammlung etwa: Ich muß hier in Bologna von Tür zu Tür betteln gehen, manchmal kriege ich zwanzigmal hintereinander nichts; oder: meine Bettlaken *tendunt annihilari,* „tendieren dazu sich in Nichts aufzulösen" – und so geht es fort in allen Variationen. Kurz: der studentische Bettelbrief hat in solchen Briefmustern früh seinen festen Platz. Aber solche Briefsammlungen müssen, wenn sie verkäuflich sein wollen, auch an die Antwort denken: wie schreibe ich als Vater, wenn ich kein Geld schicke? Etwa so: die Ernte war wegen der Regenfälle so schlecht, daß ich keinen Gewinn gemacht habe; oder aber (und diese alternative Antwort klingt infam, ist aber volkswirtschaftlich völlig korrekt): die Ernte war so gut, daß ich wegen der Überproduktion keinen Gewinn gemacht habe.

Gegen 1230 also endet die Phase der gewordenen, beginnt die Phase der geschaffenen Universitäten. Fortan waren mit Paris und Bologna Verfassungsmuster vorgegeben (auf deren Besonderheiten hier nicht einzutreten ist), die übernehmen oder modifizieren konnte, wer eine Universität gründen wollte. Wer aber wollte? Wer könnte das Interesse und die Mittel haben, eine Universität zu gründen? Ein letzter Ausblick auf diese Phase kann die Fülle der Erscheinungen nur gerade typisieren.

Da gibt es früh die Staatsuniversität, an die der Fürst seine Untertanen beordert: studiert hier oder gar nicht – Neapel 1224. Denn Friedrich II. will seinen Landeskindern keinen geistigen Auslauf lassen, zudem braucht er für seinen zentralistisch und bürokratisch durchorganisierten Staat qualifizierte Beamte, um die Rechtsprechung einheitlich, die Verwaltung effektiv, die Staatsfinanz straff führen zu können. Kurz: die Universität aus Staatsraison. Und das wird Zukunft haben.

Da gibt es die päpstliche Universitätsgründung, deren Finanzierung dem unterlegenen Gegner auferlegt wird: Toulouse 1229. Nach Vernichtung der ketzerischen Albigenser im Languedoc gewissermaßen als theologisches Trutz-Albi, als Zitadelle der Orthodoxie zum Zwecke geistlicher Reconquista gegründet, wird dieses Universitätsprojekt dem besiegten Grafen von Toulouse in die Friedensbedingungen diktiert: Du hast 14 Lehrstühle zu finanzieren (das sind Reparationen besonderer Art, in heutigen Friedensverträgen schwer vorstellbar). Die Finanzierung schien damit gesichert, nun mußten noch die Professoren her. Und so ließ man sich ein Werbeschreiben einfallen, das unter anderen Dingen (hier sind die Einwohner höflich, die Preise niedrig) nicht-materielle Anreize besonderer Art in Aussicht stellt: wer hier lehrt oder studiert, erhält volle Sündenvergebung, und: hier dürft Ihr auch über jene aristotelischen Schriften lesen, die an der Universität Paris noch nicht zugelassen sind! In der Not frißt der Teufel eben Fliegen und die Kirche Aristoteles.

Da gibt es städtische Universitätsgründungen, die als Ableger anderer entstehen, weil Studenten und Professoren – aus Protest oder ganz einfach aus Unternehmungslust – geschlossen in eine andere Stadt abwandern und dort ein neues Studium zu errichten versuchen. Solche Zellteilungen gibt es vor allem in Oberitalien. Als Ableger Bolognas entsteht so 1222 Padua, um seinerseits schon 1228 eine weitere Universität aus sich zu entbinden: auf Einladung der Stadt Vercelli verhandelte damals eine Delegation von Paduaner Studenten-*universitates* über die Gründung. Die Stadt fragte nicht: was haben wir von einer Universität – sie wußte es. Das Verhandlungsergebnis ist überliefert und läßt auf das anschaulichste erkennen, welche Erwartungen und Vorstellungen beide Seiten in ein solches Vorhaben einbrachten. Da werden nacheinander alle vertrauten Probleme angesprochen: der Rechtsstatus der Studenten, das Wohnraumproblem (auf mindestens 500 Wohnungen wird der Bedarf geschätzt) und die Mietpreiskontrolle durch eine gemischte Kommission (das war eines der Grundrechte der frühen Universität); ausreichende Lebensmittelversorgung (zweimal wöchentlich Markt), und zinsgünstige Darlehen für den Anfang. Das klingt uneigennützig, aber es lockte doch auch, und es band. Denn man hatte sehr wohl eine Vorstellung auch von der volkswirtschaftlichen Seite eines solchen Vorhabens. Ein Gutachten vor Gründung der Universität Basel 1460 wird nicht nur eine Schätzung der zu erwartenden Studentenzahlen wagen, sondern auch der Summen, die die Studenten in Umlauf bringen würden: jeder Student werde im Jahr mindestens 20 Gulden verausgaben, das mache bei 500 Studenten 10 000, bei 1000 Studenten immerhin 20 000 Gulden – nur daß sich diese Prognose als völlig falsch erweisen wird, auch die niedrigere Zahl war noch viel zu hoch gegriffen.

Doch zurück nach Vercelli und zum nächsten Verhandlungspunkt: wieviel Lehrstühle brauchen wir, und welche sollen es sein? Man einigte sich auf 14 Professuren in kennzeichnender Zusammensetzung: mit 4 phil.-hist./phil.-nat., 2 Medizinern (die wünschte sich wohl die städtische Seite), aber 7 Juristen und nur einem Theologen war diese projektierte Universität Vercelli deutlich eine Enkelin von Bologna und nicht von Paris. Ganz und gar bolognesisch verfaßt ist denn auch die Berufungspraxis: über die Berufung der Professoren entscheiden, mochte deren Besoldung auch von der Stadt übernommen werden, allein die studentischen Rektoren. An Dienstpersonal schienen zwei Planstellen hinreichend.

Damit war die Universität im Aufriß fertig. Die Zuversicht der akademischen Seite, „die ganze Universität Padua nach Vercelli zu ziehen", erwies sich, trotz landesweiter Werbung, dann doch als zu viel versprochen. Aber das berührt uns hier nicht mehr: an Gründungen, die *nicht* gelangen, wird die Universitätsgeschichte bald reich sein – wurden doch bald Universitäten gewissermaßen auf Vorrat gegründet, denn eine Universität galt inzwischen als etwas Schönes, das sich ein Fürst um die Schultern legen konnte. Man besorgt sich von Kaiser oder Papst vorsorglich eine Gründungsurkunde – und beläßt es dabei: Gründungsurkunden ohne Universität, wie vorher Universitäten ohne Gründungsurkunde, nichts könnte den zurückgelegten Weg besser kennzeichnen.

Das Gründungsprojekt Vercelli, das in seiner Frische und pragmatischen Direktheit so unmittelbar anspricht, gab uns noch einmal den Aufriß einer frühen Universität und zugleich einen Querschnitt durch praktisch alle Probleme der frühen Universitätsgeschichte. Darum stehe dieses Beispiel hier am Ende unserer Ausführungen, die einen kleinen Einblick geben wollten in Zeitspannen von Universitätsgeschichte größer als es unscheinbare Rektoratsjahre sind.

Historische Erfahrungen sind schwerlich übertragbar. Aber einiges lehren sie uns doch: man mußte die Universität auch *wollen,* in Paris, in Bologna, und hier im Länggassquartier, und sie gediehen und gedeihen, *weil* man sie dort will. Und auch noch etwas anderes lehrt uns diese Geschichte: den Respekt vor den Leistungen und Entscheidungen anderer. Denn hüten wir uns davor, Universitätsgeschichte (und Geschichte überhaupt) so zu lesen, als habe sie so und nicht anders ablaufen müssen nur deshalb, weil sie eben so abgelaufen ist. Nein: Vergangenheit ist gewesene Gegenwart, Vergangenheit ist ein Raum einstmals offener Entscheidung, in dem Menschen sich entscheiden, Universitäten ihren Weg finden mußten – und dieser Weg ist nie einfach gewesen, im 13. Jahrhundert nicht einfacher als im 20. Jahrhundert, nur daß unsere Probleme andere sind. Versuchen darum auch wir, angeleitet oder doch ermutigt durch diese historische Erfahrung, einvernehmlich und besonnen unsere Probleme auf unsere Weise zu bewältigen, und seien wir dankbar für das Verständnis, das wir finden.

Viele Loyalitäten, eine Identität

Italienische Kaufmannskolonien im spätmittelalterlichen Europa

Die Frage nach Identität und Identitätswahrung, nach Loyalität und Loyalitätskonflikt – Generalthema dieses Historikertages – sei an eine Gruppe von Menschen gerichtet, deren Dynamik, Erfahrungshorizont und Gesprächigkeit am ehesten Aufschluß über diese Problematik erwarten lassen: die italienischen Kaufleute in der Fremde. Überblicken wir zunächst in aller Kürze die allgemeine wirtschaftliche Konstellation, in der, Voraussetzung für unsere Fragestellung, solche Kaufmannskolonien entstanden.

Italien erreichte im späten Mittelalter erst allmählich die Grenzen seines unerhörten wirtschaftlichen Wachstums, der große Vorsprung gegenüber der aufholenden internationalen Konkurrenz verringerte sich nur langsam: angesichts der großen Anpassungs- und Widerstandskraft des verstädterten Italien, das Einbußen in einzelnen Sektoren oder Regionen anderweitig zu kompensieren vermochte, sollte man den vielberedeten Eindruck einer allgemeinen wirtschaftlichen Depression des Spätmittelalters nicht auf Italien übertragen und allenfalls von Anpassungskrise sprechen.

Im Fernhandel behält das Geschäft mit indischen Gewürzen seine hervorragende Bedeutung, mit hohen Gewinnspannen vor allem auf der Route Alexandrien–Venedig. Doch tritt neben den traditionellen Orienthandel seit dem letzten Viertel des 13. Jahrhunderts der regelmäßige Schiffsverkehr durch die Meerenge von Gibraltar zur Wolle Englands und den Tuchen Flanderns. Diese Verflechtung der europäischen Märkte führt zu praktischen Zahlungsproblemen, für die wiederum italienische Kaufleute erste Lösungen finden: bargeldloser Transfer von Geldern, bargeldlose Verrechnung von Schulden hier gegen Guthaben dort, in größerem Maßstab erstmals auf den Champagne-Messen zu beobachten, wird durch die Weiterentwicklung des Wechselbriefes (der bald auch Kreditpapier wird, seit etwa 1400 girierbar) den weiträumigen Ausgleich der Zahlungsbilanzen möglich machen und die Verflechtung weiter vorantreiben.

Seit der reisende, seine Waren begleitende Kaufmann gegen 1300 durch den seßhaften, die Warenströme vom Büro aus dirigierenden Kaufmann abgelöst wird und die Champagne-Messen verkümmern, bauen italienische – meist toskanische – Gesellschaften ein Netz von

Filialen und Agenten über ganz Europa aus: von England bis Ägypten, von Marokko bis zur Krim, mit Nordwesteuropa als wichtigster Drehscheibe. Im 14. Jahrhundert sind das überwiegend große, zentral gelenkte Firmen mit vielen Filialen und großem Gesellschaftskapital (wie die Florentiner Peruzzi, mit 22 Gesellschaftern und 16 ausländischen Kontoren); nach der bösen Erfahrung der großen Florentiner Bankrotte durch Zahlungseinstellung seitens des englischen Königs in den 1340er Jahren bevorzugt man kleinere Gesellschaften mit relativ selbständigen Unternehmen unter starkem Dach wie Medici oder Datini.

Diese toskanischen Firmen, die Handels- und Bankgeschäft gleichermaßen beherrschten und obendrein auch noch, durch Rohstoffbeschaffung und Fernabsatz (bisweilen auch durch direkte Koordinierung der Produktion im Verlagssystem), das heimische Gewerbe im Griff hatten, werden uns die Personen stellen, nach deren Identität wir fragen wollen. Und was diese Personen in die Fremde führt, ist die unvergleichliche Professionalität und die unerhörte Dynamik von Kaufleuten, die willens und fähig waren, in aller Welt mit Waren, Geld, Dienstleistungen, Informationen zu handeln.

Was heißt das für unsere Fragestellung? Das heißt zunächst einmal: sie kommen nicht als Auswanderer, nicht als Arbeitsuchende (wie umgekehrt etwa die Heere von deutschen Handlangern auf den Baustellen der italienischen Renaissance). Sie wissen im Gegenteil, daß sie mit ihrem Kapital und ihrem innovativen, in rascher Folge weiterentwickelten Instrumentarium anderen überlegen sind (mögen Franzosen, Engländer, Süddeutsche dann auch aufholen). In einigen Bereichen machen sie sich unentbehrlich: was gab es für einen Fürsten, der noch ohne Vorstellung von einem Budget vor sich hin wirtschaftete, Unwiderstehlicheres als ein Kontokorrent mit Überziehungskredit! Oder: wie sollte wohl der Papst ohne ihre guten Dienste an seine Einkünfte fern in Portugal oder in Polen kommen, auf Zypern oder auf Island? Womöglich mußte eine Servitienzahlung zunächst einmal in Form von Walroßzähnen von Island bis Brügge, in Form von Eichhörnchenfellen von Schweden bis Brügge geschafft werden, und ging erst von dort, als Verkaufserlös, bargeldlos an die Apostolische Kammer nach Rom. Machen ließ sich das schon, nur: irgendeiner mußte das in die Hand nehmen – und an irgendeiner Stelle, spätestens ab Brügge, mußten italienische Bankiers eingeschaltet werden. Solche Bankiers lassen sich während des Großen Schismas auch nicht von den Päpsten sagen, der Verkehr mit der Obödienz des anderen Papstes sei fortan untersagt (das wäre der einen wie der anderen Apostolischen Kammer schlecht bekommen), und so arbeiteten diese Firmen über die Obödienzgrenzen hinweg zusammen oder unverfroren manchmal gar für beide Päpste zugleich. Und was sie notfalls sonst noch so alles konnten – Pfründen makeln, Pfründen versteigern –, wird in den Zeugenverhören der Konzilien von Pisa und Konstanz zur Sprache kommen.

Aber zurück in den normalen Alltag ihrer Geschäfte. Schon dieser Alltag gibt eine hinreichende Vorstellung von ihrem Know-how und ihrer Unentbehrlichkeit – und somit von ihrem Selbstwertgefühl, nach dem, als konstituierendem Bestandteil ihrer Identität, wir als erstes zu fragen haben.

Das tägliche Jonglieren mit den verschiedensten europäischen Währungen auf den großen Wechselplätzen war noch das Mindeste an ihrem Gewerbe, für Brügge sind diese Operationen beinahe Tag für Tag von de Roover verfolgt worden. Im spätmittelalterlichen Volksbuch vom *Fortunatus,* das vom weisen und vom törichten Gebrauch eines Glückssäckels erzählt und das Märchenhafte seiner Episoden doch ganz ins Kaufmännisch-Rechenhafte wendet (man hat vom ersten bürgerlichen Prosaroman in Deutschland gesprochen), im Fortunatus-Roman also hat das Glückssäckel die bemerkenswerte – und gänzlich unmärchenhafte – Eigenschaft, seine Goldstücke jeweils gleich in der richtigen Landeswährung herzugeben, also in Frankreich Kronen, in Venedig Dukaten usw. Das ist ein Kaufmannstraum. Aber selbst im Traum denkt der Kaufmann, denkt Fortunatus noch an die Wechselkurse („. . . 500 Nobel, ist einer besser dann dritthalber Gulden rheinisch"), denn an der Wechselkursdifferenz verdiente der Kaufmann, in der manipulierten Wechselkursdifferenz konnte er die kirchenrechtlich verbotenen Zinsen verstecken.

All das wurde erfindungsreich und rücksichtslos ins Werk gesetzt, denn umgebremstes Gewinnstreben war treibender Impuls. Doch von der angeblichen bürgerlichen Enge und Saturiertheit dieser Kaufleute mache man sich keine falschen Vorstellungen: sie vermochten – beweglichen Geistes und von hohen intellektuellen Fähigkeiten – zukunftsweisende banktechnische Innovationen zu ersinnen, deren italienische Bezeichnungen (*Lombard, Giro, Agio* usw.) wir darum noch heute verwenden; wußten – *marchands écrivains* – was sie bewegte in Worte zu fassen; waren – Marco Polo, Cadamosto, Columbus, Vespucci – willens und fähig, aus alten Vorgegebenheiten herauszutreten und neue Welten aufzustoßen.

Wie sie weite fremde Räume zu durchdringen und sich anzueignen verstanden, ersehen wir aus ihrer Korrespondenz. Dazu nur einige Beispiele unter anderem aus dem Archiv des Kaufmanns Francesco Datini, das mit seinen rund 125 000 Geschäftsbriefen geradezu der Idealfall der mittelalterlichen Briefüberlieferung ist (aus nur rund vier Jahrzehnten, ca. 1370–1410, 125 000 Originalbriefe aus 267 Orten Europas, Nordafrika und des Vorderen Orients!). Da werden in großer Gebärde ganze Handelszentren gegeneinander abgewogen („Wenn es mir mit Sevilla so gut geht wie mit Valladolid ..., dann sollt Ihr ruhig Lyon für Euch behalten") und mit wenigen prägnanten Worten die Funktion Brügges als Scharnier zwischen romanischem und germanischem Handelsraum erfaßt. Da geht der vorausschauend kalkulierende Blick des Kaufmanns weit nach Osten (die Pelzpreise zögen an, weil hinten in Moskau große Bestände verbrannt seien), weit nach Westen (um in Portugal Fuß zu fassen, wird erst einmal der dortige Markt analysiert) und in den Vorderen Orient (beiliegend der Frachtzettel einer Gewürz-Karawane von Mekka nach Damaskus).

Sie vermochten ihren Kunden in einem weiträumigen Clearing etwa Überschüsse im Spanienhandel gegen Defizite im Flandernhandel zu verrechnen und sorgten überhaupt für das notwendige Recycling: daß beispielsweise Gelder, die nach Rom gingen, auch wieder, etwa als Soldzahlungen, nach Norden zurückflossen oder gleich im Lande blieben. Sie wußten (und wenn sie es nicht im Kopfe hatten, schlugen sie es in einer *Pratica di mercatura,* einem Kaufmannshandbuch, nach), wann wo warum das Geld „besser" wurde: wenn nämlich der Termin von Messen, der Beginn der Schiffahrt, der Aufkauf von Ernten usw. das Geld saisonbedingt knapp machten. Sie verstanden für die Festsetzung von Versicherungsprämien Risiken zu berechnen. Und sie wußten Distanzen, Risiken, politische Konstellationen so präzise einzuschätzen, weil ihnen eben bewußt war, daß das alles unweigerlich in die Preisbildung eingehen werde. Da wird man (eine unter Wirtschaftshistorikern der neuesten Geschichte offensichtlich verbreitete Ansicht) wahrhaftig nicht sagen können, daß erst seit dem frühen 19. Jahrhundert Managern die Perzeption wirtschaftlicher Abläufe, die Unterscheidung zwischen wirtschaftlicher Strategie und Taktik und anderes dergleichen gelinge!

Für diese Zwecke diente ein Informationssystem von eindrucksvoller Dichte, das immer auch politische Nachrichten einbezog: sie kannten Staatsverträge, noch bevor sie veröffentlicht wurden (denn auch solche Dinge findet man in ihrer Korrespondenz); sie unterrichteten ihre Geschäftsfreunde über kriegerische Ereignisse wie etwa – Tag für Tag – den Vormarsch Tamerlans 1403 im Vorderen Orient (denn für Preisentwicklung und Absatzchancen konnte das Vordringen der Mongolen drastische Folgen bis hinauf nach England haben). Das waren Informationen, über die oft nur sie verfügten, und die sie gegebenenfalls dann gezielt in ihre Gespräche mit dem begierig lauschenden Fürsten einfließen ließen, wie Leon Battista Alberti in den *Libri della Famiglia* am Beispiel eben der Alberti anschaulich erzählt: „Aufruhr, Truppenkonzentrationen oder neue Gesetze, Verschwägerung von Fürstenhäusern, Staatsverträge, Kriege, Feuersbrünste, Schiffskatastrophen und überhaupt jedes neue und wichtige Ereignis" – mit solchen, aus den Außenstellen der Firma regelmäßig eingehenden Nachrichten habe man sich dem mächtigen

Herzog von Mailand unentbehrlich gemacht. Und auf gleiche Weise konnte der an der Papstfinanz interessierte Lucchese Paolo Guinigi Papst Bonifaz IX. über jede Bewegung des Gegenpapstes informieren. Nichts, was sie nicht gewußt hätten.

Und nichts, was sie nicht gekonnt oder wenigstens gewagt hätten: sie agierten als Lobbyisten weit über ihr Metier hinaus, betrieben im Auftrag Dritter gegebenenfalls sogar die Ernennung von Bischöfen, die Ablösung von Bischöfen, das Zustandekommen oder das Scheitern von Bündnissen, und bearbeiteten notfalls auch die Kardinäle im Konklave. In den Nachlässen dieser italienischen Kaufleute findet man denn auch Stücke, die da gar nicht hineingehören, oder die man da jedenfalls nicht vermutet hätte, und die sie anscheinend nicht zu bloßem Kurierdienst, sondern zu aktiver Förderung übernommen hatten.

Soviel zu ihren Aktivitäten, ihren spezifischen Fähigkeiten, ihrem Erfahrungshorizont. Davon ist zunächst ausführlicher die Rede gewesen, weil für die Frage nach ihrer Identität zuerst einmal festgestellt werden muß, was sie denn in die Fremde führte, vor allem: wie sie sich in der Fremde selber einzuschätzen hatten, auf welcher Ebene sie sich dort einstuften; was sie sich zutrauten, was sie in ihrer Reichweite wußten. Wie also erfuhren sie ihre Identität?

Sehen wir einmal einem von ihnen ins Gesicht: Giovanni Arnolfini von Lucca an der Seite seiner Frau, das bekannte Bild von Jan van Eyck, Brügge 1434. An beider Kleidung ist nur der Samt von Hut und Ärmeln aus Lucca, der schwere grüne Stoff wohl aus Flandern, die Spitzen aus Mecheln, der Pelz aus Preußen oder Rußland, die roten Lederschuhe wohl aus Spanien oder Nordafrika, der Zuschnitt ganz nach burgundischer Mode. Weiß dieser Kaufmann, eingespannt in die Loyalitäten gegenüber dem Fürsten (und das ist kein Geringerer als Philipp der Gute, dann auch der französische König), eingebunden in die Loyalitäten gegenüber der Stadt, in der er seit Jahren lebt, gegenüber seinen elitären Kunden, von denen er abhängt, aber auch gegenüber seiner Vaterstadt, die seine guten Dienste weiterhin in Anspruch nimmt – weiß dieser Kaufmann überhaupt noch, ob er Jean Arnoulphin (wie man ihn hier nannte) oder Giovanni Arnolfini oder beides ist?

Um die Antwort vorwegzunehmen: doch, er weiß es. Die Frau an seiner Seite ist eine Cenami aus bedeutender lucchesischer Kaufmannsfamilie; seinem Leben in der fremden Stadt gibt die wohlorganisierte Gemeinschaft der lucchesischen Kaufleute in Brügge den Rahmen, die ferne Vaterstadt den Rückhalt, die Familie über alle Distanz hinweg die atmosphärische Hülle. Von dieser sozusagen positiv, aus ihrem Innern heraus bestimmten Identität wird noch die Rede sein.

Aber Identität bestimmt sich – wie alles, was Konturen hat – auch durch ein Außen, grenzt sich gegen eine nicht-identische Umwelt ab, ist wie ein Negativabdruck in einer umgebenden Masse. Fremdsein in fremdem Lande erfährt man, um mit dem Elementarsten zu beginnen, an der Sprache. Den praktischen Bedürfnissen des Kaufmanns entsprechend wird es kein Zufall sein, daß das älteste überlieferte deutsch-italienische Sprachbuch eben für den Gebrauch von Kaufleuten in Venedig gedacht ist. Dieser *maestro Zorzi*/Meister Georg von Nürnberg (1424) lehrt das Konjugieren denn auch nicht nur am Beispiel von *amare*, sondern am Beispiel von *far la ragione*, „rechnen": *e fazo rason, tu fa rason* usw., durch alle Stammformen. Und dementsprechend die einschlägigen Substantive: *el chambio* der Wechsel, *el guadagno* der Gewinn usw. Dann geht es in einem zweiten Teil, sozusagen für Fortgeschrittene, weiter zur Konversation – unter Kaufleuten, versteht sich, und mit vollständigen Sätzen wie heutzutage in einem Sprachführer („selbst wenn Ihr mein Vater wäret, würde ich es Euch nicht unter 4½ Dukaten geben"), und mit eingebauten Weichen in der Argumentation, damit die Entscheidung nicht (was einem ja auch heute noch passieren kann) durch die verfügbaren Worte vorgegeben ist. Endlich hat man sich auf den Preis des Tuchs geeinigt – aber erst nach didaktischen 11 Druckseiten Feilschens (in dem auch die völkerpsychologischen Anspielungen nicht fehlen: „Sag nur ruhig, die Deutschen seien immer betrunken"). Ein versierter Benutzer des Fondaco dei Tedeschi oder ein etablierter Florentiner in London mag das etwas schneller geschafft haben, aber (und nur das sei damit gesagt): so oder so erfahren sie erst einmal an der Sprache, was sie von ihrer Umwelt abgrenzt und auf ihresgleichen zurückverweist.

Doch für Orientierung und Behauptung in fremdem Land ist es mit Konjugieren und Deklinieren nicht getan, man muß nicht nur Worte, man muß auch Verhältnisse übersetzen, und wird sich in der Erfahrung und Übertragung fremder Werte-Hierarchien der eigenen erst wirklich bewußt werden. Der italienische Kaufmann in Dijon oder London mußte wissen: wer darf hier Hermelin tragen, wem schenkt man Marder, wer kann sich Zobel leisten? Das ist nicht einfach Marktbeobachtung, sondern viel mehr: was legitimes Standeszeichen ist und was bloß vorgezeigter Reichtum, das unterscheiden zu können ist eine tiefe Einsicht in die Verhältnisse eines fremden Landes, und muß von Land zu Land neu gewonnen werden – am burgundischen Hof sind die Stellenwerte andere als bei jenen pelzbehangenen deutschen Kaufleuten, die den kranken Buonaccorso Pitti in Buda zu lebensrettender Schwitzkur unter ihren Pelzen begraben.

Überhaupt sahen sie sich alltäglich Menschen anderen Schlages gegenüber, denen sie schließlich nicht aus dem Wege gehen konnten; sahen mit Befremden das gespreizte, hochgezüchtete Wesen am burgundischen Hof, und andrerseits die sehr direkte, als wenig signoril empfundene Art der *oltramontani* (die solle man bei Besichtigungen erst einmal vorausrennen lassen, rät ein alter italienischer Pilger – und genau so könnte ein Italiener noch heute sprechen). Eingehüllt in ihre Identität, und ihr florentinisches Bezugssystem in sich tragend, verglichen sie fremde Verhältnisse, ja sogar fremde Bauten, fremde Landschaften immer mit den eigenen, und erfuhren darin erst recht, was ihnen in ihrer zwiespältigen Existenz Halt gab.

Um den Bedingungen des Landes, das nicht ihr eigenes war, gerecht zu sein, mußten diese italienischen Kaufleute die Stellenwerte wissen, mußten eine neue Optik ausbilden: mußten gewissermaßen ihren gesamten Denkapparat um einen festen Angelpunkt, ihre Identität, schwenken und auf eine neue Wirklichkeit einstellen können – und ihn am Schluß doch wieder in die Ausgangsposition zurückführen. Nur so konnten sie die bleiben, als die sie gekommen waren, und die sie für ihre Vaterstadt und für ihresgleichen auch jetzt immer noch zu sein hatten.

Denn die fortdauernde Bindung an die Vaterstadt und das Leben in landsmannschaftlicher Gemeinschaft blieben der feste Bezugspunkt. Das Bewußtsein, einem anderen Rechtskreis anzugehören, und die solidarisierende Wirkung alltäglich erlebten Kontrastes führten, im instinktiven Sichzusammendrängen von Minderheiten, zum organisierten Zusammenschluß von Kolonien, die so etwas wie eine kollektive Identität ausbildeten. Aus dem untergründigen Gefühl der Gefährdung folgte die Notwendigkeit besonderer Privilegierung, und daraus wiederum der Zwang zu besonderer Leistung – sozusagen Identität unter Außendruck, die ihre Gefährdung empfindet: „Der in sich gespaltene Kern ist, auch hier, das Material, das die größte Energie entfaltet", hat Adolf Muschg über „Die Erfahrung von Fremdsein" gesagt. Solche Existenz bedurfte des festen Rahmens: Vaterstadt, Familie, landsmannschaftliche Gemeinschaft, sie alle Identität stiftend, aber auch Loyalität heischend.

Guten Einblick in die Problematik bieten die italienischen Kaufmannskolonien im spätmittelalterlichen Europa. Es werden überwiegend Gruppenbilder von Toskanern sein, und da wiederum meist Florentiner und Lucchesen. Denn außerhalb des Mittelmeerraums waren nur die großen stabilen Organismen toskanischer Firmen mit ihrer Verbindung von Handels- und Bankgeschäft und ihrem dichten Netz von Kontoren imstande, für Kunden wie die Apostolische Kammer die notwendigen weiträumigen Transferoperationen durchzuführen – und nicht etwa die relativ kleinen und kurzlebigen Gesellschaften Venedigs, die anders strukturiert und orientiert waren und Handels- und Bankgeschäft grundsätzlich auseinanderhielten.

Als Beispiel seien die Lucchesen gewählt. Lucchesen finden sich, als Wechsler und als Exporteure von Luccas Hauptprodukt, der Seide, schon im 13. Jahrhundert zahlreich in Frankreich und England. Im Laufe des 14. Jahrhunderts werden sie sich zunehmend an den wirtschaftlichen und politischen Brennpunkten Nordwesteuropas versammeln, zumal in Brügge und in Paris.

Die Kolonie in Brügge, die *communitas mercatorum lucensium de Brugia,* kennen wir besonders gut, weil ihr *libro* erhalten ist, der Statuten, Beschlüsse, Mitglieder verzeichnet und tiefen Einblick in Zusammensetzung, Organisation und Funktion einer solchen Kaufmannskolonie gibt. Die Lucchesen hatten sich hier, später als Genuesen und Venezianer, 1369 zu einer Gemeinschaft verfaßt, mit eigenen Statuten, eigenen Konsuln, eigener Gerichtsbarkeit, eigener Steuer. Offizielle Bestimmung war der Kult des Volto Santo, des lucchesischen Christusbildes *(prima a laude e reverentia del Volto Santo)* – und diese besondere Begründung sei hier ausdrücklich hervorgehoben, weil die identitätsstiftende Wirkung von Kult und Fest bei solchen Zusammenschlüssen in der Fremde nicht zu übersehen ist. Entsprechend werden sich die Florentiner Kaufleute im Ausland jeweils am Johannisfest zusammenfinden, und sei es, mit grossem öffentlichen Aufwand, auf dem Konstanzer Konzil.

Die Gemeinschaft der Lucchesen umfaßte 1377 immerhin 46 (nicht fernreisende, sondern seßhafte) Kaufleute und Agenten, von denen einige hier das Bürgerrecht erwarben, wohl um auf diese Weise das Verbot des Detailhandels zu umgehen, der den lokalen Zünften vorbehalten blieb. Doch hinderte der Erwerb des Bürgerrechts sie nicht daran, sich weiter als Lucchesen zu bezeichnen. Eben dies war für solche Kaufleute (die an wirklicher Assimilierung oft gar kein Interesse hatten) das eigentliche Kunststück: es fertig zu bringen, für gute Brügger Bürger zu gelten und zugleich gute Luccheser Bürger zu bleiben! Die *comunità* hielt enge Kontakte mit der Heimatstadt – die von allen Entscheiden in Kenntnis gesetzt wurde – und mit anderen lucchesischen Kolonien, den *fratelli di Londra* oder *di Parigi,* mit denen man sich zu solidarischem Handeln abstimmte; und sie war sozusagen auch die diplomatische Vertretung der Heimatstadt, etwa wenn sie Schreiben Luccas an den Fürsten weiterleitete.

In Paris sind Italiener, nach dem Niedergang der Champagne-Messen angezogen durch die Nähe der französischen Kapitale, zahlreich seit dem späten 13. Jahrhundert nachzuweisen, darunter Kaufleute, hinter deren französisch entstellten Namen *Esclat, Isbarre, Richas, Loneste* sich leicht die große Familien Luccas erkennen lassen: Schiatta, Sbarra, Ricciardi, Onesti, neben Guinigi, Rapondi, Moriconi, Cenami, Forteguerra, Trenta – alles Namen von Rang, denen man in Lucca in den höchsten Ämtern der Kommune begegnet, und die nun ihrerseits wieder Landsleute anzogen: denn eine lucchesische Firma wird auch im Ausland vorzugsweise Lucchesen, eine Florentiner Firma Florentiner als Mitarbeiter anstellen.

Unbeeindruckt von den königlichen Ordonnanzen, die ihre erfolgreiche Tätigkeit zunächst noch einzudämmen versuchten, verstanden sie sich den Fürsten bald unentbehrlich zu machen: wenn die Unternehmungen der Anjou und Karls von Valois nach Italien finanziert sein wollten, die Banktätigkeiten des aufgehobenen Templerordens ersetzt, die königliche Münze kompetent geführt, der königliche Hof angemessen beliefert – dann waren die guten Dienste dieser italienischen Kaufleute willkommen. Und unter ihnen nahmen die Lucchesen zeitweilig die erste Stelle ein.

Von der Gemeinschaft lucchesischer Kaufleute in Paris, die sich im ersten Viertel des 14. Jahrhunderts konstituiert haben muß, sind Statuten nicht überliefert. Doch dürfte sie ähnlich wie die in Brügge organisiert gewesen sein. Kultischer Mittelpunkt war auch hier das lucchesische Christusbild des Volto Santo, und diesem (bis zur Französischen Revolution überdauernden) Altar in der Église du Saint-Sépulcre flossen die reichen Stiftungen zu, nicht so sehr der Pfarrkirche dieses Viertels dort um die *rue des Lombards,* in dem die Lucchesen wie die anderen „Lombarden" – eben Italiener – ziemlich geschlossen saßen.

Hier hatten lucchesische Familien ihre *hôtels*: darunter die ausgedehnte, aufwendig ausgestattete Residenz des Bedeutendsten von allen, Dino Rapondi († 1415), der, wie viele Lucchesen sowohl in Paris wie in Brügge engagiert, zum Finanzminister der Herzöge von Burgund für deren Grafschaft Flandern aufstieg. Sein Ansehen und Einfluß bei Philipp dem Kühnen und Johann ohne Furcht war beträchtlich, vor allem seit der Rapondi für die Auslösung Johanns nach der Niederlage von Nikopolis 1396 den Transfer des Lösegelds an die Türken besorgt hatte (dieses Verdienst wird noch auf seinem Grabstein verzeichnet werden). Seine Rolle ging denn auch, am burgundischen wie am französischen Hof, weit über die des bevorzugten Hoflieferanten hinaus. Und doch blieb er über all dem seiner Heimatstadt eng verbunden: er war Rat und *maître d'hôtel* des burgundischen Herzogs – und ließ sich doch, 1376 und 1398, auch in den *Consiglio degli Anziani* von Lucca wählen. Und obwohl er jahrzehntelang in Paris lebte und hier Bürgerrecht hatte, wird unter die Statue, die ihm (vielleicht von Herzog Johann selbst) in der herzoglichen Sainte-Chapelle in Dijon errichtet wurde, die Schrift gesetzt werden: „Dino Rapondi aus der Stadt Lucca in Italien". Denn er wußte, wer er geblieben war, und die anderen wußten es auch.

Die blühende lucchesische Kolonie in Paris sah sich durch die Auseinandersetzung zwischen Orléans und Burgund im frühen 15. Jahrhundert ruiniert. Viele Kaufleute wanderten nach Brügge ab, soweit sie nicht, wie Spifami oder Cenami, schon auf dem Wege waren, durch Einheirat in den französischen Beamtenadel oder das Pariser Großbürgertum in ihrer französischen Umwelt aufzugehen.

Denn auch das gab es natürlich; aber es war keineswegs die Regel. Am gut untersuchten Beispiel der Cenami läßt sich beobachten, in welchen

Schritten sich die Assimilation eines lucchesischen Familienzweigs vollzog. Goffredo Cenami, erste Generation, ist seit 1369 in Frankreich nachzuweisen, stirbt aber 1413 in Lucca. Von seinen Söhnen bleiben mindestens zwei in Paris und betreiben, in Zusammenarbeit mit den Rapondi, die Handelsfirma dort weiter; doch auch von ihnen hält es nur einen, Guglielmo, auf Dauer in Paris. Seine Kinder, also die dritte Generation, bleiben überwiegend in Frankreich; doch auch in der vierten Generation wird es noch einen dieser Cenami zurück nach Italien ziehen. Mirot hat nachgezeichnet, wie sich die Identität dieser Familie allmählich verfärbte, die dann französische Prälaten, königliche Beamte, Bankiers, Gelehrte hervorbrachte und vereinzelt noch im 17. Jahrhundert Verbindung zu Lucca hielt.

Ein Blick auf die Präsenz italienischer Kaufleute in England gelte absichtlich nicht dem großen London, sondern dem kleinen, für den Seehandel aber so wichtigen Southampton. Denn dieses Beispiel zeigt die andere, ebenso interessante Seite des Phänomens: wie nämlich Gruppenidentität nicht nur bewahrt wird, sondern wie sie, vor allem bei kleineren Kolonien, eben auch verlorengehen kann.

In Southampton, Zwischenstation auf der Route italienischer Schiffe nach Flandern und Ausweichhafen für London, erreichte die italienische Präsenz auf ihrem Höhepunkt um 1400 mit 50–100 Personen immerhin rund 5% der Gesamtbevölkerung. Große Namen sind nicht darunter (immerhin aber Agenten großer Namen), vor allem aber lassen sich, anders als in London, Anzeichen landsmannschaftlichen Zusammenschlusses nicht erkennen: kein eigener Konsul, keine eigene Kirche, kein eigenes Viertel. Bis ins 15. Jahrhundert war es hier leicht gewesen, das lokale Bürgerrecht oder die *denization,* die Naturalisierung durch königliches Privileg zu erhalten. Aber diese Offenheit wich seit der Mitte des 15. Jahrhunderts zunehmendem, durch einheimische Kaufleute geschürten Fremdenhaß, dem die Italiener damals in England überhaupt stärker ausgesetzt waren als etwa in Flandern. Ein großer Teil dieser Italiener in Southampton, die schon zunehmend englische und nicht mehr italienische Schiffe benutzten, wird denn auch um den Preis rascher Anpassung (einer von ihnen wird 25 Jahre nach seiner Ankunft sogar Bürgermeister!) bereits im Laufe des 15. Jahrhunderts durch Heirat oder königliches Naturalisierungspatent aufgesogen – oder aber hinausgedrängt.

Das mag, für die Zwecke unserer Fragestellung, als erster Eindruck von der weiten Präsenz italienischer Kaufmannskolonien genügen, obwohl auch andere Länder noch zu nennen wären: vor allem die Iberische Halbinsel (hier waren es in erster Linie die Genuesen, die damit im Augenblick der Entdeckung Amerikas sozusagen schon in die richtige Richtung schauten: „ein Drittel von Genua" treffe man in Spanien, meinte der venezianische Gesandte 1503); und von dort bis hinüber nach

Ostmitteleuropa (nur im deutschen Raum östlich der Rheinlinie fehlen Italiener in auffallender Weise). Und nicht zu vergessen Italien selbst, da ja auch hier Florentiner oder Lucchesen in der Fremde „Nationen" bildeten, in Neapel, in Rom usw.

Doch seien noch zwei letzte Beispiele genannt, da sie auf weitere Aspekte hinführen: die italienischen Kaufmannskolonien in den beiden – als rivalisierende Messe-Plätze einander feindlich verbundenen – Städten Genf und Lyon.

In Genf traten, gefördert von den Grafen von Savoyen, schon seit dem späten 13. Jahrhundert italienische Kaufleute auf, doch nahm ihre Präsenz erst in der 1. Hälfte des 15. Jahrhunderts mit dem Aufschwung der Messen massiv zu: an Zahl vor allem Mailänder, an Gewicht vor allem Florentiner und Lucchesen. Eine dauernde, organisierte Kolonie bildeten aber nur die Florentiner: um 1440 waren mindestens 6 Florentiner Handelshäuser fest in Genf vertreten (darunter die Medici-Filiale unter Leitung des hochgebildeten Francesco Sassetti, der lieber in seinen klassischen Autoren als in seinen Kontobüchern las), alles in allem vielleicht 50 Florentiner gegen mindestens ebenso viele französische und rund 20 deutsche Kaufleute. Mehrere dieser Florentiner bewarben sich erfolgreich um das Genfer Bürgerrecht.

Doch dann führte, seit den 1460er Jahren, der Aufstieg Lyons als Messe-Platz (1464) zur Abwanderung der ausländischen Kaufleute, allen voran die Florentiner. Und nun wiederholt sich in Lyon, was zuvor in Genf abgelaufen war. Wieder dominieren die Florentiner, zahlreich (1488 offiziell 29, 1502 46 Personen) und mit bedeutenden Namen (Medici, Pazzi, Alberti, Portinari, Martelli usw.); dann Lucchesen, Genuesen, Mailänder, sie alle in „Nationen" mit eigenen Statuten organisiert. Die Florentiner übernahmen dabei praktisch die Statuten, die sie sich zuvor in Genf gegeben hatte. Einige Kapitel sind erhalten (Lyon 1467, 1488, 1501) und zeigen die üblichen Anliegen: daß der Unterhalt des Altars gesichert, die Wahl des Vorstands geregelt, die Gerichtsbarkeit umschrieben, interne Konflikte beigelegt, Verarmte versorgt, und überhaupt: daß für tadelloses Auftreten in der Öffentlichkeit gesorgt und solidarisches Verhalten gewährleistet sei.

Auffallend (und für das Identitätsbewußtsein bezeichnend) ist in dieser Kolonie die strikt endogame Heiratspraxis: Florentiner in Lyon heiraten Florentinerinnen, nicht Frauen aus Lyon und auch nicht sonstige Italienerinnen in Lyon. Mögen die Florentiner Martelli oder die Luccheser Bonvisi als Kaufleute und Bankiers von Einfluß und Ansehen für Generationen in Lyon vertreten sein: ihr Aufenthalt wirkt gleichwohl wie vorläufig, bloß geschäftsbedingt, nicht eingewurzelt. Daß sie in ihrer französischen Umgebung aufgehen, bleibt damals noch Ausnahme (anders dann, in Lyon und andernorts, Heimatbindung und Assimilationswille im 17. Jahrhundert); wo immer sie sich hinwenden, sie bleiben auf ihre Vaterstadt ausgerichtet.

Das Beispiel der Lucchesen in Genf erhält mit dem 16. Jahrhundert noch einen zusätzlichen Aspekt, der unsere Thematik in neuer, ungewöhnlicher Beleuchtung zeigt. Denn es werden Kaufleute sein, die von Norden die Ideen der Reformation nach Lucca tragen, wo sie zeitweilig Aufnahme fanden wie in keiner anderen italienischen Stadt: „Er kam zurück von Flandern *con questa segreta macchia,* mit dieser geheimen Befleckung" (heißt es damals von einem Kaufmann, als habe er von fremden Märkten eine gefährliche Krankheit eingeschleppt); „so wie sie Reichtümer aus den Ländern nördlich der Alpen geholt haben, so auch . . . die Häresie Luthers".

Die Lucchesen, die (mehr durch äußeren Druck auf den Stadtrat als aus dessen eigener Überzeugung) in den 1540er und 1550er Jahren ihre Vaterstadt verlassen mußten und – teils direkt, teils zunächst über die italienischen Kolonien in Lyon, Antwerpen, Paris, Frankfurt u. a. – sich vor allem eben in Genf niederließen, gehörten zu den politisch und wirtschaftlich aktivsten Familien ihrer Zeit: Balbani, Arnolfini, Trenta usw. Die Dynamik dieser italienischen Réfugiés, die eine Integration zunächst gar nicht anstrebten, wird sogar in Genf auffallen und sich dort noch in weiteren Bereichen zu schaffen machen. Und so könnte man die Frage nach Identität und Loyalitäten weitertreiben und an diesem Fall wie in einer Versuchsanordnung beobachten: was unterscheidet den nun in Genf lebenden protestantischen Lucchesen von seinem in Lucca gebliebenen katholischen Vetter?

Kehren wir, nach den am konkreten Fall einzelner Kolonien gewonnenen Einsichten, noch einmal zurück zu der Frage nach der Bedeutung von Vaterstadt und Familie. Denn mochten diese Italiener als Bankiers, als Münzmeister, Steuereinnehmer oder Hoflieferanten von Königen und Fürsten (und nicht zuletzt: als deren Gläubiger!) oft eine unvergleichliche Stellung im inneren Kreis fremder Macht erreicht haben, so waren sie doch weiterhin Lucchesen, Florentiner, Genuesen, die immer wieder – womöglich auch zum Heiraten, und zum Sterben – in ihre Vaterstadt zurückkehrten und an deren Geschicken aktiv teilhatten. In dieser fortwährenden Bindung an die Vaterstadt, im intakten Verband der Familie, in der Korporation, in der Gemeinschaft um Kult und Fest des Stadtheiligen erfuhren sie auch in der Fremde die beständige Einheit ihres Selbst.

Um jede Idealisierung zu vermeiden und die Probleme noch differenzierter zu erfassen, sei am Bild der Vaterstadt aber auch das Defekte gesehen: die Identität wird in der Anfechtung, die Loyalitäten werden im Konflikt noch deutlicher hervortreten.

Denn man darf diese Heimatkommunen auch in ihrer Leuchtwirkung auf die Bürger in der Fremde nicht verklären. Im konkreten Fall war die Vaterstadt oft von einem Parteiregime verkörpert, war die Identität, die man von dort bezog, zerfressen vom Geist der Parteiung. *Lo Stato* ist im damaligen Sprachgebrauch eben nicht der über persönliche Gegensätze erhabene „Staat", sondern gerade das Regime der augenblicklich herrschenden Partei. So mancher Kaufmann, von dem hier die Rede ist, lebte in der Fremde verbannt von seiner Vaterstadt. Zwar wurden bei Verbannung gern die Geschäftsverbindungen berücksichtigt, etwa ein Alberti nicht in die Wüste geschickt, sondern nach Brügge oder London, und es spricht für die Lebensfähigkeit dieser Unternehmen, daß sie, auch wenn gewissermaßen die Zentrale geköpft worden war, in ihren auswärtigen Gesellschaften munter weiterwirtschafteten. Aber man verkenne nicht den abgrundtiefen Parteihaß, der selbstverständlich auch den sozialen und geschäftlichen Umgang in der Fremde bedingen konnte: Lando Moriconi schied seine lucchesischen Landsleute in Pro-Guinigi und Anti-Guinigi (deren er selbst einer war) und wird als päpstlicher Generaldepositar in Rom an der Apostolischen Kammer alle lucchesischen Bankiers wegbeißen, deren Familien daheim in Lucca mit der seinen politisch verfeindet waren.

Und doch: mochte es auch das Florenz der gegnerischen Albizzi sein, so war es doch Florenz; mochte es auch das Lucca Paolo Guinigis sein, der (vorher Kaufherr unter Kaufherren in London, in Brügge) die Stadt 30 Jahre lang als Signore regierte, so war es dennoch Lucca: ein Lucca, das sich nicht im *Stato* der Guinigi verkörperte, sondern im *Volto Santo*.

Eben darum gab es Bindungen, an die selbst ein Parteiregime noch appellieren konnte. Aufgaben wie der gegen 1420 an alle Kaufleute in ganz Europa ergehende Auftrag, überall nach Fachleuten für die Einwölbung der Florentiner Domkuppel Ausschau zu halten, wären für jeden Florentiner über alle Parteigrenzen hinweg eine Ehrenpflicht gewesen. Tatsächlich läßt sich beobachten, daß Verbannte und Parteiregime in bestimmten, begrenzten Fällen miteinander Verbindung aufnahmen.

Den Kern dieser unvermindert fortbestehenden Bindung an die Vaterstadt bildet die Familie. Unser Kaufmann in Brügge oder London ist in erster Linie ein Rapondi oder ein Guinigi oder ein Forteguerra, mag er auch, als Individuum oder in der Gruppe, gleichzeitig einer Vielzahl von Identitäten zugehören: denn er ist ja Kaufmann, und er ist Lucchese, und Guelfe, und Mitglied seiner Korporation in Brügge usw. Aber man sollte diese Gemengelage von Identitäten nicht auseinanderdividieren und nicht von Identitäten im Plural sprechen. Denn diese Identitäten sind geschichtet und aufeinander bezogen, bilden irgendwo jene Stelle, wie sie sich bei überschneidenden Kreisen auf übereinanderliegenden Folien am dunkelsten abhebt – sozusagen die Schnittmenge von Identitäten, und darum doch irgendwie *Eines*, Identität im Singular, eben: Giovanni

Arnolfini di Lucca in Brugia, und heiße er auch Jean Arnoulphin de Lucques à Bruges!

Die Brüder solcher Kaufleute sind häufig Kanoniker an bedeutenden Kirchen, oder Juristen, oder fürstliche Beamte, jeder mit der Prägung, der Denkhaltung, dem Erfahrungshorizont seines Berufsstandes – und doch wächst das aus derselben Familie, ist das die Auffächerung *einer* Identität. Freilich muß auffallen (wenn man „Identität" wörtlich nimmt), daß die gleichen Lucchesen, die sich als Kaufleute in der Fremde so weltoffen und souverän geben, daheim in Lucca eine repressive oligarchische Politik betreiben, oder umgekehrt: daß diese gleichen Familien, die sich daheim einigelten und ihre Stadt gegen außen möglichst klein darstellten, um ohne Aufsehen zwischen der Begehrlichkeit der größeren Nachbarmächte hindurchzulavieren – daß diese gleichen Lucchesen als Kaufleute draußen eine unerhörte Dynamik entfalteten und keineswegs defensiv auftraten.

Aus dem Innern solcher bedeutenden Kaufmannsfamilien sind, neben dürren Kontobüchern, durchaus persönliche Texte erhalten. Etwa die *Ricordi* oder *Ricordanze,* Familienaufzeichnungen vor allem aus Florenz, aus denen bei aller Rationalität der Wille spricht, den Nachkommen die (wirklichen oder vermeintlichen) spezifischen Normen einer Familie – sozusagen ihre Identität – zu tradieren und aus dem kollektiven Gedächtnis, der historischen Erfahrung der Familie, ihre Überlebensstrategie zu entwickeln. Und das ist insofern besonders interessant, als wir, neben ihrer Selbstdarstellung in solchen *ricordi,* aus den -zigtausend Steuererklärungen des Catasto von 1427 ja auch die faktische Situation dieser Familien kennen und beides nebeneinanderhalten können.

Oder ein Text wie Leon Battista Albertis *Libri della Famiglia,* der seine Reflexionen über die Familie als Grundlage menschlichen und staatlichen Zusammenlebens (mag diese humanistische Tugendlehre auch starke Züge idealer Konstruktion tragen)mit konkreten Erfahrungen auch seiner eigenen Familie begründet. In dem fiktiven Gespräch am Sterbebett seines Vaters – das ist die Rahmenhandlung des Traktats – läßt er denn auch nicht allegorische Personen, sondern leibhaftige Alberti auftreten: *noi Alberti* „wir Alberti" und der Dienst am Staat, wir Alberti und unser Ansehen in dieser Stadt, wir Alberti und das Elend der Verbannung. Die „Lehre unserer Alberti-Vorfahren" *(gli ammonimenti de' nostri passati Alberti)* soll die Richtschnur sein, die „Erhöhung unserer Familie Alberti" *(essaltazione della nostra famiglia Alberta)* die schönste Pflicht, „Nutz und Frommen der Familie Alberti" *(bene e utile della famiglia Alberta)* das oberste Ziel – denn wie anders als durch familiäre Solidarität hätten die Alberti die Krisen ihrer bewegten Geschichte überleben können? Diese Lehren aus dem Erfahrungs- und Wertevorrat der Familie weiterzureichen und die Söhne recht zu erziehen, ist die vornehmste Aufgabe und

darf auch im Streß des internationalen Geschäfts nicht aus den Augen
geraten, wie an Adoardo degli Alberti gerühmt wird, den man als Kaufmann „den ganzen Tag schreiben sah und Boten abfertigen nach Brügge,
Barcelona, London, Avignon, Rhodos, Genf", und der gleichwohl diese
Pflichten gegenüber der Familie nicht vernachlässigte.

Die Alberti, die in den *Libri della Famiglia* über Familie und Vaterstadt
sprechen, tun es nicht daheim in Florenz, sondern draußen in der Verbannung. Der eigenen Vaterstadt dennoch mit seinem Rat beizustehen
und sie vor Schaden zu bewahren, bezeichnet der verbannte Piero degli
Alberti als selbstverständliche Pflicht (wenn er auch andrerseits die
Gunst Giangaleazzo Viscontis, zeitweilig Todfeind von Florenz, zu Nutzen und Ehre der eigenen Familie zu erwerben und einzusetzen sucht).
Daß man seine Identität von der Familie *oder* der Vaterstadt beziehe, kam
eben auch einem Verbannten nicht in den Sinn.

Oder endlich, aus dem Innern einer weiteren Florentiner Familie und
ganz unmittelbar, der Briefwechsel der verwitweten Alessandra degli
Strozzi mit ihren aus dem Florenz der Medici verbannten Söhnen Lorenzo, Kaufmann nun in Brügge, und Filippo, Kaufmann in Neapel. Diese
Briefe aus den Jahren 1447 bis 1470 geben in ihrer spezifischen Mischung
aus zärtlicher Mutterliebe und rabiatem Einsatz für die gesellschaftliche
und politische Position der Familie tiefen Einblick in eine kleine Welt,
die aber eben auch den Kaufmann im fernen Brügge einschloß (wo jener
Lorenzo Strozzi, wie er von sich bekannte, nur unfreiwillig und ungern
weilte). Aus den Briefen spricht nicht nur die intime Atmosphäre fami-
liären Alltags (mit Nachrichten über Erkältungen, Mitgifthöhen, Gemü-
sepreise, böse Schwiegermütter und aufsässige Dienerinnen, das Lagern
von Käse und das Anbringen von Ex-Voti, Versicherungen und Steuer-
lasten), sondern auch das Bewußtsein, daß sich das Geschick der Familie
hier in Florenz und nirgendwoanders entscheide. „Laß Dir aber gesagt
sein," schreibt die um die Rückführung der Söhne aus der Verbannung
besorgte Mutter nach Brügge, „wer mit den Medici ging, hat immer –
so höre ich – das Rechte erwählt, und wer mit den Pazzi, stets das
Gegenteil: die sind immer unter die Räder gekommen. Sei Dir's zur
Warnung!" Denn sie bleiben Florentiner wo immer sie sind, und Florentinerinnen sollen sie heiraten, das geht der Mutter nicht aus dem Sinn.

Aber die Bindung an die Familie bindet doch auch in einem anderen,
restriktiven Sinn: denn der städtische Parteigeist, von dem die Rede war,
hat eben in den Familien seinen Sitz. Da kann die politische Tradition der
Familie Haltungen und Entscheidungen vorgeben, die womöglich rein
negativ bestimmt waren – wie bei jenem Florentiner (von dem der *Cortegiano* erzählt), der während einer Ratssitzung eingenickt war, auf die
maliziöse Bemerkung des Nachbarn, was er denn von dieser Wortmel-
dung des Herrn Alamanni meine, aber sogleich auffuhr und ausrief, er

sei dagegen. Dabei hatte der andere gar nicht geredet; aber der dem Altoviti boshaft ins Ohr gesetzte Familienname Alamanni genügte, um seine Position augenblicklich festzulegen.

Was mit dieser Anekdote umschrieben wird – Parteiung bis zu unsinnigem Haß –, besagt für unsere Fragestellung: solche herkömmlichen, aus der Vaterstadt mitgebrachten Loyalitäten konnten nun in der Fremde mit neu eingegangenen Loyalitäten über Kreuz und in Konflikt geraten. Nun ist der Kaufmann ja ein besonders vernunftbegabtes Wesen, starrer Parteisinn wird bei ihm immer durch geschmeidigen Geschäftssinn temperiert sein. Aber Loyalitätskonflikte konnten gleichwohl nicht ausbleiben. Sollte man etwa als Mitglied einer traditionell ghibellinischen Familie an der Finanzierung eines Anjou-Feldzugs nach Italien mitwirken? Oder noch komplizierter: wie sich verhalten als Mitglied einer traditionell guelfischen Familie aus traditionell ghibellinischer Stadt, wenn eine französische Unternehmung, zu deren Finanzierung der Fürst die guten Dienste des toskanischen Kaufmanns erwartete, sich gegen die eigene Vaterstadt kehren werde? Oder ganz schrecklich: was tun, wenn der französische König ein Attentat auf den Papst vorbereitet?

Man konnte aber auch, wenn durch Parteikämpfe bis aufs Blut gereizt und in seiner Existenz bedroht, die neuen Loyalitäten gegen die alten ausspielen: als die Raponi 1392 in Lucca den Guinigi unterlagen und ihre Güter konfisziert wurden, überschrieb Dino Raponi seinen Besitz in Lucca gegen fiktive Zahlung einfach dem Herzog von Burgund, und der erzwang durch die Androhung von Repressalien gegen die lucchesische Kolonie in Brügge, daß Lucca die Konfiskation „seiner" Güter aufhob – ein einfallsreicher Schachzug, der die Solidarität der Kolonie in Brügge freilich auf eine harte Probe gestellt haben dürfte.

Noch einmal zurück zu der wichtigen Frage nach den Quellen. Worin diese italienischen Kaufleute ihre Identität erfuhren, haben wir aus den Statuten ihrer Kolonien und Bruderschaften, aus ihren *Ricordi* und Briefen, ihren Heiratsstrategien und testamentarischen Stiftungen zu ergründen versucht. Aber alle Quellengattungen geben bald zu erkennen, daß darin *direkte* Aussagen über das *Bewußtsein* von Identität kaum gemacht werden – und das nicht, weil diese italienischen Kaufleute keine Identität gehabt hätten, sondern gerade darum, weil sie eine hatten! Wer eine Identität hat, der ruht darin und spricht nicht davon (Schillers: „*Spricht* die Seele, so spricht,/ach schon die *Seele* nicht mehr"). Insofern ist für unsere Frage nach ihrer Identität die Quellenlage wenig günstig (während für die Frage nach unserer eigenen Identität, heute, die Quellenlage eine ausgezeichnete zu werden verspricht).

Doch erweist sich am Rande eine Literaturgattung noch als ergiebig, die uns auf ihre Weise die Erfahrung fremder Wirklichkeit durch den Kaufmann zu erkennen gibt: die Kaufmanns-Novellen etwa bei Giovanni Boccaccio (1313–1375) oder bei Giovanni Sercambi (1347–1424), die, beide mit Kaufmanns- und Auslandserfahrung, ihre Episoden vielfach im kaufmännischen Milieu der von Italienern bedienten Handelsplätze Nordwesteuropas spielen lassen.

Natürlich ist manches davon bis zu einem gewissen Grade Lebensbedingung und Erfahrung eines jeden Kaufmanns im Ausland, also austauschbar: so wie Chaucer in seinen *Canterbury Tales,* die gleiche Story in vertrauteres Gelände übertragend, einen Kaufmann, den Boccaccio von Mailand nach Genua hatte reisen lassen, kurzerhand von Paris nach Brügge reisen läßt. Aber man wäre bei anderen Stoffen wohl nicht auf die Idee gekommen, sie beliebig zu transponieren – und nur um diese unverwechselbare Einkleidung kann es bei unserem Vorhaben gehen.

Daß Florentiner Kaufmannssöhne den väterlichen Besitz erst einmal in Festen und Turnieren verpulvern, ist kein spezifisch italienisches Problem, sondern das Grundproblem des *bourgeois gentilhomme,* oder das Grundproblem nachgeborener Kaufmannsgenerationen, die mit dem Kapital der Väter, da sie es selbst nicht erworben haben, nicht mehr umzugehen wissen (man hat dieses Phänomen mit den Buddenbrook-Generationen verglichen). Aber eine spezifisch florentinische, vom Florentiner Leser sogleich wiedererkannte Erfahrung ist es, wenn diese Kaufmannssöhne zu ihrer Sanierung dann ein Kontor in London eröffnen, in lukrative Geldgeschäfte mit König und Adel treten und endlich durch Zahlungseinstellung der hohen Schuldner zugrunde gehen.

Und schwerlich auf nicht-italienische Kaufleute übertragbar ist auch die Geschichte vom angesehenen Florentiner Kaufmann Musciatto de' Franzesi (übrigens eine historische Figur, mit seinem Bruder Albizzo damals als *Biche et Mouche* bekannt), der 1301 den Bruder des französischen Königs, Karl von Valois, auf seinem Feldzug in die Toskana zu begleiten hat und nun vor der Aufgabe steht, Gelder bei seinen Schuldnern in Burgund eintreiben zu lassen. Die Schwierigkeiten dieser Aufgabe, die für notwendig gehaltenen Charaktereigenschaften des italienischen Beauftragten, der unverhohlene Haß der Bevölkerung gegen „diese Hunde von Italienern", *questi lombardi cani,* überhaupt deren prekäre Situation beim Lavieren zwischen harter Interessenwahrung und vorsichtiger Zurückhaltung – mit all dem sind spezifische Erfahrungen getroffen, die über Generationen die italienischen Kaufleute im Ausland prägten und ihr Erleben von Fremdsein bestimmten.

Denn es war ja nicht allein der Brotneid, der die schlichte Rechnung aufmacht: was der Fremde gewonnen, ist mir entgangen. Es traten nationale Gegensätze hinzu, die im Spätmittelalter durchaus schon bewußt waren und artikuliert wurden: in verschiedenen Ländern Europas wird das (mit all der gebotenen Vorsicht, die die Erscheinungsformen des vormodernen Nationalbewußtseins erfordern) schon früh greifbar.

Oder, auf anderer Ebene, der empfundene Gegensatz zwischen „Deutsch" und „Welsch": man denke an den famosen Hund in Venedig, von dem Felix Fabri behauptete, er habe Deutsche und Welsche unterscheiden können, die einen freundlich anwedelnd, die anderen wütend anbellend – und das in Venedig, dem Ort intensivster Begegnung zwischen deutschen und italienischen Kaufleuten! Oder England, wo italienischen Kaufleuten diese Ausgrenzung, dieses Fremdsein zeitweilig ins Gesicht geschrieen wurde. Fremdenhaß konnte sich hier und andernorts in Europa in regelrechten Verfolgungen entladen. Die Identität des italienischen Kaufmanns in der Fremde ist eine Identität, die eben auch unter Außendruck geformt ist.

Die genannte Boccaccio-Novelle läßt denn auch erkennen, daß die italienischen Kaufleute sehr wohl wußten, wie sie gesehen wurden – und auch das gehört zur Erfahrung des eigenen Selbst. Wohlgemerkt: sie fragten nicht ängstlich: wer sind wir, daß wir so gesehen werden (so fragt nicht, wer weiß wer er ist). Sondern sie sagten: sollen die doch aufpassen, wo sie hintreten – oder in den Worten Boccaccios: *Chi ha a far con tosco, non vuole esser losco,* „um mit Toskanern umzugehen, muß man gut auf beiden Augen sehen" (10. Novelle des 8. Tages). Beides, das Gefühl der Überlegenheit und das Gefühl der Gefährdung, ist in solchen Geschichten, die den toskanischen Kaufmann durchweg als den Schlauen und den fremden Kunden als den Dummen hinstellen, immer präsent. In der Gestalt jenes Ciapparello da Prato, der für die Florentiner Firma die Schulden in Frankreich einzutreiben hatte und auf seine Weise zu Werke ging (ein Ausbund von Abgefeimtheit und Rücksichtslosigkeit, dem es aber, als schlauem Toskaner, in seiner Unverfrorenheit gleichwohl noch auf dem Sterbebette gelingt, in seinem französischen Sterbeort als Heiliger verehrt zu werden: 1. Novelle des 1. Tages) – in diesem drastischen Porträt des Ciapparello da Prato begegnet uns eben gleichfalls ein Exemplar des Italieners im Ausland. Von solchen Ciapparellos wird es einige gegeben haben, und das sollte uns vor jeder Idealisierung bewahren.

Wie Menschen damals in konkreter Situation die Problematik von Identität und Loyalitäten erlebten, sollte hier am Beispiel italienischer Kaufmannskolonien im spätmittelalterlichen Europa gezeigt werden – ohne jede (beim Generalthema dieses Historikertags vielleicht denkbare) aktualisierende Absicht. Das Ergebnis ist vielmehr so aktuell, wie es jede historische Erkenntnis ist. Es zeigte sich, daß es bestimmter orientierender Kräfte bedarf, um in der Fremde Identität zu bewahren und Loyalitätskonflikte durchzustehen: bestimmter bewahrender Kräfte, die der Historiker für jede Zeit, für jeden Bereich eigens erkennen und beschreiben muß – so wie er jeweils auch die Sogkräfte benennen muß, die umgekehrt zur Aufgabe der Identität (oder positiv gewendet: zur Annahme einer anderen Identität) führten. Und: daß die Probleme des Zusammenlebens, der gegenseitigen Verständigung, der Identitätswahrung von Gruppen nicht verharmlost werden dürfen mit der leicht dahergeredeten Unterstellung, wer sich untereinander erst einmal kennen lerne, werde sich dann auch schätzen lernen: als ob das Nebeneinander von Identitäten etwas so Harmloses wäre! Philippe de Commynes, der große französische Geschichtsschreiber des späten Mittelalters, hat mit zahlreichen Beispielen im Gegenteil sogar zu zeigen versucht (und das ist nun das andere Extrem), daß es gut ging nur solange sich die Leute *nicht* kennengelernt hatten!

Nein, mit solchen – rückwärtsgewendeten wie vorwärtsgewendeten – Kennenlern-Appellen ist es nicht getan. Vielmehr muß die jeweilige historische Situation präzise erfaßt und ohne Jargon beschrieben werden, und das heißt: bei den Gruppen, deren Identität voneinander abgehoben werden soll, müssen die Unterschiede in der Rangfolge ihrer Werte bedacht, das Gefälle der Selbsteinschätzung zwischen den Gruppen bestimmt, ihre Fähigkeit zu rationaler Bewältigung der Probleme ermessen, die Unüberwindlichkeit bestimmter Hemmnisse zwischen den Gruppen wenn nicht eliminiert, so doch genau definiert werden. Erst dann tritt uns der entgegen, dem wir begegnen wollten: der Mensch, der unter den Bedingungen der Fremde ganz anders als daheim die Beständigkeit oder die Flüchtigkeit seines Selbst erfährt, und dem in dieser Erfahrung die Bedeutung von *Bindung* bewußt wird, von alter und neuer Bindung: was daran wohl tut, und was daran weh tut.

Drei Heilige und ihr soziales Umfeld in Rom: die Hl. Francesca Romana, die Hl. Birgitte von Schweden, die Hl. Katharina von Siena

In der zweiten Hälfte des 14. Jahrhunderts, in einer der dunkelsten Epochen der Geschichte dieser Stadt, lebten in Rom drei Heilige: die Hl. Birgitte von Schweden, 1373 in Rom gestorben; die Hl. Katharina von Siena, 1380 in Rom gestorben; und die Hl. Francesca Romana, 1384 in Rom geboren.

Die folgende Untersuchung gilt aber nicht so sehr den „Heiligenleben" als solchen, also nicht den hagiographischen Nachrichten, die die Zeugenberichte uns überliefern wollten, sondern den sozialgeschichtlichen Details, die sie beiläufig enthalten. Oder noch einfacher gesagt: dem, was sie sagen mußten, um sagen zu können, was sie sagen wollten. Denn die genannte Zeit ist eine der dunkelsten in der Geschichte Roms nicht nur, weil sie eine der trostlosesten ist, sondern finster auch in dem Sinne, daß sie nicht von Quellen beleuchtet ist. Für die Geschichte Roms um 1400 ist die Quellenlage so verzweifelt, daß sich eine Sozialgeschichte der Stadt kaum schreiben läßt.

Umso willkommener darum das Licht, das das Leben von Heiligen auf diese heilige Stadt wirft – Licht nicht als Erleuchtung in geistlichem Sinne, sondern ganz einfach als Erhellung, denn das Leben von Heiligen produzierte damals mehr historische Quellen als das Leben gewöhnlicher Sterblicher. Sehen wir darum einmal, ob und inwieweit Heiligenviten und Zeugenaussagen in Heiligsprechungsprozessen auch als Quellen für die Sozialgeschichte etwas hergeben können.

Beginnen wir mit dem Leben der römischsten unter allen Heiligen, mit Santa Francesca Romana. Und da ergibt sich sogleich zu unserer Überraschung, daß der Kreis derer, die unmittelbar nach dem Tode der Hl. Francesca Romana (1440) über ihr Leben mit dieser Heiligen aussagten, weitgehend übereinstimmt mit der Gruppe jener, die in den Jahren 1395–98 an der Spitze der freien römischen Kommune standen, bevor diese Kommune, eben 1398, vom Papst für immer vernichtet wurde. Es handelt sich, kurz gesagt, um genau dieselben Familien, bei denen der Erfahrungshorizont der Väter (Francescas Vater und Schwiegervater eingeschlossen) bestimmt war durch den dramatischen Konflikt mit dem Papst von 1398, während die prägende Erfahrung für ihre Witwen, Töchter und Enkel das Leben mit Santa Francesca wurde. Ein Leben mit einer Heiligen: das ist nicht wenig – aber dies Wenige war schon alles in einer Kommune, die inzwischen domestiziert und zur Residenzstadt eingeebnet worden war. Diese Verknüpfung zwischen den Namen von 1398 und denen von 1440 erlaubt uns jedenfalls, die im Augenblick des Zusammenbruchs von 1398 führende Gruppe noch um zwei Generationen weiter zu verfolgen über die Abbruchkante hinaus, über die die römische Kommune dann rasch und unaufhaltsam hinabglitt in die politische Nichtigkeit, wie sie nichtiger nicht gedacht werden kann.

Santa Francesca Romana, oder bürgerlich Ceccolella Bussa verheiratete Ponziani, ist 1384 in Rom geboren und 1440 in Rom gestorben: ein außerordentliches Leben in einer glanzlosen elenden Kleinstadt, die damals gerade, vom großen Schisma zur päpstlichen Restauration, einen der absoluten Tiefpunkte ihrer Geschichte erlebt. 1425 gründet Francesca mit ersten 10 Gefährtinnen eine Gemeinschaft von Oblatinnen des Benediktinerklosters (Kongregation von Monte Oliveto) S. Maria Nova auf dem Römischen Forum. 1433 ziehen die Oblatinnen zu gemeinsamem Leben in ein Haus unter dem Südwesthang des Kapitols, nach Tor de' Specchi. Francesca folgt ihnen dorthin drei Jahre später, nach dem Tod ihres Mannes. Sie stirbt 1440, und noch im gleichen Jahr wird das Heiligsprechungsverfahren eingeleitet. Dieser erste Prozeß sammelt im Herbst 1440 um 140 Artikel die Aussagen von 68 Zeugen. Schon 1443 folgt ein zweiter Prozeß mit 40 Zeugen. 1451 endlich der dritte Prozeß (und dazu Nachträge von 1453), mit 130 Zeugen auf breiterer Basis noch als der erste, und sorgfältiger als jener eingekleidet in das unentbehrliche Gerüst juristischer Formeln: vor allem auf diesem Prozeß gründet denn auch das Verfahren von 1604, das dann 1608, unter dem Römer Paul V. Borghese, endlich zur Heiligsprechung führt.

Von diesen drei Prozessen sind uns die Aussagen von immerhin 181 Namen überliefert – und wo hat man im damaligen Rom, wo dann allenfalls die Humanisten reden, schon einmal 181 redende Personen beisammen? Diese große Personengruppe hat auch noch den Vorzug, daß sie – da jeweils aussagend über Wunder getan an den eigenen Familienangehörigen, an Ehemann und Sohn und Schwiegertochter und Enkelin – sich von selbst in Generationen zerlegt, mehr als es andere Namengruppen tun würden, selbst wenn sie uns mit Altersangaben überliefert wären. Nimmt man hinzu, daß dieser Personenkreis überwiegend aus nur zwei von dreizehn römischen Stadtbezirken stammt, dann wird die spezifische Dichte dieser Gruppe noch kompakter und ihr Zusammenhang untereinander (und nicht nur in Bezug auf die Heilige) noch deutlicher.

Die Zeugengeneration von 1440–43 ist der Heiligen in jeder Hinsicht noch besonders nahe: die Aussagenden stammen überwiegend aus Francescas Stadtvierteln Trastevere und Campitelli, dem entspricht auch die Verteilung der lokalisierbaren Wunder von 1440. Soweit das Durch-

schnittsalter der Frauen zu ersehen ist (denn bei den Altersangaben fällt
auf, daß die älteren Frauen gern in Zehnerzahlen abrunden, während die
jüngeren Frauen offensichtlich Wert auf genaue Altersangabe legen!),
übersteigt es damals sogar das der Männer (40,1 gegen 37,3 Jahre), denn
die mit Francesca gealterten Frauen geben der Gruppe noch das Profil.
Das verschiebt sich im Laufe der nächsten Jahre. Die Zeugengeneration von 1451 ist bereits eine andere: das Durchschnittsalter der Frauen
liegt jetzt bei 41,2 Jahren (das entspräche dem Geburtsjahrgang 1410)
und ist vor allem unter das der Männer (jetzt 43,9 Jahre, also Durch-
schnitts-Jahrgang 1407) gesunken. Denn inzwischen sind die Enkelinnen
volljährig geworden und sagen an der Seite ihrer Mütter und Großmüt-
ter aus – die Verehrung S. Francescas ist endgültig in Familien hineingewachsen, und diese Familien regenerieren sich nun. Und sie ist andrerseits herausgewachsen aus dem ursprünglichen, eher nachbarschaftlichen
Bereich, aus Trastevere (Haus der Ponziani) und Campitelli (Tor de'
Specchi).

Diese Zeuginnen sagen nun aus über ihr Leben mit S. Francesca Romana, sie erzählen ganz unmittelbar mit farbigem Detail und mit beiläufiger Präzision (die Fliegen im Trinkglas, der Sand in den Nasenlöchern
des beinahe Ertrunkenen; der Balken, der nach dem Urteil der Umste-
henden statt des einen zehn hätte erschlagen können; oder die Zahl der
Stufen, die die Schwangere hinunterstürzte, usw.), und sie sagen es in
ihrem Italienisch, das im Latein des protokollierenden Notars noch überall durchscheint: *mater non es balneata,* also „madre non sei bagnata", *que
respondit ,quare essem balneata',* „wieso soll ich denn ganz durchnäßt sein",
quid habetis quod ita clamatis, „was habt ihr denn, daß ihr so schreit".
Nesciret specificare infirmitatem, also: „non saprebbe specificare la malat-
tia", „sie wüßte die Krankheit nicht genau anzugeben"; *per triduum nil
aliud fecit quam vomere,* „non fece altro che vomitare", „drei Tage lang tat
sie nichts anderes als kotzen" usw.

Diese Zeugen sind zu zwei Dritteln Zeuginnen (1440: 46 von 68; 1443:
28 von 40; 1451: 87 von 130). In dieser Welt der Frauen treten die
Ehemänner eigentlich nur auf als die, an denen Wunder getan werden,
als die Kleingläubigen, oder zuletzt – wie so oft – schlicht als die längst
Verstorbenen, nur im Namen ihrer Witwen Fortgeschleppten. Und es
scheint Aufgabe der Frauen, sich nicht nur um das körperliche Wohl,
sondern auch um das Seelenheil der Familie zu kümmern.

Die Aussagen kreisen um das, was den Aussagenden tagtäglich die
Wunderkräfte der Heiligen am handfestesten und überzeugendsten vor
Augen geführt hat: um die schrecklichen Verletzungen der Männer, um
die fürchterlichen Krankheiten der Frauen. Der eine ist nach dem Sturz
aus der Loggia so vollkommen zerschlagen *ut non esset os integer in corpore
eius,* „daß er keinen heilen Knochen mehr im Leib hatte", ja „seine

Knochen rasselten aneinander als wären sie in einem Säckchen", *ossa eius ad invicem resonabant ac si fuissent in sacculo;* dem andere sind die *ossa capitis tota collapsa,* „die Schädelknochen ganz zertrümmert". Überhaupt sind viele durch Kopfverletzungen schrecklich zugerichtet, und der Maler von 1468, der die Kapelle der Gemeinschaft mit Fresken von Leben und Wundern der Heiligen ausmalte, scheint solchen sichtbaren und fließend blutenden Verletzungen bei der Auswahl der Motive den Vorzug gegeben zu haben; jedenfalls lassen sich andere Auswahlkriterien, wie etwa die Bevorzugung einer auftraggebenden Familie, nicht mit gleicher Sicherheit unterstellen.

Nicht ebenso zur Abbildung geeignet sind die Frauenkrankheiten, die in den Aussagen natürlich einen besonders breiten Raum einnehmen, untersucht und geheilt mit der gebotenen Diskretion, *domestice ut fit inter domesticas mulieres,* wie es angesichts der geschilderten Details denn auch nur wünschenswert scheint. Francesca heilt dabei in Konkurrenz mehr mit den Zauberern (die auch im Hause der Ponziani verkehren) als mit den – oft namentlich genannten – Ärzten: nur geben die im 7. Monat eben keine Medizin mehr, da hilft nur eine Heilige! Sie heilt mit viel vernünftiger Einsicht (keine schwere Arbeit mehr im 4. Monat), durch ihre bloße Gegenwart, durch Handauflegen und einfache Wundbehandlung, durch die berühmte (noch heute in Tor de' Specchi hergestellte) Salbe, die man sogar bei dauerndem Kopfwackeln mit Erfolg auftrug: da wird dann wahrscheinlich, daß es – wie sich die Kommission, zum Erweis des Wunders, von den Zeugen gern ausdrücklich bestätigen läßt – an der Salbe allein tatsächlich nicht gelegen haben kann; denn Francesca, lebend oder tot, hilft immer, auch da, wo nicht einmal die *columna S. Petri* geholfen hat. Und die Kinder: Kinder, die nicht zur Welt kommen, Kinder, die nicht trinken; ein kleiner Clarelli trinkt nicht, wird als Säugling bucklig und stirbt mit 4; ein anderes Kind hat die Fallsucht, mit allen ihren Symptomen außer dem Fallen, weil es noch nicht laufen kann: *nisi quod non cadebat in terram etate non permittente;* oder die gräßlichen Zeichen nahenden Todes bei einem Zweijährigen, der unter das Pferd eines Schlachtergesellen gekommen ist.

Mindestens ebenso eindrucksvoll ist, und mindestens ebenso dankbar wird es berichtet, daß Francesca Menschen auch in ihren Ängsten und Depressionen zu helfen verstand, wie beschriebene Fälle von Verfolgungswahn, Neurosen und Existenzkrisen zeigen – Ängste nicht ums Seelenheil, sondern einfach darum, hier unten glücklich oder überhaupt leben zu können: einer „fühlt sich einmal unvorstellbar geängstigt" und kann *ex ipsis angustiis* nicht mehr schlafen aus Angst vor jenen *qui sic eum angustiabant,* „die ihn so ängstigten"; ein anderer wird krank unter dem Eindruck des überraschenden Todes seiner beiden Brüder, so daß er am Leben verzweifelt und aus Todesfurcht nicht essen und nicht schlafen kann; eine junge Frau fürchtet Vergiftung durch ihre Mutter, eine leidet täglich unter den *persecutiones* ihrer Verwandten, eine fühlt sich *angustiata et afflicta* weil verfolgt von jemandem, der *ei erat superior in potentia et in nomine,* „der ihr an Macht und Namen über war" ; eine andere „lebte fünf Jahre lang in dauernder Angst und fürchtete Tag und Nacht, ein schreckliches Fieber hätte sie befallen". Aber da gibt es auch den Mönch, der zehn Jahre lang widerwillig, *contra voluntatem,* ungeliebte Klosterämter ausgeübt hat und das nun einfach nicht mehr weitermachen will; oder die kranke Frau, die *ex desperatione* ihren Sohn erstickt hatte. Francescas bloße Anwesenheit wirkt schon wohltuend und beruhigend (sogar auf ihren schwierigen und frechen Enkel, wird hinzugefügt), die *divina gratia sibi concessa erga aliorum afflictiones,* „die ihr für die Bekümmernisse anderer verliehene göttliche Gnade", bildet denn auch einen eigenen Artikel.

Bemerkenswert die Selbstmordversuche und Selbstmordgedanken, von denen in diesem Zusammenhang berichtet wird: nicht die aus *frenesis* und *fatuitas,* aus Wahnsinn oder Schwachsinn, sondern die aus Verzweiflung, *ex desperatione.* Aus Verzweiflung will sich eine Frau in den Tiber werfen; aus Verzweiflung greift eine adelige Dame zum Schwert (der Name der schwer Verletzten wird aus Diskretion unterdrückt, „weil sie adelige Söhne hatte", *quia habet filios nobiles;* erst 1453 erfährt man ihn dann doch: es war eine Santacroce); der genuesische Reitknecht im Hause der Ponziani möchte sich aus Verzweiflung im Tiber ertränken, als man ihm eröffnet, sein Fuß müsse amputiert werden; aus Verzweiflung über den Eintritt ihrer Tochter in Tor de' Specchi will eine Mutter sich mit dem Schwert töten.

Das sind schwerwiegende Aussagen und doch glaubhaft, denn wegen ihrer besonderen Sündhaftigkeit hätten Selbstmordgedanken in diesem Kreise (und unter seiner Kontrolle!) nicht leichtfertig geäußert werden können. Natürlich wird man nicht behaupten wollen, diese römische Gesellschaft sei in besonderer Weise zu Selbstmordgedanken und Neurosen disponiert gewesen – aber die besondere Fähigkeit der Hl. Francesca, in vertraulichem Gespräch gerade in solchen seelischen Nöten Beistand zu leisten, läßt uns hier das erfahren, was wir für andere Gruppen nicht dokumentiert finden und darum für das Mittelalter überhaupt gerne ausschließen. Hier aber fassen wir es und wissen darum: Selbstmordgedanken gab es durchaus.

Viele der von Francesca geheilten Wunden sind von Parteikämpfen geschlagen (zweien solcher Fälle begegnet sie allein auf dem Ponte S. Maria, heute Ponte Rotto, um 1413 und 1440), und viele der von ihr geschlichteten Familienstreitigkeiten gingen fugenlos in die politischen Auseinandersetzungen über, wie sie zwischen den mächtigen Familien eines engen Stadtviertels unvermeidlich waren: von den *rancoribus proximorum* zu den *inimicitias cum certis Romanis,* vom Nachbargezänk bis zu den richtigen Feindschaften. Die Gemeinschaft eines solchen *rione* wird dann erschreckend deutlich an dem Weg, den die Pest von 1449 nahm, langsam und unaufhaltsam von Familie zu Familie kriechend. Denn so erinnern sich die Zeugen zwei Jahre später: im Mai tritt dort der erste Pestfall auf, im Juni erkrankt eine 26jährige, im Juni erreicht die Pest auch – immer noch im gleichen rione Campitelli – die große Familie von Lellus Petrucii, im gleichen Monat beginnt es jenseits der Tiberbrücke bei den Ponziani; im August erkrankt eine Clarelli, zugleich frißt sich dort in Campitelli die Pest immer tiefer in die Verwandschaft von Lellus Petrucii ein und erfaßt, noch im August, eine Margani. Der Ehemann flieht vor seiner pestkranken Frau aus der Stadt.

Der Verband eines solchen Stadtviertels ist mehr oder weniger kompakt, die Nachbarschaft unterschiedlich dicht: es gibt die ganz gewöhnlichen Nachbarschaften – von drei Zeuginnen aus Trastevere wohnt die eine *juxta domum ipsius Antonie,* die andere *vicina domui prefate Antonie,* die dritte *in opposito domus dicte Antonie,* die eine neben, die andere bei, die dritte gegenüber unserer Antonia, und alle haben es selbst gesehen. Und es gibt die relevanteren Nachbarschaften, die das Gewebe eines Quartiers schon deutlicher sichtbar werden lassen. Wir fassen sie am besten in Campitelli, neben Trastevere der meistgenannte rione unter den insgesamt 13 römischen Regionen, weil sich der Schwerpunkt von Francescas Wirken zuletzt zunehmend vom Haus der Ponziani in Trastevere aufs andere Tiberufer hinüber nach Campitelli verlagerte nach Tor de' Specchi, wo die verwitweten und unverheirateten Glieder der kleinen Gemeinschaft 1433 zu gemeinsamem Leben Wohnung genommen hatten; und Campitelli umso mehr, als von den bezeugten Wunderheilungen zu Lebzeiten die meisten (nämlich 24 von 33) in die Jahre 1436 bis 1440 fallen, als Francesca, nun selbst verwitwet, auch ihrerseits nach Tor de' Specchi übersiedelt. Von diesen 1451 protokollierten 33 Fällen von Wunderheilungen (bei 25 läßt sich der rione der Geheilten identifizieren) entfallen denn auch allein 13 auf Campitelli und 5 auf Trastevere, die restlichen 7 verteilen sich auf 5 weitere rioni. Aber das wird mit ihrem Tode sofort anders, schon an ihrer Bahre: da wird einer aus dem Quartier Monti geheilt, gestützt auf einen aus Pigna und einen aus Ripa. Wie zuletzt noch die lebende, so wird erst recht die tote Francesca eine gemeinrömische Heilige. Aber so weit sind wir hier noch nicht.

In Campitelli also, auf engem Raum zwischen Marcellustheater und Aracoeli, ging es eng und nachbarlich zu: Tancia Savelli, als Savelli auf dem *Mons Sabellorum* wohnend, nämlich in den Ruinen des antiken Marcellustheaters nahe der Tiberbrücke, sagt aus über Francescas anderen Beichtvater Antonius *de Monte Sabellorum Urbis,* also auch vom Marcellustheater; der zelebriert gewöhnlich gleich nebenan in S. Angelo in Pescheria, und von dort sind es nur wenige Schritte nach Tor de' Specchi:

hier geschieht alles buchstäblich auf Rufweite. Wand an Wand mit Tor
de' Specchi wohnen die Clarelli, an der nächsten Piazza die Margani,
bedeutende Familien verschwägert miteinander natürlich auch in dieser
Generation – ein Gewebe von Großfamilien, das die Gesellschaft und den
Einzelnen trägt: das Schlimme am Tode ihres Mannes sei, so erklärt eine
Zeugin, daß ihre Familie klein ist.

Aber diese Nachbarschaften sind vor allem auch politisch, sind Partei,
und eben das führt auf ein weiteres Thema. Den besten Einblick bietet
auch hier wieder Campitelli, mit dem überraschenden Ergebnis, daß in
der quellenbedingten Finsternis der Anonymität eben Namen erscheinen, die aus den dramatischen Ereignissen von 1398 bekannt sind, als es
dem Papst gelang, sowohl die regierende Partei wie die der Opposition –
die *nobiles* wie die *populares* – zu entmachten. Gleich neben Tor de'
Specchi wohnt etwa, ihren 1398 gehenkten Mann um mindestens vier
Jahrzehnte überlebend, die Witwe des reichen Richters Pietro di Sabba
Giuliani, eines der Führer der Nobili-Partei; unmittelbar angrenzend Besitz der Witwe von Pierpaolo Canetti, einem der 1398 namentlich aufgeführten und dann absolvierten Exponenten der Nobili; daran anschließend Besitz der Caetani, die 1398 den Gegenputsch gegen den Papst am
entschiedensten unterstützt hatten.

Eine aufmerksame Untersuchung der Namen in den Aussageproto-
kollen von 1440 und 1451 führt zu der seltsamen Beobachtung, daß eine
beträchtliche Anzahl Aussagender und Geheilter – nicht weniger als 27
Namen – sich zu einer einzigen Großfamilie zusammenfügt: sie alle Kinder, Enkel und Urenkel des einen Lellus Petrucii aus Campitelli, der
jedenfalls zur Clique der Nobili gehörte. Voraussetzung für diese Zu-
sammenführung ist freilich ein richtiges Verständnis des Sprachge-
brauchs, der tatsächlich etwas ungewöhnlich und ungleich ist, und den
der Herausgeber der *Processi* im Register nicht deutlich genug gekenn-
zeichnet hat. Das Register ist wenig brauchbar vor allem, weil es die
auftretenden Personen nicht wirklich „identifiziert", in zahlreichen Fällen also zwei Personen nennt, wo es sich um ein und dieselbe Person
handelt. Hat man, nach solcher Familienzusammenführung, die Namen
im Register der Edition erst einmal kräftig reduziert, und stellt man auch
noch fest, daß meistens *amita* „Tante" zu lesen ist, wo der Herausgeber
amica „Freundin" gelesen hat, dann wird das Gemenge von Namen
schon sehr viel überschaubarer und erlaubt überhaupt erst Einblicke. Das
führt so weit (um ein belangloses Detail zu nennen, das nun aber zur
Gegenprobe wird), daß sich die meisten der von Francesca geheilten
Fälle von Augenkrankheit als Krankheitsfälle in ein und derselben Familie erweisen.

Der Kreis der Nobili-Partei, dem wir hier auf der Spur sind, läßt sich,
über die Namensliste erklärter Staatsfeinde von 1398 hinaus, noch be-

trächtlich erweitern um all jene Personen, die zwischen 1395 und 1398 den obersten Entscheidungsgremien der römischen Kommune angehörten; und zweitens läßt sich mutmaßen, daß nach der politischen Katastrophe von 1398 die bis dahin unterschiedlichen Auffassungen engagierter *nobiles* und *populares* wenigstens teil- oder zeitweise zusammenflossen in das eine gemeinsame Ziel, die absolute päpstliche Signorie über Rom wieder rückgängig zu machen. Beides muß man sich im folgenden vor Augen halten.

Lellus Petrucii, Haupt jener 3 Generationen und 27 Namen um S. Francesca, gehört als Konservator von 1396 und auch aufgrund anderer Informationen zweifelsfrei zur Partei der Nobili, stammte aber vermutlich nicht aus alter Familie: er, der sein Testament von 7 Metzgern bezeugen ließ und seiner Mätresse statt der üblichen Tuche Schweine vermachte, hatte draußen in der Campagna einen immensen Grundbesitz zusammengekauft und war einer der erfolgreichsten Unternehmer im Rom seiner Zeit – typischer Repräsentant jener neuen Schicht von *bovattieri* oder Großviehzüchtern, die in der 2. Hälfte des 14. Jahrhunderts rings um Rom den Großgrundbesitz des durch Cola di Rienzo zeitweilig zurückgedrängten Baronaladels und der verarmenden stadtrömischen Konvente aushöhlte und den in großem Maßstab erworbenen Boden vor allem durch Viehzucht und Weidepacht erfindungsreich zu kapitalisieren verstand. Lellos Familie, weiterhin konzentriert im römischen rione Campitelli sitzend, gewinnt zusätzliches Profil durch die Verbindung mit den Margani und den (in der römischen Republik von 1434 engagierten) Becchaluva, vor allem aber durch die Verbindung mit den Cenci, die 1398 unter den Führern des Gegenputsches waren: Pietro Cenci wird damals vom Papst hingerichtet, Francesco und Giovanni erst 1399 und nicht schon 1398 amnestiert. Viehbesitz und Grundbesitz lassen sich verschiedentlich nachweisen, noch Lellos Enkel Gregorio galt als reich. Daß dann 14 von ihnen als Zeugen und 14 als Geheilte erscheinen, zeigt die Bedeutung dieser einen Großfamilie für den ersten Kreis um S. Francesca Romana; aber diese Bedeutung wird noch deutlicher in der Umkehrung: von den 13 Oblatinnen, die 1433 als erste Generation in Tor de' Specchi einziehen, erweisen sich tatsächlich 5 als Angehörige dieser Familie.

Eine andere Familie, an der Francesca Wunder an drei Generationen getan hatte, hängt an dem Richter Lucius Calixti, der 1398 eigens erst nach der Generalamnestie absolviert wurde, vermutlich also zum harten Kern des Widerstandes gehörte. Die Familie, aus dem rione Parione und schon mit Francescas Mutter bekannt, verband sich mit der Familie von Alterius Corraduccii, der als *speciarius* mit einem Laden in der Nähe des Pantheon Abnehmer der Florentiner Portinari war (wie die Korrespondenz des großen Kaufmanns Francesco di Marco Datini zeigt) und 1391 im Rat der Banderesi saß, der gefürchteten römischen Miliz.

Ein anderer erbitterter Gegner Papst Bonifaz' IX. von 1398 endet, in seinen Nachkommen, dann gleichfalls im Chor derer, die den Lohn des Gehorsams preisen. Der Notar Antonio di Lorenzo Guidolini aus Trastevere war im September 1398 zunächst noch ausdrücklich von der Generalamnestie ausgeschlossen worden, sein Schwager, ein Metzger aus Trastevere, starb wenige Tage vorher als Verschwörer am Galgen. Die drei Generationen Guidolini, die dann mit 5 Zeugen bzw. Zeuginnen die an der Familie geschehenen Wunder berichten (darunter die Errettung Paolos aus dem Tiber, eines der lebhaftesten unter den Fresken von 1468), führen auf einen Guidolinus zurück, der vermutlich Neffe des Verschwörers von 1398 war.

Francescas vertraute Freundin Margareta, als Jahrgang 1385 eine der älteren Zeuginnen und der letzten selbstbewußten Generation von 1398 somit auch näher als andere, ist überhaupt nur von Verschwörern umgeben: Vater, Onkel, Brüder haben sämtlich gegen die päpstliche Signorie in Rom geputscht. Margaretas Vater Tommaso Martelluzzi oder Bartelluzzi, Notar aus dem Stadtviertel Campomarzo, war 1398 neben Pietro Mattuzzi das Haupt der Popolari-Partei und wurde damals, und 1402 abermals, von Bonifaz IX. aus Rom verbannt. Ein Popolare also und kein Nobile, aber gerade an ihm zeigt sich, wie der Zusammenbruch der Kommune 1398 die Gegensätze zwischen den Parteien vorläufig verwischte: 1400 putschte er, nun Seite an Seite mit den Nobili, zusammen mit seinem Bruder und seinen Söhnen, Margaretas Brüdern, gegen den Papst.

Schon die bisherige Untersuchung hat gezeigt, daß von den Namen um S. Francesca Romana ein guter Teil sich in einige wenige Familien gruppieren läßt: allein 5 von 13 Oblatinnen in die eine Familie, allein 5 aussagende Zeugen in die andere, allein 6 durch Wunder Geheilte in die dritte, usw. – Familien, die sich jeweils auf Personen zurückführen lassen, welche 1395–98 die letzten Jahre der freien römischen Kommune geprägt haben: Rebellen verwandt mit Rebellen.

Daß diese 1398 gedemütigte Generation die Väter derer sind, die sich dann um S. Francesca sammeln, ist deutlich genug. Aber es geht dabei nicht um das genealogische Ergebnis (denn das wäre den Aufwand der Untersuchung nicht wert), sondern darum, einmal auf der untersten, der persönlichen Ebene den epochalen Wandel zu zeigen, der die freie römische Kommune des Mittelalters in die domestizierte Residenzstadt der Renaissance überführte.

Die Probe aufs Exempel sind endlich die Familie von Francescas Vater und die Familie von Francescas Ehemann, die Bussa von Parione und die Ponziani von Trastevere. Francescas Vater Paolo Bussa war 1395 Konservator der römischen Kommune, und sein Bruder Simeozzo wird es zwei Jahre später. Allein nicht daß er Konservator war, ist entscheidend, sondern wann er es war. Seine Amtszeit fällt in den Herbst 1395, also in die Zeit unmittelbar nach dem Sturz des Popolari-Führers Pietro Mattuzzi, der von 1394 bis Ende August 1395 quasi Signore von Rom gewesen war. Wer, wie Paolo Bussa, danach Konservator wurde, kann nur Sympathisant der Nobili-Partei gewesen sein.

Dem gleichen Regime, das im November 1395 Francescas Vater als Konservator sieht, gehört aber nun auch ein Ponziani an: Francescas künftiger Schwager Paluzzo Ponziani ist damals einer der vier Räte der Miliz neben den gefürchteten „Bannerträgern", den Banderesi. Umso interessanter wird damit die Frage, wann sich denn nun Bussa und Ponziani miteinander verbunden, wann sie Francesca und Lorenzo miteinander verheiratet haben. Sowohl die Vorwärtsrechnung der Zeugen (Heirat im Alter von *XI vel XII* oder *undecim vel circa* Jahren gerechnet von Francescas Geburt 1384) wie die Rückwärtsrechnung ihres Beichtvaters (40½ Jahre Ehe vor Lorenzos Tod 1435 oder Anfang 1436) führen auf dasselbe Datum: 1395/6.

Daraus folgt beinahe schlüssig: unmittelbar nach dem gewaltsamen Sturz des gegnerischen Popolari-Führers Pietro Mattuzzi verbinden sich Bussa und Ponziani, Sympathisanten der nun herrschenden Nobili-Partei und beide jetzt gemeinsam in den engsten Entscheidungsgremien der römischen Kommune vertreten, Ende 1395 oder Anfang 1396 miteinander in einer politischen Zweckheirat, der sich die junge Francesca nur fügt, „weil sie sich aus Demut dem väterlichen Gebot nicht widersetzen mochte: unfreiwillig also unterwarf sie sich dem väterlichen Befehl": *licet invita se subiecit paternis preceptis.*

Bussa und Ponziani gehörten also zur Partei der Nobili, aber wahrscheinlich nicht zu deren hartem Kern, der Colonna-Klientel, die während der Besetzung Roms durch König Ladislaus von Neapel 1408/9 und 1413/14 die Straße beherrschte. Denn die Ponziani kam ihre Parteinahme für die Kirche gegen Ladislaus und die Colonna wahrhaft teuer zu stehen: Francescas Ehemann Lorenzo wurde schwer verwundet und dann aus Rom verbannt; Francescas Schwager Paluzzo wurde „als Parteigänger gegen den König" verhaftet und Francescas kleiner Sohn Battista von der Besatzungsmacht als Geisel genommen. Zeugen erinnern sich, wie die Mutter ihn selbst hinaufbrachte nach S. Maria in Aracoeli, wo der neapolitanische Gouverneur residierte, und wie man den Knaben dort, „auf dem Platz zwischen dieser Kirche und dem Kapitol", einem Söldner aufs Pferd hob, der dann in Richtung Lateran davonritt.

Welches die wirtschaftliche Grundlage dieser Familie war, die der Verbannung und der Geiselnahme für wert gehalten wurde, auch das läßt sich aus den Zeugenaussagen des Heiligsprechungsprozesses einigermassen zuverlässig herauslesen, ja gerade hier zeigt sich, was diese Quellengattung so alles sagt, auch wenn sie es gar nicht sagen will. Was die spärliche Überlieferung – vor allem eine Viehsteuerliste und die Weidepachteinträge in den Zinsbüchern des Kapitels von St. Peter – nur noch andeutet, wird in den Zeugenaussagen plastisch und mit Leben gefüllt, obwohl man natürlich vieles wird abziehen müssen, weil es im Interesse der Aussagenden lag, zu besserer Kontrastwirkung die reichen Ponziani noch reicher zu machen, oft einfach nach dem Schema: schöne Hemden waren ja genug im Haus, aber die trug sie nicht, sondern nur Wolle und nie Leinen, und nie Modenfarben, sondern immer nur schwarz und allenfalls dunkelgrün, usw. Aber das hat kaum mehr als nur hagiographischen Wert, und wir dürfen es nicht zu sehr gewichten.

Die Zeugen kennen jedoch Francesca und ihren Mann Lorenzo als „nicht nur vermögend, sondern in jeder Beziehung sehr reich, wie bei den Herrschaften dieser Stadt üblich". Güter im Wert von 10000 duc. habe Lorenzo seinen Erben hinterlassen, will ein Zeuge von dem zuständigen Notar erfahren haben. Das Haus der Ponziani unweit von S. Cecilia in Trastevere war denn auch groß, der Haushalt von entsprechend großem Zuschnitt: Francesca war dort dauernd von zahllosen Bediensteten umgeben, denn „in diesem Haus war dauernd eine große Zahl von Knechten und Mägden verschiedener Zunge, weil Vermögen und Reichtum dieses Haushalts sich das sehr wohl leisten konnten". Francesca und Vannozza, die Frauen der Brüder Ponziani, haben eben einfach alles, und so ist es dem Priester in S. Cecilia ein Rätsel und gar nicht recht, daß *iste domine habentes maritos et divites* so häufig die Hostie nehmen: *„quid est hoc quod divitiis affluentes mulieres totiens communicentur?"*, „diese Frauen, die Männer haben und dazu reiche ...: wieso gehen so reiche Frauen so häufig zur Kommunion?"

Viele Bedienstete also, aber angestellt nicht einfach für das Haus, sondern in erster Linie für die Viehhaltung, wie öfters präzisiert wird, wenn von „Rinderhirten, Schweinehirten und anderem Hausgesinde" die Rede ist. Denn der Reichtum der Ponziani gründete vor allem auf Viehzucht großen Maßstabs, auf Besitz an Schafen, Rindern, Kühen, Büffelkühen, Zugvieh, Schweinen und anderm Vieh, von denen es in diesem Haushalt eine große Menge gab". Und genau davon redet denn auch immerzu und ungebeten Francescas Ehemann: sogar nachts im Bett, wenn sie in Gebet und Meditation versunken ist, kann er es nicht lassen, *de gubernatione bovum, bubalorum, pecudum, aliorum animalium* (das heißt eben über seine Viehzucht) zu reden. Doch „dann über so etwas zu sprechen war der Heiligen unausdenklich zuwider", *taedium nunquam excogitabile,* denn schließlich hörte sie das als Hausfrau schon den ganzen Tag, und so entweicht Francesca dann stets aus dem Schlafzimmer in die Küche oder auf den Balkon, wie die Zeugen berichten. Noch am letzten Tag ihres

Lebens streift ihr Sohn Battista über seine Weiden, um fremde Hirten wegzuprügeln, *ut opiliones offenderet deguastantes eius prata.*

So geben die Zeugenaussagen beiläufig Einblick in den Großhaushalt eines adeligen Viehbesitzers, in das Milieu der reichen und oft adeligen *bovattieri,* jener landwirtschaftlichen Unternehmer, wie sie für das Rom dieser Zeit typisch sind. Einblick haben wir aber auch in das Haus als Baukörper, wenn Francescas Beichtvater den Schauplatz ihrer Kämpfe mit dem Teufel lokalisiert: Raumaufteilung und auch Einrichtung, denn der Teufel greift zu dem, was er gerade findet, und was er so an der Wand findet, und welche Wege er dort im Oberstock von Tür zu Tür nehmen muß, das eben macht uns diese Zimmerschlachten wichtig.

Die Szenen spielen also im Oberstock, denn im Erdgeschoß, beginnend gleich vorn an der Haupttreppe, lagern die Vorräte und liegen sicher auch die Ställe; die Teufel besuchen Francesca denn auch manchmal als Haustiere, als Schweine oder Schafe, wohl weil das in diesem Haus nicht weiter auffiel. Das Wohngeschoß oben gruppiert sich um eine große *sala* mit einem Kamin, sonst wird mit Kohlenbecken geheizt. Aus der *sala* tritt man gleich in die Kammer, wo sie und ihr Mann schlafen, mit Bett und Schrank und Truhe; hier, und manchmal auch in der Küche, liest sie in ihren frommen Büchern, und sie kann das abends sogar ohne Licht, wie man an ihr rühmt – dafür muß sie später beim Lesen auch eine Brille tragen. Will Francesca von ihrem Zimmer in die Küche, dann muß sie die *sala* durchqueren: das macht es nämlich dem Teufel leicht, ihr den Weg zu versperren.

Auf diese zentrale *sala* führen (und auch diese folgende Interieur-Rekonstruktion ist in jedem Detail aus den Zeugenaussagen bzw. der zeitgenössischen Heiligen-Vita gewonnen) auch die Kammern von Bediensteten und die Zimmer der anderen Ponziani, soweit sich der Hauskomplex nicht in mehrere Kerne gliederte. Über einen *locus necessarius,* einen Abtritt, verfügt dieses Stockwerk natürlich auch (denn hier hinein wollen sie die Teufel werfen). Die genannte *sala* geht ihrerseits auf eine Loggia oberhalb des Brunnens: das wäre also die Hofseite. Auf der entgegengesetzten, der Straße zugewendeten Seite hat das Haus einen Altan, ein *deambulatorium;* dort oben hängt auch die Wäscheleine an der Stange, und ganz oben auf dem Haus ist endlich ein *solarium,* der Söller. Wie man sieht, hat das wenig zu tun mit dem schmalen, rot verputzten, an der Stirnseite durch ein Biforienfenster geöffneten Gebäude, wie es die Fresken von 1468 stereotyp als Haus der Ponziani vorstellen.

Viehbesitz also und auch Grundbesitz, mit Getreidevorräten über den eigenen Bedarf hinaus, so daß die Brüder Ponziani davon auch bei Teuerung noch verkaufen können. All das macht Lorenzo zum „sehr reichen Mann": Francesca ist also ihrer Herkunft nach alles andere als *illa paupercula que habitat in regione Transtiberim,* „jene Arme aus Trastevere", die sie sein will, und der dann peinlicherweise doch zwangsläufig der *nobilis consanguineus,* der adelige Verwandte, auf der Straße begegnet.

Denn *nobiles* sind sie ja auch noch („nach den geltenden Standesverhältnissen war sie eine adelige Dame"), mit all dem *apparatus* dieses Standes, mit den flotten Hochzeiten und den obligaten Wochenbettbesuchen, zu denen die Schwiegermutter Mellini ihre beiden Schwiegertöchter Ponziani anhält, wie bei römischen Damen üblich. Der Umgang mit den *magnifice,* den Frauen des hohen Adels vom Rang einer Savelli oder Orsini, war denn auch nichts Ungewöhnliches, *certe magnifice* sah man auch bei Francescas Aufbahrung. Standesgemäß machen die Ponziani sicherlich das meiste zu Pferde: der Genuese Giuliano (dort bei S. Cecilia ist ja das Quartier der Genuesen, wie drüben in Ponte das der Florentiner) ist für ihre Pferde da, und einmal wirft der Teufel Francesca ein schweres Ponziani-Sattelgeschirr an den Kopf, das er in anderen Haushalten eben nicht gefunden hätte.

Daß Francesca gleichwohl nicht die Heilige eines Standes war, braucht wohl nicht eigens hervorgehoben zu werden. Gerade sie, die selbst „so reich war, daß sie Ärzte hätte bezahlen können", kümmerte sich um die Armen und Mittellosen – wie um jenen, den sie während der neapolitanischen Besetzung verwundet auf dem *Pons S. Marie* findet, und der seine bereits von Würmern wimmelnde Armwunde aus Mittellosigkeit nicht hatte kurieren lassen können: *quia non habeo pecunias,* „weil ich kein Geld habe". Daß dann zumal nach ihrem Tod Devotion und Hoffnung keine Standesgrenzen kannten, liegt auf der Hand: bis 1451 werden beiläufig genannt die Mutter eines Müllers und die Tochter eines Schusters, ein Wollkämmer, zwei Zimmerleute und zwei Schuster, die Frauen eines Schneiders, eines Gewürzhändlers und eines Marmorarbeiters. Das ist auf der sozialen Skala wahrhaftig das andere Ende, verglichen mit den genannten hochadeligen Damen.

Jedenfalls ist das Rom der Hl. Francesca ein ganz und gar römisches sowohl in seiner sozialen Zusammensetzung wie in seiner räumlichen Ausdehnung – und auch dazu geben die Zeugenaussagen, und somit zur römischen Topographie überhaupt, beiläufig einige willkommene Details. Aufgewachsen war sie im Quartier Parione an der Piazza Navona, getauft dort in S. Agnese in Agone, und eben dort lag wahrscheinlich auch das Haus ihres Vaters nicht weit vom Haus der Mellini, hinter den verfallenden Gewölben des Domitiansstadiums, die damals für jene Kirche S. Agnese noch sichtbar das Gehäuse abgaben. Das geräumige Haus der Ponziani dann in Trastevere lag (und liegt noch heute) an der Straße, die von S. Cecilia zum *Pons S. Marie* oder *Senatorius* (heute Ponte Rotto) führt und sich dort mit der Via della Lungaretta trifft. Nicht weit davon, hinunter zum Tiber gelegen wahrscheinlich so idyllisch wie noch heute, stand das von ihrem Schwiegervater gestiftete Spital von S. Maria in

Cappella, nah genug, daß Francesca den Kranken das Essen zu Hause zubereiten und dann gekocht hinübertragen konnte. Die Kirche S. Cecilia mit ihrem *palatium* an der *Curia Iudaeorum* war nur wenige Schritte entfernt, aber lieber als in diese Kirche (wo ihr ein Priester einmal absichtlich eine ungeweihte Hostie reichte, und wo ein anderer seine Konkubine als seine Mutter ausgab) ging sie hinüber nach S. Maria in Trastevere, wo ihr Beichtvater Giovanni Mattiotti *gubernator* der *cappella S. Angeli* war, und wo anscheinend schon 1448 ein Bild Francescas verehrt wurde. Dort wohnte übrigens im angrenzenden Kardinalspalast immer noch, 1426 wie schon 1398, der Kardinal Rinaldo Brancacci, letzter Überlebender jenes Neapolitaner Papsttums, dem 1398 die endgültige Vernichtung der römischen Kommune gelungen war.

Viele Kirchen besuchte Francesca regelmäßig *secundum indulgentiam occurrentem,* „je nach fälligem Ablaß", darunter gerade S. Paolo fuori le mura und St. Peter – und das ist, wenn man es nicht nur mal im Jubeljahr tut, schon eine erhebliche Distanz. Nach S. Paolo kam sie auch deswegen oft, weil dort draußen, vor der Porta S. Paolo mit dem Kreuz auf der Straße, ein Weinberg der Familie lag; nach St. Peter oft auch, weil das Spital des Campo Santo dort und das von S. Spirito in Sassia zu den vier Spitälern gehörte, in denen sie regelmäßig Kranke pflegte. Geht sie vom Haus der Ponziani hinüber nach St. Peter oder nach S. Spirito, dann nimmt sie, eigentlich ja auch unvermeidlich, die heutige Lungara; überkommt sie der Durst auf diesem auch heute noch so langgezogenen Weg, dann steigt sie eben das Tiberufer hinunter (es ist noch unbefestigt, so fällt sie auch einmal hinein) und trinkt aus dem Fluß; auf dem Rückweg von St. Peter ruht sie, immer noch auf der Lungara, auf den Stufen von S. Giacomo in Septimiano aus. Ihrer Schwiegertochter scheint dieser Weg denn auch sehr weit – sehr weit, *maxime distat,* scheinen ihr freilich auch die vielleicht 1000 m vom Haus der Ponziani in Trastevere über die Tiberinsel nach Tor de' Specchi unter dem Kapitol. Dies wird auch Francescas letzter Weg sein, denn sie stirbt, bei einem Besuch ihres kranken Sohnes, im Haus der Ponziani und nicht in Tor de' Specchi.

Bei einem Leben über so viele Quartiere der Stadt spielen Tiber und Tiberbrücken zwangsläufig eine besondere Rolle, und das schlägt sich wiederum in unserer Quelle nieder, der auch die folgenden Details zu entnehmen sind. Manche Haushalte in Trastevere holen sich ihr Wasser direkt aus dem Fluß: bei der *Scalella,* nicht weit vom Palazzo der Annibaldi, kann man hinuntersteigen ans Ufer, dort liegen geflößte Balken; ein Stück flußaufwärts Richtung *pons ruptus* (nicht der heutige Ponte Rotto, sondern der vormalige *pons Aurelius* und nachmalige Ponte Sisto) öffnet sich in dem dort unversehens breiten und tiefen Flußbett ein gefährlicher Strudel, der den unglücklichen Paolo Guidolini flußaufwärts saugt. Den *pons S. Marie* weiter flußabwärts an der Südspitze der Tiber-

Insel (heute Ponte Rotto), mit einer Kapelle mittendrauf, benutzt Francesca, wenn sie vom Lateran zurück nach Hause kommt. Übrigens scheint sie diese Laterankirche, neben S. Croce in Gerusalemme östlichster Punkt ihres nachweisbaren Itinerars, gleichfalls recht häufig aufgesucht zu haben, nicht immer über die übliche – damals gleichwohl völlig verkommene – *via maior* vom Kolosseum zum Lateran, sondern auf dem Umweg über die weniger begangene *via Merulana* (das macht sich denn auch der Teufel zunutze und spricht sie vor SS. Pietro e Marcellino an). In der Regel aber – und erst recht mit dem imaginären Jesusknaben auf dem Arm – führte sie ihr Weg doch über S. Maria Nova, also eben über die *via maior,* auch wenn sie sich angewöhnt hatte, aus Rücksicht auf das Familien-Renommé wenigstens beim Betteln die abgelegeneren Straßen zu gehen, *per vias longinquas civitatis ubi non erant cognite.*

St. Peter mit den Spitälern Campo Santo und S. Spirito, S. Paolo mit dem Familien-Weinberg, der rione Campomarzo (hier besucht sie ihre Freundin Margareta Bartelluzzi in deren Garten wohl bei S. Lorenzo in Lucina, das war damals noch Stadtrand) und der Lateran umschreiben also die ungewöhnlich ausgedehnte Fläche ihres Rom, das die Zeugen dann mit der beiläufigen topographischen Präzision und dem Lokalkolorit ausfüllen, wie es solchen Zeugenaussagen eigen ist: der große Hund beißt nicht irgendwo, sondern bei SS. Apostoli; der junge reiche Girolamo di Lello Maddaleno fällt tödlich vom Maultier nicht irgendwo, sondern bei S. Stefano del Cacco mitten in seinem rione Pigna; die Frau aus dem rione Ponte kommt unters Pferd auf dem Weg vom Lateran nach S. Maria Maggiore, auf der Merulana also, und dann noch genauer: auf der Höhe von S. Matteo.

In einer Quelle, die so von römischem Alltag durchtränkt ist wie diese, wird denn auch maßstabsgetreu abgebildet, welch zentrale Rolle damals der Weinberg im römischen Leben gespielt hat. Denn eine *Vigna* hat fast jeder, sei es außerhalb oder auch innerhalb der antiken Stadtmauern: Weinberge schon vorn auf den Zungen der berühmten Hügel, oder *iuxta concham Collisei,* beim Kolosseum, das eben wie eine Muschel, wie eine grüne Mulde anmutete. Denn diese antiken Stadtmauern umschließen längst keine Stadt mehr, sondern ihrerseits eine Landschaft, in der sich zwischen monumentalen Ruinen seit Jahrhunderten ungestört das aus der Campagna eingebrochene Grün vermengt mit der aus den antiken Luxusgärten ausgebrochenen exotischen Flora – und mit dem, was man sich so an Kohl und Reben anbaute. Zwischen Vignen pilgert Katharina, Tochter der Hl. Birgitte von Schweden, hinaus nach S. Sebastiano und S. Lorenzo, in Vignen lauert ihr der römische Adelige auf, in die Vigna draußen vor den Mauern wird sie von den römischen Damen eingeladen.

So viel Vigna gibt es eben auch im Leben der Hl. Francesca und ihres Kreises: die geheilte Metzgersfrau kommt zu ihrem Mann in die Vigna gelaufen, eine andere, aus Trastevere, kann in ihrem Weinberg endlich wieder Holzlasten heben. Francescas eigene Familie besitzt eine Vigna draußen vor der Porta S. Paolo: ein Bach fließt hindurch, ein Dach ist da zum Unterstellen, hier geht die Heilige im strömenden Septemberregen auf und ab und liest, mit Brille, in ihrem Stundenbuch. Denn dort hinaus zieht sie mit den Oblatinnen oft zum Arbeiten, von hier trägt sie, per *viam sancti Pauli,* manchmal auch Brennholzbündel für Tor de' Specchi heim den langen Weg mitten durch die Stadt. Sonst sammelten sie ihr Brennholz meist vor der Porta Portese an einer Stelle genannt *La Magine;* der Maler, der 1468 für seine Fresken in Tor de' Specchi jenen Weinberg vor der Porta S. Paolo mit blühenden Blumen und gepflegten Rebstökken auf das farbigste abbildete, hat kurzerhand auch *La Magine* zur Vigna gemacht – und da ist sie ihm eigentlich noch schöner gelungen –, weil er, mit Francescas Beichtvater, die Holzarbeit mißverstand als die (ja tatsächlich sehr holzbewegende) „übliche Weinbergarbeit". Natürlich gab es Weinberge auch dort, und die Ponziani besaßen mehrere Vignen, sogar innerhalb der Stadtmauern. Um den Weinbedarf ihres großen Haushalts zu decken, hatte Francesca darüberhinaus 1430 noch einen Liefervertrag abgeschlossen, Wein lieferbar *ad mensuram Senatus Urbis:* dieses Weinmaß des Senats war aus einer kannelierten antiken Säule gemeißelt, die liefernde Vigna lag an einer Thermenmauer, ihren holzschleppenden Esel fütterte Francesca aus einem umgedrehten antiken Sarkophagdeckel – so war, wenngleich nicht wahrgenommen, die Antike auch für diese Römerin allgegenwärtig, bis die Renaissance in Rom erst richtig mit der Antike aufräumte.

Ganz anders hingegen ist, im gleichen Rom einige Jahrzehnte früher, die Zusammensetzung des Kreises um eine andere Heilige, um Birgitte von Schweden, deren Heiligsprechungsverfahren gleichfalls schon unmittelbar nach ihrem Tod Zeugenaussagen sammelte. Diese verwitwete Dame aus fürstlichem Geschlecht verbrachte die letzten 25 Jahren ihres Lebens (1349–73) auf Einladung Christi in Rom: „Geh nach Rom, wo die Plätze und Straßen von Gold sind und gerötet vom Blut der Heiligen". Und so ging sie nach Rom, das damals alles andere als aus Gold war – denn die Kirchen Roms, zu denen es Birgitte zog, verfielen damals zusehends, und die brutalen Klerussteuern Urbans VI. werden diese Kirchen dann noch tiefer in den Ruin führen.

Für diese Heilige war die Stadt zunächst einmal topographisch ganz anders zentriert: nicht um Campitelli und Trastevere (und darum auch, ganz anders als bei S. Francesca, keine Zeugen und keine Wunder aus diesen rioni, sondern rund ums Campo dei Fiori und von dort hinüber zu ihrem Lieblingskloster S. Lorenzo in Panisperna, wo man sie dann 1373 beisetzen wird. Denn sie wohnte zunächst, auf Einladung des Titelkardinals, im Kardinalspalast bei S. Lorenzo in Damaso und dann, seit etwa 1353, in dem ihr von Francesca Papazurri überlassenen geräumigen Haus *apud Campum Florum,* beim Campo dei Fiori (heute genauer: an der Piazza Farnese) auf der Grenze der rioni Parione und Regola, und unterhielt hier einen standesgemäß vielköpfigen Haushalt durch Geldüberweisungen aus Schweden (vielleicht über italienische Banken in Brügge, wie ein Luccheser Stück vermuten läßt), aber das funktionierte nicht immer.

Von hier aus begeht sie täglich ihr Rom, nämlich die jeweiligen Stationskirchen, vom frühen Morgen bis zum Mittagessen und dann nochmal vor dem Abendessen, viel systematischer also, als S. Francesca, die Hausfrau, es sich ja erlauben konnte. Und sie tut das bis zur physischen Erschöpfung (ihr Beichtvater trägt darum heimlich sicherheitshalber immer *aliquantulum de zuccara,* „ein bißchen Zucker", als Stärkungsmittel für sie bei sich). Ausdrücklich auf ihrem Wege genannt werden St. Peter, S. Giovanni in Laterano und auf dem Weg dorthin das Kolosseum (hier sieht man sie über dem Boden schweben), die Straße von S. Croce in Gerusalemme nach S. Maria Maggiore, dort oben auch S. Prassede (das nächste Spital, um die dort aufgelesene Norwegerin ärztlich zu versorgen, ist eben tatsächlich S. Antonio), und S. Maria Rotonda, also das Pantheon. In dringenden Fällen muß man sie dann eben in der Kirche suchen, und so trifft der Geldbote sie in St. Peter (und zwar *in eadem ecclesia,* in der Kirche, und nicht „auf dem Petersplatz, nach der Messe" , wohin ein neuerer Autor die Episode schamhaft verlegt). Im Vatikanischen Borgo, zwischen Peterskirche, Engelsburg und S. Spirito in Sassia wird sie in der bekannten visionären Vorwegnahme des Vatikanstaates den künftigen Papst im Kreise seiner Kardinäle residieren sehen!

Zunächst einmal muß man in Rechnung stellen, daß diese Ausländerin (*alienigena,* und trotzdem besuchte sie die römischen Spitäler, wird eigens hervorgehoben) zu ihrer römischen Umgebung nicht die gleichen Kontakte finden konnte wie eine S. Francesca Romana, auch wenn sie schließlich wohl das Italienische sprechen konnte wie jedenfalls, nach gerühmter Anstrengung, das Lateinische *cum bonis latinitatibus,* soweit ein Latino Orsini das beurteilen konnte. Solche Distanz mußte sich zwangsläufig niederschlagen in einer relativ geringen Anzahl römischer Zeugen und römischer Wunder, jedenfalls zu Lebzeiten der Heiligen. Aber auch qualitativ – und nur das ist hier die Konfrontation mit S. Francesca Romana wert – ist ihr Kreis ein anderer. Birgitte, die, selbst von königlichem Geblüt, ohne Scheu an den Königshöfen von Neapel und Zypern verkehrte, die Päpste ihrer Zeit schroff anfuhr, mit Gomez Albornoz im Vatikan speiste und die Könige von Frankreich und England zu versöhnen hoffte – Birgitte hat unter ihrer römischen Bekanntschaft die besten Namen. So etwa die Colonna rings um den kleinen Oddo, den (bei Birgittens Tod 5jährigen) nachmaligen Papst Martin V.: geheilt wird draußen im Colonna-Schloß Genazzano Oddos kleiner Bruder Lorenzo, sein Großvater Pietro, seine Cousine Antonia und die Tochter seiner Amme; dann im benachbarten Ciciliano Oddos Tante Mioza (die hat in ihrem Zimmer schon eine *ymago,* ein Bild der Heiligen), und endlich oben in Anticoli Oddos Vetter Petruccio.

Aber zu ihren Lebzeiten hat Birgitte Umgang doch noch mehr mit den Orsini gehabt, drinnen in Rom: sie verkehrt vor allem im Haus von Latino Orsini und von Giordano Orsini (schon beim Betreten dieser Häuser riecht sie förmlich – *tenebat manum ad nasum* – die Sünden dieser beiden, z. B. Streit mit den Vasallen); geheilt wird auch die Witwe von Latinos Vetter Mattuccio Orsini di Campodifiore, daneben Orsini-Bedienstete auf Latinos Besitzungen draußen in Isola Farnese bei Veji und in S. Angelo bei Tivoli. Das ist einfach die nächste Nachbarschaft, denn die Orsini saßen eben am Campo dei Fiori in den Substruktionen des Pompeiustheaters und auf dem Monte Giordano, längs der *Via Pape,* die Birgitte wie jedermann nehmen mußte, wenn sie hinüber nach St. Peter wollte, vorbei an der Engelsburg, wo Birgittes sicherlich blonde Tochter Katharina dann immer von der Besatzung belästigt wurde, wie ein Zeuge berichtet.

In via Pape wohnte denn auch Niccolò Orsini Graf von Nola, der ihr vertraut war und auch in Neapel zu Birgittes Umgebung gehörte – wie überhaupt auch die Devotion, die sie dort in Neapel während ihres zweijährigen Aufenthalts und unmittelbar nach ihrem Tod verbreitete, zunächst wieder eine besondere Zusammensetzung hat: der königliche Hof, die Familien zweier Seneschälle, jener Orsini, dann bedeutende Adelsfamilien wie Caraccioli, Carafa, Capuana, Protogiudice, Mormile, die Grafen von Ariano, daneben ein auffallend hoher Anteil an Kaufleuten – von den 14 Zeugen, die 1376 in Neapel über die Wunder der Heiligen aussagen, sind nicht weniger als 7 Kaufleute oder deren Frauen, darunter allein 5 in Neapel tätige Ausländer (3 Genuesen, 1 Pisaner, 1 Florentiner), und nicht gerechnet den Kaufmann Antonius de Carleto, Birgittes *familiarissimus,* dem sie bei der Königin zunächst ein höheres Amt in der Finanzverwaltung des Regno hatte erwirken wollen. Aber hier in Neapel hat sich ihre Verehrung dann binnen kurzem durch alle sozialen Schichten verbreitet – hier gibt es schon drei Jahre nach ihrem Tode Bilder der (noch nicht) Heiligen in den Kirchen S. Maria del Carmine, S. Giorgio Maggiore und S. Eligio. Wie der Neapolitaner Urban VI., so hat der aus der gleichen neapolitanischen Adelskonsorterie stammende Bonifaz IX. sich den Fall denn auch zu eigen gemacht und Birgitte schon 1391 kanonisiert, so wie der Sienese Pius II. Katharina von Siena und der Römer Paul V. Francesca Romana heiligsprechen werden.

Colonna und vor allem Orsini also gehören in Rom zu Birgittes Umgang, natürlich auch deren stadtrömische Klientel, und überhaupt Namen von Rang: unter den Zeugen ihrer Wunder sind drei Mitglieder des Laterankapitels, unter den hilflos dastehenden Ärzten immerhin drei päpstliche Leibärzte, unter den Geheilten und Aussagenden ein adeliger *bovattiere* mit Großviehbesitz an der Via Ardeatina, die Colonna-Tochter Occilena Witwe des römischen Kanzlers Niccolò de Montenigro (Buccamazza), dann ein Familien- und nun auch Wunder-Konsortium aus Tosetti, Capocci und Sanguigni um die aussagende Tosetti-Witwe Angela aus dem rione Colonna, usw. Daneben natürlich auch Angehörige der unteren Schichten, wobei ja auch in Rechnung zu stellen ist, daß sogar bei dieser Quellengattung, dem Zeugenverhör, die Kleinen vielleicht nicht ebenso leicht zu Worte kommen – was hier freilich ausgeglichen sein könnte durch die Tatsache, daß die für Birgitte bezeugten Wunder überwiegend aus der Zeit *nach* dem Tode der Heiligen sind, wenn nämlich erfahrungsgemäß alle sozialen Schranken für Wunder und Devotion fallen. Das wiederum hat allerdings auch zur Folge, daß die nach dem Tod berichteten Wunder den Umgang der Heiligen zu ihren Lebzeiten auch nicht mehr getreu abbilden. Aber es sollte ja auch nur so viel deutlich werden, daß im gleichen spätmittelalterlichen Rom der Kreis um diese hochadelige Ausländerin ein anderer ist als der um Francesca aus dem reichen mittleren Stadtadel.

Ganz anders wiederum das römische Leben unserer dritten Heiligen, Katharina von Siena: anders ihre selbstgesetzte Aufgabe, anders ihr Ambiente, anders ihr Rom. Rom ist freilich nur eine kurze Episode in ihrem reichen Leben, weder besonders wichtig noch besonders gut bekannt: es sind die letzten anderthalb Jahre ihres Lebens, vom November 1378 bis zum April 1380, 5 Jahre nach dem Tode der Hl. Birgitte, vier Jahre vor der Geburt der Hl. Francesca.

Katharinas Rom ist ein anderes und mußte ein anderes sein, denn anders als die Hl. Birgitte kommt die Hl. Katharina nach Rom nicht um Roms willen, sondern um des Papstes willen; eingeladen nicht von Christus, sondern vom Papst; nicht zu eigener Heilung, sondern um – wenige Wochen nach Ausbruch des Großen Abendländischen Schismas – in die Kirchenpolitik einzugreifen und sich für ihren Papst zu schlagen. Sie kommt nach Rom sozusagen schon als Heilige, und als solche gedenkt der Papst sie denn auch einzusetzen.

Katharina lebt in Rom also weniger in einem Alltag als die privatisierende Birgitte und die Hausfrau Francesca. Sie geht auch nicht in ihrem Quartier auf: ihr Rom ist weniger römisch als toskanisch, da sie auch hier dauernd inmitten ihres recht großen überwiegend sienesischen Kreises lebt, Anlaufstelle auch für viele ungebetene Toskaner, die zur Erlangung geistlicher Privilegien an die Kurie kommen und von Katharina direkt Unterstützung ihrer persönlichen Anliegen erwarten.

In Rom war es ohnehin leicht, als Toskaner unter Toskanern zu leben, denn in der Residenz des Papstes gab es immer eine starke toskanische Kolonie, meist Kaufleute und Bankiers engagiert in der Papstfinanz mit wenig Interesse für und wenig Respekt vor der römischen Kommune: damals noch nicht so viele Florentiner (die waren wegen des Krieges zwischen Florenz und dem Papst soeben aus der Papstfinanz hinausgeworfen worden), sondern vor allem Lucchesen – und mit Lucchesen war die Heilige seit ihrem kürzlichen Aufenthalt in Lucca schon vielfach bekannt.

Gerade ihr Engagement in der Politik und ihre Orientierung auf den päpstlichen Hof mußten Katharina mit weiteren nicht-römischen Kreisen in Berührung bringen, etwa mit den Neapolitaner Familien, die seit Urban VI. den päpstlichen Hof dominieren werden: unter Katharinas Korrespondenten ist die Ehefrau eines Caracciolo, Vetters Urbans VI., oder Caterina Dentice, beide verschwägert auch mit den Tomacelli, der Familie des nächsten Papstes, Bonifaz IX. – eine kompakte Gruppe neapolitanischer Adelsfamilien, mit denen die Hl. Birgitte von gleich zu gleich verkehrt hatte, und die nun mit Almosen-Überweisungen den bedürfnislosen Kreis um die Hl. Katharina, *la povera famegliuola,* in Rom unterstützten.

Römer kommen in ihren damaligen Briefen denn auch kaum vor, Katharinas römische Briefe bleiben ohne römisches Kolorit. Wie schon diese landsmannschaftliche Isolierung, so war auch der Zweck ihres römischen Aufenthalts geeignet, sie von römischer Gesellschaft fernzuhalten. Da sie, wie gesagt, um des Papstes willen nach Rom gekommen war, auf seinen Befehl und zu seiner Hilfe, so hieß das in der damaligen Situation: gegebenenfalls *gegen* die Römer. Die römische Führungsschicht war, nach soviel Jahren Papsttum im fernen Avignon, an einen in Rom residierenden Souverän nicht mehr gewöhnt, und an einen vom Schlage Urbans VI. schon gar nicht. Gerade Katharinas römische Zeit war angefüllt mit wachsenden Spannungen zwischen Kommune und Papst, die nach dem gemeinsamen Kampf gegen die Engelsburg des Gegenpapstes erst richtig aufbrachen. Ja die Hl. Katharina „sah im Geist die ganze Stadt voll von Dämonen, die das Volk rings anstachelten zum Vatermord". Sie fürchtete Anfang 1380 sogar einen Mordanschlag auf den Papst und suchte durch die Kraft ihres Gebets das römische Volk von diesem *parricidii scelus,* diesem Vatermord abzuhalten – wobei sie freilich umgekehrt auch den Papst dazu ermahnte, die Römer *più con dolcezza che con altra forza o asprezza di parole,* „mehr mit Sanftmut als mit weiterem Zwang und harten Worten" zu behandeln. Ein Rat, den gerade dieser Papst nötig hatte.

Wenn die Kürze ihres Aufenthalts also ohnehin schon Kontakte zur römischen Gesellschaft begrenzte, so mag ihre entschiedene Parteinahme für den Papst zusätzlich dahin gewirkt haben, den Zugang gerade zur römischen Führungsschicht gering zu halten. Man wird aus dieser Vermutung nicht zu viel herausholen dürfen (zumal die Ehefrauen dieser führenden Römer sich ihre Devotion wahrscheinlich von ihren Männern nicht verbieten ließen); aber das mag wenigstens zum kleineren Teil den auffallenden Tatbestand erklären helfen, daß die römischen Bekanntschaften der Hl. Katharina – soweit sie überhaupt greifbar werden – eher namenlos bleiben, aber jene untere Mittelschicht vermuten lassen, der sie selbst angehörte. Manchmal wird uns das auch ausdrücklich gesagt: in den Tagen der Schlacht von Marino gegen die Truppen des Gegenpapstes wird ihr Name von den römischen Gefangenen angerufen, Gefangene *potissime de inferioribus,* „vor allem aus den einfacheren Leuten". Eine Römerin, die der Heiligen in ihren letzten Lebenstagen nahe steht (und von der wir beiläufig den schlichten Alltag erfahren: Aufstehen am frühen Morgen, zu Mittag Kohl und Fleisch, zwei schwierige Söhne bei Tisch, vor dem Kirchgang das Essen aufs Feuer, die Glocke eines nahen Nonnenklosters schlägt ihr die Stunden), wird in ihrer sozialen Qualität kennzeichnenderweise so umschrieben: *nec obscuri multum generis nec etiam valde clari, sed inter communes cives urbis consanguineorum copia sociata:* „aus einer Familie, die weder besonders unbekannt noch besonders bedeutend war, sondern mit vielen gewöhnlichen Bürgern der Stadt verwandt".

Und eben diese Umschreibung, diese „Gewöhnlichkeit" trifft anscheinend auf die Mehrzahl derer zu, die in ihrem Leid von der Heiligen Beistand empfingen: bei körperlichen Leiden wie Augenkrankheiten in mehreren Fällen, bei Angina, Muskelschwund, Verwachsungen, bei Schwindsucht und Lepra oder *ex quodam excessivo labore,* „aus Überarbeitung", bei Darmverschlingung und Podagra und was sonst noch an Krankheiten aus dem Rom dieser Zeit spezifiziert wird. Aber eben auch in sozialer Not wie bei jener verzweifelten Waschfrau, der beim Waschen im Tiber eine Bettdecke aus teurem Mischgewebe wegschwimmt, die sie, weil *paupercula,* nicht ersetzen könnte. Häufig erfahren wir nur den Vornamen, und wo wir mehr erfahren, sagen uns die Namen nur selten etwas, weil es keine sonst greifbaren Personen oder Familien sind, sondern wirklich nur *quidam Romanus* und *quaedam devota mulier.*

Freilich: die, die hier aussagen (der Capuaner Raimondo, der Florentiner Barduccio, usw.) sind selbst keine Römer, sie vermögen den römischen Umgang Katharinas nicht sozial einzuordnen und kompetent zu differenzieren, und das mag zusätzlich erklären, warum unser Einblick in die römische Umwelt Katharinas so vage bleibt. Immerhin erfahren wir, daß unter denen, die vertrauten Umgang mit Katharina haben, doch auch Giovanna aus der Familie der Ilperini ist, eine wirklich *domina,* vor allem aber Paola del Ferro, die der Heiligen die letzte Wohnung bei S. Maria sopra Minerva zur Verfügung stellte und vermutlich Ehefrau von Lodovico Papazurri war. Mit den Papazurri aber greifen wir eine Familie des römischen Stadtadels, die auch in das Leben der beiden anderen Heiligen eingetreten ist: S. Francescas Schwiegertochter ist eine Papazurri, Birgittes vertrauteste römische Freundin ist eine Papazurri. Überhaupt wird bei näherem Zusehen deutlich, daß die Kreise um diese drei Heiligen sich berührten und überschnitten, wenn auch nicht so stark, daß man daraus irgendwelche Schlüsse ziehen dürfte: Francescas Ehemann ist Zeuge bei einer Schenkung an den Birgitten-Orden; in der Familie von Francescas Schwiegermutter, bei den Mellini, gibt es bereits früh den weiblichen Vornamen ‚Brigida'; und daß natürlich auch die Hl. Katharina vom römischen Leben der schwedischen Heiligen erfuhr („diese Gräfin, die in Rom gestorben ist", wie sie selber in einem Brief sagt), versteht sich von selbst: sie erfuhr davon mindestens durch Birgittes Beichtvater, den Spanier Alfonso Pecha di Valdaterra, der sie aufsuchte; durch Birgittes Tochter Katharina, die damals in Rom lebte; und wohl auch durch römische Bekanntschaft wie die Papazurri – eben damals wurden ja in Rom Zeugenaussagen für Birgittes Heiligsprechung gesammelt.

Welches ihr Rom war und wie groß ihr Rom war, ist schwer zu erkennen, zumal auch den aussagenden Zeugen die Stadt anscheinend wenig vertraut war und sie die Örtlichkeiten wohl nicht genauer zu benennen wußten. Katharina wohnte in Rom *prima nella contrada di Colonna e poi dove si chiama Via di Papa fra la Minerva e Campo di Fiore,* zunächst also im rione Colonna (*in Colonna* lautet denn auch ihre Adresse bis Juli 1379), dann an oder nahe der *via papalis,* der Hauptverkehrsader zwischen Engelsbrücke und Kapitol. Mit dieser zweiten Wohnung müßte dann also jenes Haus der *quondam Paulae de Ferro* bezeichnet sein, in der sie der apostolische Protonotar Tommaso de Petra unmittelbar vor ihrem Tode aufsucht, nämlich im rione Pigna auf der Rückseite des Pantheon dort, wo auch heute noch, an der Piazza di S. Chiara, die mutmaßlichen Räumlichkeiten ihrer letzten Wohnung gezeigt werden. In der *via papalis* liegt das freilich nicht, die in der Literatur vorgenommene Gleichsetzung „Via del Papa oggi Via Santa Chiara" ist keineswegs zulässig, und so wird man vermuten müssen, daß jene Lokalisierung *dove si chiama Via di Papa* mehr die Gegend als die Straße meint. Allerdings wird noch eine dritte Wohnung genannt, mit der wir der Via papalis etwas näher kommen würden: *aviamo tolta,* schreibt Katharina am 4. Dezember 1379, *una casa presso a Santo Biagio tra Campo di fiore e Santo Eustachio e crediamovi tornare innanzi Pasqua per la grazia di Dio.* Mit San Biagio kann nur S. Biagio *de Oliva* oder *dell'Anello* gemeint sein, wir kämen damit in die Nähe der Piazza dei Senesi beim späteren S. Andrea della Valle, in den vertrauten Sieneser Umkreis also, wo noch Pius II. seinen Palazzo Piccolomini bauen wird, und somit in die Nähe der Via papalis.

Die Nähe zum Dominikanerkonvent S. Maria sopra Minerva, wo ihr Beichtvater Raimondo da Capua Prior war, bildete also den einen Pol ihres Rom. Sicherlich wird sie auch die Dominikanerkonvente von S. Sisto Vecchio bei den Caracalla-Thermen und von S. Sabina auf dem Aventin gekannt haben (mit dem angeblich vom Hl. Dominikus gepflanzten Apfelsinenbaum: solche Bitterorangen, die im Spätmittelalter schon tonnenweise nach Rom importiert werden, schenkt Katharina auch dem Papst, versehen mit einem Rezept zu ihrer Kandierung als Mahnung, sein eigenes bitteres Wesen zu mildern!). Vielleicht hat sie in ihrer ersten römischen Fastenzeit auch noch versucht, beim Besuch der Stationskirchen mitzuhalten. Doch ist sicher, daß ihr Rom kleiner war als das der Hl. Birgitte. Während Birgitte, gewissermaßen privatisierend, nach Belieben die Stadt durchstreifte, hatte Katharina – nach Rom gekommen um dem Papst und der hohen Kirchenpolitik nahe zu sein – schließlich auch noch anderes zu tun: die Kirchenreform zu propagieren, Briefe zu diktieren (gegebenenfalls mehrere an einem Tag) an Könige, Kardinäle, Condottieri, und für ihren Kreis zu sorgen. Zu regelmäßigen Gewaltmärschen von Kirche zu Kirche wie die schwedische Heilige war Katharina schon physisch nicht mehr imstande. Immerhin machte sie jeden Morgen im Eilschritt, *peditando velociter,* den Weg zur Messe nach St. Peter: diese Zentrierung auf St. Peter ist kennzeichnend für ihr Rom, das sich eben zwischen Dominikanerkonvent und St. Peter mit dem Papstpalast spannte. Und damit ihr Papst dort endlich sicher residieren könne, erfleht sie von Gott die Eroberung der Engelsburg.

Und hier in diesen belebten Vierteln – und nicht wie die römische Francesca vorsichtshalber nur in den Außenbezirken – hat Katharina mit ihrer Begleitung gebettelt. Wie weit ihre Präsenz von hier aus in die Nachbarschaft ausstrahlte und ob sie bestimmte Stadtviertel besonders stark erfaßte, läßt sich (anders als bei der Hl. Francesca und der Hl. Birgitte) nicht erkennen, da Heilungen und Geheilte von unseren Gewährsleuten leider nicht lokalisiert werden und obendrein (auch das dürfte kennzeichnend sein) diese Wunderheilungen in Rom nicht zu Katharinas Lebzeiten, sondern erst nach ihrem Tod geschehen. Wir kriegen den Kreis ihrer Devotion zu spät zu fassen, nämlich richtig erst im Augenblick ihres Todes, als alle Schranken, die es zu Lebzeiten gegeben haben mochte (landsmannschaftliche, soziale, politische) sogleich dahinfielen – *totus quasi populus* strömt bei ihrer Aufbahrung zusammen, und auf ihrem Grab häufen sich dann rasch jene *imagines cere,* jene Wachsbilder, die keine Herkunft und keinen Stand mehr verraten.

Ihr römischer Umgang ist also, soweit er sich überhaupt greifen läßt, doch deutlich ein anderer als bei der Hl. Birgitte und auch bei deren Tochter: die schwedische Katharina verkehrt auch während ihres zweiten römischen Aufenthalts (der mit dem Aufenthalt der sienesischen

Katharina in Rom gleichzeitig ist) nur unter römischen *dominae* und in römischen Adelspalästen (die „aus dem Tiber steigende Wolke schwärzer als Ruß, von runder Form, groß wie ein Heu-Wagen" senkt sich bei ihr nicht irgendwohin, sondern auf den Orsini-Palast). Solche soziale Präferenz ist bei der Hl. Katharina von Siena nicht zu erkennen. Daß sie eine „Santa per signori" gewesen sei ohne besonderen Sinn für die sozialen Probleme der unteren Schichten, eine Santa per signori sogar aus Neigung (wie Fawtier behauptet hat) und nicht nur aus politischer Intention, läßt sich für ihren römischen Aufenthalt nicht behaupten. Der kirchenpolitische Zweck ihres römischen Aufenthalts mußte sie allerdings, hier wie immer Zeit ihres Lebens, mit den Spitzen der Gesellschaft zusammenführen – doch der Alltag, den sie im Kreise ihrer toskanischen Gemeinschaft in Rom lebte, war davon anscheinend nicht geprägt. Daß im Unterschied zu den Nichtitalienerinnen Birgitte und deren Tochter Katharina aus dem Hochadel die Sienesin und die Römerin aus der (unteren bzw. oberen) Mittelschicht stammten, entspricht im übrigen neueren Beobachtungen über die durchschnittliche soziale Herkunft weiblicher Heiliger im spätmittelalterlichen Nord- bzw. Südeuropa.

Eine methodische Überlegung zum Schluß. Wenn im Voraufgehenden versucht wurde, einige hagiographische Quellen so zu befragen, daß sie als Quellen auch zur Sozialgeschichte Roms in dieser besonders quellenarmen Phase der Stadtgeschichte zu reden beginnen, sollte man sich noch einmal klar machen, daß wir diese Quellen damit nach Dingen befragt haben, die sie uns gar nicht mitteilen wollten, und daß wir es ihnen darum nicht zur Last legen dürfen, wenn sie unsere Fragen bisweilen ausweichen. Denn wir fragten nach Details, die den Zeugen nur beiläufig unterfließen, weil sie Wesentlicheres interessiert als uns. Dieses Wesentlichere ist hier beiseitegelassen worden und stattdessen Banaleres in den Blick genommen. Aber worum es bei unserer Fragestellung ging, war eben nicht das Heiligenleben als solches, sondern nur die Abdrücke, die es in der umgebenden Masse hinterließ, und diese Masse selbst: römische Gesellschaft zwischen Mittelalter und Renaissance.

Der neapolitanische Familien-Clan im Kardinalskolleg während der Kirchenspaltung 1378–1415

Nach der Rückkehr des Papsttums aus fast siebzigjährigem Exil in Avignon (1309–1376) galt den Zeitgenossen als eines der wichtigsten Probleme die Wiederverwurzelung des Papsttums in Italien, und das hieß zugleich: die Re-Italianisierung von Kurie und Kardinalskolleg. Und wenigstens dies ist dem Pontifikat Urbans VI. – sonst einem der unglücklichsten der Papstgeschichte – wirklich gelungen, freilich um einen hohen Preis: die Machtergreifung durch eine festumrissene Gruppe neapolitanischer Familien, die diese Macht unter drei von ihr gestellten Päpsten innehatte und nicht eher wieder losließ, als bis sie ihr mit Gewalt genommen wurde.

Dieser Weg war nicht von Anfang an vorgezeichnet, im Gegenteil: der Neapolitaner Bartolomeo Prignano galt im Augenblick seiner unverhofften Wahl zum Papst 1378 als ein Mann, der sich in seinen bisherigen Ämtern als charakterfest, unbestechlich und korrekt erwiesen hatte – charakterfest sogar im Konflikt mit einer der mächtigsten Familien des Königreichs, unbestechlich sogar in seiner Vaterstadt Neapel inmitten seiner Verwandtschaft. Und so sahen auch seine französischen Wähler keinen Anlaß zu der Befürchtung, er werde den Clan der Limousins, der den päpstlichen Hof in Avignon so lange dominiert hatte, nun einfach gegen einen Clan von Neapolitanern auswechseln. Kurz: alle Voraussetzungen schienen gegeben, daß der erste nach-avignonesische Papst kein Nepotistenpapst sein werde; ja man rühmte an diesem Rigoristen geradezu seine Indifferenz gegenüber seinen Verwandten, und ein Diplomat wagte nach der Wahl sogar vorauszusagen, das werde „der beste Papst seit über hundert Jahren", *nam iste non habet attinentes,* „denn er hat keine Verwandten".

An diesem Eindruck änderte sich zunächst nichts, im Gegenteil: die Verwandten und Neapolitaner, die auf die Nachricht von seiner Wahl nach Rom geströmt waren, kehrten (wie sich ein Zeuge erinnert) schockiert von dort wieder zurück – der Papst hatte sie alle hinausgeworfen. In seinem schroffen Reformwillen machte er noch keinen Unterschied zwischen Neapolitanern und anderen Menschen: noch wollte er sie alle reformieren, noch brauchte er sie alle nicht.

Doch diese Illusion wird nicht lange dauern, nicht länger als die ersten fünf Monate seines Pontifikats, in denen sich die Kardinäle von Urban abwandten und endlich in Fondi Clemens VII. zum Gegenpapst erhoben, der den Sitz seines Papsttums sogleich nach Avignon zurückverlegte. Von seinen 16 Wählern hat Urban VI. keinen mehr wiedergesehen. Er stand verlassen *quasi solus ut passer in tecto,* „allein wie der Spatz auf dem Dach", erinnert sich der deutsche Kuriale Dietrich von Nieheim, der den Papst über Jahre aus nächster Nähe beobachtete. Denn nicht nur seine Kardinäle hatte Urban VI. verloren: mit dem apostolischen Kämmerer Pierre de Cros war auch das eingespielte, meist französische Kammerpersonal fast geschlossen zur Kardinalspartei übergetreten – ein Verlust schlechthin unvorstellbar und unersetzlich, denn eine Finanz- und Verwaltungsbehörde (jedenfalls eine so gute wie die avignonesische) kann man sich nicht zusammenkreieren wie ein Kardinalskolleg. Der Papst mußte sich eine Kurie aus dem Nichts schaffen, und er mußte es sofort.

Nun hatte er keine Wahl mehr. Wollte man suchen, wo bei den Vorgängen unseres Themas eine gewisse Zwangsläufigkeit einsetzte, dann hier: nicht schon bei der Wahl, mit seiner Person, sondern erst nach der Wahl, mit den Umständen (*und* seiner Person). Die fatale Durchsetzung mit Neapolitanern nahm hier ihren Anfang. Und es war erst der Anfang, wie am vorweggenommenen Beispiel der Kardinalskreationen schon einmal verdeutlicht sei, Namen nur gezählt und noch nicht gewogen: in der ersten Promotion (1378) sind von 25 Kardinälen 7 aus dem Königreich Neapel, in der zweiten (1381) sind es 3 von 6, dann (1382–85) 2 von 3, in der letzten Promotion (1384) endlich 5 von 9. Denn von nun an wird jede Krise, mit Daten genau zu bezeichnen, das Papsttum tiefer in die Arme der Neapolitaner treiben, genauer: in die Arme einer Gruppe, deren Zusammensetzung sich, umgekehrt, mit jeder dieser Krisen deutlich herausbildet. Und um diese Gruppe geht es hier, nicht um Italiener und Neapolitaner als solche: daß der Papst Italiener berufen werde, war nicht überraschend, ja gerade das erwartete man von ihm, denn ohne italienische Mehrheiten war das Papsttum nicht wieder in Italien zu verwurzeln; daß der Papst Neapolitaner berufen werde (davon gab es 1378 im Kardinalskolleg keinen einzigen), war gleichfalls nicht so überraschend, denn an irgendeine italienische Macht mußte Urban sich schließlich anlehnen, am ehesten an das Königreich Neapel, zumal Florenz nach dem Konflikt mit dem Papsttum 1375–78 zunächst nicht in Frage kam.

Doch da trat unerwartet ein Ereignis ein, das den Spielraum des Papstes abermals drastisch verkürzte: Ende 1378 ging Königin Johanna von Neapel zum avignonesischen Gegenpapst über – gerade das Königreich Neapel, an das Urban sich hatte anlehnen wollen, entzog ihm den Gehorsam! Das Reservoir von Mitarbeitern, das durch die Wahl des Gegenpapstes gewissermaßen schon halbiert worden war, wurde so für Urban abermals reduziert. Denn die Entscheidung der Königin stellte auch den neapolitanischen Adel vor die Entscheidung, nötigte ihn zur Parteinahme für oder gegen Urban, für oder gegen die Dynastie in Neapel, und führte so zur ersten Formierung jener Gruppe, die sich dem Papst als einzig verläßliche Stütze erst anbieten und dann aufdrängen wird.

Und Entscheidungen solcher Art wird es in diesen Jahren noch viele geben, gerade Urban selbst wird, durch seine unsinnige Politik, auf seine Weise dazu beitragen. Als der Papst endlich, abermals mit seinen Kardinälen zerfallen und von seinem eigenen Thronprätendenten Carlo von Durazzo in Nocera belagert, dann 1384 wirklich am Ende schien, da stellte sich nur noch eine kleine Gruppe neapolitanischer Familien hinter ihn, die sich in dieser fatalen Lage abermals gegen die (neue) Dynastie und für den Papst entschied. Damit begann die letzte entscheidende Phase der Machtergreifung der Neapolitaner. Denn unentbehrlich geworden durch ihre entschiedene Parteinahme, wußten sie nun auch Forderungen durchzusetzen: „Sie legten dem Papst eine Bittschriften-Rolle zur Unterschrift vor (erinnert sich der vom Papst mit der Bearbeitung beauftragte Dietrich von Nieheim) ..., in dem sie regelrecht die Kardinalswürde beantragten, so wie irgend ein armer Kleriker gewöhnlich irgendeine freiwerdende Pfründe beantragt ...; ich machte vor jedem dieser Gesuche vorn am Rand irgendein Zeichen, um so die Unverschämtheit der Petenten zu unterstreichen und den Papst vorsichtig zu machen".

Aber diese Ausrufezeichen vor den Kardinals-Stellen halfen nichts. Der Papst konnte und wollte nicht mehr anders. Bisher hatte der Papst nach den Neapolitanern gegriffen, nun griffen die Neapolitaner nach dem Papsttum. Denn diese letzte Kardinalspromotion Urbans VI. mit fünf neuen neapolitanischen Kardinälen wird die Neapolitaner an der Kurie erst richtig zusammenfügen: Marino Bulcano, Rinaldo Brancacci (sie beide dem Papst verwandt), Francesco Carbone, künftig drei Namen von Gewicht, waren viel deutlicher als die bisher ernannten neapolitanischen Kardinäle (den 1381 kreierten Tomacelli ausgenommen) fähig und willens, den Kern einer neapolitanischen Partei zu bilden. Mit ihnen setzte die regelrechte Parteibildung erst richtig ein, und die weiteren Ereignisse trieben diesen Vorgang voran: der Bürgerkrieg in Neapel zwischen Durazzo und Anjou erreichte 1387 einen dramatischen Höhepunkt, nach blutiger Verfolgung verließen unsere Familien endlich die Stadt. Sie flüchteten an die Kurie, denn nur hier konnten sie von ihrer hohen Verwandtschaft im Kardinalskolleg Unterhalt und standesgemäßes Leben erwarten.

Die Katastrophe ihrer Sache in Neapel hat die Formierung dieser Gruppe abgeschlossen und ihr die letzte Gestalt gegeben: gerade weil sie ihre Basis in Neapel verlor, eroberte sie sich die Kurie, eroberte sie sich das Schiff, auf das sie rettungssuchend übergestiegen war. Faßt man rückblickend die Konstituierung dieser Gruppe noch einmal zusammen

– jene 7½ Jahre Weges von der enttäuschten Hoffnung einzelner Neapolitaner auf gute Pfründen im Frühsommer 1378 bis hin zur kompakten neapolitanischen Partei an der Kurie seit dem Herbst 1385 –, so war das für die engagierten Familien ein Weg nicht einfach bequemer Erwartungen, sondern immerhin auch riskanter Entscheidungen, und das sei, da es zu ihrer Unehre viel zu sagen gibt, zu ihrer Ehre doch gesagt (klagten doch sogar die Römer schon nach zwei Jahren Pontifikat, „für diesen Papst mehr gelitten zu haben als Christus für die Erlösung der Menschheit"!). Mit jeder Krise, vor jedem Scheideweg, mit jeder ihr abverlangten Entscheidung wurde die Gruppe kleiner, aber auch schärfer konturiert, entschlossener, kompakter: 1378 für Urban oder für Clemens? 1381 für Johanna I. oder für Carlo von Durazzo? 1385 für Urban oder für die Durazzo? 1387 für Urban/Anjou oder für Urban/Durazzo? Das, was bei dieser dichten Folge von erzwungenen Optionen übrig blieb, ist die Gruppe, die von da an über Jahrzehnte, bis zum Ende, in ihrer Zusammensetzung gleich bleiben wird. Nun endlich war ihr alles zugefallen.

Und so wurde nicht nur das Kardinalskolleg immer neapolitanischer (kein Wunder, da von den bisherigen Kardinälen 5 ermordet und 5 davongelaufen waren): die Neapolitaner gewannen nun einfach durch ihre Masse, durch ihre massive Präsenz, ein unerhörtes Gewicht nicht nur an der Spitze, sondern auch an der Basis. Fortan war man Neapolitaner oder man war es nicht – das war die notwendige (wenn auch noch nicht hinreichende) Voraussetzung, um dazuzugehören –, und innerhalb dieser Pauschalbezeichnung wurde wenig differenziert: „Alle Neapolitaner" nimmt der Papst von einem Widerruf aus, „alle Neapolitaner zu töten" ist angeblich Ziel eines Anschlags auf die Kurie in Rom, „kein Neapolitaner glaubt an die Auferstehung" behauptet man dann auf dem Konstanzer Konzil, das die Herrschaft der Neapolitaner endlich brechen wird.

Was nun geschah, stand in seltsamem Kontrast zu Urbans anfänglichem Programm unnachsichtiger Reform. Aber darum zeigt sich gerade an diesem Papst, was für eine Funktion Nepotismus hat (und daß er überhaupt eine hat, jedenfalls im Mittelalter). Nepotismus ist – und das wird, da er so leicht zu karikieren ist, oft unterschätzt – eine Angelegenheit nicht des Herzens, sondern der Politik: er bietet ein Arsenal von Personen, deren Nutzen nicht so sehr in ihrer oft zweifelhaften Qualifikation liegt, sondern in ihrer nie zweifelhaften Verläßlichkeit – verläßlich nur deshalb, weil sie von niemand anderem etwas zu erwarten haben als allein von ihrem hohen Verwandten: *cum moritur praesul cognacio tota fit exul*, „wenn der Papst stirbt, muß die ganze Verwandtschaft verschwinden". Nepotismus hat hier nämlich die präzise politische Funktion, in dieser Krisenzeit den Kirchenstaat überhaupt regieren und das benachbarte Königreich Neapel um jeden Preis unter Kontrolle halten zu können. Und so fand dieser angeblich verwandtenlose Papst Verwandte, einfach weil er sie brauchte. Die hohen Ämter seines unfähigen Neffen Francesco Prignano erklären sich denn auch nicht aus rührender Neffenliebe, sondern aus politischem Kalkül: denn bei allem, was der Papst in seinen Neffen hineinstopfte, ging es nicht so sehr um dessen Person, sondern um den Macht-Raum, den er damit dem Papst freihielt. Nun wurden auch die letzten Familienangehörigen zusammengekratzt und reaktiviert wie jene beiden Papst-Nichten, seit 12 Jahren im Kloster, die nun rasch an irgendwelche Grafen verheiratet wurden, um die Partei Urbans im Königreich Neapel zu stärken.

Nepoten und Neapolitaner werden dann im folgenden Pontifikat noch an Gewicht gewinnen, unter Bonifaz IX., der nun auch schon eine andere Generation vertritt (und solche Generationen-Wechsel sollte man stärker beachten). Denn dieser zweite Neapolitaner-Papst, 1389 sehr jung gewählt, hatte einen Erlebnis-Horizont, der nur wenig über das entscheidende Jahr 1378 zurückreichte – von Avignon und all dem, was man damit verbindet, ist er nicht einmal berührt, geschweige denn (wie noch sein Vorgänger) geprägt worden. Im Gegenteil mußten die unorthodoxe Art seines eigenen Aufstiegs und das Erlebnis einer in ihrer Not immer nur improvisierenden Kurie den jungen Tomacelli-Papst, der obendrein sein ganzes Leben lang den vertrauten neapolitanischen Umkreis nie wirklich verlassen hatte, zu einer ganz anderen Amtsauffassung bringen. Insofern liegt 1389 auf römischer Seite vielleicht doch ein tieferer Einschnitt, als wir uns dessen bewußt sind, wenn wir von „den Schisma-Pontifikaten" sprechen.

Doch mußte die neapolitanische Partei auch in diesem Pontifikat zunächst darauf bedacht sein, ihre Position zu sichern. Wenn man einem Bericht an die Gonzaga in Mantua glauben darf, fürchteten die Neapolitaner den Verlust ihrer Position, als der Papst im ersten Jahr seines Pontifikats schwer erkrankte: sie sahen sich im Kardinalskolleg schon majorisiert (*quoniam tam pauci sumus de regno in collegio,* „weil wir im Kardinalskolleg so wenige aus dem Königreich Neapel sind" – dabei stellten sie zu Pontifikatsbeginn 6 oder 7 von 13 Kardinälen) und wollten, wenn der Papst die Krankheit überleben sollte, in ihn dringen, daß er weitere Kardinäle aus dem Königreich kreiere, „so daß das Papsttum für lange nicht von uns weggeht": *tot cardinales faciet de regno, quod papatus non exibit extra nos longo tempore.* Bonifaz IX. hat seinem Kardinalskolleg gar nicht einmal so viele Neapolitaner hinzugefügt (von sechs neuen Kardinälen waren vier aus dem Königreich Neapel, davon gehörten wiederum zwei zur Familien-Gruppe). Aber als dann dieser zweite Neapolitaner-Papst starb, 1404, da waren von 10 Kardinälen inzwischen 8 aus dem Regno, waren 5 dem verstorbenen Papst verwandt oder verschwägert; wenn man sie dann noch wägt und nicht nur zählt, dann zeigt sich,

daß Cossa und Carbone den Rest aufwogen. Für Innozenz VII., den
Nachfolger zwar nicht aus Neapel, aber aus dem Königreich, wurde die
gewaltsame Entfernung der Tomacelli beinahe die wichtigste Beschäftigung seines kurzen und belanglosen Pontifikats. Daß die herrschende
Familie ihre Positionen räumen mußte, war auch unter Landsleuten
selbstverständlich, nicht einmal dem Neffen Urbans VI. war es unter
den Tomacelli anders ergangen.

Die Mehrzahl dieser engeren und weiteren Verwandten darf man getrost für belanglose Kreaturen halten, aber man unterschätze nicht die
Realität, die sie zeitweilig darstellten. Wer im fernen Deutschland vielleicht Herr über Leben und Tod eines Ketzers war, hätte sich glücklich
geschätzt, den geringsten unter ihnen zum Protektor an der Kurie zu
haben. Sie konnten auf ihre Weise Entscheidungen vorbereiten, beeinflussen, verhindern. In ihrem römischen Hauptquartier, dem großen
Spital von Santo Spirito nahe dem Vatikan (damals eine Art Prominen-
ten-Hotel, in dem einflußreiche Neapolitaner wohnten), wurde Politik
gemacht. Das wußte man und dem trug man auch Rechnung: und so
wurde hier manchmal sogar die alte Mutter Bonifaz' IX. von auswärtigen Diplomaten aufgesucht und eingeschaltet, etwa wenn der Florentiner Bischofsstuhl zu besetzen oder einer französischen Invasion entge-
genzutreten war. Denn täuschen wir uns nicht: es waren doch nicht die
Langenstein, die Gerson oder Ailly, die einen Urban VI. oder einen
Bonifaz IX. bei ihren kirchenpolitischen Entscheidungen beraten und
beeinflußt haben – es waren doch nicht die Besten der Zeit, sondern die
Mächtigsten der Kurie!

Was waren das nun für Familien, die zu dieser engeren Gruppe gehörten und die Substanz der römischen Schisma-Pontifikate bildeten? Dazu
gehörten – sämtlich Adelsfamilien der exklusiveren Adels-Quartiere
oder *seggi* von Nido und Capuana in Neapel – Familien wie Tomacelli
und Filimarini (das ist die väterliche und die mütterliche Familie von
Bonifaz IX.); von den Tomacelli werden damals mehr als 50 Familien-
mitglieder allein schon namentlich genannt, und der Humanist Poggio
Bracciolini läßt einen Zeitgenossen über diese Tomacelli (was so viel wie
„Leberknödel" hieß) boshaft sagen, das müsse ja eine riesige Leber gewesen sein, „aus der man so viele und so enorme ‚tomacelli' habe herstellen
können", *ex quo tot tomacelli prodierunt et tam ingentes.* Zu dieser Gruppe
gehörten weiter Cossa und Barrili (die väterliche und die mütterliche
Familie von Johannes XXIII., dem dritten und letzten Neapolitaner
Papst), gehörten vor allem die Brancacci (die mütterliche Familie Urbans VI. und wohl die wichtigste überhaupt) und die zahllosen Caracci-
li, die lange Zeit sowohl den apostolischen Kämmerer wie den Marschall
der Kurie stellten und obendrein kleinere Beamte (es gab einen Giovannello Caracciolo und noch einen Giovannello Caracciolo, beide gleich-

zeitig in Rom, beide gleichzeitig Skriptoren und doch nicht identisch, denn glücklicherweise treten sie einmal gemeinsam auf). Daß diese Neapolitaner in unmittelbarer Nähe des apostolischen Palastes mehrere Häuser „okkupiert" hatten, wird in den Einnahmebüchern des Kapitels von St. Peter mit grimmiger Ironie kommentiert.

Daß diese Familien eng miteinander verflochten waren (vielleicht noch enger als unter neapolitanischen Adelsfamilien ohnehin unvermeidlich), das zeigen allein schon die vielen Verwandtschafts-Dispense in den Papstregistern der avignonesischen Zeit. Dabei befreite ein solcher Dispens ja von bereits bestehender zu abermaliger, noch engerer Verbindung! Die Pest von 1349 ließ sie noch enger zusammenrücken, denn (so argumentierten sie, nach Alter die Elterngeneration von Bonifaz IX. und Johannes XXIII., damals in ihren Bittschriften an den Papst) nach der fürchterlichen Pest fänden „die überlebenden Adligen kaum jemanden, den sie ohne Dispens standesgemäß heiraten könnten", zumal sie ja doch sowieso „allen Adeligen dieser Stadt verwandt oder verschwägert seien", *omnibus nobilibus civitatis eiusdem consanguinitate vel affinitate iuncti estis.* Sie backten zu einer kompakten Masse zusammen.

Der Familien- und Interessenverband, der dann die Neapolitaner-Pontifikate tragen wird, erwies sich denn auch als sehr beständig: die meisten Familien des letzten Neapolitaner Papstes Cossa standen bereits im Dienste des ersten, Urbans VI. Die profilierteste unter diesen Familien, ja ihr eigentliches Rückgrat, waren die Brancacci. Sie seien darum hier herausgegriffen, zumal sie auch an der Kurie in Avignon vertreten waren und so Aufschlüsse darüber erlauben, wie sich eine bedeutende Familie unter den besonderen Bedingungen der großen abendländischen Kirchenspaltung (1378–1415) verhielt, als sich jahrzehntelang zwei, zuletzt gar drei Päpste in die Christenheit teilten.

Mit allen drei Neapolitaner Päpsten verwandt, verfolgten die Brancacci in ihrer Mehrheit stets unbeirrbar die Linie Urban/Durazzo. Doch standen einige auch auf Seiten Avignons. Es gab zwei Brancacci-Kardinäle, beides Persönlichkeiten, Niccolò in Avignon und Rinaldo in Rom; auf dem Konzil von Pisa, das 1409 neben den römischen und den avignonesischen einen dritten Papst (und ein drittes Kardinalskolleg!) setzte, werden sie sich und andere Brancacci wiedersehen. Der lange Zeit Einflußreichere von beiden war der Avignonese, Niccolò Brancacci; er war auch der Ältere, von ihm gibt schon das Briefregister des Erzbischofs von Neapel Pierre Ameilh (1363–65) ein erstes und vorteilhaftes Bild. Wichtig ist seine Rolle im Rat der Königin Johanna von Neapel, damals entscheidet er sich gegen Urban VI., seinen Verwandten mütterlicherseits (wie er 1380 von sich selbst sagt). Er stand mit seiner Entscheidung für Avignon nicht ganz allein unter den Brancacci (wie denn überhaupt hier nicht der Eindruck entstehen darf, als reduzierten Entscheidungen sich damals einzig auf Familien-Zugehörigkeiten). Was ihn jedoch über andere heraushebt, sind seine Rolle im avignonesischen Kardinalskolleg und seine Zeugenaussagen (Avignon 1380 und besonders Pisa 1409) mit ihrer Fülle präziser, wertvoller und farbiger Details. Ganz anders die dürre Aussage Rinaldo Brancaccis, des römischen Kardinals: sicherlich ein anderes Temperament, bei den in Pisa zur Aussage stehenden Artikeln auch nicht ganz so kompetent, und überhaupt wohl auch noch ohne überragenden Einfluß in den Anfängen seines 42 Jahre währenden Kardinalats. Unter Bonifaz IX. jedenfalls scheint er noch nicht so recht zum Zuge gekommen zu sein: seine Zeit war noch nicht gekommen, er wuchs mit der Rebellion der Kardinäle gegen Gregor XII.

Mit je einem Kardinal in beiden Obödienzen waren die Brancacci zur Kontaktaufnahme zwischen Rom und Avignon geradezu prädestiniert, und sie haben sich dieser verantwortungsvollen Aufgabe auch nicht entzogen. Sie bedienten sich dabei weiterer Mitglieder der Familie, und auch diese Brancacci des zweiten Gliedes waren Persönlichkeiten. Daß im März 1396 eine direkte Fühlungnahme zwischen dem avignonesischen und dem römischen Papst zustande kam, war eben das Verdienst Niccolò Brancaccis; auf römischer Seite übernahm diese Mission Filippo Brancacci, Bruder des römischen und Neffe des avignonesischen Kardinals. Filippo Brancacci beriet sich im (übrigens fast Neapolitaner-freien) Avignon mit Kardinal Niccolò zunächst darüber, ob er Benedikt XIII. die *reverencia papalis* erweisen solle bzw. informierte ihn, unter welchen Bedingungen er dazu bereit sei; und Benedikt XIII. wiederum, in Erwartung der Audienz das gleiche Problem bedenkend, ließ durch Buffillo Brancacci, Marschall der avignonesischen Kurie und Bruder des Kardinals Niccolò, seinerseits den Kardinal danach fragen. Niccolò kannte inzwischen die Instruktion der Gegenseite und konnte jetzt bei Benedikt XIII. die erwünschte Antwort präjudizieren! Kardinal Niccolò hat diese Szene dann als Zeuge in Pisa geschildert: *interrogatus si ex hiis presumpsit esse collusionem inter illos*, „gefragt ob er aus diesen Vorgängen geschlossen habe, daß die Päpste unter einer Decke steckten", *dixit quod pro tunc non* – mit Recht, denn „pro tunc", für diesen Fall, konnte man eher von einem Zusammenspiel der Brancacci, sozusagen von einer „collusio illorum de Brancaciis" sprechen! Zwar war das Ergebnis wenig eindrucksvoll, denn sich in der Substanz näherzukommen war damals ausgeschlossen; aber das Vorgespräch unter Brancaccis half wenigstens, die Protokollschwierigkeiten zu überwinden, die die seltenen Kontakte der beiden Päpste so behinderten: *antipapa, anticardinalis, anticamerarius, antiprotonotarius, antibulla* – „sogenannter Papst", „sogenannter Protonotar", „sogenannte Bulle".

Auch bei der Kontaktaufnahme zwischen avignonesischen und römischen Kardinälen, die dem Konzil von Pisa voraufging, scheinen die

Brancacci keine geringe Rolle gespielt zu haben. In diesem Fall diente als Mittelsmann nämlich auch Carlo Brancacci, der sich unter Urban VI. und Bonifaz IX. (beiden Päpsten war er *consanguineus noster,* „unser Verwandter") in politischen Funktionen und diplomatischen Missionen bewährt hatte: zunächst Rektor von Provinzen des Kirchenstaates, Gouverneur von Schlüsselfestungen, Generalkapitän päpstlicher Truppen, dann Gesandter des Papstes an Brennpunkten des politischen Geschehens, wurde er endlich der bevorzugte Verbindungsmann des Papstes zu Giangaleazzo Visconti, seit die französisch-florentinische Liga von 1396 zeitweilig zu einer Entente zwischen dem Visconti und dem Papst führte; trotz des dann folgenden Konfliktes scheint er sich das Vertrauen Giangaleazzos bewahrt zu haben, bei der Beisetzung des Herzogs 1402 ist er sogar unter den Trägern des Leichnams. Wahrscheinlich führte er 1403 die Geheimverhandlungen des Separatfriedens von Caledio, der, zur Entrüstung von Florenz, den bedrohten Bestand des Visconti-Staates vorläufig sicherte und die Integrität des Kirchenstaates wiederherstellte.

Dieser Carlo Brancacci ging im April 1408 als Gesandter der römischen Kardinäle (nicht des Papstes) zu den avignonesischen Kardinälen nach Portovenere, um dem Angebot des römischen Papstes zu einem Treffen in Pisa oder Livorno Nachdruck zu verleihen. Nach dieser (nicht zuletzt am Papste selbst) gescheiterten Mission verließ er, wie die Brancacci-Kardinäle beider Seiten, sofort den päpstlichen Hof und ging nach Pisa. Der dann auf dem Pisaner Konzil gewählte Papst Alexander V. gab dem Brancacci 1409, unter Verweis auf seine großen Verdienste um die Beendigung der Kirchenspaltung, eine jährliche Rente von 1200 Gulden – für eine Pension eine phantastische Summe (üblich waren 200 Gulden), und so wagt man sich gar nicht auszumalen, worin seine gerühmten Verdienste um die Union denn nun bestanden haben mochten: was hat Carlo Brancacci wohl in Portovenere mit Kardinal Niccolò Brancacci besprochen?

Das Konzil von Pisa hat die Neapolitaner dann alle wieder vereinigt, die Brancacci noch in den ersten Wochen – und man bedenke noch einmal, was sie an Persönlichkeit und Erfahrung in die neue, dritte Obödienz einbrachten: einen avignonesischen Kardinal und den Marschall der avignonesischen Kurie, einen römischen Kardinal (bald wird es noch einen dritten gleichzeitigen Brancacci-Kardinal geben, Tommaso) und einen erfahrenen Diplomaten. Daneben war es wohl vor allem auch das Engagement des Kardinals (und künftigen Pisaner Papstes) Baldassarre Cossa, das die Neapolitaner auf die Seite des Konzils hinüberzog. Pisa wird denn auch das natürliche Sammelbecken aller Neapolitaner. Aber es gelang ihnen nicht, auch die Kurie Pisaner Obödienz zu einer neapolitanischen zu machen, auch wenn im Jahre 1410 mit Baldassarre Cossa als

Johannes XXIII. noch einmal ein Angehöriger des Neapolitaner Clans den Heiligen Stuhl bestieg.

Sein Pontifikat ist denn auch die letzte Blüte des Neapolitaner Clans – und doch fehlt unter den Anklagen, die man auf dem Konstanzer Konzil gegen Johannes XXIII. erheben wird, bemerkenswerterweise der Vorwurf des Nepotismus, und das offensichtlich zu Recht. Freilich war das wohl weniger ein Verdienst des Papstes als vielmehr mangelnde Gelegenheit. Denn der mörderische Konflikt mit König Ladislaus von Neapel hatte als erste Folge, daß die Angehörigen der Familien-Gruppe 1409 im Königreich Neapel gefangengesetzt wurden, dem Papst also gar nicht verfügbar waren. Und als sie drei Jahre später endlich freigelassen wurden, dauerte es nur wenige Monate, bis der Krieg mit Ladislaus erneut ausbrach und der Kirchenstaat verloren ging. Nur während dieser wenigen Monate verfügte Johannes XXIII. über Entscheidungsfreiheit und Kirchenstaat und Neapolitaner genug, dann war es mit seiner weltlichen Gewalt zu Ende. Fortan gab es nichts mehr zu verwalten, die Familienangehörigen, soweit Laien, wurden reine Unterstützungsempfänger: die Summen, die sie erhalten, sind reine Almosen nicht nur, weil zu leisten den Neapolitanern einfach nichts mehr übrig bleibt, sondern weil ihnen, wie schon zu Hause in Neapel, so nun auch im Kirchenstaat jede Existenzgrundlage entzogen ist. Seither haben sie zum Leben nichts als das, was ihnen der Papst zukommen läßt. Sogar die Falten, die Mutter Loisa Brancacci in Giovanni Cossas Kleid bügeln läßt, werden jetzt von der Christenheit bezahlt, wie päpstliche Auszahlungsanordnungen zeigen: *pro stampatura dictarum frapparum ... ut mandavit domina Loysia.* Wohl sorgte der Papst für sie (so wie er zuvor als Archidiakon von Bologna für seine Neapolitaner gesorgt hatte, wenn er sie, wie Eintragungen im *liber secretus iuris caesarei* der Universität erkennen lassen, gegebenenfalls auch dann zum Doktor promovierte, wenn sie im Examen versagt hatten) – aber wie harmlos war das alles gegenüber den Formen von Nepotismus, die die Zeitgenossen inzwischen kennengelernt hatten, vor allem bei Bonifaz IX. und auch bei Gregor XII.! Johannes XXIII. gab seinen Nepoten nur Geld und nicht auch Macht (weil er sie nicht hatte), und eben das ist die Formel von Cossas Nepotismus.

Wenn überhaupt, dann stützte Johannes XXIII. sich auf die Florentiner. Bereits Bonifaz IX. hatte die Florentiner Banken, die nach dem Krieg zwischen Florenz und dem Papsttum 1375–78 von der Apostolischen Kammer für einige Zeit boykottiert worden waren, wieder in die Papstfinanz zurückgeholt, denn mit ihrem banktechnischen Know how erwiesen sie sich als unentbehrlich, zumal unter den erschwerenden Bedingungen des Schismas: wie anders sollte der Papst an seine Einkünfte aus allen Ländern der Christenheit (darunter solchen, die hinter denen des Gegenpapstes lagen) kommen, wenn nicht durch bargeldlosen

Transfer? Cossa war von Anfang an unter den Kunden dieser Bankhäuser (schon als Student in Bologna hatte er sein Studiengeld von seinem Vater aus Neapel durch eine Florentiner Firma überwiesen erhalten) – nun wurde sein Einverständnis mit Giovanni di Bicci dei Medici, dem Gründer der Medici-Bank, für beide Seiten von unschätzbarer Bedeutung. Unter den Neapolitaner Familien hatten übrigens gerade die Brancacci die guten Dienste von Florentiner Banken in Anspruch genommen (und auch Buffillo Brancacci in Avignon stand in gutem Verhältnis zu dortigen Florentiner Firmen): dem Kardinal Rinaldo Brancacci gewährte die (darin sonst sehr zurückhaltende) Medici-Filiale in Rom noch 1420 einen dauernden Überziehungs-Kredit von bis zu 3000 Gulden (Papst Martin V. durfte nur bis zu 2000 Gulden überziehen!) – ein bemerkenswertes Zeugnis für das Ansehen, das dieser letzte bedeutende Neapolitaner an der Kurie im allgemeinen und beim Medici im besonderen hatte.

Und beim Medici, dem Vertrauten und Testamentsvollstrecker Johannes' XXIII., werden die Cossa-Nepoten dann auch ihr Herz ausschütten, als alles aus und vorbei war: *do miseri nuy che male cambio è questo,* „ach wir Armen, welch schlimme Wendung ist das!" Nichts habe der Papst ihnen hinterlassen, obwohl sie ihm doch alles gegeben hätten, auch schon vor seinem Kardinalat, *innanzi che fusse chardinale* (also gewissermaßen Investitionen der Familie in seinen Aufstieg, in seine Karriere); „denn nur mal die Renditen von mir und meinem Vater gerechnet (schreibt der Papstnepot Michele Cossa 1420 erbost an den Medici) habe ich in den sieben Jahren, die ich verbannt war, über 10000 Gulden verloren, nicht gerechnet das von meinen anderen Onkeln, und ohne die Sachen, die wir verkauft hatten . . ., das kommt nochmal auf gut 10000 Gulden." *Io dico che tanto mio patre quanto io non n'abemo mai se non male,* „ich sage: sowohl mein Vater wie ich haben nie was davon gehabt als nur Schaden". Das hatte sich nicht gelohnt – und wir müssen gerechterweise zugeben, daß der Konflikt zwischen dem (erst römischen, dann pisanischen) Papsttum und der in Neapel jeweils herrschenden Dynastie diese Familien tatsächlich teuer zu stehen gekommen ist: wenn man es einmal auszählt, dann waren es, ausgenommen das Jahrzehnt 1399–1409, eigentlich alles Jahre der Verfolgung dort, wo sie zu Hause waren und Besitz hatten. Man unterschätze darum nicht, was sie, konsequenter als viele andere, damals tatsächlich an Opfern gebracht haben. Und doch bleibt es eine seltsame und kennzeichnende Argumentation, das Papsttum des hohen Verwandten gegen Nutzen und Schaden des Familienvermögens aufzurechnen.

So endete die Herrschaft der Neapolitaner im Grunde genommen schon vor dem Konstanzer Konzil, das durch die Absetzung aller drei Päpste und die Wahl eines neuen endlich der großen Kirchenspaltung ein Ende setzte. König Ladislaus von Neapel hat, ganz gegen seine Absicht, viel zur Beendigung des Schismas getan, zum Sturz der Neapolitaner sicherlich das meiste. Zwar gab es den Familien-Clan an der Kurie immer noch – aber die Zeiten hatten sich geändert: der König in Neapel ein anderer, das Kardinalskolleg ein anderes, die Christenheit eine andere, nur sie selbst immer noch dieselben. Die Neapolitaner verstanden die Welt nicht mehr, und die Welt nicht mehr die Neapolitaner.

Daß in Konstanz mit Johannes XXIII. nicht nur ein einzelner Papst, sondern zugleich eine vormals herrschende Gruppe entmachtet wurde, dessen waren sich die Memoranden und Anträge durchaus bewußt. Aus der Erfahrung, „daß eine Nation oder ein Königreich einmal von diesseits, einmal von jenseits der Alpen *(aliquando ultra, aliquando citra montes)* zum Ärgernis der übrigen Christenheit das Papsttum über so lange Zeit in Besitz hatte, daß sie sagen konnten: ‚Wir wollen das Heiligtum Gottes durch Erbfolge besitzen‘“, verlangte der große Kardinal Pierre d'Ailly, daß „in Zukunft aus einem Königreich oder einer Nation oder Kirchenprovinz nicht so viel Kardinäle kreiert werden, daß sie im Konklave durch Stimmenmehrheit das Papsttum beliebig an sich bringen können“.

Das sind Prinzipien, die, auf das Kardinalskolleg etwa eines Bonifaz IX. angewendet, augenblicklich zur vollständigen Auflösung seines Kollegs hätten führen müssen. Aber das war ja auch der Sinn der Sache: eben die Erfahrung mit der alles überwuchernden, zunehmend verfilzten Neapolitaner Gruppe. Nun schritt die Geschichte über sie hinweg, wollten die auf dem Konstanzer Konzil aussagenden Zeugen mit den Neapolitanern nichts zu schaffen gehabt haben.

Die Neapolitaner haben die – 1378 von allen gewünschte – Wiederverwurzelung des Papsttums in Italien unvorhergesehen rasch und wirksam besorgt: aber sie haben sich, fast 30 Jahre lang auf die gleichen Familien und Interessen fixiert, dieses historische Verdienst teuer bezahlen lassen. In solchen landsmannschaftlichen Blockbildungen sah Pierre d'Ailly die Hauptursache der Kirchenspaltung. Solche Blockbildung (und das ist nicht dasselbe wie gewöhnlicher Nepotismus, sondern mehr) galt es in Zukunft zu verhindern, wo immer sie entstand, ob nun *ultra* oder *citra montes* – denn ob nun Limousiner oder Neapolitaner: es führte in jedem Fall zu dem Begehren (wie es 1390 den durch die Krankheit des Papstes verängstigten neapolitanischen Kardinälen in den Mund gelegt wurde), *quod papatus non exibit extra nos longo tempore,* „daß das Papsttum für lange Zeit nicht von uns weggehe“ – und das hieß eben: zur *usurpatio papatus per successionem,* zur „Machtergreifung durch Erbfolge“.

Wahrnehmung sozialen und politischen Wandels in Bern an der Wende vom Mittelalter zur Neuzeit

Wie Menschen in ihrer Gegenwart sozialen und politischen Wandel wahrnahmen, sei anhand zweier Autoren vorgeführt, die die Vorgänge ihrer Zeit – im Bern des ausgehenden Mittelalters und der beginnenden Neuzeit – mit besonderer Wachheit beobachteten und beschrieben: Thüring Fricker (etwa 1430–1519) und Valerius Anshelm (1475–1547). Der eine war Stadtschreiber, der andere Stadtarzt von Bern, beide nicht geborene Berner, die es, wie so viele ihresgleichen, ihrer neuen Heimat vergalten, indem sie sich in besonderer Weise mit Bern identifizierten. Und dieses Bern war nicht irgendeine Stadt, sondern damals der größte Stadtstaat nördlich der Alpen. Mit diesen beiden Autoren lassen sich sozusagen zwei Sondierschnitte durch die Geschichte Berns legen dort, wo sie am massivsten, am dynamischsten ist: von der Zeit der sogenannten Burgunderkriege 1474–1476 gegen Karl den Kühnen, als Bern und die gesamte Eidgenossenschaft sich ihres außenpolitischen Gewichts bewußt werden, bis zu den sogenannten Mailänderkriegen, dem Eingreifen in die Auseinandersetzung zwischen Habsburg/Spanien und Frankreich um Oberitalien im ersten Viertel des 16. Jahrhunderts, als Bern und die Eidgenossenschaft sich endlich ihrer Grenzen bewußt werden – und sich für immer in ihr Gehäuse zurückziehen.

Zunächst zwei allgemeine Überlegungen zum Thema. Was bei unserer Fragestellung aus den Quellen herausgearbeitet werden sollte, ist die Perspektive des Menschen in seiner historischen Gegenwart im Unterschied zur Perspektive des Historikers, der von seinem überhöhten Standort rückschauend immer schon weiß, was sich auf Dauer gewandelt hat. Das ist das eine. Weiter sei präzisiert, auf welche Kategorie wahrgenommenen Wandels es hier abgesehen ist. Man wird unterscheiden müssen zwischen allgemeinen Feststellungen von Wandel, wie sie vermutlich noch jede Generation der Geschichte für ihre Gegenwart in Anspruch genommen hat (die Jugend immer fauler, die Kriege immer schlimmer, das Wetter immer schlechter), und andererseits *spezifischen* Wahrnehmungen (etwa daß die zirkulierende Geldmenge sprunghaft zunahm; daß in Bern plötzlich spanische Barttracht oder mailändische Damenwäsche Furore machten, oder daß viele Adelsfamilien abstiegen). Uns geht es hier allein um diese spezifische Beobachtung von Wandlungsvorgängen, wobei man sich darüber klar sein muß, daß – für die eigene Gegenwart! – solcher Wandel in der Regel als Abweichung von einer Ordnung, als Störung vertrauter Stabilität wahrgenommen, nicht als Gesetz der Geschichte begriffen wird.

Ebenso muß man sich darüber im klaren sein, daß sozialer Wandel in diesen Texten nicht mit der Fachsprache der modernen Sozialwissenschaft beschrieben wird, sondern daß die Wahrnehmung des Wandels sich in einem Raster moralischer und religiöser, jedenfalls wertender Kategorien vollzieht, oder anders gesagt: man darf Frickers oder Anshelms moralische Zeitkritik nicht als für unsere Beobachtungsmaßstäbe unangemessen, als bloß moralisierend abtun, sondern muß erkennen, daß das die *ihnen* gemäße Form der Antwort auf *unsere* Fragestellung ist; noch wir werden tiefgreifenden Wandel in unserer Gegenwart nicht anders als wertend wahrnehmen, wenn wir wirklich Betroffenheit empfinden.

Zunächst zu Thüring Frickers Schrift vom sogenannten „Twingherrnstreit": ein bemerkenswerter Text, der außerhalb Berns kaum bekannt ist. Darin beschreibt Fricker – als Stadtschreiber stets im innersten Kreis der Entscheidung mit dabei – die heftige Auseinandersetzung von 1469/70 zwischen den „Twingherren" (der adeligen Führungsgruppe der Stadt mit eigenen Herrschaften im Umland: Namen wie Niklaus von Diesbach und Adrian von Bubenberg, die unmittelbar darauf im Burgunderkrieg die große Stunde ihrer Bewährung erleben werden) und den zu stärkerer Beteiligung am Regiment der Stadt drängenden „gemeinen Bürgern", vor allem den Handwerkern unter ihrem Wortführer, dem Metzgermeister Peter Kistler. Dabei läßt die – durch die Polemik bedingte – plakative Gegenüberstellung von „Adel" und „gemeinem Bürger" zu wenig erkennen, wie fließend der Übergang und wie uneinheitlich die Zusammensetzung war. Das galt auch für die Seite des Adels: neben Geschlechtern aus altem Ministerialadel wie den Bubenberg standen Familien wie die Diesbach, die erst vor kurzem aus Handel und Gewerbe in den Adel aufgestiegen waren. Wer „dazugehöre", darüber gab es ein weitgehendes Einverständnis auch ohne spezifische Schichtmerkmale mit normierten Kriterien: das 15. Jahrhundert war in Bern eine Zeit höchster sozialer Mobilität und noch weit entfernt von den Abschließungstendenzen des 16. und zumal des 17. Jahrhunderts.

Die öffentlichen Rechte, die diese „Twingherren" in ihren Grund- und Gerichtsherrschaften ausübten, waren aber nun mit der neueren Auffassung von der notwendigen Dichte staatlichen Territoriums nicht mehr zu vereinbaren, und um so mehr mußte die seltsame Doppelstellung auffallen, die die „Twingherren" als Inhaber einer Herrschaft einerseits, als Mitglieder des städtischen Rats andererseits einnahmen. Die Gegenseite, insbesondere Peter Kistler, wollte die öffentlichen Rechte des Adels in seinen Herrschaften, die sogenannten Fünf Gebote wie Mannschaft, Gericht und Steuer, an die Stadt ziehen, um so den Dualismus von „unmittelbarem" und „mittelbarem" Territorium einzuebnen und überall die volle Landeshoheit durchzusetzen.

Es ist nicht zu verkennen, daß diese Position, von Peter Kistler in rüden Worten vertreten, die entschieden „modernere" ist und sich über kurz oder lang durchsetzen mußte (wenn Bern sie auch nicht über ein Zunftregime realisieren wird): der neue Staat traf auf das alte Recht. Die Adeligen, und mit ihnen ihr Parteigänger Thüring Fricker, sahen bereits das Gespenst einer Zunftrevolution. Sie mußten letztlich auf die genannten Fünf Gebote verzichten, beharrten aber auf ihren Standeszeichen, die sie, gemeinsam mit ihren Frauen im vollen Aufputz von Schnabelschuhen und Schleppen, bei einem Gottesdienst im Berner Münster demonstrativ zur Schau trugen. Es scheint, daß einige Berner vom ganzen Twingherrnstreit nur diesen Kleiderstreit wahrgenommen haben.

Nicht so Thüring Fricker. Er versucht, in die eigentliche Problematik dieser Auseinandersetzung – die eben mehr politischer als rechtlicher Natur war – einzudringen, aus seiner intimen Kenntnis der *dramatis personae* die individuellen und überindividuellen Beweggründe beider Seiten herauszuarbeiten und so die Dynamik lebender städtischer Gesellschaft darzustellen. Wenn der Historiker die Tragweite des Twingherrnstreits im nachhinein auch eher gering veranschlagt (er „hat die politische Realität in keiner Weise verändert. Er hat aber die Problematik bewußt gemacht; hierin liegt seine Bedeutung"), so war die Erregung damals doch groß. Vor den erstaunten Augen der Eidgenossenschaft, die ihre ruhigen und einträchtigen Berner nicht wiedererkannte und besorgt ihre Vermittlung anbot, entlud sich die Spannung in einer wilden Debatte, die, wie bei Bernern nicht anders zu erwarten, nichts Theoretisches an sich hatte. Die Argumentation, von staatsrechtlichen Vorstellungen kaum belastet, wurde vielmehr ganz pragmatisch anhand von konkreten, allen Anwesenden einsichtigen Fällen geführt. Aber der Zusammenprall war heftig und ließ die Beteiligten das Schlimmste für die zukünftige Entwicklung befürchten. Und eben das berechtigt zu der Frage, was für Wandlungsprozesse Fricker beziehungsweise die Protagonisten seiner Schrift damals denn nun in Gang sahen. In welche Richtung schien ihnen die Entwicklung zu gehen, oder anders: welche Gefahren für die Zukunft sahen sie? Und auf welche Symptome beruft sich ihre Diagnose?

Das Neue, die *nüwerung* im bekannten negativen Sinne, ist in dieser Schrift geradezu das zentrale Thema insofern, als der Wortführer Peter Kistler in Frickers Darstellung der *rerum novarum cupidus,* der Revolutionär, ist, Berns Catilina, *so von jugend uff nüwe ding gesucht,* während seinem Gegenspieler Fränkli, Berns Cato, *von jugend uff . . . all nüwerungen und unghorsamme* zuwider waren. Kistler und seine Anhängerschaft repräsentieren einen Typ, wie er in schweizerischen und oberdeutschen Städten damals nicht selten ist und durch entschiedenen Aufstiegswillen

Bewegung in das politische und gesellschaftliche Gefüge der Stadt bringt. In unserem Fall finden sich die Positionen beider Seiten nirgends augenfälliger konfrontiert als im stolzen Bewußtsein des einen, Peter Kistlers, der erste Schultheiß aus dem Handwerkerstand seit Gründung der Stadt zu sein, und im stolzen Bewußtsein des andern, Adrians von Bubenberg, zu einer der letzten drei überlebenden Adelsfamilien aus der Gründungszeit der Stadt zu gehören.

Um eine Vorstellung davon zu gewinnen, wie beide Seiten den Trend sahen und was sie als dessen Symptome auffaßten, folgen wir zuerst der Gedankenführung einer Rede, die die Position der adeligen Seite klar, ja plakativ vor Augen stellt. Darin gibt Adrian von Bubenberg ein drastisches Bild von der Aufsteiger-Mentalität seiner Gegner. Eben noch arme Gesellen, wollen sie jetzt große Junker sein, lassen sich als Meister Peter, Meister Rudolf, Meister Hans anreden – warum nicht gar als „gnädiger Herr"? – und erwarten, daß man schon eine halbe Meile vorher den Hut vor ihnen ziehe. Und überhaupt, was für ein erbärmlicher Stil (im Karikieren des „bourgeois gentilhomme" ist der Adel unerschöpflich, und so auch Bubenberg): wenn sie für die Stadt auch nur ins nächste Dorf reiten und einmal auswärts essen, dann lassen sie sich die Spesen schon ersetzen *(so sy nummen unz gan Höchstetten oder Stettlen rytendt und ein mal uß essend, so muß es alles wol bezallt sin)*. Wenn es aber, mit dem gebotenen Aufwand, nach Frankreich oder zum Kaiser gehe, in die Niederlande zum Herzog von Burgund oder nach Turin zum Herzog von Savoyen, dann treffe das Diesbach, Ringoltingen oder ihn. Wenn das, was jene sich jetzt dem Adel gegenüber herausnehmen, von einem Fürsten ausginge, dann würden dieselben Leute sagen: Was ist das für ein Tyrann! Und dabei tun sie's selber! *(wurdent dise nit selber sagen: o was grosser Tyrannen sind das? Und sy tund's selber)*. Und was hat die Stadt von ihnen? Nichts, man sieht sie immer nur nehmen *(ich gsich nüt, denn das sy stets von der statt nemmendt)*. Sie leben nicht für die Stadt, nur von der Stadt. Und doch tun sie bei ihren selbstsüchtigen Zielen immer so, als täten sie's für die Stadt. Sie geben sich als „die Stadt" aus und sind doch nicht „die Stadt". Ihnen fehlt jedes Verantwortungsbewußtsein, jede Regierungserfahrung und Weltläufigkeit, jeder Opfersinn (ohne Bezahlung rühren sie für die Stadt keinen Finger), jedes Verständnis für das gute alte Recht (statt dessen muß nun eine Abstraktion von „Stadt-Interesse" für alles herhalten); ihnen fehlt zumal die alte innige Verbundenheit mit der Stadt – wie sollte sie bei solchen neuen, solchen „dreitägigen" Bernern auch zu erwarten sein?

In dieser Polemik zeichnet sich, wie in einem Negativabdruck, eine Tendenz der Zeit ab: eben der bürgerlich-zünftische Aufstiegswille. Wir müssen es nur aus dem Polemischen zurücksübersetzen: „Geldgier" und „Eigennutz" könnten ebenso zutreffend „wirtschaftliches Aufstreben" heißen, „Borniertheit" ebenso zutreffend: Aufstieg und Ansehen allein in dieser Stadt und nicht auf dem Wege über Fürstenhöfe usw. Die neutralen Kategorien des Historikers (ständische Qualität, Konnubium, Aufstiegschance, Teilhabe an der Macht, Vermögenslage usw.) finden sich in diesen Reden in parteiischer Verzerrung und polemischem Vokabular wieder.

Könnte man Bubenbergs Rede noch als die Tiraden eines unnahbaren Adeligen abtun, der alle Probleme eben von einem Meter höher, nämlich vom Pferde herab, sieht, so läßt Fricker einen anderen in dieselbe Kerbe schlagen. Adeliger Herkunft völlig unverdächtig, hatte er sich in 60jähriger Regierungspraxis den Respekt beider Seiten erworben und war sozusagen zum Gewissen des Berner Rates geworden: der eigenwillige Sekkelmeister Hans Fränkli. Er wird als eine jener anziehenden Persönlichkeiten dargestellt, bei denen sich Prinzipientreue und politischer Verstand nicht ausschließen: mit geradem Sinn, großer Erfahrung und kräftigen Sprüchen („Gott ist kein Bayer") in die Diskussion eingreifend. Dieser nüchterne Mann argumentiert dabei nicht mit dem Korrektivbild einer guten alten Zeit: sie ist noch nicht Vergangenheit, solange eben in der Gegenwart nicht Unsinn gemacht wird.

Fränkli hatte sich aus eigener Kraft vom Kürschnergesellen zum Fernkaufmann hochgearbeitet – die Gerberei war damals Berns bedeutendstes Exportgewerbe – und wußte sich in seiner Leistung für den Staat, in Ansehen und Verantwortung einem Diesbach näher als einem Kistler. Auch Fränkli hatte seinen Erstlings-Stolz, nämlich *der erst sekelmeister in diser statt von den handtwerken oder gmeinen burgeren* zu sein (eine sehr menschliche Rührung, die in dieser Ausprägung für den Historiker ungemein interessant ist und auch schon in antiken Grabinschriften erscheint, etwa: ich war der erste Senator aus Lykien; ich war der erste Konsul aus Afrika, der erste Ritter aus Cartima usw.) – hier also: der erste Berner Seckelmeister, der nicht aus dem Patriziat stammte. Aber nicht schon der bloße Anspruch wie bei Kistler und seinesgleichen, sondern erst die erbrachte Leistung wie bei Fränkli berechtigt zur Mitsprache in den Führungsgremien der Stadt, will Fricker damit sagen.

Fränklis Rede ist durchdrungen von der Auffassung, daß jedermann dazu verpflichtet sei, dem Gemeinwesen zu dienen: nicht als besoldeter Beamter, sondern als Bürger nach Maßgabe seiner Kräfte. Damit ist ein wichtiger Punkt berührt, in dem sich damals tatsächlich ein entscheidender Wandel anbahnte: der Trend zum besoldeten Magistrat. 60 Jahre später, von 1528 an, wird den Mitgliedern des Kleinen Rates endlich ein Gehalt bezahlt. Aber so weit war es noch nicht; der Wandel der Auffassung ist erst in der Diskussion zu fassen, ob besoldeter Staatsdienst das unanständige Verlangen kleinkarierter Handwerker sei oder aber ein notwendiger Preis, wenn die Stadt in den Genuß des Rates auch ihrer einfachen Bürger kommen wolle.

Damit ist das Problem der Abkömmlichkeit berührt, und auch dazu hat Fränkli/Fricker Bemerkenswertes zu sagen. Während Bubenberg, jedes Berechnen von Spesen mit Hohn abweisend, dieses Problem überhaupt nicht zur Kenntnis nehmen will, weiß Fränkli sehr wohl, wovon die Rede ist, und trifft gegenüber diesen – nicht geradezu armen – Aufsteigern den Ton adäquater: abkömmlich sein muß man nicht nur können, man muß es auch wollen, denn so oder so ist es eben ein Opfer, zu dem man offensichtlich nicht mehr allgemein bereit sei. Ihm habe sein Beruf als Kürschner und Kaufmann das Auskommen eines Adeligen erlaubt *(hat da min erliche narung, so wol einem edelman gebürt hette)*, bis er sich zum Staatsdienst habe überreden lassen. Dann folgt eine Quantifizierung, wie man sie zum Problem der Abkömmlichkeit selten in historischen Quellen finden wird: Fränkli beziffert den entgangenen Gewinn! Er hätte, stellt er fest, rund 15000 Schildtaler mehr, wenn er die öffentlichen Ämter nicht übernommen hätte, sondern bei seinem Gewerbe geblieben wäre, dem Fernhandel zwischen Frankreich und Polen, Preußen und Italien. Und man sage ihm nicht: er habe doch drei, vier Mitarbeiter, das Geschäft laufe auch so; nein – so sei das eben nicht.

Daß eine neue Mentalität im Vordringen sei, die das Gemeinwesen auf das Niveau eines Handwerkerhaushalts herunterziehe, glaubt Fränkli auch an anderen Indizien erkennen zu können, die nicht unbedingt mit der Standeszugehörigkeit, sicher aber mit dem persönlichen Zuschnitt zu tun haben: der fehlende Horizont, die mangelnde Weltläufigkeit. Die Personen um Kistler sind nie nach draußen gekommen, haben nichts erfahren, sind reine „Stadtkälber“. Und diese nähmen offensichtlich an Zahl noch zu. Das wäre nun nicht weiter schlimm, wenn nicht ausgerechnet diese Kreise den Anspruch auf Führung stellten! Unvorstellbar die Folgen, wenn deswegen die Adelsgeschlechter die Stadt verlassen sollten und Bern in Gegensatz zum umsitzenden Adel geriete – eine aus den Erfahrungen der Zeit genährte Furcht, denn man hatte hier die Gefährdungen der oberdeutschen Städte durchaus vor Augen; doch wird sich der teilweise Rückzug von Berner Adelsfamilien aus dem Regiment der Stadt erst später und auf andere Weise vollziehen.

Den Aufstieg Kistlers zum Schultheißen, ins höchste Amt der Stadt, mußte die adelige Führungsschicht mit großem Argwohn betrachten, ja sie fürchtete sogar, es werde dabei nicht bleiben. Sie unterstellte Kistler ein besonders verwerfliches Vorhaben, in dem man wohl auch einen Trend der Zeit zu erkennen meinte: sich zum Alleinherrscher, zum Stadttyrannen, machen zu wollen. Denn es gehe die Rede, er wolle in Bern Julius Caesar werden. Dieser Vorwurf klang nördlich der Alpen und zumal in der Eidgenossenschaft ganz anders als südlich der Alpen, wo die Signorie damals sogar schon auf dem Wege zum Prinzipat war und so endlich ihre Illegitimität ablegte. Was Fränkli/Fricker hier an die Wand malt, ist – italienisch gesprochen – die Furcht vor der Signorie eines ehrgeizigen Aufsteigers mit Hilfe des *popolo*. Daß es, anders als in Italien, in der Stadtgeschichte nördlich der Alpen ein Zeitalter der Signorie nicht gegeben hat, darf nicht zu dem Schluß führen, daß Ansätze dazu völlig gefehlt hätten. Doch sie endeten blutig. Man denke an Bürgermeister Waldmann in Zürich 1489 oder an Bürgermeister Topler in Rothenburg ob der Tauber 1408. Wie dem auch sei: jedes Sich-Erheben über andere auch nur um Haupteslänge schien um eben dieses Haupt zu viel zu sein, wurde gerade in der Eidgenossenschaft auf das empfindlichste registriert und dürfte den Eindruck in Bern verstärkt haben, in Kistlers Führungsanspruch rege sich das Unwesen einer neuen Zeit. „Die oligarchischen Gruppen . . . haben unnachsichtig darüber gewacht, daß es bei der oligarchischen Herrschaftsstruktur blieb".

Für unsere Fragestellung sind auch die Zeiteinheiten bemerkenswert, mit denen die Wortführer Entwicklungen und Wandlungsprozesse zeitlich abschätzen und einordnen. Fränkli, seit sechs Jahrzehnten in der Politik, empfindet nach eigener Aussage seit etwa zehn Jahren zunehmende Spannungen; Kistler mutmaßt hingegen, seine Partei werde ihre politischen Ziele sicherlich innerhalb der nächsten zwanzig Jahre durchsetzen; Hauptsache, der Anfang sei zunächst einmal gemacht. Seit zehn Jahren, in zwanzig Jahren – hier wird die Dauer von politischen und sozialen Wandlungsprozessen ganz einfach in runden Zehnerzahlen taxiert!

In Frickers „Twingherrnstreit" kommt natürlich auch Kistler zu Wort, um – gegen das Establishment anargumentierend – seine „Neuerungen" zu rechtfertigen, wobei es hier weniger um die maßstäbliche Abbildung seiner Argumentation geht als vielmehr um das, was an seinem Programm offensichtlich als „neu" empfunden wurde. Kistler sah bei den gewöhnlichen, den neu zugezogenen, den „dreitägigen" Bernern die Identität zwischen Bürger und Stadt viel besser gewährleistet als bei den Adelsgeschlechtern mit ihrem auswärtigen Besitz und ihrem überregionalen Lebenskreis. Und nur um die Stadt gehe es, das ist der Kern seiner Argumentation: *das ist der statt nuz, der statt nuz* – damit rechtfertigt er alles weitere. Daß dieser Aufsteiger seine Energien aus einem tiefsitzenden Adelshaß mit traumatischen Erfahrungen bezog (er sah im Schamrotwerden des Handwerkers das Schamrotmachen des Adeligen), ist unverkennbar, darf aber nicht darüber hinwegtäuschen, daß seine politischen Vorstellungen die „moderneren" waren: dem Stadt-(Staats-)Interesse Vorrang zu geben, die Hoheitsrechte der Stadt endlich auch im ganzen Territorium flächig zur Geltung zu bringen und die herkömmliche Einheit von Herrschaft und Grundbesitz voneinander abzuschichten.

In den Augen seiner Gegner waren das „Neuerungen", er selbst ein gefährlicher Neuerer, ein *frefler Catilina.* Diese konsequente Verdichtung der Territorialherrschaft zur Territorialhoheit war ein Wandel, der vielleicht nicht als Trend der Zeit erkannt, aber als gänzlich andere Rechtsauffassung bewußt wurde: „Auf der einen Seite stand die moderne Vorstellung von den staatlichen Kompetenzen, auf der anderen die alte Vorstellung der persönlichen Verpflichtungen". Ansätze dazu hatte es natürlich auch früher schon gegeben, aber daß es nun auch durchgesetzt wurde, und wie es durchgesetzt wurde, das wirkte neu. Es war denn auch vor allem der politische Stil des neuen Schultheißen, der befremdete: die unerbittliche Folgerichtigkeit, das forsche Vorgehen, ja die Kaltschnäuzigkeit (wie kann man mit Untertanen nur so umspringen, lautete die Kritik), das waren schneidende Töne eines neuen Stils, mit dem der alte Seckelmeister Fränkli nichts zu schaffen haben mochte. Auch er konnte sich im Grunde der Einsicht nicht verschließen, daß die umstrittenen Fünf Gebote sinnvollerweise bei der Stadt liegen sollten, aber ihm war die Art zuwider, mit der Kistler die Sache nun in die Hand nahm.

Worin Fricker den Argumentationsstil beider Seiten sich voneinander unterscheiden läßt, ist im übrigen noch etwas anderes, auf dessen Herausarbeitung er offensichtlich Sorgfalt verwendet: die historische Dimension, das Empfinden für historische Dauer und historischen Wandel. Während Kistler immer platt an der aktuellen Rechtslage entlang argumentiert, holt die Gedankenführung der Gegenseite weiter aus, um Kistler genüßlich seiner mangelnden historischen Kenntnis, schlimmer noch: seines mangelnden historischen Verständnisses zu überführen. Schlimm sei sein Unverständnis für historische Texte, wenn er aus den vorgewiesenen alten Rechtsbriefen aktuellere Aussagen erwarte, als darinstehen könnten: wie sollten solche Privilegien auch wissen, was hundert Jahre später geboten oder verboten sei? *(dann die alten brief, ouch lüt, nit hettend mögen wüssen, was über hundert jar nachwerts wurde gebotten oder verbotten).* Kistler wird darüber belehrt, daß das alles nicht einfach eine Sache logischer Deduktion sei, nicht bloß Ableitung von einer abstrakten „obersten Herrschaft", sondern mit konkreten, historisch gewachsenen Rechtsverhältnissen zu tun habe. Wir sehen daran auch, daß neue Auffassungen, wie hier die von der vollen Landeshoheit, sich mit historischer Argumentation oft nicht durchsetzen ließen; sie mußten die Geschichte vielmehr beiseite schieben oder gleich 1000 Jahre zurückgreifen, was im Grunde dasselbe ist. So viel zu Fricker, einem der wichtigsten Köpfe in Bern während der zweiten Hälfte des 15. Jahrhunderts.

Zwei Generationen später, und die Perspektive hat sich gewandelt, die Probleme sind andere geworden. Was bei Fricker als Befürchtung im

Vordergrund stand – ein genereller Wandel, der das Patriziat verdrängen und die ständischen Unterschiede einebnen könnte –, ist für Valerius Anshelm kein Thema mehr. Unter dem Eindruck der Mailänderkriege und der Reformation schreibt er, vom Rat offiziell damit beauftragt, seit 1529 seine umfangreiche Stadtgeschichte, trotz gewisser Rückgriffe im Grunde reine Zeitgeschichte unter Einarbeitung vieler Aktenstücke; sehr persönlich im Urteil, sehr dezidiert im Werten und, für eine amtliche Chronik, sehr unabhängig im Kommentieren. Für Ranke gehörte Anshelms Chronik „vielleicht zu den besten unserer älteren Literatur".

Anshelm beschreibt die Mailänderkriege – auf deren Zeit wir uns hier beschränken wollen – als zeitgenössischer Beobachter, durch das späte Datum der Niederschrift aber doch aus einer gewissen Distanz, die es ihm ermöglicht, bei neuen Situationen zu sagen: *iezt was empfunden aber noch nit verstanden,* oder verstanden, aber noch nicht gebessert. Und wie diese zeitliche Distanz gibt ihm noch etwas anderes den Abstand und damit die Tiefenperspektive, die den Wandel in seiner eigenen Gegenwart wahrnehmbar werden läßt: das Erlebnis der Reformation. Zwar ist nicht zu verkennen, daß Reformation und Mailänderkriege wie ein Schub wirkten und Wandlungsprozesse vorantrieben; auf der anderen Seite ist aber auch unverkennbar, daß dieser Autor mit einer gewissen hysterischen Überempfindlichkeit nun überall Wandel sah. Und eben das will er – mit wachem Empfinden, scharfer Beobachtungsgabe und großem Engagement – in einem umfassenden und sorgfältig belegten Zeitbild der Mit- und Nachwelt vor Augen führen: daß während der letzten beiden Generationen alles eine dramatische Wende zum Schlechteren hin genommen habe und nach Umdenken verlange, oder modern gesagt: daß Wandlungsprozesse ablaufen, die nicht mehr zu steuern sind.

Seine Kausalitätskette ist sehr einfach konstruiert. Erst war das Geld, vor allem das französische Geld. Dieses Geld zog die Eidgenossen in fremde Kriege. Diese Kriege änderten die Eidgenossen, ließen sie ihre alten Tugenden vergessen und jeder Versuchung erliegen, machten sie rücksichtslos, unglaubwürdig und begehrlich nach immer neuem Geld, das sie wiederum in neue Kriege und in immer tiefere Verstrickungen führte. Aus dem Zwang dieser Spiralbewegung findet man kaum mehr heraus, es sei denn, man ginge an den Anfang zurück und packe das Übel an der Wurzel. Eine Verderbnis so tief sitzend, daß sie nur aus der Mitte zu heilen ist: durch eine radikale Umkehr, durch einen neuen, am Evangelium orientierten Menschen. Diese neuen Verhaltensweisen zeigen eine menschliche Deformation, die einer Re-formation bedarf. Die Reformation ist gewissermaßen der perspektivische Fluchtpunkt, gegen den Anshelm die Geschichte seiner Zeit sieht, hoffend, die verworrene Gegenwart, die die charaktervolle Haltung des guten alten 15. Jahrhunderts schuldhaft aufgegeben habe, werde in der reformatorischen Kraft des

Evangeliums neue verläßliche Orientierung finden. Nur diese reformatorische Perspektive, nicht Anshelms viel beachtete Darstellung der reformatorischen Vorgänge selbst, ist in diesem Zusammenhang von besonderem Interesse. Allein daß er eine Perspektive hat, ist schon wichtig genug.

Bis hierhin mag das Ganze nur wie eine differenzierte Fassung jenes obligaten Klage- und Bußrufs wirken, wie ihn der Historiker von jeder Generation der Weltgeschichte vernimmt. Aber man wird sehen, daß Anshelm bei seiner Argumentation keineswegs im Allgemeinen bleibt, daß seine Beobachtungen vielmehr spezifisch und prägnant genug sind, um sozialen und politischen Wandel in seiner Zeit wahrzunehmen und zu kennzeichnen. Wie zu zeigen sein wird, ist Anshelms Darstellung seiner Zeit vom Erlebnis des Wandels geradezu durchtränkt; der Wandel wird gewissermaßen selbst zum Thema, und über die zahllosen beiläufigen Einzelbeobachtungen hinaus wird das Neue, werden die Symptome tiefgehenden Wandels zwischendurch immer wieder in eigenen Kapiteln dramatisch zusammengedrängt und gewertet. Das ist keine distanzierte Beschreibung gleichmäßigen Ablaufs wie in so manchen Chroniken der Zeit, sondern engagierte Darstellung, die pointiert den Wandel analysiert und auf eine präzise Diagnose hinführt: die Mailänderkriege hätten die Substanz der Eidgenossenschaft ausgezehrt, vom Neuen sei wenig mehr zu erwarten – *darzu so hätte das Italia einer Eidgnoschaft alten kernen so vast vermalen und verzert, dass von den nüwen ouch wenig glüks zu verhoffen wäre.*

Anshelm verkennt nicht die neue Dynamik, die in diesen Kriegen wirkt und durch Verordnungen und Verbote kaum noch zu steuern ist, aber er würde es weit von sich weisen, daß solche Eigendynamik die Schuld des Menschen mindere. Und so führt der Krieg um Italien die Eidgenossen in immer tiefere, vorher nie gekannte Verstrickungen, sowohl gegen außen wie auch gegen innen. Da diese Kriege im Unterschied zu früher mit Verteidigung schlechterdings nichts mehr zu tun hatten und darum kein von außen kommender Druck mehr zu verspüren war, mußten bei jeder Entscheidung die Gegensätze im Innern aufbrechen und so die Vorstellung von einem gemeinen Wohl abhanden kommen lassen: Gegensätze zwischen den Parteien, zwischen den Ständen, zwischen Stadt und Land, zwischen Regierung und Untertan. Im Könizer Aufruhr von 1513 sagten die Untertanen ihren „gnädigen Herren" schließlich ins Gesicht, was sie von einer Obrigkeit hielten, die den Gemeinnutz vergesse und aus Eigennutz die Untertanen auf die Fleischbank des Krieges verkaufe. Und sie stellten darum Forderungen, die unserem Chronisten wie Ansätze zu einer landständischen Verfassung erschienen, kurz: als schlimmstes Ereignis der bisherigen bernischen Geschichte (der Historiker kann den Chronisten nachträglich beruhigen:

zur Ausbildung einer landständischen Verfassung ist es in Bern nie gekommen).

Auf der einen Seite also triumphale Siege, unerhörte Tributzahlungen, Beutefahnen in den Kirchen und eidgenössische Gesandte, die wie Fürsten empfangen wurden; auf der anderen Seite Versuchung und Verstrickung, der Verlust des guten Namens und das Gefühl der Scham. Und nur diese bitteren Gefühle blieben, als die bis dahin alles verdeckende, alles rechtfertigende Siegesfolge endete mit der Niederlage von Marignano 1515 (in der kollektiven Erinnerung der Schweizer noch heute ein Epochendatum!). Nicht die hohen Verluste, nicht die demütigende Vertreibung aus Oberitalien, sondern die Niederlage als solche war dabei das eigentlich Unerhörte: Schweizer verloren nach gängiger Auffassung keine Schlachten, aber nun war es geschehen: „zum ersten Mal seit Julius Caesar geschlagen", *mai erano stà debellati da Julio Cesare in qua.* Die Entzauberung war vollkommen.

Was war in nur 50 Jahren aus dieser Eidgenossenschaft geworden! *Hie ist wol zu ermessen, was endrung in fünfzig jahren in einer Eidgnoschaft sie beschehen.* Wie auf den Zusammenhalt der Eidgenossenschaft und das innere Gefüge der Orte im politischen Bereich, so hatte sich das dauernde Kriegsgeschehen auch im sozialen, wirtschaftlichen und moralischen Bereich fatal ausgewirkt. Auch hier sind Anshelms Beobachtungen immer wieder begleitet von Ausdrücken wie *noch nie erhöht, noch nie beschehen* und ähnlichem, um das Unerhörte des Wandlungsprozesses auch im Detail hervorzuheben; auch hier muß seine Auffassung nicht aus seiner Darstellung eigens herausinterpretiert werden. Der Wandel wird vielmehr ausdrücklich als solcher diagnostiziert, und eben das macht diese Quelle für unsere Fragestellung so ergiebig.

Denn der oberitalienische Kriegsschauplatz erzeugte einen ungeheuren Sog, der durch „Reislauf-Verbote" – also obrigkeitliche Verbote, in fremden Kriegsdienst zu gehen – und durch Strafen nicht mehr zu kanalisieren war. Nun gab es kein Halten mehr: wenn das offizielle Aufgebot auf 4000 angesetzt war, kam die doppelte Anzahl; wo 6000 erwartet wurden, erschienen 20000. Und selbst wenn diese Männer lebend zurückkehrten, so waren sie doch über Monate an ihrem Arbeitsplatz nicht verfügbar gewesen. Dieser erschreckende Aderlaß an Arbeitskraft wird bei Anshelm unter Hinweis auf das breite Echo, das diese Situation hervorrief, nachdrücklich hervorgehoben. Im Sommer 1521 standen beispielsweise nicht weniger als 33 000 Eidgenossen in fremden Kriegen – kein Wunder, da „erregten sich in Stadt und Land alle Handwerker und Bauern wegen ihrer Söhne und Knechte, die Webstühle und Äcker verließen"; da mußten allein die Frauen das Heu machen und die ganze Ernte einbringen, und wenn das so weitergehe, lautet die Klage, *so müessid ir acker zu studen werden,* so würden die Äcker wüst.

Aber schlimmer am Solddienst war in Anshelms Augen noch etwas anderes: die fortwährenden Übertretungen der Solddienst-Verbote, die hartnäckige Mißachtung von Pensions-(nämlich Schmiergeld-)Regelungen, all das mußte zu einer Aushöhlung der obrigkeitlichen Autorität, zu einem Verlust des Rechtssinns führen. Man konnte gar nicht so viel strafen, wie es der Buchstabe des Gesetzes verlangt hätte, denn man konnte nicht Tausende von Söldnern zugleich rechtlich belangen, und nicht die Hälfte der Exekutive! Wenn aber noch der Eindruck hinzutrat, es werde ungleich gestraft (und dieser Eindruck war, nach allem, gar nicht zu vermeiden), dann häufte sich politischer und sozialer Zündstoff gefährlich an: zwischen Arm und Reich, zwischen „Oben" und „Unten", zwischen Stadt und Land. All das mag in Anshelms Eindruck von der zunehmenden Aufsässigkeit der Untertanen mit eingeflossen sein.

Seine Wirkung mußte der Solddienst auch auf den Einzelnen haben: auf seinen Horizont, seine Maßstäbe, seine Moral. Berner, die bisher in ihren Gebirgstälern und der Gleichmäßigkeit ihres bäuerlichen Alltags befangen waren, traten nun hinaus in eine größere Welt, die sie mit Staunen aufnahmen – und erlagen womöglich den Versuchungen, die diese neue Welt für sie bereithielt: Möglichkeit des raschen Gelderwerbs, Menschenverachtung, Luxus. Für viele mögen diese ungewohnten Erfahrungen wie ein Rausch gewesen sein. *Wes den menschen gelustet, des vindt er gnug,* schrieb einer der Hauptleute nach Hause; *so stecken die knecht voll gelltz ... Es gät unns so glücklich unnd wol, das wir des Gott dem Herrn ewigklich zu dancken schuldig sind*: wer von solchem Leben gekostet hatte, der fand zu Hause in den Alltag der Arbeit nicht so leicht zurück. Das Erlebnis des Krieges in fremden Ländern enthemmte die Söldner in erschreckender Weise. Was sie da draußen im Felde gelernt hatten, drohten sie nun auch nach Hause zu tragen und die alten Begriffe von Leistung, von Ehre, von Recht umzuwerten. Daß Anshelm diesen Zusammenhang richtig sah, bestätigen die Gerichtsakten der Zeit, die bei Banden und Einzeltätern, wie sie damals die Gegend um Bern unsicher machten, bisweilen die Teilnahme an den Mailänderkriegen *(alls man gen Paphij gezogen; alls sy von Crema harruß)* ausdrücklich nennen.

Die Verderbtheit der Zeit offenbarte sich ihm aber nirgends deutlicher als in der neuen Macht des Geldes, in dem unwiderstehlichen Sog, den die von außen einströmenden Gelder auf das Verhalten der Eidgenossen ausübten. Mit *frömbden gelt,* mit auswärtigen Geldzahlungen sind, noch mehr als die Soldgelder, vor allem die sogenannten Pensionen gemeint, wie sie die großen Mächte und in erster Linie Frankreich seit dem Burgunderkrieg zahlten, um an die begehrten Schweizer Söldner zu kommen: sozusagen eine Lizenzgebühr für die Bewilligung von Werbungen. Und man bedenke: die Pensionen, die dem Berner Zeitgenossen der Mailänderkriege als das größte Übel erschienen, waren zwei Generationen zuvor dem bedeutendsten Berner der Burgunderkriege noch als große Leistung angerechnet worden; daß Niklaus von Diesbach als erster französische Pensionen einwarb *(qui primus pensiones acquisivit)*, ist auf seiner Grabinschrift im Berner Münster ausdrücklich einer seiner Ruhmestitel! Selten wird ein grundlegender Wandel der Auffassung so greifbar wie in diesem Fall.

Zu diesem Prozeß des Umdenkens wollte Anselm selbst beitragen. Unermüdlich schreibt er gegen dieses Unwesen an, schildert er die korrumpierende, kompromittierende, polarisierende Wirkung des Geldes in drastischen Wendungen: daß eidgenössische Hauptleute *sich wie huren darbietend*; daß Frauen sich in den Gassen und Badstuben um die von französischen Gesandten ausgeworfenen Münzen balgten; daß der Drang ins Feld so überhand nahm, daß „eidgenössisches Fleisch billiger als kälbernes" wurde, *eidgnössisch fleisch wolfeiler den kälberis*. In all dem zeigt sich ihm das Elend dieser Generation, in der sich die alten Eidgenossen nicht wiedererkannt haben würden. Vor politischen Problemen und Entscheidungen von solchen Dimensionen reichten tradierte Handlungsnormen tatsächlich nicht mehr aus. Aber nicht dies will Anselm mitteilen, sondern die für ihn daraus folgende Konsequenz: sich den Problemen und Entscheidungen solchen Ausmaßes eben einfach nicht mehr auszusetzen.

Anselm empörte sich vor allem über die sozusagen volkswirtschaftliche Argumentation, die Eidgenossenschaft sei ohne von außen zugeführtes Geld im Grunde nicht lebensfähig. Diese Auffassung ist indes verständlich, wenn man sieht, welchen Anteil die Pensionszahlungen inzwischen bereits in den Staatshaushalten darstellten; für die Zürcher Staatskasse machten sie vor der Reformation „7 bis 40% der Einnahmen und gelegentlich den ganzen Überschuß aus". Wenn dieser Zufluß nachließ, konnten die Eidgenossen sehr wohl Entzugserscheinungen bekommen. Zwar machte man – bald einzelne Orte, bald alle zusammen – immer wieder den heroischen Anlauf, sich zu einem Verzicht auf das Annehmen von Pensionen durchzuringen, aber gemeinsam ließ es sich einfach nicht durchhalten. Nie ist Anselm ironischer, als wenn er von solcher Schwachheit und ihrer Selbstrechtfertigung spricht. Überhaupt erwiesen sich die Eidgenossen im Geldnehmen als keineswegs so naiv, wie sie auf manche wirken mochten.

Die Summen, mit denen man inzwischen umging – sie stammten aus Pensionen, Subsidien, Tributen, Entschädigungen –, erreichten geradezu schwindelerregende Höhen und waren von ganz anderer Dimension als alle Zahlen, an die man sich bis dahin erinnern konnte. Die im Zusammenhang mit dem Zug gegen Dijon 1513 dem französischen König abgeforderten, freilich lange nicht gezahlten Gelder beliefen sich insgesamt auf die horrende Summe von einer Million Kronen!

Es liegt nahe, daß allein schon diese unerhörten Beträge den Menschen den Kopf verrücken mußten, und Anshelm hebt dies immer wieder hervor. Nun schien jede Summe möglich, auch bei phantastischen Verdächtigungen. Diese explosiv anwachsende Geldzirkulation war indes nicht nur in moralischer, sondern auch in wirtschaftlicher Hinsicht ein Problem. Man kann von einem spätmittelalterlichen Autor eine kompetente Beschreibung und Deutung wirtschaftlicher und monetärer Wandlungsprozesse noch nicht erwarten, aber Anshelm staunte doch wenigstens an den richtigen Stellen. Eine Teuerung um mehr als die Hälfte – obwohl doch auf den Märkten gar kein Mangel sei –, erklärte er sich aus der großen umlaufenden Geldmenge. Zwar nur ein Indiz, daß die innere Konsequenz, wie er sie der früheren Eidgenossenschaft zuschreibt, abhanden gekommen sei und daß da irgend etwas nicht mehr stimme, ist ihm die Beobachtung, wie die wirtschaftliche Öffnung der Eidgenossenschaft auf den oberitalienischen Markt zu einem solchen Exportabfluß an Vieh und Getreide nach Mailand führe (das man doch gerade im französischen Dienst erobern will), daß in der Schweiz die Preise steigen: wie absurd, welch *seltsame rechnung!* Und wenn er, in anderem Zusammenhang, von den Unsummen berichtet, die der päpstliche Ablaßkollektor abzusaugen vermochte (800000 Dukaten binnen 18 Jahren aus seinem Zuständigkeitsbezirk, darunter Bern, *wie ich us sinem mund selb gehört hab*), so ist das bereits eine indirekte Teilantwort auf die naheliegende Frage, wohin das nun massenhaft in die Schweiz einströmende Geld denn gegangen sei: das Geld floß zum Teil nach Italien zurück – ein Recycling, das auch früher schon funktioniert hatte, als Kreislauf freilich nur in polemischem Sinne, nicht aber als ökonomischer Vorgang erkannt wurde.

Wie tief dieses neue Geld-Unwesen ging, zeigt sich in seiner Wirkung auf den Einzelnen, auf all jene, die nun die Chance ihres Lebens gekommen sahen. Es läßt sich schwer nachvollziehen, mit welcher Heftigkeit die Aussicht auf Sold, Beute und Abenteuer Menschen anfallen konnte, daß sie, wie wir aus Berner Verhörprotokollen wissen, vom Acker, von der Weide weg geradewegs nach Italien zogen. Dabei waren es keineswegs nur die Armen, die im Solddienst ihre Chance sahen, wie sich aufgrund einer Aufzeichnung über konfisziertes Vermögen von Thuner Reisläufern nachweisen läßt. Da seien, bemerkt Anshelm, binnen weniger Jahre Männer ohne Rang und Namen, ohne ererbtes oder beruflich erworbenes Kapital – also sozusagen vom Nullpunkt aus – durch bloßen Kriegsdienst zu Besitz und Einfluß aufgestiegen (von *keiner hab und achtung, allein durch frefnen gwalt und pratick . . . on erblich oder werblich hoptgut*); und wer kaum ein Häuschen besessen hatte, der habe es zu ganzen Gütern gebracht. Anshelm hat dabei vermutlich nicht an durchschnittliche Kriegsknechte gedacht, sondern an Hauptleute jeden Standes, die in

diesen turbulenten Jahren gewissermaßen als Kriegsunternehmer ihr
Glück machten: ihre Unternehmergewinne waren fortan *werblich hoptgut,* mochte das dem Chronisten nun gefallen oder nicht.
Insgesamt blieb der Reichtum vergleichsweise unerheblich: der Effekt
des Zuwachses lag in seiner ungleichen Verteilung. Schon geringfügige
Umverteilungen genügten – denn was fällt mehr in die Augen? –, um
den Eindruck sozialen Wandels hervorzurufen. Man muß freilich beden-
ken (Anselm wollte das wohl nicht sehen, nicht gelten lassen), was sich
an sozialen Prozessen hinter den Einzelschicksalen verbarg, die hier so
grell und abstoßend vorgeführt werden: nicht selten ist es ein letzter
verzweifelter Versuch, den Abstieg einer alten Familie abzuwenden.

So etwa bei Albrecht vom Stein, für die Zeitgenossen der Prototyp des
unbedenklichen, verantwortungslosen, zu allem fähigen Söldnerführers,
der, noch *vor wenig jaren ganz verdorben,* nun plötzlich aus Mailand zurückkehrt mit 10000 Kronen, einer Herrschaft, einer Jahrespension, alles
vom französischen König, in goldener Kleidung, hofhaltend wie ein
Graf; seine Frau steckt er in silberne Unterröcke und unter goldene
Hauben und behängt sie mit Juwelen, wie man sie in Bern noch nie
gesehen hatte. Und als er dann, wie viele andere Berner Adlige, 1522 bei
Bicocca fiel, war alles wieder dahin, blieb für Frau und Sohn nichts: seine
vergüldete und versilbrete husfrow verließ Bern, sein einziger Sohn starb
jung und ohne Vermögen – trauriges Ende eines bedeutenden Berner
Geschlechtes. Und wie Anselm das Vermögen Albrechts vom Stein
zerstieben sieht, so sieht er den Kernbesitz der damals aussterbenden
Bubenberg von einem anderen Söldnerführer aufgekauft, Albrechts vom
Stein „Lehrmeister und Kumpan" Ludwig von Erlach. Oder der große
Schultheiß Wilhelm von Diesbach († 1517): schon in der nächsten Generation ist der Familienbesitz zerfallen.

Gehäufter Ruin alter Familien also, den Anselm an vielen Beispielen
seiner Zeit wahrnimmt. Und andererseits die Fälle notdürftig vermiede-
nen Abstiegs oder unverhofft gelungenen Aufstiegs: durch rücksichtslos
genutzten Solddienst seien (und prägnanter könnte Anselm den sozialen Effekt nicht bezeichnen) einige, die sonst abgestiegen wären, in ihrem Stand verblieben und andere aufgestiegen – *sind etlich, so sust verdorben oder keins nammens, junkern beliben oder zu junkern worden!*

Was Anselm da erlebte, war nicht Vermögensbildung von der soli-
den Art, wie er sie früheren Generationen wohl allgemein unterstellte
(der Historiker wird dieser Meinung nicht folgen können, wenn er die
hohe soziale Mobilität im Bern des 15. Jahrhunderts beobachtet; allerdings kamen die Kapitalien noch nicht aus dem Solddienst). Musterbei-
spiel glücklichen Reichtums und Lebens war ihm jener Simmentaler
Bauer Heinrich Jenneli genannt „der Reiche", der an der Seite seiner Frau
nach 75jähriger Ehe – Philemon und Baukis im Simmental – in einem

exemplarischen, fast das ganze 15. Jahrhundert füllenden Leben vom armen Mann mit zwei Kühen zum reichsten Bauern zwischen Kander und Simme aufstieg. Daß auch in diesem Fall schon die nächste Generation das väterliche Vermögen verschleudert – der mißratene Sohn vertut 30 000 Berner Pfund –, wirkt bei Anshelm hier nur wie der Lauf der Welt und nicht wie der Gang der Geschichte.

Ein Bereich, in dem Anshelm Verhaltenswandel mit besonderer Aufmerksamkeit registriert und der dem Wirtschaftshistoriker zugleich Hinweise für die Frage bietet, wo das von den Eidgenossen so reichlich vereinnahmte Geld denn nun geblieben sei, ist der Sektor des Luxuskonsums, der Mode, der Selbstdarstellung, der Repräsentation. Hier wird dem Autor der Wandel deutlich greifbar und vorführbar; äußerer Wandel als Symptom inneren Wandels. Im Bereich der Mode ist Wandel freilich immer schon am ehesten wahrgenommen und berichtet worden, und immer kritisch. So auch bei Anshelm: nirgends entlarvt sich ihm der neue Luxus-Boom grotesker als im raschen Wechsel der Mode – und schon dies scheint ihm das Wesen der neuen Zeit schlechthin zu sein. Wir sehen zunächst einmal, Anshelm weist auf diesen Zusammenhang ausdrücklich hin, wie das Erlebnis des urbanisierten Oberitalien mit seiner Luxus-Industrie die Ansprüche sogleich hob und die Begehrlichkeit nach Gütern des gehobenen Bedarfs weckte, jetzt, wo *uss fremden landen durchs verrucht kriegsvolk fremd siten, besunder bös und üppig, fremd ring, flüssig gelt, fremd künst und kostbarkeit, besunder in büwen, kleidungen und tischungen, in alle Eidgnoschaft was kommen.* Hinter Fenstern aus Tierhaut oder Papier will nun kein Mensch mehr sitzen, nein: jetzt mußten Scheibenfenster her, zur Freude der Glaser, deren Gewinn ins Maßlose gestiegen sei.

Unter dem Jahre 1503 bringt Anshelms Chronik ein ganzes Tableau des veränderten Lebensstils, wie er allein in den vorangegangenen zehn Jahren, also seit Beginn des massenhaften Reislaufs nach Italien, zunehmend in der Eidgenossenschaft aufgekommen sei und die guten alten Tugenden zersetzt habe: nicht etwa nur in den Städten, sondern selbst *in dörfren und höfen.* Fast alles habe sich in dieser kurzen Zeit geändert: die Ausschnitte sind größer geworden, die Ärmel weiter, die Mäntel länger, die Tuche feiner, die Hellebarden größer, aus den Hahnenfedern seien Straußenfedern geworden, usw. usf., alles in größter Präzision. Die neue Berner Damenmode konnte, wenn sie mithalten wollte, sich nur daran orientieren, was der weibliche Heerestroß am Leibe trug oder was die Maler an die Wände malten: *was die frien mätzen* [Soldaten-Huren] *uss den kriegen und frömden landen brachten, ouch ir hurisch upikeit* [Üppigkeit]*, und was die kunstrichen maler in kilchen vorbildeten, kam so hoch zu ären, dass es ouch die geistlichen frowenklöster annahmen, und so gmein worden, dass den mätzen und malern nüt, dan nüweres zu erdenken, vorhanden.* Für Anshelm war das decouvrierend genug. Diese Auswüchse wären indes nur komisch gewesen, wenn sie für ehrenwerte Berner nicht auch die Grenzen des Anstands überschritten und, schlimmer noch, die Grenzen des Standes verwischt und somit die ständische Ordnung in Frage gestellt hätten: daß Kleidung in sozialer Hinsicht etwas „bedeute", ein sehr konkretes Standeszeichen sei, war gerade den Bernern durch den „Twingherrnstreit" mit seiner adeligen Kleider-Demonstration sehr bewußt.

Und so geht es weiter, gewissermaßen in Mode-Schüben mit leichter Phasenverschiebung zu den einzelnen Mailänder-Zügen. Auch dabei zeigt sich deutlich: ein größerer Teil der Summen, die den Eidgenossen auf dem oberitalienischen Kriegsschauplatz ausgezahlt wurden, ist für modische Kleidung, Schmuck und andere Luxusartikel an Ort und Stelle gleich wieder verausgabt worden – das eroberte Italien hatte seiner Luxusproduktion einen neuen Markt erobert. Anshelm kann sich nicht darüber beruhigen, daß bei dieser Mode die Verarbeitung teurer zu stehen kommt als das Material: *dass die arbeit und der kost vil me, wen die hab wert ist.* Sein völliges Unverständnis für die Preisbildung bei Luxusartikeln läßt ermessen, wie verschieden der Lebenszuschnitt in Bern und im Italien der Renaissance war und wie unterschiedlich die Auffassung davon, was der spezialisierte Handwerker beziehungsweise Künstler an Leistung erbringe.

Die neuere Forschung über den Luxuskonsum in der italienischen Renaissance hat besonders hervorgehoben, welch außerordentliche Wirkung auf Wirtschaft und Gesellschaft gerade diese Sparte durch die gegenseitige Stimulation von Nachfrage und Produktion ausgeübt hat. Dieser Mechanismus ist, in Ansätzen, auch bei Anshelm beschrieben, dient ihm aber nicht zu ökonomischer, sondern lediglich zu moralischer Erkenntnis: wenn die Kleidung immer erlesener und die Mode immer extravaganter wird, dann wird sie auch teurer; und wenn sie teurer wird, dann müssen die entsprechenden Mittel dafür aufgebracht werden; dann werden womöglich auch die Praktiken immer unbedenklicher, an das erforderliche Geld zu kommen. Und mit der steigenden Nachfrage wächst auch das auf die Herstellung von Luxusartikeln spezialisierte Gewerbe *(als insunders maler, goldschmid, sidensticker, steinmetzen, glasschnider ...)* – um dann durch gesteigerte Produktion (wie wir fortfahren würden, um den Ring zu schließen) wiederum die Nachfrage anzuheizen. Und so verfolgt Anshelm die Wandlungsvorgänge seiner Zeit in allen Bereichen, auf allen Ebenen, in den großen Zügen wie im kleinen Alltag. Er konstatiert sogar in Polemik gegen das zunehmende Heiligen- und Bruderschaftswesen der Zeit den Aufschwung neuer Kulte. Die Hl. Anna, bisher nicht sonderlich verehrt *(deren vor wenig gedacht),* stelle nun sogar die Jungfrau Maria in den Schatten. Und wie Anna die Maria, so überholte nun der Hl. Rochus den Hl. Sebastian: *der nüw S. Rochus ist in der schühen pestilenz dem alten S. Bastian fürgeloffen.* In beiden Fällen sei es die gesteigerte Angst vor epidemisch auftretenden Krankheiten gewesen, die die Menschen zu dieser neuen Devotion getrieben habe, darunter neue Krankheiten, die *den Tütschen ganz unbekant* waren. Stellen wir abschließend Anshelms Beobachtungen noch in einen grösseren Zusammenhang. Der Historiker ist geneigt, bei den Wandlungsprozessen des 16. Jahrhunderts vieles – vielleicht allzu vieles – der Reformation zuzuschreiben. Wenn auch bei Anshelms Darstellung die Reformation im Vordergrund steht, so doch in einem besonderen Sinne: nicht als Auslöser stattgehabten Wandels, sondern als Hoffnung stattzuhabenden Wandels. Das ist die Perspektive, unter der unser Autor die Wandlungsvorgänge in seiner Zeit wahrnimmt und gedanklich einordnet. Wandel der Zeit wird vor allem als Generationenwechsel oder gar als Generationenkonflikt erfahren, und das ist, wenn Periodisierung von Geschichte nicht nachträglich durch den Historiker, sondern gleichzeitig durch den Zeitgenossen vorgenommen wird, das Natürlichste von der Welt. Mehr noch als ohnehin schon zu allen Zeiten, scheint der Generationenwechsel damals als besonders tiefgreifend empfunden worden zu sein, da er mit einer Identitätskrise der Eidgenossenschaft einherging. Wir sehen es bei Anshelm, wir sehen es im „Spiel von den alten und jungen Eidgenossen" (1514) und an anderen Texten der Zeit, in denen jeweils die alten Schweizer die jungen nicht mehr wiedererkennen wollen, und aus denen die eindringliche Mahnung der älteren Generation an die jüngere spricht, nicht den „Stand zu verraten, die Sendung zu vergessen, die euch Gott anvertraut hat, der euch Bauern und schlichte Leute ausgewählt hat, um den hoffärtigen Adel zu ersetzen": die bekannte schweizerische Antwort auf die anti-schweizerische Streitschriftenliteratur, wonach die Sonderentwicklung der Eidgenossenschaft eine Pervertierung der gottgewollten Ständeordnung sein.

Diese in den damaligen „Medien" – in Spiel und Bild und Chronik – vorgeführte Konfrontation zwischen alten und jungen Eidgenossen war so nahegehend, weil sie damals von jedermann jederzeit erlebt werden konnte: nicht immer so sehr wie dort, sondern schlicht als Familientragödie – man denke nur an die vielen verbitterten Väter, die für ihre in den Krieg entlaufenen Söhne Rede und Antwort stehen mußten. Der tragische Konflikt zwischen den Generationen stand Anshelm, wie überhaupt den Bernern seiner Zeit, nirgends drastischer vor Augen als im Fall der Familie Hetzel 1513. Es ist die Geschichte vom prinzipientreuen Vater, dem Ratsherrn Caspar Hetzel, der seinen Sohn Hans Rudolf unverfroren Solddienst beim französischen König tun sieht, während die Eidgenossenschaft gerade selbst gegen den König im Felde steht. Den bitteren Brief des Vaters an den Sohn hat Anshelm, sicherlich aus den Gerichtsakten, vollständig in seine Chronik aufgenommen; er ist erschreckend persönlich: „hätte Dich Deine Mutter doch im ersten Bad ertränkt!" Und nicht anders schreibt dem Sohn die Mutter, als der Vater um des Sohnes willen von den aufrührerischen Bauern gefoltert und hingerichtet wird: „Du hast Deinen Vater in den Tod gegeben, wie Judas Gott in den Tod gegeben hat ... Man hat ihn auf der Folter gestreckt, daß er hinterher einen Schuh länger war als er eigentlich ist *(das er eis schuchs lenger ist gesin, den er von recht sot sin);* daß Dir der Teufel doch längst den Hals gebrochen hätte ... Du sollst mich nie mehr Mutter nennen ..., und wenn ich betteln sollte" *(du sot mich nie mer für din mutter ansprechen, ich wil dich niemer me für min sun han, un sot ich nach brot gan).* Der Fall Hetzel wurde zum Zeichen: daß man sich so verhalten konnte wie der Sohn; daß man solche Briefe schreiben mußte wie die Eltern – da mochten viele sich sagen, daß das in der vorigen Generation noch undenkbar gewesen wäre. Kein Zweifel, daß Anshelm so empfand, als er den Hetzel-Brief in seine Chronik aufnahm.

Dieser persönliche Fall stehe, ohne weitere theoretische oder generalisierende Abrundung, am Ende dieser Erörterungen, um uns in Erinnerung zu rufen, daß der Historiker auch bei dieser Fragestellung den Menschen der Zeit so nahe bleiben muß, daß er noch Gesichter erkenne.

Gemeinsames Erlebnis – individueller Bericht

Vier Parallelberichte aus einer Reisegruppe von Jerusalempilgern 1480

Daß Reisende in Gesellschaft eigentlich dasselbe erleben müßten und doch nicht dasselbe erleben, ist eine unbestrittene Erfahrung, die sich auch für frühere Zeiten unterstellen, aber schwer veranschaulichen läßt. Denn dazu bedarf es des unmittelbar Vergleichbaren im striktesten Sinn, bedarf es einer spezifischen Dichte innerhalb ein und derselben Quellengattung, wie sie nicht so leicht zu finden ist. Nun gehören für das Mittelalter gerade Reiseberichte zu den wenigen Möglichkeiten überhaupt, gewöhnliche Menschen über denselben Sachverhalt sprechen zu lassen und somit, aus vergleichbarer Aussage, ihr persönliches Erleben in Erfahrung zu bringen. Denn die Reise – vor allem die Pilgerreise als damals üblichste und meistberichtete Form der Reise für Personen jeden Standes – gibt vielen Menschen zugleich die seltene Gelegenheit, Gesehenem und Empfundenem persönlichen Ausdruck zu geben, auch wenn natürlich das Gattungstypische des Wallfahrtsberichtes und die Abhängigkeit von Vorgängerberichten und Pilgerführern stets in Rechnung zu stellen sind und der Verfasser oft kaum hinter seinem Gegenstand hervortritt.

Daß unter den Pilgerreisen die weiteste und abenteuerlichste, die Jerusalemfahrt, im Spätmittelalter eigentlich nur auf dem Seeweg und dann praktisch nur noch in einer engumschriebenen Pilgerreise-Saison auf ein oder zwei venezianischen Galeeren vonstatten gehen konnte, kommt unserer Fragestellung zugute. Denn dieser Sachverhalt zwingt die Pilger, zwingt alle potentiellen Autoren zusammen auf dasselbe Schiff, bündelt also ihre Erlebnisse und schafft so die Voraussetzungen, die wir für unser Vorhaben, für unser Experiment benötigen: daß nämlich die Reisenden nicht allein dasselbe sehen (dieselben Hafenplätze, dieselben heiligen Stätten – das gilt schon für alle Jerusalem-Reiseberichte), sondern auch unter genau denselben äußeren Bedingungen, wie es eben nur bei eigentlichen Parallelberichten gegeben ist, die sich Tag um Tag, Episode um Episode vergleichen lassen. Der erlebte Seesturm, so unterschiedlich beschrieben, kann doch nur, ihnen allen gemeinsam, dieselbe Windstärke gehabt, die Temperatur nur denselben Grad erreicht haben; die besichtigte Stadt, lag sie nun in brillantem Licht oder unter trüber Wolkendecke, bietet jedenfalls ihnen allen einen Eindruck unter absolut denselben atmosphärischen Bedingungen. Gerüchte über drohende Gefährdung, die ansteckende Nervosität der Besatzung, die Begegnung mit Moslems in Gestalt von willkürlichen (oder eben korrekten) Behörden, erpresserischen (oder aber ansprechbaren) Eselstreibern, von steinewerfenden Buben und bedrohlichen Beduinengruppen: all das sind Bedingungen, die das Reiseerlebnis und seine Darstellung beeinflussen – und doch von Reise zu Reise eben sehr verschieden sein konnten. Felix Fabri fand von seinen beiden Jerusalemreisen 1480 und 1483 die erste „hundertmal gefährlicher und beschwerlicher", *in centuplo gravior et molestior;* und während die Pilger 1494 unbeschreiblichen Zumutungen ausgesetzt waren, hatte noch 1492 ein Pilger auf der gleichen Strecke erleichtert feststellen können, daß „wohl noch nie Jerusalempilger sich so frei bewegen konnten wie wir". Nur innerhalb derselben Reisegruppe lassen sich diese äußeren Bedingungen darum wirklich vergleichen und gegeneinander aufheben, wenn man im Sinne unseres Vorhabens das Reiseerlebnis gewissermaßen auf denselben Nenner bringen will, um zuzusehen, wie verschieden die individuellen Berichte dann immer noch ausfallen.

Führt man den Vergleich, der sich bei gemeinsam Reisenden aufdrängt, einmal so eng, dann werden die Reiseberichte nämlich zur Quelle nicht nur für die erlebten Verhältnisse, sondern sagen erst recht auch über die erlebenden Menschen aus. Wollten wir die Berichte stattdessen nur wieder einander bestätigen lassen und aus mehreren individuellen Erlebnissen ein einziges kollektives „mittelalterliches" Reise-Erlebnis zusammenziehen, so wäre die Kontrastwirkung verschenkt, in der gerade der Reiz von Parallelberichten liegt. Denn diese Gegenüberstellung läßt uns konturenscharfe Bilder gewöhnlicher Menschen gewinnen, die nie in ein Verfasserlexikon hineinfinden würden – ein Zugewinn an historischer Individualität also in einem Zwischenbereich, der unterhalb der großen Namen und oberhalb der Verallgemeinerungen dem Historiker die Ausweitung wert sein sollte.

Was diese Berichte, mögen sie noch so parallel sein, bisweilen so wohltuend verschieden macht, ist das um so stärkere Hervortreten des Individuellen, des persönlichen Erlebens und Darstellens. Denn wenn sich innerhalb eines vorgegebenen Vorrats gemeinsamer Erlebnisse gewissermaßen die Konstanten festlegen lassen, werden die Variablen um so augenfälliger. Und wenn wir auch nicht davon ausgehen dürfen, daß solche Berichte ein photographisches Abbild von Sehen und Empfinden im Augenblick der Reise sind, so waren die Notizen vor Ort und die auslesende Erinnerung in der Regel doch hinreichend, den Berichten eine persönliche Färbung zu geben. Und wie sollte es auch anders sein: wenn selbst Reiseeindrücke und Sprachvermögen von Pilgern, die nach regionaler und sozialer Herkunft einander so nahestanden wie die vier Schweizer Pilger von 1519, in ihren Parallelberichten so auseinandertreten, was sollte man dann wohl erwarten, wenn im Jahre 1523 auf ein und derselben venezianischen Galeere sich Menschen zusammenfinden wie der Zürcher Bürger Peter Füessli und: der junge Ignatius von Loyola, der diese Fahrt in seinem späten kurzen Bericht, alle Umwelt als unwesentlich wegschmelzend, nur als Stück seines Weges zu Gott begriff. Natürlich liegt auch noch dem ungeistlichsten Bericht die geistliche Dimension zugrunde, die eine Pilgerfahrt eigentlich begründet; doch darf das hier einmal zurückgestellt werden, weil Parallelberichte nicht wesentlich dazu beitragen, diese Dimension zu ermessen.

In der Regel werden Parallelberichte in ihrer Sicht der Dinge nicht so grell voneinander abweichen. Doch kommt es darauf an, welches Mischungsverhältnis der Überlieferungszufall jeweils für uns bereit hält, d. h. wie viele Berichte uns zur Verfügung stehen (ob zwei, drei, vier) und in welcher Zusammensetzung: sind es drei Florentiner Berichte aus derselben Galeere, oder sind die überlieferten Texte nach Nation und Stand ihrer Verfasser stärker gestreut; steht gegen den suggestiven Redefluß eines Geistlichen nur der einsilbige Bericht eines kleinen Ritters, oder wie verteilen sich die Gewichte? Auf einer Pilgergaleere mit ihren durchschnittlich knapp 100 Pilgern dürften jeweils mehrere Berichte entstanden sein; doch was davon erhalten blieb, ist (bei derart „privaten" Überlieferungswegen naheliegend) rein zufällig. Das verringert unsere Möglichkeiten sehr, da doch Dichte und Zusammensetzung die Ergiebigkeit des Vergleichs bedingen.

Solche Vergleiche sollten nicht von vornherein darauf ausgehen, Erleben und Stand des Verfassers miteinander kurzzuschließen. Wenn man etwas stärker differenziert, dann lassen sich Beobachtungslust und Sprachvermögen des Bettelmönchs, der verwertende Blick des Kaufmanns (für den diese Pilgerfahrt zugleich die einzige Möglichkeit war, seinen Gewürzen über Venedig hinaus einmal ein Stück entgegenzugehen), die hektische Neugier der Pilger von nördlich der Alpen (wie sie ein italienischer Mitreisender beschrieb), die unzeitgemäßen Kreuzzugsgelüste eines Ritters, aus solchen Texten bis zu einem gewissen Grade sehr wohl herauslesen. Doch soll hier von solchen Mustern jedenfalls nicht ausgegangen werden. Vielmehr sei zunächst einfach einander gegenübergestellt, was diese Pilger überhaupt wahrnehmen und was sie für berichtenswert halten. Einmal also ihre unterschiedliche Anlage, Umwelt erleben und darstellen zu *können*: Farben zu sehen oder Fakten zu registrieren; Erwartung und Erlebnis miteinander in Einklang zu bringen; Staunen und Befremdung in eigene Worte zu fassen oder mit entliehenen Wendungen zu bewältigen – oder einfach zu verstummen. Und zweitens ihr unterschiedlicher Vorsatz, Erlebtes wiederzugeben zu *wollen*: Empfindungen auszusagen oder zu unterdrücken, einmalige Episoden für berichtenswert zu halten oder mehr Zuständliches zu beschreiben (gerade darin unterscheiden sich Reisebriefe ja auch heute noch); beim

Thema zu bleiben und ganz auf das erhabene Reiseziel zuzuleben oder um sich zu blicken und auch den Mitreisenden ein Gesicht zu geben (so kommen die Pilger-Autoren bisweilen gegenseitig in ihren Berichten vor, und nicht immer freundlich); einen breiteren Leserkreis über Wieder-Erlebbares zu informieren und all das hineinzupacken, was man erwähnen zu müssen glaubt, oder einem engen Bekanntenkreis punktuell Erlebtes zu erzählen; angelesene Landeskunde einzuarbeiten oder nur Selbstgesehenes zu bringen, usw. Solche Fragen lassen sich stellen, da die Reiseberichte des Spätmittelalters, wie längst erkannt, zu neuer Erlebnis- und Darstellungsqualität finden: in Fülle und Präzision der Beobachtung, im unbefangeneren Einbringen der eigenen Person, in wachsender Empfänglichkeit für Stimmungen, Tageseindrücke, anfaßbares Detail – und das alles als Fähigkeit und Absicht auf seiten der Autoren wie als Erwartung und Bedürfnis auf seiten der Leser. Und so wird der vielgelesene Fortunatus-Roman dann seitenweise Episoden aus Pilgerberichten seiner Zeit ausschreiben.

Unter den überlieferten Parallelberichten seien hier einmal die vier Berichte des Jahres 1480 gewählt. Für die Pilgerreise-Saison dieses Jahres hatte der Rat von Venedig ausdrücklich nur ein Schiff zugelassen, um dem Reeder Agostino Contarini die Gelegenheit zu geben, die im Vorjahre unverschuldet erlittenen Verluste wieder einzufahren. Um so besser für unsere Fragestellung: denn so haben wir für dieses Jahr sogar vier parallele Reiseberichte aus demselben Schiff! Sicherlich sind in dieser dichten Reisegruppe von rund 100 Pilgern noch mehr Berichte niedergeschrieben worden, die uns verloren oder noch nicht bekannt sind; einer dieser vier Berichte (Barbatre) ist denn auch erst vor kurzem zufällig in Familienbesitz entdeckt worden.

Machen wir uns mit den vier Pilger-Autoren eingangs kurz bekannt. Da ist zunächst der Mailänder *Santo Brasca,* damals 35jährig und schon im gehobenen Dienst der Herzöge von Mailand, wo er weitere Karriere machen wird. In seinem Bericht (gewidmet dem herzoglichen Generalthesaurar, weil dieser wegen beruflicher Unabkömmlichkeit die Reise selbst nicht machen könne) weiß Brasca mehr als andere das Eigentliche der Pilgerfahrt vom Reisebetrieb zu scheiden. Zwar versteht er, schon aus professioneller Schulung, auch das Drum und Dran an Welt wahrzunehmen und noch in der Unruhe des Lebens an Bord aufzuzeichnen. Aber er verweist es an seinen Platz, so wie er die praktischen Hinweise für künftige Pilger (mit eigenen Ratschlägen für ärmere Reisende!) zu einem Anhang aussondert und mit der Mahnung einleitet, man möge die Pilgerfahrt aus Devotion antreten „und nicht mit dem Vorsatz, zu sagen: ich bin da gewesen, ich habe gesehen …". Daß er selbst dieser Devise folgte, dafür ist (manchmal möchte man sagen: leider) der Bericht dieses Laien beredtes Zeugnis mit seiner dichten Folge von Gebetstexten, die seine ganze Darstellung durchziehen. Er reist in leicht bevorrechtigter Stellung, genießt Achtung und Aufmerksamkeiten des Schiffseigners, wohnt auf Zypern beim Repräsentanten der Loredan „wie ein Fürst" und in Jerusalem im Zionskloster statt im Pilgerspital, sieht also die Welt vom Kapitänsdeck aus, gewissermaßen aus einer Perspektive einen Meter höher als die drei anderen Autoren: das zeigt sich sowohl in der Präzision seiner Informationen wie in seiner Parteinahme bei Konflikten zwischen Passagieren und Reiseleitung.

Ganz anders der nächste Reisende, ein französischer Priester, *Pierre Barbatre* aus Vernon in der Normandie, 55jährig (so stellt er sich eingangs selbst vor). Sein umfangreicher Bericht wirkt unter den vieren als der „privateste" und hat auch keinen erkennbaren Adressaten. Barbatre ist als Beobachter äußerst präzise, ja rechenhaft, aber doch auch mehr als das: sein ausgeprägtes Interesse für Architektur macht seinen Bericht besonders interessant. Überhaupt versteht er, genau hinzusehen und eigene Beobachtungen in eigene Worte zu fassen.

Ihm am nächsten steht ein weiterer französischer Pilger, dessen Namen und Stand leider unbekannt bleiben, der aber wahrscheinlich Geistlicher war und aus Paris stammte (darum im folgenden als *Pariser Anonymus* bezeichnet), wie seine häufige Bezugnahme auf diese Stadt vermuten läßt: Venedig halb so groß wie Paris, hat mehr Schiffe als Paris Pferde und Maultiere hat, ein Hügel ist so hoch wie der Montmartre in Paris, usw. Sein Bericht, aufgrund täglicher Notizen in französischer Sprache geschrieben und (wie viele Reiseberichte) ausdrücklich für die Unterrichtung künftiger Pilger gedacht, will eingestandenermaßen Erlebnisbericht sein und nicht Landeskunde vom Schreibtisch: *non pas par maniere de cosmographie ou aultres descriptions artificielles,* sondern einfach so wie es sich dem Reisenden geboten hat: *mais simplement et ainsi que les choses se sont offertes.* Dieser Vorsatz, so sehr er nach Topos klingt, gibt ein echtes Kriterium: der Verfasser wirkt frei von dem Zwang anderer Pilger-Autoren, der Vollständigkeit halber Dinge aufzunehmen, die er hätte sehen können, aber nicht gesehen hat. Er will nicht systematisch sein und ist es auch nicht.

Endlich *Felix Fabri,* Dominikanermönch in Ulm aus Zürcher Familie, mehrfacher Autor, bekannt vor allem durch die Beschreibung seiner zweiten Jerusalemfahrt 1483: ein Bericht unübertrefflich in seiner Beobachtungsfülle und Ausdruckskraft, seiner Art, Wirklichkeit aufzunehmen mit allen Sinnen – aber auch von schrecklicher Vollständigkeit, in seiner Abfolge von Assoziationen weitschweifig, wie der Titel *evagatorium* selbst eingesteht, und doch so unterhaltend, wie er ausdrücklich auch sein will, unterhaltend und belehrend. In der Pilgerliteratur ist Fabri denn auch, und zu Recht, der wohl meistgenannte Autor überhaupt, und das sei ausdrücklich hervorgehoben, da im folgenden auch Kritisches

über ihn zu sagen sein wird. Etwa 40jährig ist er bei Antritt seiner ersten
– nämlich unserer – Jerusalemfahrt von 1480. Da er fand, er sei dabei
nicht auf seine Kosten gekommen (darüber wie über alle seine Motiva-
tionen gibt er gern und beredt Auskunft), unternahm er schon 1483 eine
nächste, ausgiebigere Jerusalemfahrt, die uns hier aber nicht beschäftigen
soll. Der Bericht über seine erste Reise (der einzige lateinische Bericht
übrigens, die anderen schreiben in ihrer Muttersprache) ist erst im Zusammenhang mit der zweiten Reise niedergeschrieben worden. Solch
späte Niederschriften stellen immer besondere Probleme, da wir nicht
ausschließen können, daß sich dem Verfasser unterdessen die Perspektive verschoben hat und die Darstellung ein anderes Relief bekommt:
nivelliert auf ein allgemeines, episodenarmes Reiseerlebnis (zumal bei
Benutzung von früheren Pilgerberichten, wozu ja auch Fabri gegriffen
hat); oder aber auch umgekehrt: daß die auslesende Erinnerung gerade
die persönliche Tönung nun noch stärker hervortreten läßt. Und eben so
wirkt der Bericht von Fabris erster Reise, unser Parallelbericht: ausgewählte Impressionen, Stimmungen, Szenenbilder menschlichen Verhal-
tens.

Lassen wir die Pilger in Venedig eingetroffen sein (denn erst von hier
an werden die Erlebnisse vergleichbar) und ihre Quartiere beziehen. Die
beiden Franzosen logieren im Gasthaus „Zum Wilden Mann" (wohl
nicht allzu schlecht, denn Venedig bringt dort auch den türkischen Gesandten unter); der Ulmer Mönch zieht den „Hl. Georg" vor, denn der
ist deutschsprachig bewirtschaftet, und so kann Fabri dem Radebrechen
in fremder Zunge hier noch aus dem Wege gehen; der Mailänder hingegen wohnt privat bei befreundeter mailändischer Familie.

Von diesen ihren Quartieren aus entdecken die Pilger nun Venedig,
jeder das seine. Zeit blieb ihnen, vier Wochen vor Abfahrtstermin eingetroffen, noch genug, um sich während der Reisevorbereitungen ein Bild
zu machen von dieser unvergleichlichen Stadt, die die Pilger zwar merken ließ, daß sie auch von ihnen lebte (*Pellegrino e Commercio,* Name
eines venezianischen Hotels heute, gibt die Elemente treffend wieder),
ihnen aber immer schon mehr noch bot, was des Erzählens wert war.
Während Brasca hier eher knapp und summarisch bleibt (die beiden
Franzosen schreiben über Venedig viermal so viel, der Mailänder dafür
ein Mehrfaches über das Hl. Land) und Fabri über das Venedig seiner
ersten Reise kaum Worte verliert, zeigt Barbatre hier bereits sein auffal-
lendes Interesse und seine besondere Begabung für die Beschreibung von
Architektur. Wo der Mailänder, darin den meisten Pilgern ähnlich, von
Kirchen nur gerade zu sagen weiß, sie seien *bellissime,* begreift und beschreibt Barbatre das eigentümliche Detail, etwa daß San Marco ein
Zentralbau ist mit Kuppeln und überhaupt von fremdartigem Stil, *point
de la fasson de celles de France.* Nicht daß Brasca flüchtig beobachtet hätte:

den Dogenpalast besichtigt er sogar ausführlich, *da la cima al fondo* – aber was er beschreibt, ist eher Verfassungsgeschichte; er sieht durch die Fassade hindurch auf die Funktion des Baues als Rathaus. Dagegen sieht Barbatre das, was vor Augen ist: das Material ist Backstein oder Quader, die Mauern sind verkleidet oder nicht, die Stützen sind Pfeiler oder Säulen. Anders als beim durchschnittlichen Beobachter, der Kirchen allenfalls nach ihrer Größe unterscheidet, sind bei Barbatre etwa Kathedrale und Frari-Kirche wirklich zwei verschiedene Baukörper mit unterschiedlicher Raumwirkung. Wo Kirchen im Bau sind, wird auch das ausdrücklich vermerkt: am Dom von Mailand 200 Bauarbeiter, der Campanile von S. Pietro in Castello noch in den Anfängen, Michelozzos Frührenaissance-Palast in Dubrovnik *toute neufve*, „wenn das alles erst mal fertig ist . . ." über eine Baustelle in Korfu. Auffallend auch sein kennerisches Interesse für kirchliche Innenausstattung. Chorgestühl und Altarbilder wissen auch andere Pilger wahrzunehmen und ihren Preis zu erkunden; aber Barbatre achtet auch auf Ausmalung: *bien paincte* bemerkt er verschiedentlich und nennt gelegentlich auch das Bildprogramm. Oder er notiert verständnisvoll, zum Orgelspiel in S. Salvatore kämen die Leute *pour l'ouyr plus que par devocion.*

Er sieht, und er zählt: die Lampen, die Stufen, die Gräber, die Statuen an der Fassade – eine Lust am Messen und Zählen, die auch seine anderen Vorlieben durchzieht: sein Interesse fürs liturgische Detail und für Prozessionsordnungen (in denen sich Venedig seinen Besuchern freilich auch besonders eindrücklich darstellte), seitenlang die Kerzen, die Fahnen, die Kreuze zählend, die Bruderschaften, die Gewänder, die Farben sortierend. Zwischen Prozessionsordnung und Ablaß einige Beobachtungen, die nicht aus dem Pilgerführer abzuschreiben waren, über die venezianischen Damen etwa. *C'est triomphe de les voir,* Venus, Pallas und Juno sind nichts dagegen, präziser: auch nicht die Frauen von Paris, Rouen und Lyon; und dann genauer hinsehend: die Damenmode hier ist schulterfrei, der Damenschuh unglaublich hoch. Eigenen Augenschein verrät übrigens auch seine Deutung des drachentötenden Heiligen auf der Piazzetta als S. Michele, denn der Reiseführer hätte ohne weiteres zur richtigen Deutung als S. Teodoro verholfen. Die gesehenen Reliquien und erworbenen Ablässe vollständig zu verzeichnen, war jedem schreibenden Pilger ein Bedürfnis, der fromme Mailänder wäre darin schwerlich zu überbieten gewesen. Aber Barbatre sieht genauer hin: das rechte Auge in diesem Schädel stärker eingefallen als das linke; die Unschuldigen Kindlein in all ihren Einzelteilen; der heiligmäßige Leichnam, der auch mit Wind und Wetter seiner Verwesung nicht nachhelfen läßt; und welches wohl der richtige S. Vitale sein mag, der hier oder der dort?

Manche seiner Gänge durch die Stadt mag Barbatre mit seinem französischen Landsmann unternommen oder sich doch abends mit ihm im

„Wilden Mann" ausgetauscht haben, so häufig stimmen beider Informationen überein, ohne daß man aus den Formulierungen auf eine gemeinsame schriftliche Vorlage schließen müßte, hier und später: beide notieren sich Episoden aus der Cronaca nera ihrer venezianischen Tage; beide hören beeindruckt von der Gesetzesstrenge, die gegebenenfalls auch vor dem Dogen nicht halt mache; beide sehen die öffentliche Schändung der Leiche eines Juden nach angeblichem Ritualmord, von Barbatre noch um einen Grad interessierter und grausiger erzählt und ersichtlich unter der Hysterie des Falles Simon von Trient fünf Jahre zuvor. Beide bewundern und taxieren das (damals gerade erst installierte) Chorgestühl der Frari-Kirche und beschreiben den Rundblick vom Campanile über alle öffentlichen und religiösen Gebäude. Neben weiteren Gemeinsamkeiten, die fast allen Pilgerberichten über Venedig eigen sind (etwa der obligate Besuch im Arsenal), beobachtet und formuliert der Anonymus auch Eigentümliches: Venedigs spezifische Bevölkerungsdichte, da Plätze und Gärten weitgehend fehlen; oder die Funktion des Rialto, der für die Kaufleute hier dasselbe sei wie das *palais* in Paris für die Advokaten dort. Seine Präzision ist nicht abstrakte Zahl, sondern hat lokales Kolorit: nicht einfach „Trinkwasser", sondern: das von S. Nicola, denn . . .; nicht einfach „Wein", sondern: der von Padua, denn . . . .

Neben das Erlebnis des monumentalen, des überzeitlichen Venedig tritt in den Berichten zunehmend die düstere Aktualität: das Venedig des Frühsommers 1480 mit seinen Türkenflüchtlingen und seiner Nervosität angesichts der (trotz des demütigenden Friedens von 1479 andauernden) türkischen Bedrohung nach 16jährigem Krieg – eine Nervosität, die sich unfehlbar auf die Pilger übertrug, denn sie mußten dieser Gefahr geradewegs entgegengehen. Und tatsächlich: von der politischen und militärischen Lage her gesehen hatten die Pilger dieses Sommers 1480 einen äußerst gefährlichen Augenblick gewählt! Zweimal werden sie die Aufmarschräume massiver türkischer Flottenoperationen durchqueren, letzte Schläge des Eroberers von Konstantinopel: in der Adria kreuzen sie den Vorstoß der türkischen Kriegsflotte gegen Apulien, der das Abendland in Schrecken setzen wird; in der Ägäis werden sie sich angstvoll an der Belagerung von Rhodos vorbeistehlen müssen. Noch sind sie sich dieser akuten Gefährdung nicht recht bewußt. Allein jede eintreffende Nachricht verdüstert den Horizont, und es ist reizvoll zu sehen, wie sich in den Berichten diese Informationen niederschlagen und sich aufs Gemüt legen. Die beiden Franzosen sehen aus nächster Nähe den (in ihrem Hotel einquartierten) tributheischenden türkischen Gesandten und die Scharen bettelnder Türkenflüchtlinge vor S. Marco; der Mailänder erlebt die triumphale Einholung eines Admirals, der sich in den verzweifelten Abwehrkämpfen ausgezeichnet hatte. Bei Fabri ist alles noch deutlicher auf die Wirkung abgestellt, die Ereignisse und Nachrichten auf die Menschen haben: der niederschmetternde Eindruck, den die Nachricht von der Belagerung von Rhodos und die daraus folgende Bedrohung der Fahrtroute auf die Pilger macht, und wie unterschiedlich sie darauf reagieren – da wird dem Leser gleich klargemacht, daß so eine Jerusalemfahrt nicht *quoddam solatiosum spatiamentum,* nicht „irgendein erbaulicher Spaziergang" sei.

Und so betreten die Pilger mit Zagen die Galeere, die Anfang Juni endlich hinausgleitet auf ihre ungewisse Fahrt.

Das geruhsame Leben an Bord läßt, wie Ereignislosigkeit stets, ihre Beobachtungen zunächst einmal auseinandertreten. Barbatre scheint viel an der Reling zu stehen, mehr als seine Mitpilger beobachtet er das Spiel der Fische (Delphine und andere „lang wie Ochsen") und notiert, was man sich an Bord Sagenhaftes darüber und über die gesichteten Küstenplätze erzählt. Sein Pariser Landsmann vermerkt mehr die kleinen unverwechselbaren Szenen: der fortgewehte Hut eines armen spanischen Pilgers, der fatale Windstoß vor der Küste Istriens, die Trompetengrüße hinüber zu Kirchen an der Küste. Der deutsche Mönch erinnert von dieser seiner ersten Reise vor allem Mitmenschen und Atmosphärisches, wie noch auszuführen sein wird. Der Mailänder Beamte sieht wenig, aber vernimmt viel; er läßt weniger erkennen, was er erlebt, als was er weiß. Und er gibt schon hier deutlicher als andere seinen frommen Empfindungen Ausdruck: er verzeichnet die Gebete, die allabendlich auf der Galeere gesprochen werden, läßt möglichst keinen Franziskanerkonvent an der Route aus (empfiehlt sie beiläufig auch zum Logieren), und weiß immer wieder von der unmittelbaren Wirkung gläubigen Gebets zu berichten: die Anrufung Gottes verhindert die akute Ansteckungsgefahr an Bord, die Anrufung des Tagesheiligen wendet glücklich den Wind. Recht verschieden sind auch Interesse und Verständnis für das Schiff und seine Führung. Barbatre genügt es, daß das Schiff fährt. Da ist Brasca genauer: wo andere einfach „Segel" sehen, sieht er „alle drei Segel" und kennt auch ihren Fachausdruck. Der Pariser weiß immerhin, was das Schiff außer Pilgern sonst noch geladen hat, und hält es der Erwähnung für wert: Baumwolle von Jaffa, Salz von Zypern. Daß die Galeere bisweilen auch gerudert wird, bemerken die Pilger selten, obwohl das doch diesen ungewöhnlichen Schiffs-Typ erst ausmachte. Allen gemeinsam aber sind Ungeduld und Unverständnis des Landbewohners dafür, daß Fortbewegung derart abhängig von Wind und Wetter sein kann.

So läßt das Leben an Bord unsere Pilger ja nach Temperament und Interesse die unterschiedlichsten Beobachtungen machen, die sich dann bei bestimmten, gemeinsam erlebten Episoden immer wieder bündeln und so erst recht vergleichbar werden. Ein Landgang auf kahler kleiner Insel, zu der sich die Galeere an dalmatinischer Küste vor aufziehendem

Sturm hatte flüchten müssen, ist ihnen allen vor Augen – aber jeder erinnert etwas anderes: der eine bemerkt die einsame ärmliche Siedlung („ohne Kirche, aber mit Kreuz") und einige ihm fremde Bäume; der andere weiß nur von kahler Klippe und sieht die Pilger zu ihrer Erholung hinter dem Strand duftendes Kraut pflücken; gegen die Langeweile läßt sie Fabri von Bord gehen und (ein Erlebnis, von dem die anderen seltsamerweise nicht wissen) am Strand dort gar eine angespülte Leiche finden, deren Wirkung auf die abergläubischen Matrosen dramatisch und unter Heranziehung einer antiken Parallelstelle beschrieben wird. Oder der pestverdächtige Tod eines Matrosen: der Anonymus notiert mit der ihm eigenen Detailtreue (die das Wesentliche vom Unwesentlichen aber wohl zu unterscheiden weiß), wann der Tod eintrat, wie alt der Sterbende war und woher man den Sand nahm, um sein elendes Leichentuch zu beschweren. Während bei ihm die Diagnose Vermutung bleibt, ist sie bei Brasca ausgemachte Sache: wurden doch auch seine Angehörigen in Venedig unter Pestverdacht eingeliefert, und allein Gottes Eingreifen rettet das Schiff.

Auch eine weitere unverwechselbare Episode – das herabstürzende Großsegel erschlägt ein Mitglied der Besatzung – wird in eigenen Worten dargestellt; Fabri ist es wieder einmal ganz persönlich widerfahren, und dem Mailänder dient es wieder zur Belehrung. Man vergleiche die folgende Gegenüberstellung:

ANONYMUS: „Am Ende des Tages kamen wir zum Hafen Korčula. Beim Niederlassen des Großsegels entglitt einem Matrosen eines der Taue, und so kam das besagte Segel so aufs Vordeck herunter, daß sich die Taue [durch Reibung] entzündeten, und es traf einen Matrosen, der voll erschlagen wurde und tot unter dem Segel liegen blieb. Und am folgenden Tag, dem Gervasiustag, wurde er von den Kanonikern von Korčula ordentlich bestattet."

BRASCA: „Und als sie da das Großsegel einholten, ließen die Matrosen die Taue fahren, und die Rah fiel mit solcher Geschwindigkeit und Wucht herunter, daß die besagten Taue Feuer fingen und einen der Armbrustschützen töteten, der mit den andern das Segel niederholte. Darum sollten sich alle, die diese Reise machen, vorsehen, wenn die Segel eingeholt oder gewendet und die Anker geworfen werden, und sich auf das Heck oder an einen andern sicheren Platz zurückziehen, damit ihnen nicht Ähnliches passiert."

FABRI: „Als sie aber die Rah hochzogen, da kam sie durch die Unachtsamkeit eines Matrosen herab, traf einen anderen Matrosen und tötete ihn. Bei diesem gefährlichen Vorfall stand der Herr Bischof von Sens daneben, und ich, mit vielen anderen, an seiner Seite, und es fehlte wenig, so wären wir alle getroffen und getötet worden. Den toten jungen Mann wickelten sie in ein Leintuch, hängten ihm einen Sack mit Steinen an die Füße und warfen ihn so ins Meer. "

Die Zwischenhalte werden von den Pilgern recht unterschiedlich aufgenommen (zumal während solcher Liegezeiten die Verpflegung vertraglich zu Lasten der Passagiere ging), so gleich schon in Parenzo/Poreč: Brasca nimmt die Unterbrechung gern hin weil erholsam, während der Pariser seine Ungeduld nicht verhehlt. Den Aufenthalt in Ragusa/Dubrovnik lassen sich alle gern gefallen, bewundern gemeinsam die kolossalen neuen Befestigungsmauern, besprechen die prekäre Lage der Stadt im Angesicht der Türken, besichtigen die Reliquien, bestaunen den Wasserreichtum und den herrlichen Brunnen – und akzentuieren über das unvermeidlich Gemeinsame hinaus dann wieder auf ihre persönliche Weise durch Vergleich mit Vertrautem („wie der in Paris", „wie Vernon oder Gisors") und durch besondere Interessen. Der Dominikaner besucht seine Ordensbrüder, Brasca findet wieder einen Franziskanerkonvent und lebt darin auf, die Franzosen bemerken den Sklavenmarkt und die astronomische Uhr, der Pariser darüberhinaus die exotischen Bäume im Kreuzgang; der normannische Priester interessiert sich wieder für die Damenmode und notiert deren Abweichungen gegenüber der venezianischen; „und da ändert sich ein bißchen auch die Sprache".

Unter den Pilgern an Bord (Brasca zählt deren 90, der Pariser 80–100, Fabri 110) steigt die Spannung, je mehr sich die Galeere türkisch beherrschten Gewässern nähert: Nachrichten herübergerufen von entgegenkommenden Schiffen, auf den Bergen die Signalfeuer der verängstigten Bevölkerung, Korčula voll von Türkenflüchtlingen. Inzwischen beginnt die türkisch eroberte Küste. Das Holz dieser Berge gehe nun in den Schiffbau der Türken statt in den der Venezianer, weiß der Pariser: auch das eine Überlegung, die sich nicht in Pilgerhandbüchern lesen oder am Schreibtisch ausdenken läßt, so etwas erhält man an Bord erzählt. Dann sichten sie die erste besetzte Stadt, Valona, der Hafen voll belegt mit türkischen Kriegsschiffen (und man darf hinzufügen: die werden in wenigen Wochen von hier auslaufen und drüben in Italien die Stadt Otranto besetzen!). Eine türkische Galeere nähert sich in der Abenddämmerung, auf den Bergen flammen in der Dunkelheit türkische Feuer auf, die verängstigten Pilger halten mit der Besatzung neben den schußbereiten Kanonen Nachtwache. Doch es kommen nicht Türken, nur Delphine.

So schlicht und evident ist die gespannte Atmosphäre dieser ersten Begegnung im Bericht des Anonymus dargestellt. Ähnlich, aber knapper und unanschaulicher, die anderen. Der Mailänder, dem Schiffsherrn näher als die anderen Autoren und mit mehr Sinn für die Details diplomatischer Vereinbarungen, informiert sich, daß der türkisch-veneziani-

sche Friede vom Vorjahr nicht-venezianischen Passagieren nur unvoll-
kommen Schutz biete. Um so mehr stellt er sich in die Hand Gottes, von
dessen unmittelbarem Eingreifen er denn auch hier wieder zu berichten
weiß. Und keiner vergißt unter diesen Umständen den Gegenwind, den
qualvollen, der sie diese gefährliche Stelle nicht passieren läßt und sie gar
in Sichtweite der apulischen Küste treibt, bis sie endlich den rettenden
venezianischen Flottenstützpunkt Korfu erreichen.

ANONYMUS: „Am folgenden Donnerstag sahen wir das ganze Gebirge von Albanien und mehrere Städte, die dem Türken gehören, darunter eine große und starke mit Namen Valona, die gewöhnlich den
Venezianern gehörte. Die Seeleute sagten uns, in dieser Stadt gäbe es
eine große Besatzung von Truppen des besagten Türken, und im Hafen
der Stadt eine große Menge von türkischen Schiffen und Galeeren. Und
um die Zeit des Abendessens sahen wir eine Galeere aus der Stadt auslaufen und meinten, daß sie auf uns zu halte. Zu dieser Stunde hatten wir
keinen Wind, und unsere Galeere konnte weder vorwärts noch zurück.
Nach Sonnenuntergang sah man auf einem großen Berg über dieser
Stadt mehrere große Feuer angezündet von den besagten Türken. Darüber waren wir sehr bestürzt und die ganze Nacht in großer Angst und
Gefahr. Und die Pilger hielten die ganze Nacht zusammen mit dem
Schiffsvolk Wache, aus Furcht, die Türken könnten unsere Galeere an-
greifen. Alle Kanonen und Artillerie waren schußbereit, um uns zu verteidigen, falls sie gekommen wären. Und an diesem Tag kamen rings
um unser Schiff mehrere große Fische, wie große Schweine, und steckten ihr Maul aus dem Wasser, und das ist ein Zeichen kommenden
Seesturms.

Am Freitag, dem Tag vor Johannis, hatten wir schlechte Fahrt, so wie
es durch die Fische schon vorher angezeigt war. Und es war die schlech-
teste Fahrt seit unserer Abreise; zugleich mit der Angst vor den Türken
kam nämlich noch ein erstaunlicher Gegenwind auf, der den ganzen Tag
anhielt und uns von den genannten Türken weit weg trieb; und wir
trieben so weit gegen Süden, daß einige von der Galeere die Orte des
Königreichs Apulien sahen, das ungefähr 8–10 Meilen von uns entfernt
war."

BRASCA: „Als wir uns am Abend in der Nähe der besagten Felseninsel von Saseno befanden, erhob sich der Schirokko, und es erschienen 2
türkische Segelschiffe, die aus Valona ausgelaufen waren: wir waren
darüber alle in ziemlicher Angst, und nicht ohne Grund, vor allem weil
nach dem Friedensvertrag zwischen dem Türken und den Venezianern
offensichtlich nur der sich sicher fühlen kann, der aus ihrem Lande ist.
Und dazu haben sie miteinander ausgemacht, daß jedesmal, wenn der
Bassaa oder Kriegskapitän des Türken venezianische Schiffe auffordere,

die Segel einzuholen, sie dazu auch verpflichtet seien – was eine schlechte Sache ist für Nichtvenezianer, die auf venezianische Schiffe gehen. Aber da der Wind immer stärker wurde, waren wir genötigt, den Bug gegen Apulien zu wenden.

Freitag, den 23. Juni, weiterhin vom besagten Gegenwind bedrängt, gingen wir mit dem Schiff an den Wind, so daß wir uns so nahe bei Apulien wiederfanden, daß wir deutlich den Hafen von Lecce, genannt S. Cataldo, erkannten, der König Ferrante untertan ist. Dann machten wir gegen Abend die andere Schleife und fanden uns wieder vor Valona, nach Durchmessen von etwa 30 Meilen. Und weil es der Abend vor dem Johannisfest war, begannen alle Geistlichen und Pilger den Beistand des Hl. Johannes anzurufen, wobei sie innig seinen Hymnus *Ut queant laxis* usw. sangen. Samstag, den 24. Juni, um Mitternacht, drehte aufgrund des genannten Gebetes der Wind auf Südwest [garbino]; wir richteten unsere Segel auf unser Fahrtziel und entdeckten am Morgen die Felseninsel Merlera nahe der Insel Korfu. Und hier beginnt Griechenland."

BARBATRE: „Von dort sieht man die hohen Gebirge Albaniens, und da liegt viel Schnee, denn man sieht sie gut über 30 oder 40 Meilen. So fuhren wir den ganzen Tag bei schwachem Wind, und gegen Abend, 2 oder 3 Stunden vor Sonnenuntergang, stand der Wind uns auf dem Meer so sehr entgegen, daß wir auf dem Meer festliegen mußten vor einer Insel und einer Festung in türkischem Gebiet mit Namen Waronne [Valona]. Da bemerkten wir am Abend auf dem Gebirge 3 Feuer, denn die Landbewohner machen gewöhnlich am Abend Feuer auf den Bergen, wenn sie auf dem Meer Barken, Schiffe oder Galeeren kommen sehen, damit die Bewohner der Dörfer und Städte wachsam sind. Gegen Abend sahen wir eine große Zahl von Delphinen und Tümmlern [marsouyns], die bis an unsere Galeere herankamen. Die ganze Nacht über blies ein schrecklicher Gegenwind so stark, daß wir den ganzen Freitag auf dem Meer herumfuhren, ohne vorankommen zu können, außer daß wir aufs offene Meer kamen, wo es eine Meile oder tiefer ist, so daß wir eine Stadt in Apulien und ein großes Stück des Landes erblickten; und gegen Abend kamen wir ungefähr wieder dort zu liegen, von wo wir am Morgen losgefahren waren. Und einige waren in großer Sorge, weil es hieß, der Türke habe einen großen Teil seines Heeres in besagter Stadt Waronne, und nahe dabei mehr als 100 Segelschiffe."

Unter allen vier Berichten ist die Darstellung Fabris am absichtsvollsten auf das Erlebnis der Türkengefahr abgestellt, eine Folge dramatisch sich steigernder Nachrichten unter Hintansetzung alles Übrigen: schon der Aufenthalt in Parenzo wird so erklärt (seltsam, daß die anderen davon nicht wissen); Korčula zittert und warnt uns vor der Weiterfahrt, Ragusa zittert und warnt uns vor der Weiterfahrt, usw. Mag sein, daß

Fabri die erregte Stimmung damals tatsächlich stärker empfunden hat als seine Mitpilger. Aber wahrscheinlicher ist, daß sich ihm das alles im Nachhinein so zusammenfügte, weil in diesem erst spät geschriebenen Bericht (anders vermutlich als bei den drei Mitpilgern und seinem eigenen Bericht der zweiten Reise) seine Erinnerung in Kenntnis der Daten und Fakten nun alles andere abwarf und schaudernd allein noch die Empfindungen nachschmeckte, die ein Reisender in voller Kenntnis der türkischen Operationen hätte haben müssen. Für diesen Verdacht spricht die auffallende Tatsache, daß in seinem Bericht ausgerechnet das Passieren von Valona – allen anderen Kernstück ihrer ersten Türkenängste – überhaupt nicht vorkommt!

Mit einigem Vorbehalt wird man denn auch Fabris Darstellung der nun folgenden, für die ganze Pilgergesellschaft so einschneidenden Entscheidung aufnehmen: den Weg fortzusetzen oder aber umzukehren, wozu sich angesichts der Türkengefahr zahlreiche Pilger (nach allen 20–22, nach Fabri gar 40) bewogen sahen, darunter ranghohe Pilger wie die Bischöfe von Genf und Le Mans. Hier ist Fabri ganz in seinem Element, der Beschreibung von Menschen und Gruppen, genauer: zu beobachten, wie Menschen sich miteinander und in bestimmten Situationen verhalten. Hatte er schon bei der Einschiffung in Venedig die Mitreisenden sortiert und außer Bischöfen und Adeligen auch sechs alte Damen wahrgenommen, die zu aller Erstaunen unbedingt die strapaziöse Reise mitmachen wollten und einige standesbewußte Ritter genieren, die nicht „in Gesellschaft alter Weiber auf Ritterschaft ziehen" wollen und darum eine Szene machen; und hatte er dort schon auf erste Reibereien zwischen französischen und deutschen Pilgern angespielt – so läßt er nun in Korfu, bei der Entscheidung über Weiterfahrt oder Umkehr angesichts der wirklich dramatischen Situation, die Gemüter erst recht und mit Lust aufeinanderprallen und widmet diesem gruppendynamischen Schauspiel fast drei Seiten seines nicht eben langen Reiseberichts. Daß „die Franzosen", *homines superbi et passionatissimi*, sich zur Umkehr entschließen und so nach Gottes Ratschluß „die Galeere gesäubert" wurde (man denke!), erfüllt ihn mit tiefer Befriedigung: „mit ihnen zusammen wären wir nämlich kaum ohne Schlägerei und Totschlag bis Jerusalem gekommen", so sehr reizten sie uns dauernd, „uns Deutsche" nämlich, *nos theotonici, nos peregrini de Germania*, die wir alle zur Weiterfahrt entschlossen waren allen begründeten Warnungen zum Trotz. Das ist nun etwas aufdringlich erzählt. Zwar wurden Entscheidungen solcher Art ja tatsächlich gern landsmannschaftlich getroffen, was darum auch hier nicht auszuschließen ist. Aber bei Fabris bekannten Tiraden gegen alles Welsche ist doch Vorsicht geboten. Daß im übrigen keineswegs alle Franzosen umkehrten, sondern die beiden Bischöfe und ihr Gefolge, dafür sind unsere beiden französischen Pilger-Autoren schließlich der lebende Beweis; andererseits spricht der Pariser von zwei umkehrenden deutschen Rittern, von denen nun wiederum Fabri nichts weiß. Aber lassen wir das – einem Fabri und seinem suggestiven Erzählstil (dem man in seinem zweiten, aufgrund täglicher Notizen geschriebenen Reisebericht gern folgen wird) kann man nur beikommen, wenn man ihn durch andere Reisende in die Mitte nehmen und mit Hilfe mehrerer Parallelberichte redimensionieren kann.

Während Fabri die Argumente des Für und Wider in lebhafter Wechselrede vorbringt oder ihnen sonstwie eine möglichst persönliche Form gibt (so auch bei dem durchaus glaubhaften Entschluß der Pilger, fortan auf dem Schiff Fluchen und Spielen zu unterlassen, um sich Gottes nun dringend benötigten Beistands werter zu machen), sind die anderen drei sehr viel zurückhaltender, wo sie über die Auseinandersetzungen dieser Tage schreiben. Mit wenigen dürren Worten und ohne jede Wertung berührt Barbatre die den Pilgern abverlangte Entscheidung. Der Pariser bringt ohne große Worte wieder das treffende, aus sich selbst glaubhafte Detail: wie der venezianische Admiral zu seiner Entlastung von den Pilgern eine schriftliche Erklärung verlangt, daß sie auf eigene Verantwortung die Reise fortsetzen wollen; wie die Verunsicherung unter den Pilgern – und gerade unter denen höheren Standes – wächst, als sie nun auch noch erfahren müssen, ihre Galeere sei in den angelaufenen Häfen längst ausspioniert worden (Fabri will solche Spione sogar selbst beobachtet haben). Die Gesichtspunkte aber, die unter den Pilgern debattiert und dann für ihre Entscheidung bestimmend wurden, sind hier wohl am klarsten und persönlichsten in Brascas Bericht wiedergegeben: nun bin ich schon so weit gekommen, habe die Fahrtkosten schon bezahlt (die Rückerstattung wäre geringfügig gewesen, nur 10 von 55 duc., weiß der Pariser, für viele sicherlich ein gewichtiges Argument), habe mich an die Seereise gewöhnt; und zurück – an Valona wieder vorbei! – wäre kaum weniger gefährlich als die Weiterfahrt vorbei am belagerten Rhodos. Im übrigen erweist sich auch hier wieder Brascas Informiertheit, eben seine Nähe zum Kapitänstisch: er weiß den Namen des venezianischen Admirals, kennt Stärke und Ziel der jüngsten türkischen Flotten-Verschiebung in der Adria und hat genauere Nachrichten über den Stand der Belagerung von Rhodos.

Nach einigen Tagen bangen Wartens auf zuversichtlichere Nachrichten kriecht die Galeere endlich weiter die Küste entlang, an der die Pilger mit Gruseln die frischen Spuren türkischer Eroberung wahrnehmen, südwärts in die Geborgenheit des nächsten venezianischen Flottenstützpunkts, Modon auf der südlichen Peloponnes. Während in der Regel Pilger auf der Hinreise diese kleineren Häfen kaum oder nur pauschal zur Kenntnis nehmen (wie hier wieder Brasca: venezianisch, schöner Hafen, viele Windmühlen auf den Mauern, gut befestigt), ließ die akute Gefährdung bei dieser Fahrt die Pilger nur noch beklommen von Stützpunkt zu Stützpunkt denken und diese Plätze darum intensiver erleben als bei glatterer Reise – und sei es auch nur das heruntergekommene, inzwischen rings von Türken umgebene und an dieser prekären Lage leidende Modon (heute Methoni). Modon ist ein schönes Beispiel dafür, wie unterschiedlich Beschreibungen einer überschaubar kleinen Stadt sein können und doch einander wert. Beim Anonymus ist es der Anblick der ärmlichen Hütten vor den Mauern mit ihren (von anderen Pilgern „Zigeuner" genannten) halbnackten Bewohnern; oder der reichgekleidete Türke, der vor dem Rathaus der Stadt drohend seinen christlichen Leibeigenen zurückfordert: eine unverwechselbare Szene, wie sie für diesen Autor kennzeichnend ist. Bei Barbatre hingegen mit seinem Blick für architektonische Szenerien ist es das eigentümliche Ensemble von schlüsselverwahrtem Brunnen, Porphyrblock und steinernem Löwen auf der kleinen Piazza inmitten kanonenbestückter, windmühlenbestandener Stadtmauer. Ortsbeschreibungen bleiben hier wie sonst bei Brasca dürftig und unspezifisch („eben gelegen", „sehr schön"), beim Fabri der ersten Reise fehlen sie fast ganz.

ANONYMUS: „Modon ist eine starke Stadt gut bestückt mit Artillerie und sehr gut von Mauern eingeschlossen. Vor der Stadt ist ein schöner Hafen, um Galeeren und Schiffe sicher aufzunehmen, und ist von schönen Mauern eingeschlossen, die die Flut des Meeres brechen. Die Leute in der Stadt sind alles Griechen, wieviele an allen möglichen Völkern es auch sein mögen, die alle verschiedene Sprachen sprechen. Die Schulen und Kirchen sind nahezu alle griechisch. Auf den Mauern und um die Stadt herum gibt es mehrere Windmühlen. Außerhalb der Stadt gibt es eine große Menge von ganz erbärmlichen Häusern, und es sind nur elende Behausungen voll mit armen Leuten, die wie Wilde sind, schwarz wie halbe Mohren, und sind häßliche Leute, fast alle nackt, mit großen Bärten und langen Haaren, und es sind Christen, Juden und Sarazenen durcheinander. Brot und Fleisch werden billig verkauft, die Weine aber sind so stark und scharf und schmecken so sehr nach Harz, daß man sie nicht trinken kann. Das ganze Land rings herum sind Türken und Ungläubige. Wir sahen drei Türken, die zum Rat der Stadt gekommen waren, um ihre Abmachung mit den Venezianern zu besprechen. Der Vornehmste dieser drei war gekleidet in schwarzen Samt, der mit Figuren und Ranken aus Goldstoff verziert war. Als wir am Abend in unsere Galeere schlafen gingen, gab es vor dem Rathaus der Stadt einen großen Volksauflauf: der besagte Türke wollte nämlich einen armen Christen greifen und hinwegführen, von dem er sagte, daß er ihm untertan und tributpflichtig sei, und daß, wenn der nicht käme um ihm zu dienen und seinen Tribut zu bezahlen, er seine Frau, seine Kinder und

all sein Gut nehmen werde. Und unmittelbar darauf ging der besagte
Türke weg, und der arme Mann blieb. In der Stadt gibt es überhaupt
kein Süßwasser außer Regenwasser, und wir mußten unser Faß füllen
lassen am St. Georgs-Brunnen, der eine Meile vor der Stadt liegt, und
das kostete 2 Marzellen. In der Hauptkirche ist der Leib des Hl. Leo und
das Haupt des Hl. Anastasius [gemeint: Athanasius], von dem das Credo
ist *Quicumque vult salvus esse;* und mehrere andere Reliquien, die im
Westen nicht erwähnt werden."

BARBATRE: „Die Stadt Modon liegt in Morea [Peloponnes] und ist
gegenwärtig ein ärmlicher Ort. Dienstag morgen 2 Stunden nach Son-
nenaufgang legten wir im Hafen von Modon an. Von Korfu bis Modon
sind es 300 Meilen. Die Stadt Modon ist in Griechenland, und zwar in
Morea, im Besitz der Signorie von Venedig. Die Hauptkirche ist vom
Hl. Johannes gegründet. In der Stadt gibt es mehrere Kirchen der Griechen, und die Franziskaner sind außerhalb der Stadt: alles ärmliche Kirchen, und die Stadt ist nicht reich wie sie es einmal war, denn das Land
ist von den Türken besetzt und zerstört. In der Stadt wohnen mehrere
Juden, und Tag um Tag sind Türken da wegen des Waffenstillstands,
den sie mit den Venezianern haben. Die Stadt ist nicht groß, hat jedoch 2
Türme ohne ein Kastell, ist aber der mit schwerer Artillerie am besten
ausgestattete Platz, den ich auf dem Weg von Venedig bis hier kenne.
Auf den Mauern sind 4 oder 5 Windmühlen und 3 draußen; es gibt gar
kein Süßwasser außer Regenwasser, und wenig, aber sie gehen das Wasser draußen vor der Stadt holen an einem großen Brunnen, und es ist
schmutzig und von geringer Qualität. Aber 2 Meilen entfernt gibt es
einen Brunnen, und das Faß kostet 2 Marzellen. Die Stadt ist recht
schön, und die Straßen schön und breit; auf der Piazza ist ein Brunnen,
der mit einem Schlüssel verschlossen ist; in der Nähe ist ein großer Stein
von Porphyr und darauf ein großer steinerner Löwe, und in der Nähe
davon, vor dem Rathaus, ist die Wache aus Söldnern, und es sind da 15
Brigandinen [unklar ob Schiffe oder Rüstungen bzw. Gerüstete], und
der andere Teil ist beim Tor zur türkischen Seite. In der großen Kirche
ist der Leib des Hl. Leo und das Haupt des Hl. Anastasius [richtig: Atha-
nasius], der das *Quicumque vult salvus esse* verfaßt hat, sowie mehrere
andere Reliquien."

BRASCA: „Dienstag, den 4. Juli, um die Hälfte der Terz [morgens]
kamen wir nach Modon, Stadt der Morea, unter der erlauchten Signorie
von Venedig, und blieben da 2 Tage. Besagte Stadt liegt in der Ebene
und hat einen sehr schönen und großen Hafen, wo alle Schiffe Station
machen, die in die Levante gehen oder von dort kommen. Außerdem
sind da viele Mühlen oben auf den Stadtmauern, die mit Wind mahlen.
Der Platz ist sehr stark, und das ist auch nötig, weil die Grenze zu den
Türken nur 3 Meilen entfernt ist."

Daß Griechenland im übrigen den Reisenden besondere Empfindungen oder auch nur klassische Reminiszenzen eingegeben hätte, wird man auch bei dieser Pilgergruppe nicht schon erwarten: daß Paris hier die Helena geraubt habe mit allen bekannten Folgen, das ist jeweils beim Passieren der Insel Kythera anscheinend allen Pilgern erzählt (oder gelesen) worden und erscheint stereotyp in beinahe jedem Bericht, bei Brasca freilich mit dem unüblichen Hinweis auf ein Marmorrelief, das auf einer Insel des Archipelagos an den Raub der Helena erinnere. Vom Koloß von Rhodos (und daß der Apostel Paulus darum den Kolosserbrief geschrieben habe!) weiß nicht erst er, und nicht nur ihm kommt auf Kreta Minos und auf Zypern Venus in den Sinn. In Verona wird er sich das Amphitheater zeigen lassen, doch ohne darüber Worte zu verlieren; immerhin ist es ihm ein „Kolosseum, heute Arena genannt" und kein Rolands-Palast wie anderen Pilgern das Amphitheater von Pola. Darüber hinaus aber wird man auch bei diesem sicherlich gebildeten mailändischen Beamten keine nennenswerten Äußerungen humanistischen oder auch nur antiquarischen Interesses finden – sei es, weil er derlei nur zu wissen, aber nicht zu sehen verstand (so ist es vielen, auch frühen Humanisten, gegangen), oder sei es, daß er auf Pilgerfahrt die Bereiche auseinanderzuhalten wußte. Zum Erlebnis des gegenwärtigen Griechenland hingegen gehört die Begegnung mit dem orthodoxen Ritus: daß die Priester griechisch sprechen, bemerkt jeder Pilger, aber Barbatre macht sich darüber hinaus klar, daß die Gläubigen somit, anders als im Abendland, im Gottesdienst den Priester verstehen *comme se on parloit françoys.*

Inzwischen nähert sich die Galeere dem zweiten Gefahrenzentrum, dem türkischen Aufmarschgebiet um das belagerte Rhodos – für Fabri Grund genug, alles wieder nur atmosphärisch wiederzugeben: wir werden bereits totgesagt, ja Messen wurden für mich gelesen; ganz Modon staunt, daß wir es geschafft haben, die Deutschherren dort raten uns von der Weiterfahrt ab; ganz Candia staunt, daß wir es geschafft haben, die türkischen Kaufleute dort raten uns von der Weiterfahrt ab, der venezianische Kommandant dort rät uns von der Weiterfahrt ab, ja „Tag um Tag hörten wir schlimmere Nachrichten". Die anderen hören es nicht gar so schlimm, und so wagt die Galeere denn auch, von Kreta (das wir hier beiseite lassen wollen) die riskante Fahrt fortzusetzen.

Die Ängste, die die Passagiere in diesen Gewässern auszustehen hatten, finden in allen vier Berichten ihren klaren und beredten Ausdruck: die gewaltige türkische Belagerungsflotte in unmittelbarer Nähe zu wissen und ihr bei ungünstigem Wind unentrinnbar in die Arme getrieben zu werden, war bedrückend – und das auch noch im sogenannten Golf von Antalya, über den die Besatzung ohnehin nichts Gutes zu berichten hatte: sogar ein von der Hl. Helena hineingeworfener Nagel vom Kreuze Christi habe ihn kaum zu beschwichtigen vermocht, hören viele, und der Schiffsherr Agostino Contarini erzählte seinen Passagieren gar, auf einer früheren Fahrt seien ihm hier im Angesicht schrecklicher Gefahr Haar und Bart augenblicklich weiß geworden („und auch jetzt sind sie noch ganz grau")! Um so bewegter erinnern sich die Pilger des günstigen und kräftigen Windes, der sie wider Erwarten rasch an der türkischen Gefahr vorbeitrug und sich darum ihnen allen gleichermaßen ins Gedächtnis prägte, genau so wie der qualvolle Gegenwind zuvor, als sie sich in der Adria beklommen an der türkischen Flotte vorbeistehlen wollten. Am lebhaftesten hat Fabri die euphorische Stimmung der Pilger wiedergegeben: wie der heißersehnte Wind zum Sturm anschwillt und in der aufgewühlten See den Gischt über das Deck der gefechtsklaren Galeere jagt und so den Pilgern endlich Gewißheit gibt, jedem Verfolger entrinnen zu können.

Und so sichten unsere Reisenden endlich mit Erleichterung die (den Pilgern als Zwischenhalt sonst nicht eben willkommene) Insel Zypern und ihre schon weitgehend venezianisch kontrollierten Gewässer. Nur die beiden Franzosen geben hier einige landeskundliche Nachrichten, deren mangelnde Systematik immerhin Augenschein verrät. Anderes erfahren sie aus kompetentem Mund, von einem schwarzen venezianischen Festungskommandanten auf Zypern (einem Othello *avant la lettre*); Autopsie und nicht Lektüre dürfte auch dem präzisen Bericht darüber zugrunde liegen, wie sich die von den Türken verstümmelten Wandfresken in der Kirche von Limassol nun dem Betrachter darboten.

Endlich, nach sechs Wochen angstvoller Seefahrt, zeigt sich am Horizont die Küste des Hl. Landes. Das letzte Stück Weges steht ihnen unmittelbar vor Augen und wird ihnen doch so lang werden, denn fühlten sie sich bisher strapaziert, so sehen sie sich fortan schikaniert. Die Formalitäten am Strand von Jaffa sind die üblichen, bekannt auch das Schauergewölbe, in dem die Pilger zunächst einmal verwahrt und registriert wurden. Brasca gibt in seiner unanschaulichen Art nur wieder wenig mehr als das übliche Gerippe des Pilger-Cicerone (Jaffa gegründet von Noahs Sohn Japhet, früher volkreich jetzt in Ruinen, hier erweckte Petrus die Tabitha, usw.). Barbatre bringt neben den üblichen biblischen Reminiszenzen auch unübliche historische: der Platz zerstört erst von Vespasian, dann durch Gottfried von Bouillon, endlich – als potentieller Invasionshafen – durch die Sarazenen. Weit persönlicher und lebensvoller ist hier sein Landsmann, an dessen kunstloser und doch so treffender Darstellung wieder die farbigen, unverwechselbaren Szenen auffallen: der Weg durch die Brandung, die unerwartet prompte Bestrafung des betrügerischen Paternoster-Verkäufers, die Verschmutzung des berüchtigten Gewölbes mit drastischen Details. Und dann auch im folgenden: wie der Contarini vor der Zollbehörde Pilger als Kanoniere der Galeere oder als Matrosen auszugeben versucht, um sie zu halbem Tarif passie-

ren zu lassen; wie die Moslems in Ramla auf ihren benachbarten Hausdä-
chern die im Innenhof des Pilgerspitals zelebrierte Messe verlachen; wie
sie den Christen ihre Musikinstrumente vorführen, und diese sich mit
Zauberstückchen revanchieren.

Das sind Szenen, wie sie für diesen Autor hier und sonst typisch sind:
Episoden wie die vom Matrosen, der zwei Hemden nachspringt ins Meer,
oder vom Koch, der beim Wasserholen das Gleichgewicht verliert und
vom Beiboot aufgefischt wird, sind Momentphotographien, die andere
Verfasser vielleicht auch absichtlich aus ihren Berichten fernhalten. Ähnliche Szenen wird man am ehesten noch bei Fabri finden, dort aber mit
einem gewissen Anspruch, damit Allgemeineres auszusagen und nicht
nur punktuell Erlebtes zu berichten: Menschliches, Situationskomik,
Verhaltensmuster, Völkerpsychologie, Stimmungen. Denn er berichtet
Vorgänge, Situationen, Nachrichten nicht einfach als solche, sondern
immer auch in ihrer Wirkung auf den Menschen: nicht die Gefahr allein
wird beschrieben, sondern vor allem die Panik, die sie an Bord auslöst;
nicht die Schwere kretischen Weines einfach konstatiert, sondern auch am
Menschen demonstriert: die Pilger torkeln an Bord unfähig, Stufen zu
bewältigen. Alles löst sich auf in menschliches Verhalten.

Man täte Fabri Unrecht, wenn man den Bericht seiner ersten Reise als
Protokoll nehmen wollte und nicht als das, was er ist, nämlich gewissermaßen eine atmosphärische Einleitung zu dem mit Recht berühmten,
präzisen und farbigen Bericht seiner zweiten Fahrt. Und doch kommt
man nicht umhin, die dramatisierende Tendenz seiner Darstellung festzustellen. Wie wir ihn bisher mit geschickt verknappten oder geblähten
Nachrichten und Fakten dramatisieren sahen, so nun auch mit der Hand-
habung von Zahlen: die ärgerliche Liegezeit im Hafen von Jaffa dehnt er
kurzerhand von 4 auf 7 Tage, den ersehnten Aufenthalt im Hl. Land
verkürzt er von 19 auf 9 Tage. Diese kurze Aufenthaltsdauer am Ziele
war stets allen Pilgern ein Ärgernis – aber schließlich wollten die Schiffseigner die Frachtkapazität ihrer großen Galeeren mit ihrer teuren Ma-
schinerie, den vielen essenden Ruderern, nicht lange ungenutzt am
Strand von Jaffa liegen lassen, wo es (außer etwas Baumwolle) wenig zu
holen, nur Pilger abzuholen gab. Diesmal freilich mußte das Mißverhält-
nis zwischen langer gefahrvoller Anreise und kurzer Aufenthaltsdauer
den Pilgern besonders auffallen, und so überzeichnete es Fabri noch auf
seine Weise. Hier wird nun auch der Mailänder etwas beredter, da er
doch, Ziel und Reise deutlicher voneinander trennend als seine Mitpilger, das eigentliche Ziel seiner frommen Fahrt endlich erreicht weiß:
noch eine letzte Rast nachts im Schein des Mondes, und dann der erste
Blick auf Jerusalem.

Die Tage in und um Jerusalem seien hier nur kurz berührt, da diese
Partien – Beschreibung der Hl. Stätten auf immer denselben Wegen – in

den meisten Berichten ganz besonders der Versuchung ausgesetzt sind, Pilgerführer und Ablaßverzeichnisse abzuschreiben, und insofern für unsere Fragestellung wenig ergeben. Kennzeichnend aber, daß dieser Abschnitt bei den beiden französischen Pilgern jeweils nur ein Drittel, bei Brasca hingegen zwei Drittel des ganzen Berichts einnimmt! Überwiegend ist das bei ihm die übliche Information des Pilgerführers (der er ja auch sein will), von so zwanghafter Vollständigkeit, daß sogar *per carastia di tempo,* „aus Zeitnot" von den Pilgern nicht aufgesuchte Plätze dennoch nicht ausgelassen werden (wie man das auch sonst bisweilen in Pilgerberichten findet). Doch fehlen daneben nicht die eigenen Beobachtungen (nur daß das Mischungsverhältnis unbefriedigend ist): Volkskundliches, Gastronomisches im Vergleich mit den Rosticcerien in Mailand, die Bauweise der Häuser, usw. Vor allem aber Brascas Beschreibung der Grabeskirche, über die der Architekturspezialist Barbatre hier wenig Spezifisches zu sagen weiß, ist recht persönlich geraten durch seinen Vorsatz, die Gestalt der Kirche seinem mailändischen Adressaten vor Augen zu führen. Daher der Vergleich mit „unserem" San Lorenzo in Mailand, und noch präziser: vergleichbar insofern Rundbau, Säulenstellungen übereinander, Anordnung der Kapellen; aber die Kuppel kleiner als bei S. Lorenzo da nicht die ganze Kirche überwölbend, und mit einem großen Loch oben wie beim Pantheon in Rom. Ähnlich persönliche Vergleiche wünschte man sich mehr, da sie uns besser als anderes zu zeigen vermöchten, wie der gewöhnliche Betrachter – nicht der traktateschreibende Fachmann – damals Architektur sah.

Im übrigen erweist sich auch hier wieder, wie Brascas Nähe zur Reiseleitung seine Sicht der Dinge bestimmen konnte gerade bei Konflikten innerhalb der Gruppe. Und dazu boten die Exkursionen mit ihren kleinen Unwägbarkeiten (etwa: ob im Preise inbegriffen oder nicht, ob zu wagen oder nicht) jederzeit Anlaß genug. Der Schiffseigner Contarini hatte, von einem umstrittenen Recht der Pilgergaleeren-Reeder Gebrauch machend, diesmal Brasca zu seinem Protégé erkoren und im Zionskloster einlogiert, wo er beim Essen denn auch an Contarinis Tisch zu sitzen kommt. Und so wird er, obwohl er doch die schwierige Exkursion zum Jordan mitmacht und ausführlich beschreibt, dennoch kein Wort verlieren über Contarinis Verhalten, das die anderen Pilger als schlechthin skandalös empfanden, nämlich: die Kosten für die notwendige militärische Begleitung nicht im Pauschalpreis einbegriffen sein zu lassen, sondern zusätzlich einzufordern; dann auch das erpreßte Lösegeld auf die Pilger umzulegen und die Zahlungsunwilligen bis zur Begleichung dieses Aufpreises kurzerhand nicht an Bord zu lassen. Später wird er kommentarlos Contarinis Anordnung erwähnen, alles von den Pilgern mitgeführte Jordan-Wasser (da von schlimmer Vorbedeutung nach verbreitetem Seemannsglauben) über Bord zu werfen, während der Pariser sich über diese Zumutung entrüstet.

So naht der Tag der Umkehr. Eine letzte kritische Situation bei Ramla, und die termingehetzten, hitzegepeinigten, von Moslems schikanierten Pilger sehen die Galeere wieder. Ihre Empfindungen bei der Rückkehr auf die Galeere und der Empfang unter Christenmenschen („. . . als wollten sie Seelen aus der Hand von Teufeln holen, was ja auch durchaus stimmte", schreibt Brasca) sind oft sehr persönlich beschrieben und lohnen darum meist den Vergleich.

Die Rückfahrt steht unter der angstvollen Erwartung, die Gewässer des belagerten Rhodos nun abermals passieren zu müssen. Doch es kommt noch schlimmer: auf der Höhe von Zypern erkranken die Pilger reihenweise, einige davon auf den Tod. Brasca schreibt es dem berüchtigten Klima Zyperns zu, doch Fabri und der Pariser wissen es besser: es sind die Entbehrungen während der strapaziösen Tage im Hl. Land mit ihrem Stress, der ungewohnten Ernährung, der schikanösen Behandlung, die die Pilger nun so anfällig gemacht haben. „Die Galeere wird zum Spital", in dem sich nun die anfangs verachteten „alten Weiber" als Krankenpflegerinnen bewähren. Wir sehen auch die Toten, jeder kennzeichnet sie kurz auf seine Weise, der Pariser auch ihre Physis („der Kräftigste auf dem ganzen Schiff", „der Schönste auf dem ganzen Schiff"). Auch Brasca, selbst tagelang vom Fieber geschüttelt, findet hier beredte Worte: die beiden deutschen Ritter, die über diesen Qualen den Verstand verlieren und Hand an sich legen (und was könnte man über Mit-Wallfahrer Entsetzlicheres sagen!); die unerträgliche Windstille, die allen Pilgern in schrecklicher Erinnerung bleibt – kein Hauch, die Hitze unvorstellbar, das Wasser faulig und voller Würmer.

Ähnlich Fabri, aber unübertrefflich in der Schilderung des Durstes und in der Wahl der treffenden Details: wie er von den klaren Wassern des Blautopfes beim heimatlichen Blaubeuren phantasiert; wie das Schlachtvieh an Bord den Tau von den Schiffsplanken leckt; und wie sie nach tagelanger Qual endlich an der Küste lebendiges Wasser finden und beim Nahen des faßbeladenen Beibootes aus ihren Kojen mit beliebig ergriffenen Gefäßen dem Wasser entgegentaumeln.

So getränkt mit neuem Lebensgefühl, erfahren sie wenig später eine Neuigkeit, die sie nicht zu hoffen gewagt hatten – und was nun folgt, macht die Berichte dieser Pilgersaison 1480 zusätzlich wichtig: die Belagerung von Rhodos, die das Abendland in Atem hielt, sei soeben aufgehoben worden! Und so nimmt die Galeere nun doch Kurs auf die Insel, die sie auf der Hinfahrt angstvoll gemieden hatte.

Der Anblick der Stadt so unmittelbar nach fast dreimonatiger Belagerung mit ihrem mörderischen Artilleriebeschuß hat alle zutiefst berührt, und man spürt in den vier Berichten die Erregung und die Betroffenheit von Augenzeugen. Noch ist der Strand mit Toten bedeckt: „Wir fuhren zwischen Leichen getöteter Türken, von denen das Ufer noch voll ist, und die das Meer angespült hatte"; der andere: „Einen großen Teil sah ich dort noch in einer Meeresbucht aufgeschichtet einer über dem anderen wie die Aale im Faß", *como l'anguile in la botta;* der normannische Priester sieht die Massengräber, unterscheidet ganze und zerstückelte Türken und wünschte sich noch mehr davon: *et est grant dommage qu'il n'en y a plus largement.*

Brasca, der selten sieht und sich selten ereifert, hier reißt es ihn fort: diese Hunde, diese Schweine, wie sie die arme Stadt zugerichtet haben – die mächtigen Mauern „breit 14 Fuß von den meinen" (das ist die Präzision dessen, der von vielen Fußmaßen weiß), mit Kugeln „Umfang 11 Spannen von den meinen", wie sie da immer noch dicht an dicht herumliegen (der Contarini nimmt sich eine dieser Kanonenkugeln als Souvenir mit nach Venedig); er schwelgt in Kalibern und Schußfrequenzen und Gefallenenzahlen, die Leichenhaufen türmten sich zu Stufen die Mauer hinauf beim letzten entscheidenden Sturm vor erst sechs Wochen. Fabri sieht das Vorfeld zerwühlt von Laufgräben und Unterständen, die Plätze übersät von Kugeln, dazwischen noch Leichen und einzelne Gliedmaßen, Arbeitskolonnen kettenklirrender Gefangener bei ersten Aufräumungsarbeiten. Während der Pariser einen kurzen resümierenden Bericht der Belagerung gibt, wider seine Gewohnheit aber wenig Augenschein vermittelt, ist hier Barbatre stellenweise so unmittelbar und lebendig, daß seine Eindrücke zum Persönlichsten gehören, was solche Reiseberichte überhaupt bieten können: er findet bewegend schöne Worte spontaner Zuneigung und Ergriffenheit über die Begegnung mit den tapferen Einwohnern der geschundenen Stadt. Einige darunter, nämlich hier angetroffene Landsleute, macht er uns persönlich bekannt: da ist der Kanonier Colin mit seiner griechischen Frau und seinen beiden kleinen Kindern; ein anderer Kanonier in neapolitanischen Diensten hat Barbatres Heimat wenigstens gesehen. Oder „Bruder Simon der Böttcher", dessen Mutter und Geschwister noch in Les Andelys und Louviers wohnen, und der hier in verantwortlicher Stellung steht und nun dem Landsmann Gutes erweist; und andere mehr. Aus ihrem Munde mag Barbatre in vertrauter Zunge Episoden der Belagerung erfahren haben, wie er sie, neben dem interessanten Augenzeugenbericht eines burgundischen Ritters, zu besserem Beweis von Gottes Beistand in seinen Bericht eingefügt hat.

Denn so wie der Mailänder Brasca jeden Lombarden, dem er unterwegs begegnet, freudig registriert (in Venedig bringen sie ihn aufs Schiff, auf Zypern bewirten sie ihn, und hier auf Rhodos zeigen sie ihm das Schlachtfeld) und der deutsche Mönch auch den deutschen Bordellwirt auf Kreta nicht verschweigt, so verzeichnet der normannische Prie-

14*

ster Barbatre mit sichtlicher Bewegung jeden normannischen Landsmann, dem er unverhofft in der Fremde begegnet: in Venedig ist es der
Sänger an S. Marco, in Korfu der Mann aus Vernon, hier auf Rhodos die
schon genannten Landsleute, und dann auf Kreta die junge Ehefrau eines
deutschen Bäckers, der hier den Schiffszwieback für die venezianischen
Galeeren herstellt! Übrigens alles bemerkenswerte Beispiele nicht nur für
die (bekannte) landsmannschaftliche Bindung, sondern auch für die (weniger erwartete) Mobilität, wie sie dem Mediävisten – und nicht nur aus
Pilgerreiseberichten – inzwischen längst selbstverständlich ist. Und wie
Barbatre seinen Landsleuten, so vermag er bisweilen auch seinen Informationen ein Gesicht zu geben: so läßt er die Nachricht über eine
Schlacht in Frankreich nach Kreta gelangen durch einen jungen Kaufmann, der das in Bari erfahren hatte von „einem aus der Picardie oder
der Bourgogne", der jetzt in Paris wohnt und zu einer Bußwallfahrt nach
Bari verurteilt worden war – seltsame Präzision, umständlich aber
menschlich.

Eine letzte Nachricht, die unseren Pilgern durch eine einlaufende Galeere zukommt und sie über den türkischen Flottenvorstoß gegen Apulien unterrichtet, scheint ihnen (oder jedenfalls Barbatre, seinem Bericht
zufolge) die strategische Großlage zusammengefügt zu haben: daß nämlich Mehmed II., Eroberer Konstantinopels fast 30 Jahre zuvor, hier ein
letztes Mal in zeitgleichen Operationen, *tout en ung temps,* in Rhodos,
Apulien und auf dem Balkan gegen das christliche Abendland losschlug.
Vorgänge, die unter der Perspektive hoher Diplomatie und Politik vielfach überliefert und bearbeitet sind, hier sind sie erlebt und beschrieben
aus der niedrigen Augenhöhe gewöhnlicher Menschen, denen wohl
überhaupt erst nach ihrer Rückkehr aufgegangen ist, daß sie ganze feind-
liche Aufmarschräume durchquert hatten und ihr Schiff bereits aufgegeben war.

Vier Berichte aus demselben Schiff zu haben und vergleichen zu können
wie in diesem Fall, ist freilich selten. Doch es bedarf eines solchen Bestandes auch gar nicht, um zu zeigen, was hier gezeigt werden sollte. Es
genügt bisweilen vollauf, nur zwei Autoren zusammenzusperren, wenn
sie nur verschieden genug sind wie die beiden folgenden. Und mit dem
Hinweis auf dieses Paar, einem unter nun vielen möglichen Beispielen,
sei die Gegenüberstellung von Parallelberichten abgeschlossen.

Unter den rund 170 Pilgern, die im Jahre 1494 die Rückreise von
Jerusalem antreten (nur für diesen Abschnitt decken sich die gewählten
Texte), sind mindestens zwei, deren Berichte erhalten und vergleichbar
sind. Einmal ein Deutscher ohne Namen, vielleicht Ludwig Freiherr von
Greiffenstein (oder wenigstens sein Begleiter), ein Mann nicht besonders
beredt und eher treuherzig im Ton, immerhin eigenes Erlebnis in eige-

nen Worten wiedergebend: ein Bericht von ganz gewöhnlichem Mittelmaß, der durch den Vergleich noch ein wenig Relief gewinnt. Und
zweitens der Italiener Pietro Casola, ein Mailänder Domherr aus angese-
hener Familie, damals schon in den Sechzigern stehend, ein wenig gries-
grämig aus Alter oder Anlage, doch mit einigen Anfällen von Humor.
Vieles geht ihm (bei einer derart mit Pilgern vollgestopften Galeere kein
Wunder) auf die Nerven, und er läßt es uns wissen. Überhaupt beobachtet er seine Mitmenschen gern und kritisch, und wenige können vor
seinem Auge bestehen wie der hochgeachtete Mailänder Franziskaner-
Provinzial Francesco Trivulzio, über dessen wortgewaltiges Predigen
und seliges Sterben an Bord Casola bewegte Worte findet.

Sein kritisches Auge läßt ihn indes auch Dinge erfassen, sein Sprachvermögen Beobachtungen formulieren, wie sich das in solcher Fülle
selten in einem Text vereinigt. Schon seine Schilderung Venedigs ist voll
von Leben und Anschauung: er begutachtet den Gemüsemarkt, beobachtet die Damenmode (so schulterfrei „daß ich mich wunderte, daß
ihnen die Kleider nicht herunterfielen"), nennt Lohnsummen, beschreibt
Architektur kennerisch wie wenige, zeigt Interesse für liturgische Formen im Vergleich zum vertrauten ambrosianischen Ritus. Auf Empfän-
gen der venezianischen Oberschicht, die ihm eben zugänglich sind, wan-
dert sein Blick über Innenausstattung und Anwesende: das Material des
Kamins, die Farben der Decke kommen auf mindestens 2000 duc., die 25
anwesenden Venezianerinnen, schulterfrei natürlich „mit oben 4–6 Fin-
gerbreit Nacktem hinten und vorn", gut geschminkt nicht nur im Gesicht, tragen zusammen wohl für 100 000 duc. Schmuck am Leibe, usw.
So bei einem Kindbettbesuch in einem venezianischen Familienpalast
gemeinsam mit dem französischen Gesandten (auch er ein großer Beobachter, nämlich Philippe de Commynes!): auf den sei das Ganze wohl
auch berechnet gewesen. Unterwegs wird Casola denn auch alle zustei-
genden Venezianer von Rang mit Namen notieren – wie er selbst als
Passagier von Rang behandelt wird (daß man verbreitet, er stelle in
Mailand etwas dar, *che io era uno grande facto a Milano*, läßt er gern
geschehen: *sit quomodocumque, io me ne stava bene sotto quest'umbra*). Er ist
ein Mann von Bildung und Verstand (Sagenhaftes hat in seinem Bericht
wenig und nur den angemessenen Platz), ein Ästhet mit allen Vor- und
Nachteilen dieser Gattung, und mit Maßstäben, die ihn kritischer urteilen lassen, als Pilger das für gewöhnlich in ihren Berichten tun: die
Reliquiensammlung kümmerlich, *una cosa molto triste,* der vorführende
Geistliche „trotz seiner großen Tonsur eher ein Schuster"; ein Kloster
ärmlich, *povera e anche più che povera;* eine Predigt „zum Einschlafen",
usw. Alles ist ganz persönlich gewendet, bei der Schilderung von Menschen, Szenen, Tageseindrücken und zumal in den kleinen Bekenntnissen der eigenen Befindlichkeit: Heißhunger auf Salat treibt ihn von Bord;

ein Essen erfreut ihn weil nicht rhodesisch kleinkariert, sondern großzügig *da signore bene italiano;* und dann kocht er sogar selbst, *io feci la cucina a la Milanese, maxime una torta.* Über Casola wäre noch vieles zu sagen, denn sein Bericht ist einer der ergiebigsten überhaupt (und insofern von erdrückender Übermacht gegenüber jedem möglichen Parallelbericht); doch gehe es auch hier wieder nur um den Vergleich.

Was den Vergleich dieser beiden so wenig gleichgewichtigen Parallelberichte doch lohnend macht, ist neben der unterschiedlichen Prägung der Verfasser gerade auch der besonders schwierige Verlauf der Reise: selten haben sich Jerusalempilger so gepeinigt gefühlt, haben so gelitten unter den Schikanen der Moslems und sich so erbost über das Verhalten des Reeders (des gleichen Agostino Contarini übrigens, der schon unsere Pilger von 1480 geführt hatte) wie diese Pilgerreisegruppe von 1494. Um so besser für uns: denn je weiter sich die Reise vom Programm entfernt, je unvorhersehbarer die durchlebten Situationen werden, desto persönlicher wird in der Regel auch die Darstellung. Und so auch hier. Die erpresserische Verhaftung einiger Pilger am Portal der Grabeskirche beunruhigt die Gruppe zutiefst: Casola, wohl auch besser unterrichtet und im Zionskloster in größerer Sicherheit, berichtet präziser und distanzierter, weiß Namen und Zuständigkeiten, kennt den Gang der Verhandlungen, beurteilt die Unterhändler. Der deutsche Pilger schildert mit größerer Betroffenheit die Atmosphäre von Furcht und Verunsicherung, von Ratlosigkeit und Verzweiflung: die angstvoll langen Nächte *(und wir lagen allso die nacht mit grossen sorgen im stro),* der verschüchterte Gang mitten durch die drohend stehenden Araber vor der Kirchentür *(und wir hielten uns zuosamen und wir steckten uns in ainander gar genaw und giengen durch sy aus)* und andere traumatische Erfahrungen hier wie auch bei den demütigenden Schikanen auf dem Wege zurück nach Jaffa. Da verschlägt es ihm dann schon fast die Sprache. Der Italiener hingegen weiß auch die äußerste Pein noch genau zu artikulieren, die zahllosen üblen Anschläge der Behörden noch auseinanderzuhalten, und ist gewillt, die jeweiligen Schuldigen genau zu benennen.

All das erleben sie gemeinsam oder doch in Sichtweite voneinander: gemeinsam sitzen sie beim Picnic an der Quelle des Elisa (der eine sagt, was er gegessen hat, der andere: wie er gegessen hat); gemeinsam sehen sie nach der abendlichen Rast am Brunnen von Emmaus den Mond aufgehen (beim einen scheint es eher Zeitangabe, beim andern vielleicht auch Stimmung). Beide werden sie hinaufklettern zum Kastell von Ios: der eine preist den Rundblick, sogar Troia will er von dort gesehen haben; dem anderen kann man so etwas nicht erzählen: auf ihn wirkt der Platz „wie ein Schweinestall, in der Lombardei hätte man an so einer Stelle längst eine richtige Festung gebaut". Beide beobachten die furchterregende Windhose auf See *(kain graussamer ding hab ich nie gesehen)* und den nachfolgenden Sturm. All das also und vieles andere ist ihren Berichten gemeinsam – und doch, wie unterschiedlich ist es erlebt und beschrieben, wie unterschiedlich auch die Wahl der Episoden auf dieser gemeinsamen Rückfahrt. Bisweilen mag es auch das geringere Sprachvermögen gewesen sein, das den deutschen Pilger davon Abstand nehmen ließ, sich an jede Beobachtung zu wagen. Der Vergleich ist mit diesen wenigen Bemerkungen erst angedeutet und noch längst nicht ausgeschöpft.

Im übrigen ist es reizvoll, diesem Deutschen nun auch im Bericht des Italieners zu begegnen, zwar nicht als Einzelportrait, aber doch innerhalb von Gruppenbildern. Unter den *ultramontani,* die an den Heiligen Stätten immer vorneweg sind und die man darum besser erst einmal voraufrennen lassen soll, ist natürlich auch unser Autor (wenn er bei diesen hastigen Besichtigungen von Ablaß-Plätzen auch die zugehörigen Bauten wahrgenommen haben sollte wie Casola, so gibt er das jedenfalls nicht zu erkennen). Unter den „ungeduldigen Deutschen", den *todeschi impatienti,* die zu Casolas Befremden gegen den dringenden Rat des Reeders dennoch das pestverdächtige Nicosia besichtigen, ist auch unser Autor, wie wir aus seinem Bericht ausdrücklich wissen: *wir besachen alle ding.*

Überhaupt haben die *ultramontani* – mehrheitlich doch wohl deutschsprachige Pilger – in Casolas Bericht einen besonderen Platz, und nicht den besten: sind sie doch die Wortführer des Protestes, wie er sich bei derart turbulenter Reise aus gereizter Stimmung leicht zwischen Passagieren und Schiffsführung entzündete. Nicht daß Casola die Berechtigung dieser Beschwerden verkannt hätte *(l'una parte e l'altra haveva rasone),* aber sie sind ihm nicht recht in ihrer Direktheit, zumal er, am Kapitänstisch essend, dem Contarini Parteinahme oder mindestens Neutralität schuldig zu sein glaubt (was ihm die Mitreisenden denn auch vorhalten). Und so wird er sich, wenn es zwischen *ultramontani* und Reeder hoch her geht, aus allem heraushalten und lieber Interesse sogar für das ihm verhaßte Hvar vortäuschen: *io per star in pace con lo patrono andava a vedendo del mondo e non interveneva ad alcuna congregatione li dispiacesse,* „... nahm lieber an keiner Versammlung teil, die ihm mißfallen hätte." Zwar erwähnt auch der deutsche Pilger verschiedentlich und unzweideutig diese Proteste (ohne in seiner Art viel Worte darüber zu verlieren); doch während er damit nur auf die vertragswidrigen Verzögerungen der Fahrt anspielt, weiß Casola noch eine Menge anderer Beschwerdegründe seitens der *ultramontani,* so als sei Aufsässigkeit die Ruhelage ihres Gemüts. Manchmal treten auch die Franzosen eigens auf, und nicht viel besser: mal sagen sie dem Contarini „viele bissige Worte ins Gesicht", dann wieder „halten sie sich still unter Deck". Daß er selbst als Italiener fühlt und zumal als Mailänder, gibt er uns mehrmals nachdrücklich zu verstehen.

Der Vergleich, der hier abgebrochen sei, aber an vielen ähnlichen Beispielen wiederaufgegriffen werden könnte, wollte erweisen, wie persönlich geprägt doch das Reiseerlebnis auch jener Zeit sein kann. Das klingt trivial und ist es doch nicht. Denn mögen sich viele Berichte über weite Strecken gleichförmig ausnehmen: sie gewinnen zusätzlich Relief, wenn man sie als Parallelberichte liest und dabei die Autoren gegeneinander treibt, statt ihre Berichte sich nur gegenseitig bestätigen zu lassen und sie so zu einem kollektiven Reiseerlebnis ihrer Zeit einzuebnen – Überlegungen, wie sie eingangs ausführlich dargelegt worden sind. Der Vergleich von Parallelberichten ist eine Versuchsanordnung, die Individualität freisetzt. Denn in den Berichten bleiben Züge, die sich aus Stand und Beruf nicht gänzlich erklären lassen, und deren unteilbaren Rest man nicht anders als „individuell" bezeichnen kann. Das aber gibt ihren Verfassern ein Gesicht: gewöhnlichen Menschen, die es uns wert sein sollten, daß wir ihre Bekanntschaft suchen.

Geschichte im Entstehen

Der Historiker und die Erfahrung der Gegenwart

In Märchen und Sagen gibt es ein Motiv, das Menschen durch mehrhundertjährigen Schlaf aus ihrer Gegenwart entrückt sein läßt, so daß sie, endlich wiedererwachend, die unterdes gewandelte Welt nicht wiedererkennen. In unserer Gegenwart scheint schon der Schlaf einer Nacht zu genügen, um beim Blick in die Morgenzeitungen die Welt verändert zu finden. Die atemberaubende Beschleunigung der Vorgänge im Herbst 1989 ließ die Zeitgenossen nicht nur staunend den Wandel der Welt feststellen, sondern löste auch eine Welle von Reflexionen aus, wie einem aus zahllosen Artikeln entgegentrat, aber auch aus Gesprächen des Alltags mit Menschen, die mit Geschichte sonst nichts im Sinn haben. Denn die Erfahrung der eigenen Gegenwart gab das Empfinden, nicht einfach Geschehen, sondern Geschichte zu erleben. Solch faszinierender Erfahrung kann sich am wenigsten der Historiker entziehen: ihm ist, als beobachte er Geschichte im Entstehen; als lehre ihn diese Zeit das Begreifen von Prozessen, die er in der Vergangenheit so nicht zu fassen kriege. Ja, er ist versucht, auf die eigene Gegenwart als eine historische zurückzublicken.

Während aus der Erfahrung der vergangenen vier Jahrzehnte Geschichte wie ein verwaltbarer Prozeß von berechenbarer Dynamik wirkte, sozusagen als das, was vom Tun der Politiker am Ende übrigbleibe, scheint es den Menschen nun so, als habe die Geschichte sich verselbständigt, ja als breche nun seit vierzig Jahren gestaute Geschichte über sie herein: Geschichte nicht von Politikern gemacht, sondern Geschichte sozusagen selbst, hinter der die Politik atemlos herrenne. „Eigendynamik" und „Unumkehrbarkeit" sind kennzeichnenderweise früh und häufig verwendete Leitbegriffe bei der Beschreibung dieses historischen Prozesses, der offensichtlich auch in besonderer Weise dazu herausfordert, spontan Aussagen über Geschichte zu machen.

Dem Historiker muß jedenfalls auffallen, daß von Geschichte im Augenblick viel die Rede ist. Mit den periodisch wiederkehrenden Wellen modischen Interesses hat das nichts zu tun. Hatte etwa die „Mittelalter-Welle" immer etwas Künstliches, das den Mediävisten nicht recht froh an ihr werden ließ – Züge von Bildungsbeflissenheit, von Esoterik, von rückwärtsgewandter Science-fiction –, so ist das gegenwärtige Empfinden, im Innern eines historischen Prozesses eingeschlossen zu sein, und das Bedürfnis, darüber Allgemeines auszusagen, etwas völlig anderes, ganz Unverstelltes, wahrhaft Existentielles. War „Geschichte" bisher ein Fach an Schule und Universität, ein Sachbuchbereich auf dem Buchmarkt, ein bloßes Synonym für Vergangenheit, so spricht man von ihr jetzt, als habe sie Macht über unsere Gegenwart und unsere Zukunft. Gewußt hat man das immer. Aber daß man es nicht nur weiß, sondern auch empfindet, daß man solche Einsicht nicht nur über den Verstand, sondern gleichsam durch die Poren aufnimmt, ist die neue Erfahrung einer ganzen Nachkriegsgeneration.

Dieses Bewußtsein, in Gegenwart der Geschichte zu sein, läßt das Interesse an Einzelaspekten des Historischen weit hinter sich. Vielmehr wird die Geschichte sozusagen persönlich bemüht: jetzt wehe über Deutschland der Mantel der Geschichte; oder: jetzt gelinge auch den Deutschen einmal Geschichte (ein Wort Martin Walsers, das sehr zwiespältig läßt); jetzt korrigiere sich in der deutschen Frage die Geschichte bereits selbst (Gorbatschow). Was mag da Geschichte sein? Bald ist sie Subjekt, bald Objekt; hier läßt man sie gestalten, dort gestaltet werden; mal läßt man sie diesen einholen, mal dorthin ausholen; sie erwache, sagt man, sie rege sich, laufe davon, gebe diesem recht und jenem unrecht – nichts, was sie augenblicklich nicht täte.

Für dieses nun so allgemein geweckte Bedürfnis (nur davon ist hier die Rede und nicht von professioneller Geschichtswissenschaft), über das Wesen von Geschichte nachzudenken, mußte es im übrigen widersinnig scheinen, wenn die Geschichte soeben noch von einem amerikanischen Bestseller mit überklugen Argumenten totgesagt worden war – wo sie doch jetzt erst richtig lebendig wurde und sich dabei als aufregender erwies als jede vorhergesagte, jede totgesagte, jede „nachgeschichtliche" Geschichte! Sie erfindet Revolutionen, die es nach Lenins Revolutionsbegriff gar nicht hätte geben dürfen; schreibt Textbücher, wie sie phantastischer nicht zu ersinnen sind: Honecker seinen Lebensabend zeitweilig in der Dachkammer eines pietistischen Pfarrers verbringend, wer könnte sich so etwas ausdenken?

Was dieses Verlangen, Geschichte als Gegenwart und Gegenwart als Geschichte zu begreifen, in solcher Breite ausgelöst hat, sind unter mehreren Faktoren sicherlich zwei: der Eindruck, daß die Entwicklung eine gänzlich unerwartete Richtung genommen habe, und daß sie zugleich eine unerhörte Beschleunigung gewinne, die uns die Gegenwart auf einmal als das erfahren läßt, was wir von ihr zwar wissen, aber nicht empfinden: als Durchgang.

Denn der Wandel ist mit Händen zu greifen, zumal er, anders als bei früherer Nachrichtenübermittlung, durch die Massenmedien tagtäglich ungebremst auf uns eindringt. Während man Zeitungen sonst allenfalls im Jahresabstand veralten sah – beim Auswickeln von Weihnachtsbaum-schmuck aus Zeitungspapier ein befremdeter Blick auf Nachrichten und Kommentare des vorigen Jahreswechsels –, ist es heute schon die monat-liche Papiersammlung, die bei einem letzten flüchtigen Blick auf die Titelseiten historischen Abstand erkennen läßt: Da wird ja noch Freund-liches über Gysi gesagt! Da ist Gorbatschow ja noch gegen die Wieder-vereinigung! Da ist ja noch von „Vertragsgemeinschaft" die Rede! Und so weiter – was im Dezember geschrieben wurde, wirkte schon im Januar wie abgelegt, wie ein historischer Quellentext, datierbar: der Hi-storiker sieht gewissermaßen schon in künftigen Seminaren die Leitbe-griffe solcher Texte als Datierungskriterien unterstrichen – ob man noch in zehn Schritten oder schon in vier Schritten oder gar in einem Sprung bei der Wiedervereinigung zu sein meint und so fort. Denn einigen Texten (den besonders weitsichtigen und den besonders kurzsichtigen, zeitverhafteten) glaubt man schon anzusehen, daß sie später einmal in historische Quellensammlungen hineinfinden werden: darunter gewiß auch jene (für routinierte westliche Werbeaugen etwas unbeholfenen) ersten politischen Artikulierungen, wie man sie in der DDR an den Wänden lesen konnte, auf unansehnlichem holzhaltigen Papier – und doch warten es die frischesten Blätter, das schönste Laub dieser unver-gleichlichen Monate. Überhaupt: wie wird dieser historische Wandel später im Museum dokumentiert sein?

Es ist das atemberaubende Tempo dieses „beschleunigten Prozesses" (Jacob Burckhardt), das uns so betroffen macht. Wir sehen buchstäblich das Papier vergilben, auf dem wir diese Vorgänge beschreiben; sehen Memoiren verwelken, die gerade noch nicht wußten, daß es einen 9. November geben werde; sehen kopfschüttelnd Bücher erscheinen, de-ren Manuskripte sichtlich vor diesem Datum an den Verlag gegangen sein müssen.

Wir erfahren diesen Durchgangscharakter auch in dem raschen Auf und Ab der Namen. Persönlichkeiten, deren Namen noch im Spätsom-mer für die Öffnung standen, werden kaum noch genannt oder wurden gar mit kümmerlichen Stimmenprozenten schon aus der Politik verab-schiedet. Dafür etablierten sich andere, denen kaum noch die Zukunft, allenfalls ihre eigene Vergangenheit etwas anhaben kann. In Ländern, in denen die politische Situation offener geblieben ist, stehen schon die Männer bereit, die, von welcher Gesinnung auch immer, die Geschicke etwa der Sowjetunion nach Gorbatschow in der Hand haben werden: noch unerkannt, noch ohne Gesicht, aber alle schon geboren, alle schon unter uns – so wie die Revolutionäre lange vor der Revolution, die Reformatoren vor der Reformation, die Entdecker vor den Entdeckun-gen alle schon leibhaftig umherliefen, mochten die Entdecker bis dahin auch noch nie das Meer gesehen, die Reformatoren mit Reform nichts im Sinn gehabt haben. Aus solchem Noch und Schon besteht jede historische Gegenwart, die unsere ganz besonders – mögen wir auch nicht mit letzter Sicherheit wissen, ob das Schon ganz Zukunft, das Noch ganz Vergangenheit ist.

Daß man gewissermaßen einen Schub von Geschichte zu erleben und ihr Fortschreiten einmal wahrzunehmen glaubt, liegt aber auch an jener vermeintlich brüsken Richtungsänderung, deren man sich nicht versah. Nicht daß Unvorhergesehenes eintrat, machte betroffen. Unvorhergesehen ist vieles in der Geschichte: daß man die Zukunft nicht voraussehen könne, rechnen wir zu den Grundbedingungen menschlicher Existenz, und wer darin irrt, hat mehr unseren Spott als unseren Zorn. Man lese nur einmal nach, was 1965 für die kommenden zwei Jahrzehnte vorhergesagt – und nicht vorhergesagt wurde: nicht 1968, nicht die Ölkrise, nicht das Ozonloch, nicht die Genmanipulation. Nicht Gorbatschow.

Revolutionäre Entwicklungen haben es eben so an sich, daß sie die neue Richtung, die sie nehmen, nicht vorher zu erkennen geben: eben darum heißen sie ja so. Geschichte verläuft eben nicht so, wie Menschen allein zu sehen vermögen: sie läuft nie einfach geradeaus. Und so ist sie auch hier anders – und damit den Propheten aus der Blickrichtung – gelaufen. Da glaubten wir, das zwanzigste Jahrhundert schon zu kennen, so abgeschlossen schien es vor unseren Augen zu liegen. Und nun ist es doch noch ein anderes geworden.

Nein, nicht das Unvorhergesehene ist es, was so betroffen macht, sondern das Undenkbare. In einem Traktat über die Frage: Was wäre geschehen, wenn . . .? (1984) machte sich der Historiker Alexander Demandt, unter dem Kopfschütteln mancher Universitätskollegen, kühn Gedanken über die Eventualitäten anders verlaufener Geschichte, über „Ungeschehene Geschichte". Seine Phantasie mit wissenschaftlicher Disziplinierung zur Ordnung rufend, schloß er einige Möglichkeiten von vornherein als undenkbar und darum nicht durchspielbar aus, darunter: „Kein sowjetischer Generalsekretär [kann] den Marxismus verurteilen. Derartige Absurditäten zu vermehren, ist wenig reizvoll. Interessanter ist die Betrachtung von Ereignissen, die im engeren Kreis des objektiv Möglichen gelegen haben!"

Und nun ist auch diese „Absurdität" in „den engeren Kreis des objektiv Möglichen" geraten, ist denkbarer geworden als anderes, was der Verfasser unter die plausibleren Eventualitäten rechnete, um daran durchzuspielen, wie die Geschichte wohl verlaufen wäre, wenn etwa Caesar nicht ermordet, Jesus von Pilatus begnadigt, der Erste Weltkrieg vermieden worden wäre. Das einst Undenkbare, daß ein furchtgebietendes Imperium plötzlich seine tönernen Füße sehen lasse und sich von seiner Ideologie abwende, mag im nachhinein so undenkbar gar nicht sein. Ja, die Historiker, die in der Regel nur die faktisch stattgehabte

Geschichte rechtfertigen und die Alternativen einer vergangenen Gegenwart nicht mehr wahrhaben wollen, werden uns schon bald erläutern, warum die Geschichte so und nur so verlaufen konnte. „Absurditäten" werden uns im nachhinein ausgetrieben, „Unvorhersehbarkeiten" nicht verziehen, „Undenkbarkeiten" nicht nachgesehen werden.

Was hier vorgeht: das unerhörte Geschehen und seine nachmalige Deutung durch den Historiker, der eben schon weiß, wie es dann weiterging – was hier vorgeht, zeigt gewiß eines: daß die Substanz, mit der der Historiker umgeht, nicht weniger brisant ist als die Substanz, mit der es der Naturwissenschaftler zu tun hat. Aus der unmittelbaren Erfahrung dieser Vorgänge kann der Historiker (den das Erleben seiner Zeit oft nicht mehr erregt als seine Zeitgenossen) in diesem Fall aber auch spezifische Einsichten ziehen, angesichts historischer Anschauung so dicht gepackt, daß sie auch ohne Geschichtstheorie von selber steht.

Zunächst einmal ist es für den Historiker heilsam, historische Dynamik aus der Perspektive des Zeitgenossen zu erleben, also ohne den Erkenntnisvorsprung, den der Historiker sonst, von seinem überhöhten Blickpunkt des Nachhinein, den Menschen der Geschichte gegenüber hat. Ich habe noch nie so viele kluge Historiker einander fröhlich ins Gesicht sagen hören, das hätten sie nicht vorausgesehen (mit solchen Bekenntnissen sind die Kollegen nämlich sonst eher zurückhaltend), wie angesichts dieser Ereignisse. Und es ist gut, wenn die Historiker wenigstens selber wissen, wie schwierig es ist, was doch immer wieder von ihnen erwartet wird: nämlich geschichtliche Abläufe nicht erst im nachhinein zu deuten, sondern bereits einzuordnen oder gar den weiteren Ablauf vorauszusagen, und sei es mit Hilfe von Parallelisierungen („Sind wir jetzt 1789? Oder schon 1791?") – vermeintliche Erkenntnishilfen, die den Blick auf die Gegenwart oft eher verstellen als schärfen. Denn aus der niedrigen Augenhöhe des Zeitgenossen vermag auch der Historiker nicht zu erkennen, ob und wann wir in unserem Alltag den kritischen Augenblick einer unumkehrbaren historischen Entscheidung durchschreiten.

Für den Historiker ist daran so lehrreich, daß er (nicht einfach eine rasante Entwicklung, sondern:) die Offenheit einer historischen Situation erlebt, bevor noch Umrisse sich endgültig abzeichnen. So aus ihrem Innern wird er die Dynamik der Geschichte selten erfahren. Und so wird er sich später selbst als Zeitzeugen befragen können – ja, man wird ihn auf seine Kompetenz ansprechen: Du bist doch Historiker; ab wann hattest du eine Erklärung dafür, daß sich da etwas in Bewegung gesetzt hatte? Ab wann konntest du es einordnen?

Richtige Antworten wird der Historiker, wie gesagt, da nicht schon geben können – aber wenigstens richtige Fragen sollte er schon zu stellen versuchen. Etwa: Wann setzte sich der Eindruck allgemein durch, dieser

Prozeß sei irreversibel? Genauer: Bis wann war diese so auffallend früh beteuerte Unumkehrbarkeit bange Hoffnung, ab wann war sie freudige Zuversicht? Und woher kam den Menschen diese Zuversicht (die die Entwicklung dann auch ihrerseits weiter vorantrieb)? Ab wann waren sie sicher, daß die Rote Armee sich nicht in Bewegung setzen werde, die Breschnew-Doktrin tatsächlich gestorben sei? Noch genauer gefragt: Ab wann machten die Opportunisten in der DDR (untrügliches Indiz dafür, daß das Schiff zu sinken begann) ihre ersten Absetzbewegungen?

Er wird sich weiterhin fragen, woraus die Zeitgenossen denn, mit Staunen und mit Beklommenheit, den Eindruck gewannen, daß sich der Vorgänge eine Eigendynamik bemächtigt habe. Was ist es, das Menschen auf einmal glauben läßt, was sie jahrzehntelang nicht geglaubt haben: daß die Dinge von selbst auf ungekannte Ziele zutreiben, wenn eine entschlossene, besonnene Politik sie nicht wieder einfange? Eine Sicht der Dinge mit Anflug von Fatalismus, die (und das fällt auf, wenn man im Ausland lebt und dort häufiger darüber ins Gespräch kommt) von unseren Nachbarn nicht völlig geteilt wird, da sie mehr als wir fähig und willens sind, das Unausweichliche und das Steuerbare auseinander- zuhalten.

Am Erleben dieser Gegenwart ist für den Historiker weiterhin so lehr- reich, daß er mit aufnimmt, was an Atmosphärischem die Vorgänge umgibt. Er wird sich zwar immer gegen die Behauptung verwahren, recht begreifen und beschreiben könne eine Zeit nur, wer sie selbst mit- erlebt habe – denn sonst könnte er, der Caesar nicht gekannt, Abaelard nicht gehört, Napoleon nicht bekriegt hat, seinen Beruf gleich aufgeben. Aber er wird aus der Erfahrung einer dramatischen Gegenwart doch genauer ermessen können, was denn das Atmosphärische ist, das zu erleben ihm die zeitliche Distanz sonst verwehrt. Etwa die Euphorie jener Nacht voll neuer, ungewohnter Freiheit mit ihrer eigenen Poesie: „Nun begegn' ich meinen Braven,/Die sich in der Nacht versammelt,/ Um zu schweigen, nicht zu schlafen,/Und das schöne Wort der Freiheit/ Wird gelispelt und gestammelt,/Bis in ungewohnter Neuheit/Wir an unsrer Tempel Stufen/Wieder neu entzückt es rufen:/Freiheit! Freiheit! Freiheit!" (Goethe, Des Epimenides Erwachen). Und daß wir damals waren wie die Träumenden. Aber auch: daß auf solche Nacht ein grauer, prosaischer Tag folgt mit seiner Mühsal, kurz: daß auch eine Revolution (falls man sie später noch als solche bezeichnen wird) sich endlich in einem Alltag einrichten muß. Oder: das Erlebnis des Faktors Zeit mit seinen Zwängen, die dem Historiker bei der Analyse früherer Abläufe nicht immer hinreichend bewußt sind: daß gar nicht beliebig Zeit bleibt für die reifliche Überlegung von Entscheidungen, die gleichwohl, wie auch immer, getroffen werden müssen (aber ist nicht auch diese Be- schleunigung letztlich von Menschen gemacht?). Oder: daß Legitimität ein praktisches Problem sogar des kommunalen Alltags sein kann und nicht bloß ein abstraktes Problem des Staatsrechts, mit nie gekannten, ja undenkbar neuen Situationen und Aufgaben (Wie löst man, als Bürger, einen Geheimdienst auf?).

Aber auch: das Ende eines totalitären Regimes ein zweites Mal zu erleben, diesmal als Lehrstück gesehen vom scheinbar Trocknen aus, aber doch nah genug, um sich selbst wiederzuerkennen: „Das haben wir nicht gewollt", „Das haben wir nicht gewußt", „Wir haben nur Befehle ausgeführt", so sprachen wir 1945, so hören wir 1989; und nun erwartet man von uns, was wir damals von anderen erwarteten: daß wir es glauben. Und das ist, weil es auf unsere Sicht der eigenen Vergangenheit rückwirken könnte, eher heilsam. Und wir könnten daran auch begreifen, was den Historiker nicht zu kümmern scheint und ihn doch bekümmern sollte: wie ungleichmäßig Schuld und Versuchung und Mühsal über die Generationen der Geschichte verteilt sind.

Zu dem wenigen, was sich mit einiger Sicherheit voraussagen läßt, gehört die begründete Vermutung, daß dieses Jahr 1989 auch künftig als epochale Zäsur angesehen werden wird und daß spätere Historiker mit diesem Einschnitt zwei Epochen voneinander scheiden werden, auf deren Bezeichnung wir gespannt sein dürfen: schließlich ist es ja *unser* Menschenalter, aus dem die Historiker ihre zwei Zeitalter schneiden werden. Voraussagbar ist damit auch, daß sich um dieses Ereignis eine Generation bilden wird – Generation hier nicht im biologischen Sinne von Dreißig-Jahre-Rhythmen, sondern im Sinne von historischen Generationen, wie sie sich, mit gemeinsamer Perspektive und kollektiver Erinnerung, rings um ein konstituierendes geschichtliches Ereignis ansetzen: historische Daten so wichtig und so verbindlich, daß jeder einzelne sie sogar für die Datierung ganz persönlicher Begebenheiten spontan zu Hilfe nimmt. Jeder von uns wird sich zeit seines Lebens erinnern, wo und unter welchen Umständen er die Nachricht von den Ereignissen des 9. November erfahren hat – ein untrügliches Zeichen dafür, wie persönlich uns dieses historische Geschehen angerührt hat. Von da aus wird man dann rückwärts sondieren bis zur voraufgehenden Generationsfuge und den Erlebnisvorrat dieser Generation ermitteln, die einen Gorbatschow möglich machte.

Von solchen Daten, die sich tief in die kollektive Erinnerung einer Generation absenken, gibt es gar nicht so viele. Aber eines ist gewiß: der Anstoß von 1989, wie immer er ausgeht, wird dazugehören, oder genauer: die Generation, die noch die Konfrontation der Systeme vor 1989 erlebt hat (und schon ein Zwanzigjähriger hat sie noch im Bewußtsein und wird darin der Elterngeneration näherrücken), wird sich abschichten von einer Generation, für die es ein Vor-1989 nicht gibt, für die diese epochale Zäsur also Vergangenheit ist von Anfang an. Schon diese neue

Generation, aus der einige bereits unter uns leben, wird, aus ihrer Perspektive, unsere Gegenwart neu sehen, vielleicht „richtiger", jedenfalls anders.

Zu den wenigen Aussagen, die der Historiker über künftige Rückblicke auf unsere Gegenwart zu machen vermag, gehört endlich eine Einsicht, die unsere historische Existenz in besonderer Weise berührt. Große historische Ereignisse haben es an sich, daß sie ihre Vorgeschichte auffressen: daß sie scheinbar abgeschlossenes Geschehen rückwirkend umwerten, weil sie es in einem neuen Licht erscheinen lassen. Der Historiker wird die russische Revolution von 1917 anders sehen, wenn er weiß, daß – und wie – ihre Dynamik zu einem Ende gekommen ist. Es sind nicht einfach die neuen Historiker-Generationen, die sie neu sehen, sondern die neuen Ereignisse, die sie neu sehen lassen. Darum wird mit 1989 nicht einfach das zwanzigste Jahrhundert in seinem letzten Jahrzehnt eine neue Wendung nehmen, sondern zugleich das Bild des ganzen zwanzigsten Jahrhunderts ein anderes werden.

Geschichte schreiben heißt ja schließlich nicht, die neuesten Ereignisse jeweils hinten einfach anzuhängen. Tagebücher werden immer länger, historische Darstellungen nicht. Es ändert sich eben auch vorne etwas – so wie die Resümees, die bei Fortsetzungsromanen dem Leser jeweils zu Anfang einer neuen Folge die bisherigen Begebenheiten zusammenfassen, darüber doch nicht länger werden: eben weil sie, im Laufe der Zeit, Episoden oder Figuren fortlassen, die für den weiteren Gang der Handlung unerheblich geworden sind. Daß das so ist, hat mit Perspektive zu tun. Denn nicht schon die Fakten als solche sind Geschichte, sondern das, was eine Zeit dann, im Zusammenhang der Erscheinungen, daran als ihre Geschichte erkennt. Anderes sinkt unter den Horizont. Dieser Ausleseprozeß ist etwas eminent Historisches und vom Zeitgenossen, da er den perspektivischen Fluchtpunkt der Nachwelt nicht schon kennt, nicht wahrzunehmen: Konturen, die er schon auszumachen glaubt, werden dann womöglich in ganz anderen Mustern aufgehoben sein. Erst der Historiker, der eben weiß, wie es dann weiterging, vermag die großen Linien zu erkennen und weiter auszuziehen: erst sein Auge sieht Zeitalter.

Und so wird auch unsere Gegenwart einmal vom Ausgang her beschrieben werden, aus Menschenalter zu Zeitalter geworden sein. Noch wissen wir, daß wir im vergangenen Herbst vieles nicht wußten. Dem späteren Historiker wird das nicht mehr vor Augen sein, wenn er sich nicht die Mühe macht, den damaligen Horizont unserer Erwartungen, Hoffnungen, Ängste zu rekonstruieren, über den wir nicht hinauszublicken vermochten (und das tun, für frühere Generationen, beileibe nicht alle Historiker, obwohl es doch Grundvoraussetzung dafür ist, Menschen gerecht zu werden). Noch wissen wir, daß uns am Gang der jüngsten Ereignisse vieles überraschte: für Spätere wird das alles erwartbar, ja „bei Lage der Dinge" gar nicht anders denkbar sein. Noch wissen wir, daß wir mit Bangen Gegenwart und Zukunft daran hängten, wie lange Gorbatschow an der Macht sein werde. Spätere werden uns das schwerlich noch zugute halten, da wird dann Gorbatschow einfach so lange an der Macht gewesen sein, wie er eben an der Macht war. Und nichts anderes zählt in der Perspektive des Nachhinein (außer wir fallen besonders guten Historikern in die Hände – und so gut sollten wir selbst sein). Der mit Erwartungen gefüllte Raum der Lebenden ist eben ein anderer als der gleiche mit Ereignissen besetzte Raum in der Rückschau der Späteren.

Und schon sehen wir in unserer Gegenwart den unausweichlichen Prozeß der Umdeutung in Gang. Da wird in Werner Tübkes gigantischem Bauernkriegspanorama bereits eine Szene, in der Bauern einen Adeligen vom Pferd reißen, vom offiziellen Führer nicht mehr so gedeutet, als werde der Klassenfeind gedemütigt, sondern als werde den Regierenden gewaltsam „das Gesicht dem Volke zugewandt": so erlebt vier Monate nach der Eröffnung, drei Monate nach der „Wende"! Da scheint, im Wissen um den Ausgang, einigen heute schon nicht mehr begreifbar, wie man Taube sein konnte und nicht Falke; wie man nur einiges fordern konnte und nicht alles. Was ungarische Politiker vor dem Durchbruch dachten und taten, wird heute schon als klein abgetan und war doch einmal groß. Spätere werden nicht mehr recht begreifen, wie eine Generation, beim Prozeß der Verständigung zwischen den Blöcken, das Fortschreiten um Millimeter schon als Fortschritt, die Erwärmung um ein Grad schon als Tauwetter empfinden konnte. Ja, sie werden angesichts unserer vier Jahrzehnte von jener „retrospektiven Ungeduld" erfaßt werden, mit der Jacob Burckhardt das Verlangen Späterer bezeichnet, „die Dinge möchten geschwinder gegangen sein", da doch Interessanteres (und nachmals Bekannteres) „bereits vor der Tür zu warten scheint". Da wird das Gesicht einer Zeit vom Historiker gewaltsam gegen die Zukunft gedreht, als hätten die Menschen der Geschichte nicht ihr eigenes Leben gelebt.

Noch einmal: Der Historiker, der Geschichte im Wissen um den Ausgang, aber nicht mit dem „Wissen, als wüßten wir nicht" beschreibt, verfällt leicht der Versuchung, im nachhinein die Offenheit einer Situation, den Entscheidungscharakter einer vergangenen Gegenwart nicht mehr wahrhaben zu wollen – als habe Geschichte so und nicht anders ablaufen müssen, nur weil sie eben so abgelaufen ist. Noch wissen wir, welche Alternativen für die weitere Entwicklung wir am 9. Oktober, am 9. November 1989 sahen. Später werden wir es vielleicht sogar selbst nicht mehr wissen (es sei denn in rechtfertigender Erinnerung), noch weniger die nach uns Geborenen: da wird das Besserwissen um den

Ausgang, wird das Gewicht des dann faktisch Eingetretenen einst gesehene Entscheidungsmöglichkeiten weggebügelt und Vorgänge, die sich für uns noch als Gegenwartsprobleme kaum entwirrbar verknoteten, schon säuberlich in Entwicklungsstränge zerlegt haben. Wahrhaftig, Kierkegaard hatte recht: Das Leben wird vorwärts gelebt und rückwärts verstanden.

Schon fühlen wir, die wir früheren Generationen gern ihre Blindheit vorrechnen, den Finger späterer Historiker, denen wir unsererseits ohne Appellationsinstanz ausgeliefert sind, auf uns gerichtet: uns vorrechnend, was wir hätten sehen müssen – und wir sahen es nicht; uns vorhaltend, welche spezifischen Versuchungen unserer Gegenwart wir hätten erkennen müssen – und wir erkannten sie nicht. All das mindert die Schuld des Menschen nicht. Aber es nimmt ihm auch nicht die Zuversicht. Die Erwartung, daß Geschichte noch nicht an ihrem Ende angekommen ist, macht nicht defàtistisch, sondern gibt auch Hoffnung. Wir können uns von den Nachlebenden nicht sagen lassen, wie wir unsere Gegenwart hätten erleben und direkt in Geschichte überführen sollen. Und wir sollten es auch nicht wollen. Der Historiker ist dabei in der gleichen Lage wie jeder andere Zeitgenosse. Nur sollte er, für seinen Beruf, daraus mehr lernen als andere, um den Menschen der Vergangenheit gerecht zu werden, denen es sowenig wie uns gegeben war, die Geschichte ihrer Zeit von außen zu sehen. Wir wandern ja nicht (eine gern gebrauchte Metapher für die Beobachtung von Geschichte) am Strom der Zeit und beobachten ihn vom Ufer aus, so sehr es uns danach verlangen würde – jenes tiefe Verlangen nach Wahrnehmung seiner selbst in der Geschichte, von dem Jacob Burckhardt wußte: „Wir möchten gern die Welle kennen, auf welcher wir im Ozean treiben – allein, wir sind diese Welle selbst."

Anmerkungen und Bibliographie

Zeitalter und Menschenalter.
Die Perspektiven historischer Periodisierung

Erweiterte Fassung eines Vortrags aus Anlaß von Hermann Heimpels 80. Geburtstag. *Erstveröffentlichung* in: Historische Zeitschrift 239 (1984) S. 309–351; italienisch: Le prospettive della periodizzazione storica: epoca e generazione, in: Comunità 187 (1985) S. 1–28. – *S. 9ff. Entrückungslegenden:* Beispiele zahlreich bei E. S. Hartland, The Science of Fairy Tales (London 1891) S. 161 ff. – *S. 14ff. Perspektive:* R. Koselleck, Standortbindung und Zeitlichkeit, in: Ders., Vergangene Zukunft. Zur Semantik geschichtlicher Zeiten (Frankfurt 1979) bes. S. 183 ff.; P. Burke, The Sense of Historical Perspective in Renaissance Italy, in: Cahiers d'histoire mondiale 11 (1968) S. 615 ff.; zur Geschichtsmetaphorik allgemein A. Demandt, Metaphern für Geschichte (München 1978); „der Zeit vorbehalten": Th. Mann, Zauberberg, 1. Kap., Ankunft. – *S. 16ff. Einordnungen:* H. Heimpel, Der Mensch in seiner Gegenwart (2. Aufl. Göttingen 1957) S. 48 f. – *S. 18ff. Erinnerungshorizont:* B. Guenée, Temps de l'histoire et temps de la mémoire au Moyen Age, in: Ders., Politique et histoire au moyen âge (Paris 1981) S. 253 ff.; G. Duby, Structures de parenté et noblesse dans la France du Nord aux XIe et XIIe siècles, in: Ders., Hommes et structures du moyen âge (Paris-La Haye 1973) S. 267 ff.; K. Schmid, Gebetsgedenken und adeliges Selbstverständnis im Mittelalter (Sigmaringen 1983); am englischen Beispiel M. T. Clanchy, From Memory to Written Record (London 1979). „Erfahrungsraum" Koselleck a. a. O. S. 356 f. – *S. 20ff. Generation:* Diskussion der 1920er Jahre etwa F. Mentré, Les générations sociales (Paris 1920); W. Pinder, Das Problem der Generation in der Kunstgeschichte Europas (2. Aufl. Berlin 1928); K. Mannheim, Das Problem der Generationen, in: Kölner Vierteljahreshefte für Soziologie 7 (1928); dazu der Generationsbegriff des Historikers bei Y. Renouard, La notion de génération en histoire, in: Revue historique 209 (1953) S. 1 ff. – *S. 22ff. Lebensgeschichte bezogen auf Zeitgeschichte:* Zitate F. Braudel, Histoire et sciences sociales. La longue durée, in: Annales 13 (1958) S. 725 ff.; Heimpel a. a. O. S. 12 ff.; Perthes: Koselleck a. a. O. S. 367; 11. Jahrhundert Th. Schieffer, Heinrich II. und Konrad II., in: Deutsches Archiv für Erforschung des Mittelalters 8 (1951) S. 384 ff.; Zeiterfahrung und Zeitmessung: J. Le Goff, Pour un autre Moyen Age (Paris 1977) S. 46 ff. u. S. 66 ff. – *Quellenbelege* für die S. 24 ff. genannten historischen Beispiele persönlicher Gegenwartsbestimmung und Zeitzählung im einzelnen in der eingangs zitierten Erstpublikation, etwa *S. 30 Montaillou:* J. Duvernoy, Le registre d'inquisition de Jacques Fournier 1318–1325 (3 Bände Toulouse 1965, franz. Übersetzung Paris-La Haye 1977–78), dazu E. Le Roy Ladurie, Montaillou (Paris 1975, deutsch 1980); *S. 33ff. Florenz:* D. Herlihy u. Chr. Klapisch-Zuber, Les Toscans et leurs familles. Une étude du catasto florentin de 1427 (Paris 1978), bes. Kap. 13. Die Beispiele ließen sich um weitere Zeugenaussagen vermehren. – Zur

Periodisierungsarbeit des Historikers zuletzt O. Capitani, Storia medievale (Mailand 1992). – Zum Thema Zeiterfahrung und Epochenbewußtsein weitere Beiträge etwa in: Temps, mémoire, tradition au moyen-âge (Aix-en-Provence 1983); Epochenschwelle und Epochenbewußtsein (hg. von R. Herzog und R. Koselleck, München 1987); A. Borst, Computus. Zeit und Zahl im Mittelalter, in: Deutsches Archiv für Erforschung des Mittelalters 44 (1988) S. 1 ff.; G. Constable, Past and Present in the Eleventh and Twelfth Centuries. Perceptions of Time and Change, in: L'Europa dei secoli XI e XII fra novità e tradizione (Miscellanea del Centro di studi medioevali 12, Mailand 1989) S. 135 ff.; Il secolo XI: una svolta? (hg. von C. Violante und J. Fried, Annali dell'Istituto storico italo-germanico in Trento, Quaderno 35, Bologna 1993).

Überlieferungs-Chance und Überlieferungs-Zufall als methodisches Problem des Historikers

Erstveröffentlichung in: Historische Zeitschrift 240 (1985) S. 529–570. – *S. 39 f. Antikenbestand reduziert im Mittelalter:* Beispiele bei A. Esch, Spolien. Zur Wiederverwendung antiker Baustücke und Skulpturen im mittelalterlichen Italien, in: Archiv für Kulturgeschichte 51 (1969) S. 1–64. – *S. 41 ff. Ursprünglicher Urkundenbestand italienischer Kommunen:* Hochrechnungen etwa bei D. Herlihy, Pisa nel Duecento (Pisa 1973) S. 41; Lucca nach eigenen Forschungen; für das 13. Jh. demnächst A. Meyer; s. a. C. Violante, Atti privati e storia medioevale. Problemi di metodo (Rom 1982). Einzelbelege zum folgenden in der oben genannten Erstpublikation. Register und Empfängerüberlieferung: etwa H. Hoffmann, Zum Register und zu den Briefen Papst Gregors VII., in: Deutsches Archiv für Erforschung des Mittelalters 32 (1976) bes. S. 121 ff. – *Zur Problematik im allgemeinen* jüngst L. Auer, Die Schriftquellen zur Geschichte Österreichs. Probleme ihrer Erhaltung und Erschließung, in: Mitteilungen des Instituts für österreichische Geschichtsforschung 97 (1989) S. 13 ff.; H. Schwarzmaier, Schriftlichkeit und Überlieferung. Zu den urkundlichen Quellen des Mittelalters aus der Sicht des Archivars, in: Heidelberger Jahrbücher 36 (1992) S. 35 ff. – *S. 48 f. Überlieferungs-Chance auch klimatisch bedingt:* neben den bekannten antiken Papyri Ägyptens nun auch die mittelalterlichen Schriftstücke bei S. Goitein, A Mediterranean Society. The Jewish Communities of the Arab World as Portrayed in the Documents of the Cairo Geniza, 5 Bände (Berkeley 1967–1988). – *S. 50 ff. Überlieferungs-Chance sozial bedingt:* eine Chance gibt das Verhör (Beispiele siehe in diesem Band in Beitrag 1), die Steuererklärung (D. Herlihy u. Chr. Klapisch-Zuber, Les Toscans et leurs familles, zitiert unter Beitrag 1), die Zeugenvernehmung (siehe unten Beitrag 6), die Armenliste (das Beispiel des Matrosen aus: Staatsarchiv Venedig, Cassier della bolla ducale, Mariegola dei poveri del pevere); Selbstzeugnisse: etwa K. Fischer, Denkwürdigkeiten und Erinnerungen eines Arbeiters (Leipzig 1903); A. Esch, Pietismus und Frühindustrialisierung. Die Lebenserinnerungen des Mechanicus Arnold Volkenborn 1852 (Nachrichten d. Akad. d. Wiss. in Göttingen, Phil.-hist. Kl. 1978 Nr. 3); „Fragen eines lesenden Arbeiters": B. Brecht, Gesammelte Werke (Werkausgabe Suhrkamp) 9, S. 656. – *S. 52 ff. Überlieferungs-Zufall:* Rekonstruktion einer mittelalterlichen Archivordnung am Beispiel des größten

Bestandes an frühmittelalterlichen Privaturkunden nördlich der Alpen bei P. Staerkle, Die Rückvermerke der älteren St. Galler Urkunden (1966); Archivverluste am Beispiel des Vatikanischen Archivs: R. Ritzler, Die Verschleppung der päpstlichen Archive nach Paris unter Napoleon I. und deren Rückführung nach Rom in den Jahren 1815–1817, in: Römische Historische Mitteilungen 6/7 (1962–64) bes. S. 156ff. – *S. 54ff. Beispiele der Textüberlieferung:* H. Fuhrmann, Die Sorge um den rechten Text, in: Deutsches Archiv für Erforschung des Mittelalters 25 (1969) S. 1ff.; H. Bardon, La littérature latine inconnue (Paris 1952–56), bes. II S. 317ff.; Texts and Transmission, ed. by L. D. Reynolds (Oxford 1983); W. Muschg, Tragische Literaturgeschichte (Bern 1948), Zitat S. 452; G. Eis, Von der verlorenen altdeutschen Dichtung, in: Ders., Vom Werden altdeutscher Dichtung. Literarhistorische Proportionen (Berlin 1962) S. 7ff. (doch blieben seine Berechnungen nicht unwidersprochen); zu einer „überlieferungsbedingten Grenze mittelalterlicher Literaturgeschichte" H. Brunner, Dichter ohne Werk, in: Überlieferungsgeschichtliche Editionen und Studien zur deutschen Literatur des Mittelalters. Kurt Ruh zum 75. Geburtstag (Tübingen 1989) S. 1ff.; Justinian: F. Wieacker, Textstufen klassischer Juristen (Göttingen 1960) S. 151ff.; unbewußte Kompensation: treffend W.-H. Friedrich, Philologen als Teleologen, in: Ders., Dauer im Wechsel (Göttingen 1977) S. 22ff. – *S. 60ff. Folgen für die Erkenntnis:* Presseagentur-Nachrichten und ihre Auslese berechnet bei Steffens, Das Geschäft mit der Nachricht (Hamburg 1969) S. 28f.; Sonntag/Montag-Überlieferung: D. u. I. Bertaux in: L. Niethammer (Hg.), Lebenserfahrung und kollektives Gedächtnis. Die Praxis der „oral history" (Frankfurt a. M. 1980) S. 111; „Sondage pesteux": E. Le Roy Ladurie, Le Carnaval de Romans (Paris 1979) S. 13. – *S. 62ff. Probleme der Proportionierung:* auf die (inzwischen abgeebbte) Diskussion zur quantifizierenden Methode kann hier nicht näher eingegangen werden; das Zitat bei D. Herlihy, Quantification in the Middle Ages, in: V. R. Lorwin and J. M. Price (Hg.), The Dimensions of the Past. Materials, Problems and Opportunities for Quantitative Work in History (New Haven 1972) S. 18; zur explosiven Ausweitung der Schriftlichkeit seit dem Hochmittelalter etwa M. T. Clanchy, From Memory to Written Record (zitiert unter Beitrag 1), oder die Arbeiten des Sonderforschungsbereichs 231 (vgl. Bericht von H. Keller in Frühmittelalterliche Studien 26, 1992, S. 440ff.). – *S. 65ff. Zu den Problemen moderner Überlieferungsbildung (Aussonderungsverfahren)* zahlreiche Beiträge in den Zeitschriften Der Archivar und Archivalische Zeitschrift (Buchstabe H: weil Mittelwert zwischen dem seltensten und dem häufigsten Anfangsbuchstaben). Daß das Telephon den Entscheidungsprozeß auch bei wichtigeren Vorgängen nicht mehr dokumentiert sein läßt, das moderne Kopierverfahren die Überlieferungschance auch unwichtiger Stücke vergrößert, das Fax-Verfahren das Originalschreiben in den Händen des Absenders läßt und die Kopie in den Händen des Empfängers, usw., hat die Überlieferungsproblematik heute bereits gewandelt; die elektronische Datenverarbeitung wird sie vollends verändern.

Anschauung und Begriff. Die Bewältigung fremder Wirklichkeit durch den Vergleich in Reiseberichten des späten Mittelalters

Erweiterte Fassung eines Vortrags aus Anlaß von Richard Krautheimers 90. Geburtstag. *Erstveröffentlichung* in: Historische Zeitschrift 253 (1991), S. 281–312. – Zur Gattung der mittelalterlichen Reiseberichte siehe die zu Beitrag 9 angegebene Literatur; zur mittelalterlichen Erfahrung von Wirklichkeit insbesondere J. Fried, Auf der Suche nach der Wirklichkeit. Die Mongolen und die europäische Erfahrungswissenschaft im 13. Jahrhundert, in: Historische Zeitschrift 243 (1986) S. 287ff.; J.-D. Müller, *Curiositas* und *erfahrung* der Welt im frühen deutschen Prosaroman, in: L. Grenzmann/K. Stackmann (Hg.), Literatur und Laienbildung im Spätmittelalter und in der Reformationszeit (Stuttgart 1984) S. 252ff.; D. Huschenbett, Reisen und Welterfahrung in der Literatur des Mittelalters (Würzburger Beiträge zur deutschen Philologie 7, hg. von J. Margetts u. D. Huschenbett, Würzburg 1991); über die spezifischen Kategorien von Wahrnehmung bei der Betrachtung von Kunstwerken M. Baxandall, Die Wirklichkeit der Bilder. Malerei und Erfahrung im Italien des 15. Jahrhunderts (Frankfurt a. M. 1977). – *S. 70 Florentiner:* Viaggi in Terra Santa di Lionardo Frescobaldi e d'altri del secolo XIV (hg. von C. Gargiolli, Florenz 1862); dazu jüngst G. Bartolini u. F. Cardini, Nel nome di Dio facemmo vela. Viaggio in Oriente di un pellegrino medievale (Bari 1991); Pellegrini scrittori. Viaggiatori toscani del Trecento in Terrasanta (hg. von A. Lanza u. M. Troncarelli, Florenz 1990). – *S. 72ff. zitierte Franzosen, Pietro Casola, Felix Fabri* siehe unter Beitrag 9. – *S. 75 Vergleiche der Gestalt* (Bohnen, Pyramiden usw.):* Einzelbelege jeweils in der oben zitierten Erstveröffentlichung. Zu „standestypischen Merkmalen" der Autoren (Perspektive des Geistlichen, des Laien, des Adeligen usw.) siehe auch unten S. 191. – *S. 76 Rubruk:* Wilhelm von Rubruk, Itinerarium, hg. von P. A. van den Wyngaert (Sinica Franciscana 1, 1929) S. 164ff., dazu Fried s. o.; Goethe: Sämtliche Werke (Jubiläums-Ausgabe 1902–12) Bd. 35, S. 280f. – *S. 79f. Geländeszenarien:* in Viaggi in Terra Santa s. o. – *S. 84ff. Wahrnehmung und Vergleich von Architektur:* weiterhin grundlegend R. Krautheimer, Introduction to an 'Iconography of Mediaeval Architecture', in: Journal of the Warburg and Courtauld Institutes 5 (1942) S. 1ff.; jetzt in deutscher Übersetzung: Einführung zu einer Ikonographie der mittelalterlichen Architektur, in: Ders., Ausgewählte Aufsätze zur europäischen Kunstgeschichte (Köln 1988) S. 142ff. – *S. 87ff. Capodilista, Brasca, Casola:* Ausgaben zitiert unter Beitrag 9. – *S. 89ff. Amphitheater:* A. Esch, Staunendes Sehen, gelehrtes Wissen. Zwei Beschreibungen römischer Amphitheater aus dem letzten Jahrzehnt des 15. Jahrhunderts, in: Zeitschrift für Kunstgeschichte 50 (1987) S. 385ff.

Die Anfänge der Universität im Mittelalter

Rede zum Antritt des Rektorats an der Universität Bern 1985; *Erstveröffentlichung* unter gleichem Titel in: Berner Rektoratsreden (Bern 1985). – *Gesamtdarstellungen:* H. Rashdall/F. M. Powicke/A. B. Emden, The Universities of Europe in the Middle Ages (3 Bde., 2. Aufl. Oxford 1936); und zuletzt, in internationaler Zusammenarbeit: Geschichte der Universität in Europa, hg. von W. Rüegg, Bd. I, Mittelalter (München 1993), mit zahlreichen wichtigen Beiträgen. – *Über die Anfänge:* H. Grundmann, Vom Ursprung der Universität im Mittelalter (2. Aufl. Darmstadt 1960); G. Arnaldi (Hg.), Le origini dell'Università (Bologna 1974); P. Classen, Die hohen Schulen und die Gesellschaft im 12. Jahrhundert, in: Ders., Studium und Gesellschaft im Mittelalter (hg. von J. Fried, Stuttgart 1983), mit weiteren Beiträgen; R. L. Benson u. G. Constable (Hg.), Renaissance and Renewal in the Twelfth Century (Cambridge Mass. 1982); J. Le Goff, Les intellectuels au Moyen-Age (Paris 1960); über die Anfänge der Rechtswissenschaft zuletzt M. Bellomo, Der Text erklärt den Text. Über die Anfänge der mittelalterlichen Jurisprudenz, in: Rivista internazionale di diritto comune 4 (1993) S. 51 ff. – *Vorgeschichte:* P. Riché, Les écoles et l'enseignement dans l'Occident chrétien de la fin du Ve siècle au milieu du XIe siècle (Paris 1979). Zum Sinn des Artes-Kanons intelligent Dorothy L. Sayers, The Lost Tools of Learning (London 1948). – *Für einzelne Universitäten:* J. Verger (Hg.), Histoire des universités en France (Toulouse 1986); A. L. Gabriel, The Cathedral Schools of Notre-Dame and the Beginning of the University of Paris, in: Ders., Garlandia. Studies in the History of Mediaeval University (Notre Dame/Indiana 1969) S. 39 ff.; M. Bellomo, Saggio sull'università nell'età del diritto comune (2. Aufl. Rom 1992, vor allem zu Bologna); The History of the University of Oxford, I: The Early Oxford Schools (hg. von J. I. Catto, Oxford 1984); der Fall Vercelli in Rashdall II S. 337–341. – *Über einzelne Problembereiche:* zum Begriff „Universität" P. Michaud-Quantin, „Universitas" (Paris 1970); zum Status: P. Kibre, Scholarly Privileges in the Middle Ages (London 1961); innere Organisation am Beispiel Kölns: G.-R. Tewes, Die Bursen der Kölner Artisten-Fakultät bis zur Mitte des 16. Jahrhunderts (Köln/Weimar/Wien 1993); sozialgeschichtliche Aspekte: J. Fried (Hg.), Schulen und Studium im sozialen Wandel des hohen und späten Mittelalters (Vorträge und Forschungen 30, Sigmaringen 1986); P. Moraw, Das spätmittelalterliche Universitätssystem in Europa – sozialgeschichtlich betrachtet, in: Wissensliteratur im Mittelalter und in der frühen Neuzeit (hg. von H. Brunner u. N. R. Wolf, Wiesbaden 1993) S. 9 ff.; R. C. Schwinges, Deutsche Universitätsbesucher im 14. u. 15. Jahrhundert (Wiesbaden 1986); zum quantitativen Aspekt auch: J. Verger, Les universités médiévales: intérêt et limites d'une histoire quantitative (am Beispiel spätmittelalterlicher Universitäten Südfrankreichs), in: D. Julia u. J. Revel (Hg.), Les Universités européennes du XVIe au XVIIIe siècles. Histoire sociale des populations étudiantes (Paris 1989) S. 9 ff.; zum finanziellen Aspekt: The Economic and Material Frame of the Mediaeval University (hg. von A. L. Gabriel, Notre Dame/Indiana 1977); studentisches Leben: Ch. H. Haskins, The Life of Mediaeval Students as illustrated by their Letters, in: Ders., Studies in Mediaeval Culture (Oxford 1929) S. 1 ff.; ebda die zitierten Formbriefe; J. Paquet, L'universitaire „pauvre" au Moyen Age. Problèmes, documentation, questions de méthodes, in: J. Ijsewijn u. J. Paquet (Hg.), The Universities in the Middle Ages (Löwen 1978) S. 399 ff.; Wohnverhältnisse: S. Roux, Le quartier de l'université de Paris, in: Annales 24 (1969) S. 1196 ff.

Viele Loyalitäten, eine Identität: Italienische Kaufmannskolonien im spätmittelalterlichen Europa

Erstveröffentlichung in: Historische Zeitschrift 254 (1992) S. 581 ff. – *Zur Figur des italienischen Kaufmanns* daheim und in der Fremde: Y. Renouard, Les hommes d'affaires italiens du Moyen Age (Paris 1946), und die Beiträge in Teil 4 seiner Études d'histoire médiévale (Paris 1968), mit guten Résumés einschlägiger Neuerscheinungen; F. Melis, I mercanti italiani nell'Europa medievale e rinascimentale (Prato 1990); J. Favier, De l'or et des épices. Naissance de l'homme d'affaire au Moyen Age (Paris 1987); A. Tenenti, Il mercante e il banchiere, in: L'uomo del Rinascimento (hg. von E. Garin, Bari 1988) S. 203 ff. – *S. 116 f. Bankiers in der Papstfinanz:* J. Favier, Les finances pontificales à l'époque du Grand Schisme d'Occident 1378–1409 (Paris 1966); A. Esch, Bankiers der Kirche im Großen Schisma, in: Quellen und Forschungen aus italienischen Archiven und Bibliotheken 46 (1966) S. 277 ff. – *S. 117 Wechselplatz Brügge und Handelsbilanz Nord-/ Südeuropa:* R. de Roover, Money, Banking and Credit in Mediaeval Bruges (Cambridge Mass. 1948); Ders., La balance commerciale entre les Pays-Bas et l'Italie au 15ᵉ siècle, in: Revue belge de philologie et d'histoire 37 (1959) S. 374 ff. – *S. 117 f. Archivio Datini:* F. Melis, Aspetti della vita economica medievale (Siena 1962). – Zur Frage, inwieweit das Mittelalter schon zur *Perzeption wirtschaftlicher Abläufe* fähig war, A. Esch, Der Historiker und die Wirtschaftsgeschichte, in: Deutsches Archiv für Erforschung des Mittelalters 43 (1987) S. 1 ff. – *S. 120 Sprachführer Venedig:* O. Pausch, Das älteste italienisch-deutsche Sprachbuch (Österreichische Akad. d. Wiss., Phil.-hist. Klasse, Denkschriften 111, Wien 1972); *Pelz-Hierarchien:* R. Delort, Le commerce des fourrures en Occident à la fin du moyen âge, I (Rom 1978) S. 537 ff., vgl. S. 94. – *S. 121 ff. Lucchesen im Ausland:* L. Mirot, Études lucquoises I-IV, in: Bibliothèque de l'École des Chartes 88 (1927) – 91 (1930); und zuletzt: Lucca e l'Europa degli affari, secoli XV-XVII (hg. von R. Mazzei u. T. Fanfani, Lucca 1990); über *italienische Kaufleute in Frankreich, England, Spanien usw.* gibt es eine Fülle von Einzeluntersuchungen, zuletzt in den Sammelbänden: Forestieri e stranieri nelle città basso-medievali (Florenz 1988); Dentro la città. Stranieri e realtà urbana nell'Europa dei secoli XII-XVI (hg. von G. Rossetti, Europa mediterranea, Quaderni 2, Neapel 1989); Sistema di rapporti ed élites economiche in Europa, secoli XII-XVII (hg. von M. Del Treppo, Europa mediterranea, Quaderni 8, im Druck: in der oben gen. Erstveröffentlichung versehentlich schon als erschienen zitiert). – *S. 124 f. Zahlungsverkehr östlich des Rheins:* W. von Stromer, Oberdeutsche Hochfinanz 1350– 1450 (Wiesbaden 1970); A. Esch, Das Archiv eines lucchesischen Kaufmanns an der Kurie 1376–1387 (mit Beobachtungen zum Zahlungsverkehr zwischen Deutschland und Rom um 1400), in: Zeitschrift für historische Forschung 2 (1975) S. 129 ff. – *S. 125 f. Genf und Lyon:* M. Cassandro in den genannten Sammelbänden; *Reformation und die Folgen:* M. Berengo, Nobili e mercanti nella Lucca del Cinquecento (Turin 1965) S. 399 ff. – *S. 128 ff. Ricordi, Traktate, Briefe:* C. Bec, Les marchands écrivains. Affaires et humanisme à Florence 1375–1434 (Paris 1967); dazu die kommentierten Texte in: Mercanti scrittori. Ricordi nella Firenze tra Medioevo e Rinascimento (hg. v. V. Branca, Mailand 1986). –

S. 128ff. zitierte *zeitgenössische Quellen und Literatur:* Leon Battista Alberti, I libri della Famiglia (hg. von R. Romano u. A. Tenenti, Turin 1969), Zitate aus Prologo, S. 90, 331f.; Alessandra Strozzi: deutsch von A. Doren, Alessandra Macinghi negli Strozzi, Briefe (Das Zeitalter der Renaissance I 10, Jena 1927); Baldassarre Castiglione, Il libro del cortegiano, II 77; Geoffrey Chaucer, Canterbury Tales: Shipman's Tale; Giovanni Boccaccio, Decamerone, VIII 1, II 3, I 1; Felix Fabri, Evagatorium (zitiert unter Beitrag 9), I S. 84; Philippe de Commynes, Mémoires II 8.

Drei Heilige und ihr soziales Umfeld in Rom: die Hl. Francesca Romana, die Hl. Birgitte von Schweden, die Hl. Katharina von Siena

Erstveröffentlichung in italienischer Sprache in: Atti del Simposio internazionale Cateriniano-Bernardiniano, Siena 17–20 aprile 1980, hg. von D. Maffei u. P. Nardi (Siena 1982), S. 89–120. Zu Santa Francesca die ausführlichere Fassung: A. Esch, Die Zeugenaussagen im Heiligsprechungsverfahren für S. Francesca Romana als Quelle zur Sozialgeschichte Roms im frühen Quattrocento, in: Quellen und Forschungen aus italienischen Archiven und Bibliotheken 53 (1973) S. 93–151. – *S. 134ff. Santa Francesca Romana.* Die zugrundeliegenden Quellen (Zeugenaussagen und Vita): I processi inediti per Francesca Bussa dei Ponziani 1440–1453, hg. von P. T. Lugano (Studi e Testi 120, Città del Vaticano 1945); die von ihrem Beichtvater Giovanni Mattiotti geschriebene Vita in: Acta Sanctorum, Martii tom. II, *93– *178. Über diese und weitere Quellen G. M. Brasò, Identificazione delle fonti autografe della biografia di Santa Francesca Romana, in: Benedictina 21 (1974) S. 165ff. – Zur Person der Heiligen die Beiträge in G. Picasso (Hg.), Una Santa tutta romana. Saggi e ricerche nel VI centenario della nascita di Francesca Bussa dei Ponziani (Monte Oliveto Maggiore 1984); A. Esposito, S. Francesca e le comunità religiose femminili a Roma nel secolo XV, in: S. Boesch Gajano e L. Sebastiani (Hg.), Culto dei santi, istituzioni e classi sociali in età preindustriale (L'Aquila 1984) S. 537ff.; J. Pennings, Semi-Religious Women in 15th Century Rome, in: Mededelingen van het Nederlands Instituut te Rome 47 (1987) S. 115ff. – Zu den Fresken von 1468 in der Cappella Vecchia von Tor de' Specchi (zugänglich jeweils am Tag der Heiligen, dem 9. März: Via di Teatro di Marcello 40) W. Buchowiecki, Handbuch der Kirchen Roms, I (Wien 1967) S. 709ff.; die dort dargestellten Personen identifiziert bei Esch, Zeugenaussagen, S. 103. – Krankheiten, Selbstmord, Verwandtschaftsbeziehungen: Einzelbelege ebda S. 102ff. – Vernichtung der römischen Kommune 1398 und Parteiung: A. Esch, Bonifaz IX. und der Kirchenstaat (Tübingen 1969) S. 240ff. u. Anhang 6; zur neuen Schicht der landwirtschaftlichen Unternehmer *(bovattieri)* grundlegend C. Gennaro, Mercanti e bovattieri nella Roma della seconda metà del Trecento, in: Bullettino dell'Istituto storico italiano per il medio evo 78 (1967) S. 155ff. – Vermögen, Viehbesitz, Interieur: Zeugenaussagen S. 119ff., römische Topographie ebda S. 130ff. – *S. 149ff. Hl. Birgitte von Schweden.* Zeugenaussagen des Heiligsprechungsprozesses: Acta et processus canonizacionis beate Birgitte, hg. von I. Collijn (Samlingar utgivna av Svenska Fornskrift – Sällskapet, ser. 2: Latinska Skrifter, I, Uppsala 1924–31). Aus Anlaß der 600 Jahre ihrer Heiligsprechung jüngst der Tagungsband: Santa Brigida profeta dei tempi nuovi. Atti dell'incontro internazionale di studio Roma, 3–7 ott. 1991 (Rom 1993). Die Heilige in Rom: S. Stolpe, Birgitta i Rom (Stockholm 1973); S. Sibilia, La casa di S. Brigida in Piazza Farnese a Roma (Rom 1960). – Birgittes Rom, Verkehr mit römischen Adelsfamilien, Geldüberweisungen aus Schweden: Einzelbelege siehe Esch, Zeugenaussagen S. 124 ff.; Birgittes Vision eines „Vatikanstaates" (Revelaciones VI 74) wurde, wie Ferdinand Gregorovius berichtet (Ferdinand Gregorovius und Italien, hg. von A. Esch u. J. Petersen, Tübingen 1993, S. 168), in der Endphase des Kirchenstaates aus aktuellem Anlaß stark beachtet. – Im weiteren Rahmen P. Dinzelbacher, Das politische Wirken der Mystikerinnen in Kirche und Staat: Hildegard, Birgitta, Katharina, in: Religiöse Frauenbewegung und mystische Frömmigkeit im Mittelalter (hg. von P. Dinzelbacher u. D. R. Bauer, Köln 1988) S. 265 ff. – *S. 152 ff. Hl. Katharina von Siena.* Die zugrundeliegenden Quellen (Briefe und Vita): Briefausgabe von N. Tommaseo (Florenz 1860) in der Neubearbeitung durch P. Misciatelli (Florenz 1940 und Nachdrucke); *Legenda maior* von Raimondo da Capua in: Acta Sanctorum, Aprilis tom. III; der *Processo Castellano* (hg. von M.-H. Laurent, Fontes vitae S. Catharinae Senensis historici 9, 1942) bietet für ihren römischen Aufenthalt wenig. Quellenkritik: R. Fawtier, Sainte Cathérine de Sienne. Essai de critique de sources (2 Bde Paris 1921 u. 1930). – Über ihren Aufenthalt in Rom R. Fawtier u. L. Canet, La double expérience de Cathérine Benincasa (Paris 1948) S. 194 ff. (jedoch wenig über ihren römischen Umgang); G. G. Meersseman, Gli amici spirituali di S. Caterina a Roma nel 1378 alla luce del primo manifesto urbanista, in: Bullettino Senese di storia patria 69 (1962) S. 83 ff. – Zur Person E. Dupré Theseider in Dizionario biografico degli italiani 22 (1979), mit reicher Bibliographie; in weiterem Rahmen A. Vauchez, La sainteté en Occident aux derniers siècles du moyen âge (Rom 1981); Storia dell'Italia religiosa, I (hg. von A. Vauchez, Bari 1993). – Zum folgenden Einzelbelege in Atti del Simposio (wie oben) S. 112 ff.; soziale Herkunft von mittelalterlichen Heiligen: D. Weinstein u. R. M. Bell, Saints and Society: Italian Saints of the Late Middle Ages and Renaissance, in: Memorie domenicane NS 4 (1973) S. 181 ff.

Der neapolitanische Familien-Clan im Kardinalskolleg während der großen Kirchenspaltung 1378–1415

Erstveröffentlichung in französischer Sprache in: Genèse et débuts du Grand Schisme d'Occident (Colloques internationaux du Centre national de la recherche scientifique 586, Paris 1980), S. 493–506; zum Clan der Neapolitaner ausführlich und mit Nachweis der zugrundeliegenden Archivalien aus Rom, Neapel, Florenz, Bologna, Genua usw. mein Artikel: Das Papsttum unter der Herrschaft der Neapolitaner. Die führende Gruppe Neapolitaner Familien an der Kurie während des Schismas 1378–1415, in: Festschrift für H. Heimpel, II (Göttingen 1972) S. 713 ff. – *S. 158 f. Zur Persönlichkeit Urbans VI. vor seinem Pontifikat* immer noch M. Seidlmayer, Die Anfänge des Großen Abendländischen Schismas (Münster 1940) S. 9 ff.; zur Parteiung von 1378 ebda, sowie mehrere einschlägige Beiträge im oben genannten Band Genèse et débuts; Verlust des Kammerpersonals: J. Favier, Les finances pontificales à l'époque du grand schisme d'Occident 1378–1409 (Paris 1966) S. 136f.; Dietrich von Nieheim, De scismate (hg. von G. Erler 1890), Zitate S. 27, 80, 122. – *S. 162ff. Personalpolitik Bonifaz' IX.:* A. Esch, Bonifaz IX. und der Kirchenstaat (Tübingen 1969) S. 10ff. und Anhang 1; Poggio Bracciolini, Facetiarum liber (Krakau 1592), S. 26. – *S. 167f. Johannes XXIII. und seine Nepoten:* Esch, Neapolitaner S. 763ff. u. 790ff.; Nepoten-Briefe aus dem Medici-Archiv ebda S. 779ff. u. 799f.; Aufstieg der Medici in der Papstfinanz: G. Holmes, How the Medici became the Pope's Bankers, in: Florentine Studies (hg. von N. Rubinstein, London 1968) S. 357ff.

Wahrnehmung sozialen und politischen Wandels in Bern an der Wende vom Mittelalter zur Neuzeit

Erstveröffentlichung in: J. Miethke u. K. Schreiner (Hg.), Sozialer Wandel im Mittelalter. Wahrnehmungsformen, Erklärungsmuster, Regelungsmechanismen (Sigmaringen 1994) S. 177ff. Zur Problematik der Wahrnehmung von Wandel siehe etwa K. Schreiner, Sozialer Wandel im Geschichtsdenken und in der Geschichtsschreibung des späten Mittelalters, in: Vorträge und Forschungen 31 (1987) S. 237ff., und Beiträge im o. gen. Band. – *S. 171ff. Thüring Fricker.* Der Text: Thüring Frickarts Twingherrenstreit, hg. von G. Studer (Quellen zur Schweizer Geschichte 1, Basel 1877); zur Person des Autors: R. Feller u. E. Bonjour, Geschichtsschreibung der Schweiz I (2. Aufl. Basel 1979) S. 11ff. – Zur Bedeutung dieser Auseinandersetzung: P. Liver, Rechtsgeschichtliche Betrachtungen zum Berner Twingherrenstreit 1469/70/71, in: Festgabe H. von Greyerz zum sechzigsten Geburtstag (Bern 1967) S. 235ff.; F. De Capitani, Adel, Bürger und Zünfte im Bern des 15. Jahrhunderts (Bern 1982) S. 91ff.; zu Berns Wirtschaft: U. M. Zahnd, Die Berner Zunft zu Mittellöwen im Spätmittelalter (Bern 1984) S. 31ff. – Rede Bubenbergs: Fricker S. 66ff.; Reden Fränklis ebda bes. S. 126ff.; Reden Kistlers S. 28ff., 58ff., 103ff. u. ö.; Zitate S. 172 u. 177: De Capitani S. 92 u. 93; Zitat S. 176: H. Boockmann, Spätmittelalterliche deutsche Stadt-Tyrannen, in: Blätter für deutsche Landesgeschichte 119 (1983) S. 88f. – *S. 177ff. Valerius Anshelm.* Der Text: Die Berner Chronik des Valerius Anshelm, hg. vom Historischen Verein des Kantons Bern (6 Bde, Bern 1884 – 1901); zur Person des Autors: Feller u. Bonjour, Geschichtsschreibung S. 165ff. – Zu den Mailänderkriegen: W. Schaufelberger in Handbuch der Schweizer Geschichte, I (Zürich 1972) S. 336ff.; zuletzt A. Esch, Mit Schweizer Söldnern auf dem Marsch nach Italien. Das Erlebnis der Mailänderkriege 1510–1515 nach bernischen Akten, in: Quellen u. Forschungen aus ital. Archiven u. Bibliotheken 70 (1990) S. 348ff. – Zu den wirtschaftlichen Aspekten des Soldwesens H. C. Peyer, Die wirtschaftliche Bedeutung der fremden Dienste für die Schweiz vom 15. bis zum 18. Jahrhundert, in: Ders., Könige, Stadt und Kapital (Zürich 1982); am Einzelbeispiel: A. Esch, Lebensverhältnisse von Reisläufern im spätmittelalterlichen Thun. Ein Beschlagnahme-Inventar von 1495, in: Berner Zeitschrift für Geschichte und Heimatkunde 48 (1986) S. 154ff. – Zur wirtschaftlichen und sozialen Bedeutung von Luxuskonsum bzw. Luxusproduktion in jener Zeit R. A. Goldthwaite, The Economy of Renaissance Italy. The Preconditions of Luxury

Consumption, in: I Tatti Studies 2 (1987) S. 15 ff. – Generationenwandel, „alte"
und „junge" Eidgenossen im Disput: P. G. Marchal in: Innerschweiz und frühe
Eidgenossenschaft. Jubiläumsschrift 700 Jahre Eidgenossenschaft, II (Olten 1990)
S. 313 ff. Die Akten des Hetzel-Prozesses liegen im Staatsarchiv Bern, Fonds
„Unnütze Papiere" 22.

Gemeinsames Erlebnis – individueller Bericht. Vier Parallelberichte aus einer Reisegruppe von Jerusalempilgern 1480

Erstveröffentlichung in: Zeitschrift für historische Forschung 11 (1984), S. 385–416
(der Aufsatz war – und bleibt – Gerd Tellenbach gewidmet); die längeren Quellentexte dort in Lateinisch, Französisch, Italienisch sind hier ins Deutsche übersetzt. – *Zur mittelalterlichen Reisebeschreibung* etwa: G. Tellenbach, Zur Frühgeschichte abendländischer Reisebeschreibungen, in: Historia integra. Festschrift
für E. Hassinger (Berlin 1977) S. 51 ff.; D. R. Howard, Writers and Pilgrims.
Medieval Pilgrimage Narratives and Their Posterity (Berkeley 1980); J. Richard,
Les récits de voyages et de pèlerinages (Typologie des sources du moyen âge
occidental 38, Turnhout 1981); N. Ohler, Reisen im Mittelalter (München und
Zürich 1986); Europa e Mediterraneo tra medioevo e prima età moderna: l'osservatorio italiano, hg. von S. Gensini (San Miniato 1992); W. Paravicini, Von der
Heidenfahrt zur Kavalierstour. Über Motive und Formen adligen Reisens im
späten Mittelalter, in: Wissensliteratur im Mittelalter und in der frühen Neuzeit,
hg. von H. Brunner und N. R. Wolf (Wissensliteratur im Mittelalter 13, Wiesbaden 1993) S. 91 ff., mit reicher Literatur; s. a. die zu Beitrag 3 zitierte Literatur. –
Zur Figur des Pilgers L. Schmugge in: P. Moraw (Hg.), Unterwegssein im Spätmittelalter (Berlin 1985), S. 17 ff. – *Zur Jerusalemfahrt im besonderen* immer noch
unentbehrlich R. Röhricht, Deutsche Pilgerreisen nach dem Heiligen Lande
(Innsbruck 1900, Neudruck Aalen 1967); für die Anfänge jetzt: H. Donner, Pilgerfahrt ins Heilige Land. Die ältesten Berichte christlicher Palästinapilger, 4.–
7. Jahrhundert (Stuttgart 1979); für das Spätmittelalter F. Cardini, Pellegrini medievali in Terra Santa, in: Rivista storica italiana 93 (1981) S. 5 ff.; U. Ganz-
Blättler, Andacht und Abenteuer. Berichte europäischer Jerusalem- und Santiago-Pilger 1320–1520 (Tübingen 1990); und die Arbeiten des Sonderforschungsbereichs 226 (D. Huschenbett), vgl. den Bericht im oben zit. Band Wissensliteratur im Mittelalter, S. 131 ff.; zum wirtschaftlichen Aspekt E. Ashtor, Venezia e il
pellegrinaggio in Terra Santa nel basso medioevo, in: Archivio storico italiano
143 (1985) S. 197 ff. Frisch und gescheit nacherzählend H. F. M. Prescott, Jerusalem Journey. Pilgrimage to the Holy Land in the 15th Century (London 1954,
deutsch Freiburg i. B. 1960). – *Parallelberichte* behandelt z. B. bei Prescott und bei
R. J. Mitchell, The Spring Voyage. The Jerusalem Pilgrimage in 1458 (London
1964); A. Esch, Vier Schweizer Parallelberichte von einer Jerusalem-Fahrt im
Jahre 1519, in: Gesellschaft und Gesellschaften. Festschrift für U. Im Hof (Bern
1982) S. 138 ff. – *S. 191 Stand des Verfassers:* Was dem Historiker an manchen
neueren literaturgeschichtlichen Arbeiten auffällt, ist die Fixierung auf angeblich
„standestypische Merkmale": der fromme Geistliche, der tolerante Bürgerliche
usw.; in Wahrheit gilt für die Autoren und ihre Berichte oft, daß es nichts

Frömmeres gibt als einen alten Ritter, nichts Weltzugewandteres als einen Bettel-mönch. – *S. 192ff. Parallelberichte 1480:* Viaggio in Terrasanta di Santo Brasca 1480 con l'Itinerario di Gabriele Capodilista 1458 (hg. von A. L. Momigliano Lepschy, Mailand 1966); Le voyage de Pierre Barbatre à Jérusalem en 1480, hg. von P. Tucoo-Chala et N. Pinzuti, in: Annuaire-Bulletin de la Société de l'histoi-re de France 1972/73, S. 73 ff.; Le voyage de la saincte cyté de Hierusalem (hg. von Ch. Schefer, Paris 1882); Fratris Felicis Fabri Evagatorium in Terrae Sanctae, Arabiae et Egypti peregrinationem, 3 Bde, hg. von C. D. Hassler (Bibl. d. litterar. Vereins in Stuttgart 2–4, 1843–49; darin 1480: I, S. 28–60). – *S. 196f. Türken-krieg:* zur damaligen Lage F. Babinger, Mehmed der Eroberer und seine Zeit (München 1953) S. 406ff. – *S. 207ff. Heiliges Land:* außer Jerusalem sahen die Pilger nur Bethlehem, Bethanien und Jericho mit dem Jordan und dem Berg der Versuchung. – *S. 209 Architekturbeschreibungen, insbesondere der Grabeskirche:* siehe Beitrag 3, hier oben S. 84ff. – *S. 210f. Rhodos:* Babinger S. 435ff.; der Augenzeu-genbericht des Ordens-Vizekanzlers Guillaume Caoursin *(Obsidionis Rhodiae urbis descriptio)* wird damals zu einem Bestseller des Frühdrucks. – *S. 212ff. Parallelbe-richte 1494:* Th. Schön, Eine Pilgerfahrt in das Hl. Land im Jahre 1494, in: Mitthei-lungen des Instituts für österreichische Geschichtsforschung 13 (1892) S. 435ff.; Viaggio di Pietro Casola a Gerusalemme, hg. von G. Porro (Mailand 1855), verbreiteter die englische Übersetzung von M. M. Newett, Canon Pietro Caso-la's Pilgrimage to Jerusalem in the Year 1494 (Manchester 1907).

Geschichte im Entstehen. Der Historiker und die Erfahrung der Gegenwart

Erstveröffentlichung in: Frankfurter Allgemeine Zeitung vom 14. 7. 1990; Wieder-abdruck in: Historiker betrachten Deutschland. Beiträge zum Vereinigungspro-zeß und zur Hauptstadtdiskussion, ausgewählt u. hrsg. von U. Wengst (Bonn u. Berlin 1992) S. 17–29. Dieser unter dem Eindruck der damaligen Ereignisse ge-schriebene Artikel, gewissermaßen Anwendung historischer Erkenntnis auf die Erfahrung der Gegenwart, hat aus eben diesem Grunde beabsichtigte Anklänge an den ersten, namengebenden Beitrag dieses Bandes.

Personen- und Ortsregister

C. H. Beck Kulturwissenschaft

Jan Assmann
Das kulturelle Gedächtnis
Schrift. Erinnerung und politische Identität
in frühen Hochkulturen
1992. 344 Seiten. Leinen
„Assmanns Buch ist überaus anregend. Es steckt ein bisher
weitgehend vernachlässigtes Territorium ab und ermöglicht
treffende Unterscheidungen. Sodann bietet es einen wesentlichen
Beitrag zur Erkenntnis von Schriftlichkeit und Mündlichkeit.
Schließlich kann es Vorbild sein für vergleichende
Betrachtung."
Christian Meier, FAZ

Theodor Mommsen
Römische Kaisergeschichte
Nach den Vorlesungsmitschriften von
Sebastian und Paul Hensel 1882/1886
Herausgegeben von Barbara und Alexander Demandt
1992. 634 Seiten mit 16, zum Teil mehrfarbigen Tafeln.
Leinen

Albrecht Schöne
Emblematik und Drama im Zeitalter des Barock
3. Auflage. 1993. 280 Seiten mit 63 Abbildungen und 4 Tafeln.
Leinen

Verlag C. H. Beck München

Bücher zum Spätmittelalter und zur Frühen Neuzeit

Verlag C. H. Beck München